Albrecht Beutel

Erich Klapproth – Kämpfer an den Fronten

Albrecht Beutel

Erich Klapproth – Kämpfer an den Fronten

Das kurze Leben eines Hoffnungsträgers der Bekennenden Kirche

Mohr Siebeck

Albrecht Beutel, geboren 1957; Ordinarius für Kirchengeschichte und Leiter der Arbeitsstelle „Bibliothek der Neologie" an der Evangelisch-Theologischen Fakultät der Westfälischen Wilhelms-Universität Münster; ord. Mitglied der Nordrhein-Westfälischen Akademie der Wissenschaften und der Künste.

ISBN 978-3-16-157028-5 / eISBN 978-3-16-157029-2
DOI 10.1628/978-3-16-157029-2

Die Deutsche Nationalbibliothek verzeichnet diese Publikation in der Deutschen Nationalbibliographie; detaillierte bibliographische Daten sind im Internet über *http://dnb.dnb.de* abrufbar.

Das Buch wurde von Gulde-Druck in Tübingen gesetzt, auf alterungsbeständiges Werkdruckpapier gedruckt und von der Buchbinderei Nädele in Nehren gebunden.

Printed in Germany.

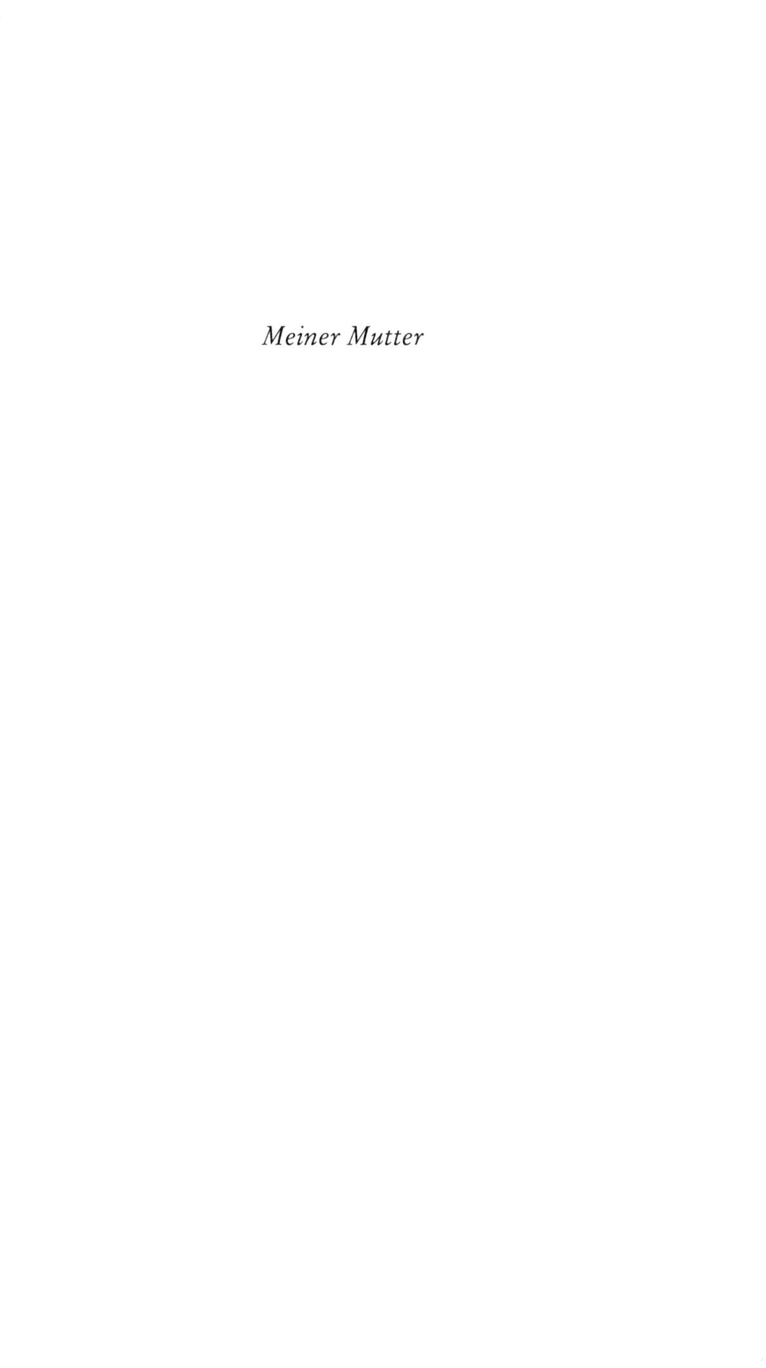

Meiner Mutter

Vorwort

Die Funktionseliten des frühen bundesrepublikanischen Protestantismus rekrutierten sich fast durchweg aus den Kreisen der Bekennenden Kirche. Wer nach dem Ende des Zweiten Weltkriegs in kirchenleitende oder professorale Ämter aufstieg, hatte sich zumeist in den Vorjahren gegen die staatsideologische Pervertierung der Kirche aktiv, risikoreich und mutig zur Wehr gesetzt. Und er hatte das Glück genossen, die allgegenwärtigen existentiellen Bedrohungen, die von dem nationalsozialistischen Gesinnungsterror und den Schrecken des Krieges ausgegangen waren, zu überleben.

Dieses Glück wurde nicht jedem zuteil. Etliche von denen, die im Kirchenkampf beherzt für ein bibel- und bekenntnistreues evangelisches Christentum eintraten und aufgrund ihrer hohen Begabung sowie ihres standhaften Engagements auch für spätere Leitungsfunktionen prädestiniert schienen, wurden durch gewaltsamen Tod um ihr Leben und alle damit verbundene Hoffnung betrogen. Einer von ihnen war der Berliner Theologe, Jugendautor und Lyriker Erich Klapproth.

Die Freundschaft mit dem jungen Gerhard Ebeling und der prägende Einfluss Dietrich Bonhoeffers wiesen ihm schon früh die theologische Spur. Als Vikar, Prädikant und Vertrauensmann der berlin-brandenburgischen Bekennenden Kirche erwarb sich Klapproth breites Wohlwollen und respektvolle Anerkennung; auch später, als einfacher Frontsoldat der deutschen Wehrmacht, gewann er bei Kameraden und Vorgesetzten besondere Sympathie. Doch fiel sein Name, nachdem er am 18. Juli 1943 an der Ostfront, im 31. Lebensjahr stehend, einem Granatvolltreffer erlegen war, weithin dem Vergessen anheim.

An diesem kurzen Leben lässt sich beispielhaft nachvollziehen, wie sich der bekenntniskirchliche Beharrungskampf an der Basis vollzog, welchen Gefährdungen, Widrigkeiten und Anfechtungen er ausgesetzt war, aber auch welche Bewährungserfahrungen, Erlebnistiefen und Vergewisserungsfreuden er freisetzen konnte. Einem solchen erwartungsreichen, jedoch schicksalhaft fragmentierten Werdegang nachzuspüren, mag als Komplement der glückhaften Biographien, die aus den Niederungen des Kirchenkampfes in exponierte kirchliche oder akademische Leitungspositionen der Nachkriegszeit führten, gewiss erhellend und hoffentlich auch willkommen sein.

Selbstverständlich war der Lebensgang Erich Klapproths tief in die allgemein- und kirchengeschichtlichen Kontexte der Zeit eingebettet. Diese wurden aber nur dort, wo es unmittelbar sachdienlich schien, andeutend kenntlich gemacht, im Übrigen jedoch als zumindest in ihren Umrissen geläufig vorausgesetzt.

Der Leiter des Evangelischen Zentralarchivs Berlin, Herr Dr. Henning Pahl, unterstützte die Vorbereitung dieser Publikation mit wertvoller, bisweilen energisch zupackender Hilfe. Meine Mitarbeiterin Frau Verena Susanne Mildner trug von Anfang an bis zuletzt maßgeblich, ja durchweg unersetzlich zum Gelingen des Vorhabens bei. Der Verein zur Erforschung kirchlicher Zeitgeschichte in Deutschland nach 1945 e.V. gewährte einen namhaften Druckkostenzuschuss, der Verlag Mohr Siebeck und namentlich Frau Dr. Katharina Gutekunst überführten das Typoskript in bibliophile Gestalt. Neben etlichen ungenannten Auskunfts- und Ratgebern weiß ich mich Frau Pfarrerin Dr. Uta Wiggermann wegen ihrer vielfältigen pünktlichen Hilfe besonders verbunden. Ihnen allen gebührt mein aufrichtiger, herzlicher Dank!

Meine Mutter Elisabeth Beutel, geb. Köngeter, hat das Manuskript mit lebhaftem, kritischem Interesse gelesen und durch wertvolle zeitgeschichtliche Hinweise bereichert. In der Widmung des Buches symbolisiert sich mein nicht nur darauf bezogener Dank.

Münster, am 2. Februar 2019 Albrecht Beutel

Inhaltsverzeichnis

I. Student

1. Herkunft und Schulzeit

In die Kindheit und Jugend Erich Klapproths gewährt die Überlieferung nur sporadischen Einblick. Die Vorfahren seiner Eltern lebten in der südlichen Altmark und im Braunschweigischen, sie bestritten ihren Lebensunterhalt als Bauern, Handwerker und Kaufleute.[1] Der Vater Max Klapproth wurde am 20. Juni 1864 geboren[2] und erlag am 14. Dezember 1942 einem Krebsleiden. Die Mutter Mathilde Klapproth, geb. Kückenthal,[3] entstammte einer begüterten, in Berlin ansässigen Kaufmannsfamilie, war am 18. März 1884, mithin 20 Jahre später als ihr Ehemann, zur Welt gekommen und verstarb, nachdem sie alle ihre Kinder weit überlebt hatte, am 30. September 1957.[4] Seine Hochzeit beging das an Lebensalter und Charakter ziemlich ungleiche Paar am 27. September 1906.

---

[1] Für die biographischen Angaben vgl. E. Klapproth, Lebenslauf, 6 S., masch., 21.9.1934 (Prüfungsakte Erich Klapproth [ELAB 30/26]).

[2] Das Geburtsjahr von Max Klapproth ist durch den Gratulationsbrief des Sohnes Erich vom 14.6.1941 (s.u. Anhang II.7) eindeutig belegt. Im Bestattungsregister der Lukas-Kirchengemeinde von Berlin-Steglitz wurde das Geburtsjahr irrtümlich mit 1874 angegeben (vgl. Landeskirchliches Archiv Berlin-Brandenburg, Kirchenbuch Berlin-Steglitz: Lukas. Bestattungen 1939–1943 [Signatur: 2580]).

[3] Sie hieß mit vollem Namen Marie Magdalene Rudolfine *Mathilde* Klapproth, geb. Kückenthal, und war die Tochter von Adolf Kückenthal (* 24.10.1840) und Hermine Kückenthal, geb. Thiemann (* 5.7. 1857) (vgl. Landesarchiv Berlin, Historische Einwohnermeldekartei von 1875 bis 1960 – Bestand B Rep. 021).

[4] Vgl. ebd.

Mathilde Klapproth erwies sich als eine resolute, selbstbewusste, politisch engagierte Frau. Sie war, nachdem die Hitler-Partei in der Reichstagswahl vom 14. September 1930 mit einem Stimmenanteil von 18,3 % ihren parlamentarischen Durchbruch erzielt hatte, am 1. November 1930, also weit vor der nationalsozialistischen Machtübernahme im Januar 1933, unter der Mitgliedsnummer 348012 in die Berlin-Steglitzer Ortsgruppe der NSDAP eingetreten,[5] in der sie später die ehrenamtliche Dienststellung der Kassenverwalterin einnahm.[6] Weil sie die Ideologie dieser Partei aus offensiver Überzeugung verfocht, ergaben sich später heftige Kontroversen mit ihrem Sohn Erich. Der Vater Max Klapproth neigte ebenfalls zu völkischem Denken, blieb aber parteilos, war außerdem stärker kirchlich gesinnt und in liebevoller Milde der Familie zugetan; dass er Erich, nachdem dieser den kirchlichen Dienst aufgenommen hatte, mehrfach zu körperlicher Ertüchtigung anhielt, dürfte nicht zuletzt als Ausdruck seines soldatischen Berufs- und Lebensethos zu deuten sein.

Dem in Karlsruhe ansässigen Ehepaar Klapproth wurden zunächst zwei Töchter geschenkt, die jedoch bald nach der Geburt verstarben. Als erster Sohn kam am 27. März 1910 *Heinz* Adolf, der in der Familie auch Heinz-Wolf genannt wurde, zur Welt. Im Alter von zwei Jahren erkrankte er an Poliomyelitis (Kinderlähmung), was eine retardierte geistige Entwicklung und stetig wiederkehrende Krampfanfälle zur Folge hatte, man sprach im Tonfall der Zeit von einem chronischen Nervenleiden. Er verstarb am 16. Dezember 1945.

Als jüngstes Kind kam *Erich* Max Rudolf Klapproth am Reformationstag, dem 31. Oktober 1912, zur Mittagszeit in Karlsruhe auf die Welt und wurde dort am 30. Dezember getauft.

---

[5] Vgl. NSDAP-Gaukartei, Kasten 2043, Karte 1135 (Bundesarchiv Berlin-Lichterfelde, R 9361-IX).

[6] Vgl. Reichsorganisationsleiter der NSDAP, Parteistatistische Erhebung 1939, Erfassungsbogen Mathilde Klapproth, 4.7.1939 (Bundesarchiv Berlin-Lichterfelde, Signatur 81413).

Kurz darauf übersiedelte die Familie nach Metz, wohin der Vater, der als Landwehr-Feuerwerkhauptmann militärischen Dienst tat, versetzt worden war. Im Sommer 1914, beim Ausbruch des Ersten Weltkriegs, zog man aus Gründen, die sich nicht mehr erhellen lassen, in den Bezirk Südende (Potsdamerstraße 8) des Ortes Steglitz, der damals noch „das größte Dorf Preußens“[7] darstellte und erst 1920 in den 12. Verwaltungsbezirk Groß-Berlins aufging.[8] Nach dem Weltkrieg wurde Max Klapproth im Rang eines Majors außer Dienst gestellt und arbeitete fortan, von der Ehefrau, in deren Händen die Buchführung lag, und bisweilen dem Sohn Heinz unterstützt, als karg entlohnter Staatlicher Lotterieeinnehmer. Am 15. Mai 1933 übernahm er im neu eröffneten Wannsee-Bahnhof Feuerbachstraße einen 20 Quadratmeter großen Geschäftsraum, der einen regen Publikumsverkehr ermöglichte und von der jetzt bezogenen Mietswohnung im zweiten Obergeschoss des Hauses Peschkestraße 17 nur wenige Schritte entfernt lag.

Im Oktober 1918 trat Erich Klapproth in die Grundklasse der Marsch'schen Höheren Privatschule ein, in der zuvor schon sein Bruder Aufnahme gefunden hatte. Diese besondere Lehranstalt war 1907 von Katharina Marsch als „Gesundheitsschule für körperlich und geistig schwache Kinder“ in der Steglitzer Südendstraße gegründet worden und konnte 1912 ein wesentlich größeres, 1903 erbautes Haus (Kantstraße 16) beziehen. Die hier gebotenen Unterrichtsverhältnisse waren außergewöhnlich: Im Durchschnitt entfielen auf eine Lehrkraft nicht

[7] Bezirksamt Steglitz von Berlin, Abteilung Bau- und Wohnungswesen (Hg.), Steglitz – das größte Dorf Preußens. Von Giesensdorf zu Groß-Lichterfelde. Gartenstadt Lankwitz. Katalog der Ortsteilausstellungen des Bezirks Steglitz zur 750-Jahrfeier Berlins 1987, 1987.

[8] Zwischen 1904 und 1914 hatte sich Steglitz mit insgesamt zehn Petitionen um die Verleihung des Stadtrechts bemüht, war aber jedes Mal am Einspruch des um seine Privilegien fürchtenden benachbarten Kreises Teltow gescheitert (vgl. A. Godefroid, Steglitz [Geschichte der Berliner Verwaltungsbezirke 7], 1989, 68).

mehr als zwölf Schülerinnen und Schüler. Mathilde Klapproth war an dieser Schule als Lehrerin angestellt und unterrichtete auch ihre beiden Söhne.[9] Nachdem Katharina Marsch im Juli 1932 überraschend verstorben war, musste der Schulbetrieb eingestellt werden.[10]

Zu Ostern 1921 wechselte Erich Klapproth auf das humanistische Gymnasium in Berlin-Steglitz. Dort traf er auf den gleichaltrigen Klassenkameraden Gerhard Ebeling (1912–2001), der mit seiner Familie in der weiteren Nachbarschaft (Kantstraße 1) wohnte und wie die Klapproths zur Lukasgemeinde gehörte. Die beiden befreundeten sich und waren bald unzertrennlich, in mildem Spott wurden sie von den Lehrern nach dem Zwillingspaar der Leda „Kastor und Pollux" genannt.[11] Nach dem Vater war Klapproth für Ebeling auch über die Schulzeit hinaus, während des Studiums und im anschließenden, gemeinsamen Dienst der Bekennenden Kirche der ihm am nächsten stehende Mensch.[12] Umgekehrt blieb auch Ebeling für Klapproth zeitlebens die wichtigste außerfamiliäre Bezugsperson.

Der gymnasiale Unterricht bereitete keine Mühe. Klapproth lernte leicht und gerne, besondere Fähigkeiten traten in den alten Sprachen (Latein und Griechisch) sowie der Mathematik und Musik hervor. Zudem wirkte er, unbeschadet seiner nur als „genügend" befundenen Leistungen im Sportunterricht, sechs Jahre lang als Vorstandsmitglied des schulischen Turnvereins. Erhebliche instrumentelle Gewandtheit erwies Klapproth an Klavier und Orgel, dazu auch, etwas weniger virtuos, an der Geige.

---

[9] Vgl. K. Hunsche, Bericht über Pastor Erich Klapproth […] für das Kuratorium der Goßnerschen Mission in Berlin-Friedenau, 6 S., masch., 3.12.1964 (EZA/G1/1654), 2.

[10] Vgl. Hospitz Schöneberg-Steglitz, Newsletter Nr. 1/2012, 4.

[11] Vgl. G. Ebeling, Rückblick und Dank (DtPfrBl 93, 1993, 19–21), 20.

[12] Vgl. A. Beutel, Gerhard Ebeling. Eine Biographie, 2012, 9.

Am 4. September 1927 beging er in der Steglitzer Lukaskirche die Konfirmation.[13] Der ihm zufallende Denkspruch „Es ist dir gesagt, Mensch, was gut ist und was der Herr von dir fordert, nämlich Gottes Wort halten und Liebe üben und demütig sein vor deinem Gott" (Micha 6,8) sollte sich als das Grundmotiv seines späteren Wirkens erweisen. Gleichwohl gestand er rückblickend, er habe damals nur „eine beschränkte Ernsthaftigkeit für die Feier aufbringen [...] können".[14] Umso stärkere religiöse Prägung empfing er im Bund Deutscher Bibelkreise, dessen von Hermann Ehlers geleiteter Zehlendorfer Ortsgruppe[15] er auf Veranlassung seines Vaters bereits 1923 beigetreten war. Die Gemeinschaft mit jungen Menschen, „die ein ungekünsteltes Leben unter Gottes Wort führen wollten und sich dazu in freiwilligem Gehorsam zusammengeschlossen hatten",[16] beeindruckte ihn tief und erweckte ihm durch die Fahrten und Lager, die bevorzugt in die östlichen Teile des Deutschen Reiches führten, die Freude an landschaftlicher Schönheit und an der Natur, die er dann fortdauernd, bis in die letzten Soldatenbriefe hinein, zu lebendigem Ausdruck brachte. Die vom Reichswart des Bundes Deutscher Bibelkreise Udo Smidt herausgegebene Mitgliederzeitschrift *Jungenwacht* konnte trotz der 1934 erzwungenen Selbstauflösung des Bundes noch bis 1938 erscheinen.[17] Sie bot dem Gymnasiasten Klapproth regelmäßige Pflicht- und Vergnügungslektüre. Was er dort später

[13] Zur Erinnerung an die Konfirmation Erich Max Rudolf Klapproth[s] (EZA 50/239/1). Vgl. auch die beglaubigte Abschrift des Konfirmationsscheins für Erich Klapproth (ELAB 30/26).

[14] Klapproth, Lebenslauf (s. Anm. 1), 2.

[15] Vgl. A. Meier, Hermann Ehlers. Leben in Kirche und Politik, 1991, 1–37.

[16] Klapproth, Lebenslauf (s. Anm. 1), 2.

[17] Bis 1938 vermochte die *Jungenwacht* ihre Auflagenhöhe sogar noch von den anfänglich 4.500 Exemplaren auf zuletzt 13.000 Exemplare zu steigern (vgl. G. Plesch / K. Geuder, Dein Wort ist die Wahrheit. Aus der Geschichte der Schülerbibelkreise in München, 1977, 150).

an eigenen Beiträgen publizierte,[18] zählt zweifellos zu den besten, geistvollsten Texten dieses christlichen Jugendjournals.

Das Abitur bestand Klapproth am 25. Februar 1930 „mit Auszeichnung".[19] Sein Reifezeugnis attestierte lediglich für Kunst und Leibesübungen genügende, ansonsten durchweg gute bzw. sehr gute Leistungen. Dass er an dem wahlfreien Französischunterricht nur „mit ausreichendem Erfolg" teilgenommen hatte, sollte er später, als im Westfeldzug von 1940 entsprechende Sprachkenntnisse sehr nützlich wurden, bereuen.

„Erich Klapproth will Ingenieur werden", notierte das Abgangszeugnis. Denselben Berufswunsch hatte auch das für Ebeling ausgestellte Zeugnis fixiert.[20] Tatsächlich waren sich die beiden Freunde auf der Obersekunda darüber einig geworden. Während dies bei Ebeling aber nur eine vorübergehende Neigung darstellte,[21] hielt Klapproth bis zum Abitur daran fest; eine Praktikantenstelle, die dem angehenden Elektroingenieur erste Erfahrungen bieten sollte, war schon gesichert. Weshalb er dann aber, offenbar kurz entschlossen, in das Theologiestudium umschwenkte, ist nicht restlos zu klären. Später deutete Klapproth seine Mitgliedschaft im Bund Deutscher Bibelkreise, dem er schon jahrelang angehört hatte, als „Hinweis auf meinen künftigen Lebensberuf".[22] Dazu wird man gewiss auch die enge Verbundenheit mit Ebeling, der sich bereits während des letzten Schuljahres für die Theologie entschieden hatte, hingegen kaum eine Einflussnahme der Eltern in Betracht ziehen können.

---

[18] S.u. Abschnitte II.3 und IV.3.b.

[19] Gymnasium zu Berlin-Steglitz, Zeugnis der Reife. Erich Klapproth, 25.2.1930 (EZA 50/239/2f).

[20] Vgl. Beutel, Gerhard Ebeling (s. Anm. 12), 10.

[21] Vgl. ebd. – Dass Ebeling bereits weit vor dem Abitur einem späteren Theologiestudium zuneigte, geht auch daraus hervor, dass er am Steglitzer Gymnasium den wahlfreien Hebräisch-Unterricht besuchte und das Hebraicum ablegte.

[22] Klapproth, Lebenslauf (s. Anm. 1), 2f.

2. Berlin

Zwei Monate nach dem glanzvoll bestandenen Abitur immatrikulierte sich Klapproth am 24. April 1930 als Student der Theologie an der Berliner Friedrich-Wilhelms-Universität. Der Gedanke, dem Freund Ebeling, der zur selben Zeit ein Theologiestudium an der Philipps-Universität Marburg aufnahm, dorthin zu folgen, war äußerst verlockend, ließ sich aber aus finanziellen Gründen nicht realisieren. Klapproth frequentierte weiterhin seine Stube in der elterlichen Wohnung, ein kleines Stipendium der Steglitzer Kirchengemeinde[23] besserte die pekuniäre Dürftigkeit etwas auf.

Klapproth widmete sich dem Studium mit ungebrochenem, vollem Elan.[24] Während der ersten sechs Semester, die er in Berlin zubrachte, belegte er jeweils Lehrveranstaltungen im Umfang von durchschnittlich 25 Wochenstunden. Eine geordnete curriculare Entwicklungsstruktur ist dabei allerdings kaum zu erkennen. Die für evangelische Theologen obligatorische althebräische Sprachprüfung bestand er Anfang Mai 1931 mit gutem Erfolg. Im ersten Semester hielt er orientierende Umschau, neben diversen theologischen Einführungskursen besuchte er das von dem theologischen Ethiker, Sozialwissenschaftler und NSDAP-Mitglied Cajus Fabricius abgehaltene Kolleg über Sexualethik, hörte bei dem an der philosophischen Fakultät lehrenden Pädagogen Eduard Spranger die von einem überfüllten Auditorium rezipierte Vorlesung zur Weltanschauungslehre und nahm an verschiedenen kirchenmusikalischen Übungen teil. Danach verteilte sich seine Studienfrequenz annähernd gleichmäßig auf exegetische, kirchenhistorische und systematisch-theologische Angebote. Unter den bibelwissenschaftlichen Dozenten bevorzugte er den Alttestamentler und Bibli-

[23] Vgl. Akten betreffend Theologie Studierende der Evangelischen Kirchengemeinde Berlin-Steglitz, Bd. 1 (ELAB 10907/4/240).

[24] Vgl. Friedrich-Wilhelms-Universität zu Berlin, Studienbuch für Herrn Erich Klapproth (EZA 50/239/6–16).

schen Archäologen Ernst Sellin sowie den Neutestamentler Adolf Deißmann. Der katholische Religionsphilosoph Romano Guardini, der von 1923 bis zu seiner von den Nationalsozialisten erzwungenen Emeritierung 1939 als „ständiger Gast", wie es das Vorlesungsverzeichnis auswies, an der Berliner Theologischen Fakultät lehrte und dessen Vorlesung über „Eschatologie im Neuen Testament" Erich Klapproth im Wintersemester 1931/32 besuchte, scheint auf ihn keinen besonderen Eindruck gemacht zu haben. Dagegen imponierte ihm als akademischer Lehrer zumal Erich Seeberg, bei dem er, ohne von dessen deutlich hervortretender nationalsozialistischer Neigung irritiert zu sein, den mehrsemestrigen Zyklus zur Kirchen- und Dogmengeschichte sowie insgesamt drei kirchengeschichtliche Hauptseminare belegte. Von Seeberg hat sich Klapproth insbesondere zu einem eindringenden Lutherstudium anregen lassen. Bedenkt man die tiefe theologische und religiöse Prägung, die Klapproth später von Dietrich Bonhoeffer empfing, mag es erstaunen, dass er den Besuch der von Bonhoeffer als Privatdozent im Wintersemester 1932/33 gehaltenen Vorlesung über „Schöpfung und Sünde (Gen 1–3)" mit der siebten Kollegstunde allem Anschein nach abbrach.[25]

Von dem überschäumenden, ihn beständig bis an den Rand der Erschöpfung treibenden Arbeitseifer, den Klapproth während des Studiums an den Tag legte, zeugen etliche hundert Seiten umfassende Stapel von Notizblättern, die er, meist in stenographischer Kurzschrift, ausfertigte: Unermüdlich muss er damals Exzerpte, Lernzettel, Tabellen und Zusammenfassungen klassischer theologischer Schriften von Origenes, Augustin, Luther, Calvin und anderen großen Lehrern der Kirche

[25] Jedenfalls liegen Klapproths in Deutscher Einheitskurzschrift ausgearbeitete Nachschriften nur bis zur sechsten Kollegstunde vor, für die siebte Stunde existiert lediglich eine kurze, zweiseitige Mitschrift aus seiner Hand (vgl. M. Rüter / I. Tödt, Vorwort der Herausgeber [in: D. Bonhoeffer, Schöpfung und Fall, hg. von M. Rüter / I. Tödt (DBW 3), [2]2002, 7–16], 14).

erstellt haben.[26] Nur zum kleineren Teil dienten sie der Vorbereitung von Hausarbeiten. Im Sommersemester 1931 legte er bei Sellin eine 23 handschriftliche Seiten füllende Studie über „Jeremias Auffassung vom wahren Jahwepropheten nach Kapitel 1, 15, 27–29“[27] vor, die der Dozent mit dem knappen Urteil quittierte: „Die negative Seite des Themas (Jer's Kampf gegen die Lügenpropheten und ihre Charakteristik) hätte etwas deutlicher herausgestellt werden können. Sonst eine erfreulich sorgfältige Arbeit. Gut“.[28] Noch kürzer kommentierte Deißmann im nächstfolgenden Semester die nun maschinenschriftlich eingereichte Ausarbeitung des Themas „Die Jesusüberlieferung der Paulusbriefe“[29]: Es handle sich, befand er, ohne eine Zensurnote zu erteilen, um „eine gediegene, fleißige Arbeit [...]. Die Probleme sind richtig gesehen und behandelt“.[30] Wie der systematische Theologe Arthur Titius die im Wintersemester 1932/33 erstellte Hausarbeit „Der Staat bei Gogarten und Grisebach“[31] einschätzte, ist nicht mehr aktenkundig zu machen.

Dies alles mag den Eindruck erwecken, als sei Klapproth damals rest- und kritiklos in seinem Berliner Studium aufgegangen. Allerdings annoncierte die im September 1934 ausgefertigte Meldung zur Ersten Theologischen Prüfung in dem als Anlage beigefügten Lebenslauf drei gewichtige Einschränkungen, wobei jedenfalls zu bedenken ist, dass er unterdessen ganz auf den Kurs der Bekennenden Kirche eingeschwenkt war. So verwies er auf sein fortgesetztes Engagement im Bund Deutscher

---

26 Die entsprechenden Archivalien finden sich in den zu Klapproth angelegten Aktenbündeln „Seminararbeiten, Predigten 1932–1937“ (EZA 50/339), „Seminararbeiten“ (EZA 50/341), „Vorlesungsskripten“ (EZA 50/345) und „Vorlesungen, wissenschaftliche Exzerpte“ (EZA 50/330).

27 EZA 50/341/75–88.

28 AaO 88.

29 EZA 50/339/1–22.

30 AaO 23.

31 EZA 50/341/114–127.

Bibelkreise, das er „jetzt als Mitführender"[32] in der Jungenschaft Zehlendorf ausübte.[33] Dadurch, fügte Klapproth erklärend hinzu, sei dem Studium zwar Kraft und Zeit entzogen, andererseits aber auch „einer einseitigen Wissenschaftlichkeit in der theologischen Arbeit"[34] heilsam gewehrt worden. Dementsprechend setzte er auch später dem Plan Bonhoeffers, ihn einer wissenschaftlichen Laufbahn zuzuführen, den Berufswunsch entgegen, Pfarrer in einer Arbeitergemeinde werden zu wollen.[35]

Die zweite Distanzierung erging mit dem Eingeständnis, die alt- und neutestamentlichen Vorlesungen hätten ihn „eine[r] völlige[n] Erschütterung des überkommenen Glaubensbestandes" ausgesetzt, was er mit dem harten Urteil, die Berliner Exegese sei durchweg „dürftig" gewesen, noch untermauerte.[36] Die Frage, wie sich diese Einschätzung mit dem in den ersten sechs Semestern erwiesenen intensiven Studieninteresse an den biblischen Fächern vereinbaren lasse, dürfte mit dem an letzter, oberster Stelle genannten Distanzierungsmotiv zu beantworten sein. Es lautete schlicht: Gerhard Ebeling.

Mit ihm, der zunächst nach Marburg gegangen war, hatte Klapproth regelmäßigen Briefkontakt unterhalten. Dadurch wurde er Zeuge der von dem Neutestamentler Rudolf Bultmann ausgehenden theologischen Faszination. Und er sah sich von Ebeling über das Programm und die Intention der neuen, durch Bultmann und Karl Barth repräsentierten theologischen Bewegung, deren Rezeption sich die damalige Berliner Fakultät durchweg widersetzte, gleichsam aus erster Schülerhand informiert. Durch Ebeling, gestand er, „wurde ich auf die dia-

---

[32] Klapproth, Lebenslauf (s. Anm. 1), 3.

[33] Vgl. EZA 50/330/32.

[34] Klapproth, Lebenslauf (s. Anm. 1), 3.

[35] S.u. Abschnitt III.1.b.

[36] Klapproth, Lebenslauf (s. Anm. 1), 3.

lektische Theologie und ihre Fragen aufmerksam gemacht und eigentlich erst recht in die *Theologie* mithineingenommen".[37]

Insofern musste es Klapproth als einen Glücksfall empfinden, dass der Freund im Frühjahr 1932, da man dessen Antrag auf ein in Zürich zu realisierendes Auslandsstipendium erst für Herbst 1932 bewilligt hatte, für ein Semester nach Berlin wechselte. So besuchte man im Sommersemester 1932 etliche Lehrveranstaltungen gemeinsam, beispielsweise das von Wilhelm Lütgert angebotene Seminar zur Leidensgeschichte Jesu, die Ethikvorlesung Arnold Stolzenburgs und, als Gasthörer an der philosophischen Fakultät, Nicolai Hartmanns Kolleg über „Die Philosophie des Deutschen Idealismus". Der direkte, persönliche Austausch mit Ebeling, der dabei Tag für Tag möglich war, dürfte die theologische Neuorientierung, die Klapproth nun vornahm, möglicherweise verursacht und jedenfalls entscheidend begünstigt haben. Auch Ebeling genoss die unmittelbare Studien- und Arbeitsgemeinschaft mit Klapproth, obschon er sich, aus Marburg kommend und nach Zürich strebend, von dem Berliner Lehrangebot kaum beeindrucken ließ. So empfand er Seeberg, den Klapproth ihm nachdrücklich empfohlen hatte, schlichtweg als „abstoßend", und den großen Hans Lietzmann nahm er nicht einmal wahr.[38]

3. Zürich

Plangemäß trat Ebeling im Oktober 1932 das ihm in Zürich gewährte Auslandssemester an.[39] Die neuen Lebens- und Studienverhältnisse und insbesondere der persönliche Umgang mit Emil Brunner, der dort seit 1924 als Professor für Systematische und Praktische Theologie lehrte, beglückten ihn tief. Übergroß

[37] AaO 4.

[38] G. Ebeling, Mein theologischer Weg (Hermeneutische Blätter. Sonderheft Oktober 2006), 2006, 8.

[39] Vgl. Beutel, Gerhard Ebeling (s. Anm. 12), 17–25.

war denn auch seine Freude, als ihm Brunner einen Freiplatz in der wohlhabenden Familie Burckhardt vermittelte und dadurch die Möglichkeit schuf, den Aufenthalt an der Limmat um ein weiteres Semester noch zu verlängern.

Diesen Glücksumstand nutzte Ebeling zu einem Freundschaftsdienst der besonderen Art, indem er nun auch für Erich Klapproth ein Zürcher Semester organisierte. Die dafür notwendigen Mittel, die Klapproths Eltern nicht aufbringen konnten, requirierte Ebeling aus verschiedenen Quellen. So kam er mit seinem Vater überein, die durch den Freiplatz gewonnenen Ersparnisse in die Unterstützung des Steglitzer Jugendfreundes umzuwidmen. Außerdem verzichtete Ebeling auf die Teilnahme an einer von dem Kirchenhistoriker Fritz Blanke angebotenen Rom-Exkursion. Überdies waren bescheidene eigene Einkünfte aus der Zuarbeit für Brunner, dem er Luthers Äußerungen zur Frage nach dem Sichtbarwerden der Früchte des Heiligen Geistes hatte erheben sollen,[40] verfügbar. Schließlich gab auch die Zürcher Theologische Fakultät einen Obolus noch hinzu.

Klapproth, ob dieser geradezu traumhaften Möglichkeit hoch erfreut, exmatrikulierte sich am 6. April 1933 aus der Friedrich-Wilhelms-Universität und schrieb sich am 5. Mai an der Zürcher Universität ein.[41] Sein dortiges Testatbuch dokumentiert, dass das von ihm belegte Semesterprogramm, verglichen mit der in Berlin erreichten Studienfrequenz, einen ziemlich schmalen, aber interdisziplinären Zuschnitt aufwies. Bei

[40] Vgl. G. Ebeling, Die Stellung Luthers zu der Frage nach dem Sichtbarwerden der Früchte des Hlg. Geistes, 26 S., masch., 1933 (Nachlass G. Ebeling, UAT 633/679). – Auf der am 14. Juli 1969 stattfindenden Akademischen Gedenkfeier für Emil Brunner sprach Ebeling, daran anknüpfend, über „Die Beunruhigung der Theologie durch die Frage nach den Früchten des Geistes“ (in: G. Ebeling, Wort und Glaube. Bd. III: Beiträge zur Fundamentaltheologie, Soteriologie und Ekklesiologie, 1975, 388–404).

[41] Universität Zürich, Abgangs-Zeugnis [für] Herrn Erich Klapproth, 19.7.1933 (EZA 50/239/33).

Brunner, den ihm Ebeling dringend empfohlen hatte, besuchte er das Kolleg zur Lehre vom Heiligen Geist, dazu das dem Thema der politischen Ethik gewidmete Seminar sowie eine Predigtübung, in die Klapproth eine homiletische Ausarbeitung zu Mt 15,21–28 einbrachte.[42] Bei dem Alttestamentler Ludwig Köhler hörte er die Vorlesung „Der hebräische Mensch".[43] Überdies nutzte er die Gelegenheit, den Philosophen Eberhard Grisebach, dessen Schriften er schon in Berlin studiert hatte, unmittelbar zu erleben, wozu ihm die Teilnahme an dessen Seminar „Nicolai Hartmann ‚Das Problem des geistigen Seins'" willkommene Gelegenheit gab. Von dem seit 1922 in Zürich lehrenden Romanisten Theophil Spoerri ließ er sich in Dante Alighieris *Göttliche Komödie* einführen.[44] Daneben blieb auch für Geselligkeit sowie die Erkundung der fremden Stadt und Landschaft noch zureichend Raum. Über Pfingsten 1933 unternahmen Klapproth und Ebeling zusammen mit den Kommilitonen Wilhelm Vauth und Ottokar von Stockhausen eine fünftägige gewaltige Fahradtour quer durch die Alpen bis ins Tessin.[45]

Nun war aber in Deutschland, während die beiden Freunde den gemeinsamen Zürcher Studiensommer erlebten, der Kirchenkampf voll entbrannt.[46] Bereits im November 1932 hatte Adolf Ebeling, der Vater Gerhard Ebelings, durch den Vormarsch der nationalsozialistisch orientierten Deutschen Christen seinen seit vielen Jahren eingenommenen Sitz im Steglitzer Gemeindekirchenrat eingebüßt. Wie in Berlin, so sahen sich allenthalben die bibel- und bekenntnistreuen evangelischen Christen zunehmenden staatlichen Repressalien ausgesetzt.

---

[42] EZA 50/339/23–34; vgl. EZA 50/341/60–74.

[43] Vgl. L. Köhler, Der hebräische Mensch. Eine Skizze. Mit einem Anhang: Die hebräische Rechtsgemeinde, 1953.

[44] Vgl. Th. Spoerri, Einführung in die Göttliche Komödie, 1946.

[45] Vgl. Beutel, Gerhard Ebeling (s. Anm. 12), 20.

[46] Zu erster Orientierung vgl. die präzise, bündige Darstellung von Ch. Strohm, Die Kirchen im Dritten Reich, 2011.

Die Nachrichten aus der Heimat, die er aus der *Neue[n] Zürcher Zeitung* und den wöchentlich eintreffenden Briefen des Vaters erhielt, beunruhigten Ebeling immer mehr. Ihm war im laufenden Sommersemester die Aufgabe zugefallen, die deutschen Studenten im Präsidium der Zürcher Theologischen Fakultät zu vertreten. Die verheerenden Umstände der Reichsbischofswahl – Friedrich von Bodelschwingh war am 27. Mai 1933 für dieses neu geschaffene Leitungsamt designiert worden, musste es dann aber auf Druck der Nationalsozialisten dem deutsch-christlichen Wehrmachtspfarrer Ludwig Müller überlassen[47] – provozierten auch unter den deutschen Studenten in Zürich heftige Kontroversen. Am Ende vermochte sich Ebeling mit den konfligierenden Gruppen auf ein von ihm entworfenes Schreiben an Bodelschwingh zu verständigen.[48]

Klapproths Vater bezog von Anfang an das von der Kirchenpartei der Deutschen Christen 1932 gegründete Wochenblatt *Evangelium im Dritten Reich. Kirchenzeitung für Christentum und Nationalsozialismus.* Selbstverständlich hatte Erich Klapproth regelmäßig davon Notiz genommen, auch wenn er, was dort zu lesen stand, aufgrund der eigenen theologischen Meinungsbildung zunehmend skeptisch beurteilte.[49] Spätestens in

---

[47] Vgl. Th. M. Schneider, Reichsbischof Ludwig Müller. Eine Untersuchung zu Leben, Werk und Persönlichkeit (AKZG B 19), 1993, 129–139.

[48] „[…] Die Sorge um die Reinerhaltung des Wesens der Kirche, vor allem im Hinblick auf ihren Dienst am Staat, bewegt uns deutsche Theologiestudenten in Zürich und verbindet uns untereinander trotz entgegengesetzter kirchenpolitischer Meinungen. Das veranlasst uns, gemeinsam der Erwartung und der Hoffnung Ausdruck zu geben, dass die Leitung der deutschen evangelischen Kirche sich bei ihrer Reformarbeit freihält von politischen Rücksichtnahmen, soweit dadurch die Freiheit der Verkündigung des Evangeliums bedroht wird. Für eine in dieser Richtung arbeitende Kirchenleitung werden wir uns mit ganzer Kraft einsetzen. […]“ (Gerhard Ebeling an Friedrich von Bodelschwingh, 15. 6. 1933 [Hauptarchiv der v. Bodelschwinghschen Stiftungen Bethel. Bestand: HAB 2/39-15]).

[49] Vgl. Klapproth, Lebenslauf (s. Anm. 1), 5.

den bewegten Sommerwochen des Jahres 1933 schwenkte er dann endgültig und entschieden auf die bekenntniskirchliche Linie ein. Dass sich dies nicht im Handumdrehen, sondern als Ergebnis eines skrupulösen, das aktuelle deutsch-christliche Schrifttum intensiv evaluierenden Selbstprüfungsprozesses vollzog, geht aus einem von Emil Brunner verfassten Personalgutachten deutlich hervor:

> Seine [sc. Klapproths] kirchliche Haltung war damals noch nicht völlig klar. Trotzdem er mit dem Herzen auf der Seite der kirchlichen Opposition stand, versuchte er noch einigermassen das Anliegen der ernster gesinnten D[eutschen] C[hristen] zu verstehen und in unseren Gesprächen jeweils vor der Arbeit zur Geltung zu bringen. Aber zusehends [...] wurde seine Haltung bestimmter, je deutlicher die Ziele der DC und die Art ihres Vorgehens sichtbar wurde. [...] Bei seiner ganzen Geistesart scheint es mir [...] ganz klar, dass seine Anmeldung bei der Bekenntnissynode aus innerster Ueberzeugung und klarem Willen kommt.[50]

In diesem Zusammenhang skizzierte Brunner auch ein differenziertes Charakterbild des Studenten:

> Ueber die guten Leistungen und die Begabung Herrn K.s soll ich mich wohl nicht aussprechen. Ich könnte hier nur Löbliches sagen. In den persönlichen Gesprächen habe ich Herrn K. als einen vornehmen, fein empfindenden, ernsten, bei aller Stille und Bescheidenheit zielsicheren Menschen kennen gelernt, dem die Theologie unbedingt persönliche Angelegenheit ist und der die Vorbereitung für den Dienst in der Kirche äusserst gewissenhaft betreibt. [...] Ich verspreche mir von einer künftigen kirchlichen Tätigkeit sehr viel.[51]

Das am 19. Juli 1933 ausgestellte Universitäts-Abgangszeugnis vermerkte: „Sein Betragen hat zu keiner Klage Anlass gegeben".[52] Dieser Satz war zwar Teil des gedruckten Formulars, dürfte aber für Klapproth in ganz besonderem Maße treffend gewesen sein. Im Rückblick auf das Zürcher Semester hielt er

---

[50] E. Brunner, Zeugnis für Erich Klapproth, 14.9.1934 (Prüfungsakte Erich Klapproth [ELAB 30/26]).

[51] Ebd.

[52] Universität Zürich, Abgangs-Zeugnis (s. Anm. 41).

bilanzierend fest: „Der persönliche Verkehr mit Prof. E. Brunner und die theologische Arbeit bei ihm waren der stärkste Gewinn dieses Sommers".[53]

Mitte Juni 1933, als das Ende des Zürcher Aufenthalts in greifbare Nähe rückte, schmiedeten Ebeling und Klapproth für die Heimreise einen gigantischen Plan: Mit dem Fahrrad wollten sie über das Elsass, Nordfrankreich, Belgien und die Niederlande nach Aachen kommen und von dort aus über Marburg, wo man Bultmann zu treffen hoffte, nach Berlin weiterziehen.[54] Allerdings vertrieb ihnen das kirchliche Geschehen in Deutschland schon bald die Freude an diesem auf etliche Wochen berechneten Vorhaben. Dass sie wenigstens noch bis zum Semesterende in Zürich verblieben, komme ihnen, wie es in einem Brief an die Eltern hieß, „fast als Fahnenflucht vor".[55] Ende Juli 1933 kehrten die beiden deshalb auf schnellstmöglichem Weg nach Berlin-Steglitz zurück.

4. Erstes Theologisches Examen

Auch während der folgenden beiden Jahre blieben Klapproth und Ebeling auf eng benachbarten Pfaden. Im Spätsommer 1933 erfüllten sie ihre staatsbürgerliche Pflicht und absolvierten ein dreiwöchiges Wehrsportlager des SA-Hochschulamtes Berlin sowie eine Kleinkaliber-Waffenausbildung in Zossen. Am 10. Oktober 1933 schrieb man sich erneut an der Berliner Friedrich-Wilhelms-Universität ein, um die noch ausstehenden Studienleistungen zu erbringen. Klapproth suchte abermals die der NSDAP angehörenden Dozenten Fabricius und Titius auf, zusammen mit Ebeling nahm er an dem von Spranger angebotenen Kolleg „Deutsche Staatsphilosophie von Kant bis Hegel" und an Sellins alttestamentlichem Hauptseminar teil.

[53] Klapproth, Lebenslauf (s. Anm. 1), 4.
[54] Vgl. Ebeling, Weg (s. Anm. 38), 12.
[55] AaO 13.

Für das Sommersemester 1934 ließen sie sich beurlauben, um die Examensvorbereitung in ungeteilter Konzentration aufnehmen zu können. Auch in dieser Hinsicht zeigte sich Klapproth nun „entschlossen, mit Gottes Hilfe nur den Weg der Bekennenden Kirche mitzugehen",[56] die Prüfungsanmeldung also keinesfalls dem von den Deutschen Christen dominierten Konsistorium der Evangelischen Kirche der Altpreußischen Union zuzustellen.

Tatsächlich hatte es die Bekenntnisbewegung in Berlin-Brandenburg schneller und effizienter als in anderen Landeskirchen vermocht, ein trotz polizeilicher Behinderung insgesamt gut funktionierendes System der Kirchenleitung zu etablieren.[57] Im Juli 1934 beschloss der Bruderrat der Bekenntnissynode Berlin-Brandenburg die Einrichtung eigener Prüfungsverfahren und Predigerseminare und beauftragte den Superintendenten des Kirchenkreises Spandau, Martin Albertz, mit der Bildung eines bekenntniskirchlichen Prüfungsamtes. Damit sollten Klapproth und Ebeling zu den ersten Nachwuchstheologen gehören, die von diesem neu errichteten Gremium examiniert wurden. Auch sonst bildete der Kirchenkampf und namentlich der Formierungsprozess der Bekennenden Kirche die unmittelbare, oft hautnah erlebte Folie ihrer Studienabschlussphase.

Die repressive Behandlung der evangelischen Jugendbünde durch die Reichskirchenregierung empörte Klapproth in besonderem Maße. Am 18. August 1934 ließ er sich unter der Ordnungsnummer 52 in die Liste der Bekenntnisgemeinde Berlin-Steglitz eintragen und empfing als Mitgliedsausweis die für ihn ausgestellte „rote Karte". Die damit nun auch offiziell bekundete Solidaritätsbereitschaft führte bereits nach wenigen

---

[56] KLAPPROTH, Lebenslauf (s. Anm. 1), 6.

[57] Vgl. G. HARDER, Die kirchenleitende Tätigkeit des Brandenburgischen Bruderrates (in: H. BRUNOTTE / E. WOLF [Hg.], Zur Geschichte des Kirchenkampfes. Gesammelte Aufsätze [AGK 15], 1965, 189–216), v.a. 190–198.

Wochen zu Klapproths erster, noch glimpflich ausgehender Verhaftung.

In Steglitz war der Kirchenkampf schon seit Jahren zu einer schweren Belastung des Gemeindelebens geworden.[58] Werner Rogge, der 1929 in die zweite Pfarrstelle einrückte, war Mitglied der NSDAP und radikaler Anhänger der Deutschen Christen. Immer wieder suchte er durch haltlose Verleumdungen und freche Finanzmanipulationen die gemeindliche Vormacht der von ihm unterstützten Kirchenpartei auszubauen. Tatsächlich hatten die Deutschen Christen bei den Kirchenwahlen am 23. Juli 1933 in Steglitz doppelt so viele Stimmen erhalten wie die bekenntnistreue Liste „Evangelium und Kirche".[59] Durch eine förmliche Rechtsbeugung ernannte Karl Eckert, Stellvertreter des Berliner Bischofs und Gründungsmitglied der Völkischen Glaubensbewegung, den umstrittenen Rogge im Frühjahr 1934 zum geschäftsführenden Pfarrer von Steglitz. In Johannes Zippel hatte die Kirchengemeinde dagegen einen integren Vertreter der Bekenntnisfront. Mit ihm scheint der junge Klapproth in vertrautem Umgang gestanden zu haben. Jedenfalls waren er, Ebeling und ein weiteres Gemeindeglied sogleich bereit, am 30. September 1934 auf Bitten von Zippel vor dem Sonntagsgottesdienst eine Erklärung der Bekennenden Kirche zu verteilen. Das von Karl Koch, dem amtierenden Präses der Bekenntnissynode der Deutschen Evangelischen Kirche, gezeichnete Flugblatt bekundete angesichts der

[58] Ein erster Tiefpunkt war erreicht, als man im Juli 1933 Pfarrer Otto Großmann, der in einer Runkfunkansprache Kritik am preußischen Kultusminister Bernhard Rust geübt hatte, in der Steglitzer Marienkirche von der Kanzel weg verhaftete (vgl. GODEFROID, Steglitz [s. Anm. 8], 91). Damit war Großmann der erste preußische Geistliche, der im Kirchenkampf festgenommen wurde. Vgl. dazu auch H.-R. SANDVOSS, Widerstand in Steglitz und Zehlendorf (Schriftenreihe über den Widerstand in Berlin von 1933 bis 1945, 2), 1986.

[59] Vgl. A. WIGGER, „Und es an Pfarrern fehlt, die Nationalsozialisten sind". Die Steglitzer Kirchengemeinde und der Lukas-Pfarrbezirk während des Dritten Reiches (JBBKG 61, 1997, 187–219), 191.

feierlichen Amtseinführung des Reichsbischofs Ludwig Müller[60] „tiefe Scham und Trauer“ und deutete die eingehend beschriebene kirchenpolitische Lage als eine akute ekklesiale Entscheidungssituation.[61] Der Kirchendiener Adolf Müller, der als glühender Anhänger der Deutschen Christen in der Gemeinde fortwährend Unruhe stiftete,[62] rief umgehend, möglicherweise im Auftrag und jedenfalls im Sinne von Werner Rogge, die Polizei, von der die drei jungen Flugblattverteiler während des Gottesdienstes festgenommen und zum Arrest abgeführt wurden. Dank einer Intervention Zippels ließ sich allerdings noch am selben Abend eine mit Auflagen versehene Haftentlassung erwirken.[63]

Am 21. September 1934, etliche Tage vor diesem Zwischenfall, hatte Klapproth unter Beifügung aller erforderten Nachweise und Bescheinigungen um Zulassung zur Ersten Theologischen Prüfung ersucht.[64] Dem Antrag wurde postwendend stattgegeben, verbunden mit der Benennung von drei binnen eines Vierteljahres schriftlich auszuführenden Prüfungsaufgaben. Diese verlangten eine Wissenschaftliche Abhandlung über

---

[60] Vgl. K. Scholder, Die Kirchen und das Dritte Reich. Bd. 2: Das Jahr der Ernüchterung 1934, 1985, 320–324; vgl. ferner insgesamt Th. M. Schneider, Reichsbischof (s. Anm. 47).

[61] Ein Exemplar des einseitig eng bedruckten, mit „Kundgebung!“ betitelten Flugblatts findet sich in: Evangelischer Oberkirchenrat. Akten betreffend: die evangelischen Kirchengemeinden des Pfarrsprengels Berlin-Steglitz[,] Kirchenkreis Kölln-Land I (Januar 1932 – Dezember 1935) (EZA 7/11832).

[62] Die Personalakte Müllers dokumentiert zahlreiche von ihm zu verantwortende Denunziationen, Streitigkeiten und Skandale (vgl. Matthäus-Gemeinde, Kirchenkreis Berlin-Steglitz, Personalakte Kirchendiener Adolf Müller, 1933–1945 [ELAB 10907/4/544]).

[63] Bereits am folgenden Tag wies der Superintendent des Kirchenkreises Kölln Land I, Max Diestel, den Steglitzer Gemeindekirchenrat an, dem Kirchendiener Müller, der „damit seine Amtsbefugnisse überschritten hat“, eine Rüge zu erteilen (ebd.).

[64] E. Klapproth, Meldung zur ersten theologischen Prüfung, 21.9.1934 (EZA 50/372/113).

das Thema „Der Begriff μαρτυρεῖν und seine Ableitung im Neuen Testament dargestellt und auf seine Anwendbarkeit auf die Gegenwart geprüft“, ferner eine mit den entsprechenden homiletischen Studien und Meditationen versehene Predigt über die Geschichte von den Söhnen des Zebedäus (Mk 10,35–45) sowie eine ausgeführte Katechese über das Gleichnis vom reichen Jüngling (Mk 10,17–22).[65] Klapproth stellte sich der Herausforderung in voller Hingabe, wobei die Ausfertigung der Wissenschaftlichen Examensarbeit innerhalb der gesetzten Drei-Monats-Frist naturgemäß den breitesten Raum beanspruchte; allein die hierzu, meist in stenographischer Kurzschrift, erstellten Tabellen, Exzerpte und Notizen beliefen sich auf einen Umfang von 225 Seiten.[66] Die dabei entfesselte „unvernünftige Arbeitswut“ trieb ihn zur Adventszeit bis an den Rand eines zeitlebens mahnend erinnerten Nervenzusammenbruchs.[67]

Durch die Abgabe der drei schriftlichen Hausarbeiten unmittelbar vor dem Christfest waren einige unbelastete Weihnachtstage möglich geworden. Danach begann die letzte, intensive Lern- und Repetitionsphase. Am 7. März 1935 teilte das Theologische Prüfungsamt mit, der Examenstermin werde sich aus der zweiten Märzhälfte bis Anfang April noch verzögern.[68] Am Mittwoch vor Palmarum, dem 10. April, folgte dann das Finale. Die Examenskommission bestand durchweg aus Geistlichen der Berlin-Brandenburgischen Bekennenden Kirche: Martin Albertz (Spandau),[69] Walter Dreß (Berlin-Lichterfel-

[65] Der Vorsitzende des theologischen Prüfungsamtes der Bekenntnissynode Berlin-Brandenburg an Erich Klapproth, September 1934 (ELAB 30/26).

[66] EZA 50/372/1 ff.

[67] Vgl. Erich Klapproth an Mathilde Klapproth, 4.9.1941 (EZA 50/301/122–126).

[68] Theologisches Prüfungsamt der Bekennenden Kirche Berlin-Brandenburg an Gerhard Ebeling u. Erich Klapproth, 7.3.1935 (ELAB 30/26).

[69] Zu ihm vgl. bündig M. GAILUS, Protestantismus und National-

de), Günther Harder (Fehrbellin), Paul Luther (Berlin-Charlottenburg) und Bruno Violet (Berlin-Friedrichswerder). Die Korrektur der Hausarbeiten bezeugte ein strenges Urteil, das wohl auch dem Bemühen, gegenüber dem konsistorialen Prüfungsamt nicht den Verdacht minderer Sachstrenge aufkommen zu lassen, geschuldet war. Albertz lobte zwar die „große Sorgfalt" der Wissenschaftlichen Abhandlung, monierte jedoch mangelnde Straffheit der Darstellung sowie eine unzureichende Verbindung des exegetischen und systematischen Teils. Für die Examenspredigt hielt Harder fest, Klapproth habe die Gemeinde zwar teilweise überfordert, doch sei die Predigt in der „Art ihrer Formulierung nicht ohne Geschick und in einem Ton und einer Rede gehalten, die sich wirklich anregend und anpackend an den Hörer wendet". In der Katechese vermisste Harder „den eigentlichen theologischen Unterbau" und bezweifelte, ob die „etwas blutleere, rein logisch vorgehende Manier" des konzipierten Unterrichtsgesprächs dem Fassungsvermögen von Kindern würde gerecht werden können.[70] Unbeschadet dieser Einwendungen befand die Examenskommission die Studienabschlussprüfung in allen Einzelleistungen wie auch im Gesamtergebnis als „gut".[71] Damit hatten sich für Klapproth die investierten Mühen bezahlt gemacht; im Vergleich mit Ebeling[72] konnte er sogar ein geringfügig besseres Examenszeugnis nach Hause tragen.

Die Askese, die sich Klapproth während der Examensvorbereitung auferlegte, ließ etliche Unterbrechungen zu. Am 8. und

---

sozialismus. Studien zur nationalsozialistischen Durchdringung des protestantischen Sozialmilieus in Berlin (Industrielle Welt 61), 2001, 578–584.

[70] Beurteilung der von Herrn stud. theol. Erich Klapproth zur ersten Theologischen Prüfung eingereichten Prüfungsarbeiten, 1935 (EZA 50/239/42).

[71] Zeugnis der Ersten Theologischen Prüfung für [...] Erich Klapproth, 10.4.1935 (EZA 50/239/46).

[72] Zu Ebelings Erster Theologischer Prüfung vgl. Beutel, Gerhard Ebeling (s. Anm. 12), 30–36.

9. September 1934 leitete er in der mittelmärkischen Gemeinde Saarmund eine für den Evangelischen Jungendienst abgehaltene Bibelfreizeit; die teilnehmenden Knaben waren aufgefordert, neben Schlafzeug, Bibel und Liederbuch auch 100 Gramm Reis und Butter sowie 125 Gramm Zucker mitzubringen und einen Unkostenbeitrag von 0,45 Reichsmark bereitzuhalten.[73] Danach sistierte Klapproth notgedrungen die von ihm mit Herzblut betriebene evangelische Jugendarbeit. Walter Hildebrand, der Jugendpfarrer von Berlin-Lichterfelde, zeigte dafür Verständnis, bat ihn aber dringlich, er möge, wenn das Examen erst einmal bestanden sein würde, in diese Tätigkeit wieder zurückkehren.[74]

Daneben engagierte sich Klapproth, der damals, wie sein gymnasialer Klassenkamerad Alfred Salomon berichtete, „ein sehr stiller Mensch"[75] gewesen sein muss, auch an der kirchlichen Bekenntnisfront. In dem am 20. Oktober 1934 gegründeten Kandidaten-Notbund, dem als Verbindungsmann zum altpreußischen Bruderrat Hermann Ehlers vorstand, wirkten neben anderen auch Klapproth und Albrecht Schönherr, der während der Nachkriegszeit als Vorsitzender des Bundes Evangelischer Kirchen in der DDR richtungsweisende Verantwortung wahrnehmen sollte,[76] von Anfang an mit.[77] Zudem betätigte sich Klapproth regelmäßig in der Geheimdruckerei der Steglitzer Bekenntnisgemeinde. Diese war, um dem Zugriff der Staatsmacht entzogen zu bleiben, im Keller der in der Plantagenstraße 23 gelegenen Villa von Paul Kummer eingerichtet worden. Hier erstellte man nächtens auf dramatisch veraltetem

[73] Einladung zur 3. Bibelfreizeit in Saarmund am 8./9.9.1934 (EZA 50/244/32).

[74] Walter Hildebrand an Erich Klapproth, 25.1.1935 (EZA 50/231/73).

[75] A. Salomon, Sehen wir den Tatsachen ins Auge. Ein Zeitzeuge des Kirchenkampfes berichtet (ctb 22), 1991, 71.

[76] Vgl. A. Schönherr, ... aber die Zeit war nicht verloren. Erinnerungen eines Altbischofs, 1993, 60–78 u. passim.

[77] Vgl. Salomon (s. Anm. 75), 65–69.

Gerät vertrauliche Mitteilungsblätter für die Mitglieder des Pfarrer-Notbundes, aber auch Fürbittenlisten für verhaftete Geistliche sowie Kollektenlisten der Berliner Bekenntnisgemeinden.[78]

In einem auf den 13. März 1934 datierten Rundschreiben, das auch Klapproth zugestellt wurde, warb Udo Smidt unter den Mitarbeitern im Bund Deutscher Bibelkreise um journalistische Beteiligung an der von ihm herausgegebenen, monatlich erscheinenden *Jungenwacht*.[79] Klapproth, der just zur selben Zeit in dem Periodikum *Schwert-Kreuz. Blatt der Führer und Jungmannen im Bund Deutscher Bibelkreise* einen kurzen, namentlich gezeichneten Artikel veröffentlicht hatte,[80] fühlte sich angesprochen und erstellte bereits Ende April den ersten, „Der Einsame" überschriebenen Kurztext, der in der Juniausgabe der *Jungenwacht* unter dem Kürzel „Ete", mit dem er sich auch sonst im Bibel-Bund anreden ließ, publiziert wurde.[81] Weitere Beiträge aus seiner Feder brachten dann die September- und Novemberausgabe.[82] Klapproths Begabung und Neigung zum theologischen Jugendautor waren damit entdeckt.[83]

---

[78] Vgl. aaO 43f.

[79] Udo Smidt an alle bisherigen Jungenschaftsführer und Mitarbeiter im Bund Deutscher Bibelkreise, zugleich Rundschreiben Nr. 1 an die Bruderschaft des Bundes, 13.3.1934 (EZA 50/244/2f).

[80] E. Klapproth, Unsere Fragen an Gott (Schwert-Kreuz. Blatt der Führer und Jungmannen im Bund Deutscher Bibelkreise 4, 1934, 76–79).

[81] E. Klapproth, Der Einsame (Jungenwacht, Juni 1934, 2); das maschinenschriftliche Typoskript datiert auf den 29.4.1934 (EZA 50/314/4).

[82] E. Klapproth, Das Gesicht des Königs (Jungenwacht, September 1934, 2f); das maschinenschriftliche Typoskript datiert auf den 15.7.1934 (EZA 50/312/8f). – Ders., Gespräch im Affen (Jungenwacht, September 1934, 22f); ein maschinenschriftliches Typoskript ist nicht überliefert. – Ders., Was der Sterner zu Dr. Spitz gesagt hat (Jungenwacht, November 1934, 23f); das maschinenschriftliche Typoskript datiert auf den 15.10.1934 (EZA 50/312/11f).

[83] Zum Fortgang dieser Tätigkeit s. u. Abschnitte II.3 und IV.3.b.

Eine mit dem Berliner Studienbetrieb nicht zu vergleichende Art theologischer Fortbildung erlebte er auf der zum Thema „Das kirchliche Amt" abgehaltenen „Tagung alter Marburger", die im Oktober 1934 stattfand. Ebeling, der von Bultmann dazu eingeladen worden war, hatte durch Rücksprache bei dem einstigen Lehrer eine Teilnahme des Freundes ermöglicht.[84] Die extensiven Mitschriften, die Klapproth auf der Zusammenkunft – es sprachen dort Vikar Hans Christoph von Hase, Pfarrer Heinrich Vogel, Vikar Jürgen Wilhelm Winterhager und der Bonner Kirchenhistoriker Ernst Wolff – anfertigte,[85] bezeugen ebenso die konzentrierte Aufmerksamkeit, mit der er das Geschehen verfolgte, wie die intensive theologische Stimulierung, die es in ihm bewirkte.

Als frisch examinierter evangelischer Theologe und Pfarramtsanwärter reiste Klapproth am 29. April 1935 nach Bernau-Lobetal, um an einer Freizeit des von Götz Grosch geleiteten Bruderbundes junger Theologen teilzunehmen. Namhafte Referenten der Bekennenden Kirche kamen dabei zu Wort, darunter Martin Albertz, Hans Asmussen, Günther Dehn und Günter Jacob.[86] So ging dem am 1. Mai einsetzenden Vikariat noch eine intensive theologische Studien- und Arbeitsphase voraus. Klapproth konnte damals nicht ahnen, dass er dem Bruderbund später als Obmann fünf Jahre lang dienstbar sein würde.[87]

[84] Vgl. Gerhard Ebeling an Rudolf Bultmann, 7.9.1934 (Nachlass R. Bultmann, UBT Mn 2-669).

[85] E. Klapproth, Tagung des Kreises ehem. Marburger Theologen (22.–24.10.1934): „Das kirchliche Amt", 24 S., hs. (stenogr.) (EZA 50/379/2–13).

[86] E. Klapproth, Freizeit des Bundes junger Theologen (29.4.–2.5.1935 in Lobetal), 21 S., hs. (stenogr.) (EZA 50/379/14–25).

[87] S.u. Kapitel IV.

II. Vikar

1. Gemeindearbeit

Der Vikariatsplatz, in den man ihn zum 1. Mai 1935 einwies, erzeigte sich als einen Glücksfall: Klapproth kam in die Obhut des Bekenntnispfarrers Eduard Lindenmeyer, der seit 1931 als dritter Pfarrer im Berliner Bezirk Wilmersdorf-Nord amtierte. Die Kirchengemeinde Wilmersdorf hatte zunächst lediglich über zwei an der Wilhelmsaue und am Hochmeisterplatz gelegene Gotteshäuser verfügt; für den sprunghaft expandierenden Nordbezirk waren als Gottesdienstraum einstweilen nur die Aula des Joachimsthalschen Gymnasiums und später die Aula der Cecilienschule verfügbar. Die Ausführung eines eigenen Kirchengebäudes im Norden wurde 1929 beschlossen und dem Hamburger Architekten Fritz Höger übertragen. Dessen Meisterwerk, das 1924 in Hamburg eröffnete expressionistische Chilehaus, hatte ihn reichsweit bekannt gemacht. Mit der „Kirche Am Hohenzollernplatz" schuf er nun auch ein großartiges, architekturgeschichlich wegweisendes Gotteshaus.[1]

Am 13. März 1933 fand unter der Leitung des Berliner Generalsuperintendenten Wilhelm Haendler die feierliche Eröffnung statt. Das baulich angegliederte neue Pfarrhaus umfasste drei Wohnungen, die jetzt die seit 1931 im Bezirk Wilmersdorf-Nord tätigen Geistlichen bezogen: der geschäftsführende Pfarrer Adolf Schletter, der zweite Pfarrer Bernhard Teicke sowie Pfarrer Eduard Lindenmeyer. Der letztere war Junggeselle und teilte seine Wohnung mit der Familie seines Bruders Fried-

[1] Vgl. H. Grün-Rath, Die Kirche wird gebaut (in: Ders. [Hg.], Bauplatz Kirche. 70 Jahre Kirche Am Hohenzollernplatz, 2004, 13–39).

rich Lindenmeyer, der für die im Berliner Humboldthafen liegende schwimmende Schifferkirche pastoral zuständig war.[2] Dessen Ehefrau Agnes Maria Lindenmeyer unterstützte die Gemeindearbeit ihres Schwagers nach Kräften und baute seit 1934 eine bald ansehnlich frequentierte Bekenntnis-Frauengemeinschaft auf.

Während Teicke zwar der Bekenntnisfront zuneigte, sich aber kirchenpolitisch eher neutral verhielt, kam es zwischen Schletter, der als glühender Anhänger der Deutschen Christen agierte, und dem die kirchliche Opposition aktiv unterstüzenden Lindenmeyer zu hässlichen, harten Konflikten, die sich bis zu einer von Schletter erwirkten zeitweiligen Amtsenthebung Lindenmeyers zuspitzten.[3] Da Lindenmeyer vom 28. April bis zum 4. Mai 1935 im Polizeigefängnis am Alexanderplatz inhaftiert war, musste ihn Klapproth sogleich in der Wahrnehmung der laufenden Amtsgeschäfte vertreten.[4] Während des Vikariats blieb er im Steglitzer Elternhaus wohnen, das von der Kirche Am Hohenzollernplatz knapp vier Kilometer entfernt lag; eine Straßenbahn-Monatskarte zu 4 Reichsmark bekam er von Amts wegen finanziert.

„Die persönliche Berühung mit meinem Vikariatsleiter" betrachtete Klapproth rückblickend „als den grössten Gewinn dieser Zeit".[5] Er charakterisierte Lindenmeyer „als einen Christen von tiefem, einfältigem Glauben und unerschrockenem Ge-

---

[2] Zu Friedrich Lindenmeyer vgl. T. KRÜGER, Schwimmende Schifferkirche (in: O. KÜHL-FREUDENSTEIN / P. NOSS / C.P. WAGENER [Hg.], Kirchenkampf in Berlin 1932–1945. 42 Stadtgeschichten [SKI 18], 1999, 184–189).

[3] Vgl. H. GRÜN-RATH, Kirche kämpft – auch am Hohenzollernplatz (in: DERS., Bauplatz Kirche [s. Anm. 1], 40–49); B. TEICKE, Aus der Chronik (aaO 96–98).

[4] Vgl. E. KLAPPROTH, Bericht [...] über den ersten Monat seines Vikariats bei Herrn Pfarrer Eduard Lindenmeyer, Bln.-Wilmersdorf Nord, 1 S., masch., 5.6.1935 (EZA 50/239/47).

[5] E. KLAPPROTH, Ergänzung zum Lebenslauf, 5 S., masch., 2.5.1937 (ELAB 30/26), 1.

horsam […] – als begnadeten, gründlichen Schrifttheologen und als ernsten Seelsorger".[6] Wovon er insbesondere profitierte, war die durchgehende väterlich-freundschaftliche Begleitung auf den ihm neuen, kirchlichen Tätigkeitsfeldern, die ihm Lindenmeyer gewährte: „Sein theologisches Wissen lässt auch das kürzeste Gespräch zu einer wesentlichen Belehrung werden".[7] Mit Lindenmeyer blieb er weit über das Vikariat hinaus in vertrautem, durch gegenseitige Zuneigung und Wertschätzung geprägtem Kontakt. Die Vikariatserfahrungen bestätigten abermals, dass Klapproth die religionspraktische Arbeit als das ihn zutiefst stabilisierende Korrektiv eines theologisch-wissenschaftlichen Existenzvollzugs wahrnahm.[8] Dazu steht nicht im Widerspruch, dass er unter den gänzlich anderen Bedingungen des Zweiten Weltkriegs die Freistunden, die ihm als Frontsoldat verblieben, vornehmlich zum Studium theologischer Fachbücher nutzte.[9]

Über Art und Umfang seiner verschiedenen beruflichen Einsatzformen informiert das penibel geführte *Vikariats-Tagebuch*.[10] Breiten Raum nahmen die Hausbesuche ein, mitunter wurden es bis zu neun Besuche am Tag. Sie galten den erkrankten oder ausgetretenen Gliedern der Gemeinde, aber auch denen, die Klapproth für die Bekenntnisgemeinde neu zu gewinnen hoffte. Dabei ging ihm „eine Ahnung davon auf, dass die Tätigkeit des ‚pastor' mehr als bisher werden müsse, das Verlorene zu *suchen*, und dass die Betrachtung der Inkarnation hier-

---

[6] Ebd.

[7] Klapproth, Bericht (s. Anm. 4).

[8] „Kirchlichkeit der Theologie, d.h. Ernstnahme des dritten Artikels ist für den, der vom Theologiestudium herkommt, ein gutes Korrektiv. […] Jetzt, wo ich täglich mehr in die Gemeinde hineinkomme, wird alles theologische Wissen, wird vor allem die Schrift selbst in ungeahnter Weise lebendig, von der Gemeinde her und auf die Gemeinde hin in ganz neuer Weise [!] gelesen und verstanden" (ebd.).

[9] S.u. Kapitel V.

[10] E. Klapproth, Vikariats-Tagebuch, 1.5.1935–15.4.1936 (EZA 50/244/70–116).

zu die beste Dienstanweisung ist".[11] Aus falscher Scheu habe er dabei nur in den seltensten Fällen zu beten und aus der Bibel vorzulesen gewagt.[12] Gottesdienstliche Verantwortung übernahm er, meist in der Kirche Am Hohenzollernplatz, etwa alle vier Wochen. Gelegentliche Bestattungen, die er als „die strengste Schule jenes Jahres"[13] empfand, kamen hinzu. Auch im Konfirmandenunterricht wurde er eingesetzt, außerdem nahm er in Lichterfelde die einstige Jugendarbeit wieder auf, aus der dann zahlreiche, meist seelsorgerlich orientierte Korrespondenzen erwuchsen.[14] Zudem hat er, um seine karge finanzielle Situation aufzubessern, gelegentlich Nachhilfestunden erteilt.[15]

Unter den Schreibarbeiten, die Klapproth in der pfarramtlichen Registratur zu erledigen hatte, dominierte die Mitgliederpflege. Viele von denen, die sich zur Wilmersdorfer Bekenntnisgemeinde hielten und einen Wohnungswechsel vollzogen, mussten von ihm an die entsprechende Übertragung ihrer „roten Karte" erinnert werden.[16] Als er auf ein solches Schreiben, das an die aus Wilmersdorf weggezogene Ursula Schütz gerichtet war, keine Antwort erhielt, wandte er sich an deren Ehemann, den Direktor der Berliner Victoria-Versicherung Gerhart Schütz,[17] der ihm unter Verwendung des von Klapproth beigefügten Freiumschlags kurz darauf mitteilte, seine von ihm geschiedene Frau sei postalisch nur über ihren Rechtsanwalt Franz Janich zu erreichen.[18] Umgehend folgte Klapproth der

[11] Klapproth, Ergänzung zum Lebenslauf (s. Anm. 5), 2.

[12] Ebd.

[13] Ebd.

[14] Vgl. EZA 50/244.

[15] Vgl. etwa EZA 50/231/71 f.

[16] Stellvertretend für sehr viele ähnliche Fälle vgl. Erich Klapproth an Frau Krause, 26.6.1935 (EZA 50/217/120).

[17] Erich Klapproth an Gerhart Schütz, 26.6.1935 (EZA 50/217/119).

[18] Gerhart Schütz an Erich Klapproth, 29.6.1935 (EZA 50/217/118).

gewiesenen Spur.[19] Ob sie zum Erfolg führte, ist aus dem Aktenbestand nicht mehr ersichtlich.

In einem auf den 22. Mai 1935 datierten Rundschreiben, das an die Teilnehmerinnen der von Agnes Lindenmeyer abgehaltenen Frauenabende gerichtet war, informierte Klapproth über das jüngst ergangene polizeiliche Verbot, diese Veranstaltungen öffentlich abzuhalten, und bat, damit sich der Zutritt künftig kontrollieren ließe, um die Mitführung der „roten Karte"; wer eine solche Karte noch nicht besitze, könne sich diesbezüglich gerne an das Pfarramt wenden.[20]

Im Juli 1935 reiste der aus Bern gebürtige Lindenmeyer zu einem dreiwöchigen Erholungsurlaub in seine schweizerische Heimat. Da er dort verschiedene Quartiere aufsuchte und deshalb postalisch nicht zu erreichen war,[21] hatte Klapproth während dieser Zeit die gesamte pastorale Amtsführung allein zu versehen. Hin und wieder trafen freundliche Postkartengrüße aus der Schweiz ein, die von guten Ferientagen schwärmten und den Wilmersdorfer Statthalter moralisch aufmuntern sollten.

Als regelmäßiger Gast nahm Klapproth auch an den Zusammenkünften des Berliner Notbundkonvents teil. So lebhaft er die dabei verfolgte Zielrichtung unterstützte, so schwer bedrückten ihn die dort manchmal aufbrechenden „Unbrüderlichkeiten".[22] Noch tiefer irritierte ihn die schon von Philipp Melanchthon beklagte *rabies theologorum*,[23] deren er am 11.

---

[19] Erich Klapproth an Ursula Schütz über Rechtsanwalt Franz Janich, 1.7.1935 (EZA 50/217/113).

[20] Erich Klapproth, Rundbrief an Frau/Frl. …, 22.5.1935 (EZA 50/217/127).

[21] Eduard Lindenmeyer an Erich Klapproth, 5.7.1935 (EZA 50/231/86f).

[22] KLAPPROTH, Ergänzung zum Lebenslauf (s. Anm. 5), 2f.

[23] CR 9, 1098 (Nr. 6977), April 1560. – Vgl. dazu A. BEUTEL, Praeceptor Germaniae – Doctor ecclesiae. Melanchthons Selbstverständnis als Gelehrter (in: DERS., Protestantische Konkretionen. Studien zur Kirchengeschichte, 1998, 124–139), 137–139.

Dezember 1935 beim Festakt zum 100. Geburtstag von Adolf Stoecker in der Berliner Stadtmission ansichtig wurde.[24] Die Lobeshymnen auf den umstrittenen Theologen und einstigen Hofprediger, die von Repräsentanten der Deutschen Evangelischen Kirche angestimmt wurden, missfielen Klapproth. Erst recht entsetzt war er darüber, dass, während der Präses der Berlin-Brandenburgischen Bekenntnissynode Gerhard Jacobi ein Grußwort einbrachte, einige der Anwesenden lärmend den Saal verließen, darunter Otto Koopmann, der Präsident des Landeskirchenamtes Hannover, und der Konsistorialrat Karl Schlabrintzky. Aber auch die Rede seines Präses befremdete ihn. Denn Jacobi hatte, ob aus Überzeugung oder Anbiederung, den reaktionären, radikal antisemitischen Stoecker ganz unverhohlen für die eigene kirchenpolitische Gruppierung zu vereinnahmen gesucht: Heutigen Tages, spekulierte Jacobi, wäre Stoecker weder auf Seiten der Deutschen Christen zu finden, noch würde er im Reichskirchenausschuss verbleiben.[25] Tief aufgewühlt und verstört trat Klapproth am Abend den Heimweg an.

Als theologisch ermutigend erwies sich die Tagung der Kandidaten und Hilfsprediger der Bekennenden Kirche in Berlin und Brandenburg, die von 23. bis 27. März 1936 in den Hoffnungsthaler Anstalten in Lobetal stattfand. Martin Albertz hatte am 17. Februar dazu eingeladen und die jeweiligen Vikariatsleiter um einen Zuschuss aus der Gemeindekasse ersucht.[26] Auf der Freizeit standen gleichermaßen theologisch-wissenschaftliche und kirchlich-praktische Themen zur Erörterung an. So sprachen etwa Heinrich Vogel über „Die doppelte Prä-

---

[24] Vgl. E. Klapproth, Ohrenzeugenbericht von der Stoecker-Feier der Berliner Stadtmission am 11.12.1935, 1 S., masch. (EZA 50/217/64).

[25] G. Jacobi, Ansprache bei der Stoecker-Feier der Berliner Stadtmission am 11. Dezember 1935, 1 S., masch. (EZA 50/217/66).

[26] Martin Albertz an die Kandidaten und Hilfsprediger der Bekennenden Kirche in Berlin und Brandenburg, 17.2.1936 (EZA 50/232/63).

destination“, der spätere Bundestagspräsident Hermann Ehlers über „Kirchensteuerrecht“ und Eitel-Friedrich von Rabenau über „Das Problem der roten Karte“. Bonhoeffer, der mit einem Referat zum theologischen Begriff des Gesetzes angekündigt war,[27] hatte seine Mitwirkung in letzter Minute absagen müssen. Klapproth schrieb alles, was er dort zu hören bekam, in der gewohnten Kurzschrift mit.[28] So konnte er sich am Ende seiner Vikariatszeit noch einmal aus guten Händen theologisch gestärkt wissen.

2. Theologie

Trotz der umfassenden dienstlichen Beanspruchung fanden sich auch sonst immer wieder Gelegenheiten zu theologischer Arbeit und Diskussion. Dabei spielte der Austausch mit Ebeling, der sein Vikariat im Mai 1935 in Crossen/Oder angetreten hatte und es seit Oktober 1935 in dem nordwestlich von Berlin gelegenen Ort Fehrbellin unter der Leitung von Günther Harder fortführte,[29] eine wichtige Rolle. Die Freunde standen in anhaltendem Briefkontakt, man erörterte die aktuellen Predigtaufgaben und seelsorgerlichen Herausforderungen, tauschte sich über die bedrohlich wirkende kirchliche und kirchenpolitische Lage aus und gab dabei selbstverständlich auch den alltäglichen Freuden und Bedrängnissen Raum. So bat Ebeling am 5. April 1936 um die Erlaubnis, das Telefon der Eltern Klapproth benutzen zu dürfen: Da seine aus Zürich anreisende Braut Kometa Richner, mit der er seit dem vorigen Sommer verlobt war, eine Zwischenübernachtung im Haus ihrer Steglitzer Schwiegereltern werde einlegen müssen und es noch ungewiss sei, ob sie am nächsten Tag anstatt mit der Bahn im Auto von Harder nach Fehrbellin mitfahren könne, werde dieser, sobald

27 Götz Grosch an Erich Klapproth, 17.3.1936 (EZA 50/232/64).

28 EZA 50/379/25–32.

29 Vgl. A. Beutel, Gerhard Ebeling. Eine Biographie, 2012, 37–46.

die Sache entschieden ist, telefonisch Bescheid geben, was Klapproth den Eltern bitte ankündigen möge. Außerdem erbat Ebeling für seine Braut und sich eine baldige Führung durch die schöne Kirche Am Hohenzollernplatz.[30]

Regelmäßigen theologischen Austausch unterhielt Klapproth auch mit dem drei Jahre älteren Claus Westermann, der nach dem Zweiten Weltkrieg als einer der bedeutendsten Alttestamentler hervortreten sollte. Man kannte sich aus dem gemeinsamen Studium in Berlin und hatte rasch Freundschaft geschlossen. Klapproth und Westermann, der nun als Vikar im schlesischen Tiefenfurt (Landkreis Görlitz) bestallt war, tauschten ihre Predigten aus und sparten dabei nicht mit klarer, stets konstruktiver Kritik. In der Entschiedenheit für den bekenntniskirchlichen Kurs standen sie einander nicht nach; viele der älteren Pfarrer, klagte Westermann, „drücken sich und kneifen, wo sie können".[31] Brieflich erörterte man die jüngsten Hefte der *Theologische[n] Rundschau* und ein von Ebeling verfasstes Typoskript zum *Problem der natürlichen Theologie.*[32] Westermann, dem offenbar reichlich Zeit zur freien Lektüre blieb, machte Klapproth auf die seines Erachtens besten theologischen Neuerscheinungen aufmerksam, allen voran Hans Asmussens Seelsorge-Handbuch[33] und die Credo-Vorlesungen Karl Barths.[34] Auch Luthers schwierige Schrift *De servo arbitrio* von 1525 wurde mehrfach von den Freunden erörtert.

---

[30] Gerhard Ebeling an Erich Klapproth, 5.4.1936 (EZA 50/245/2f).

[31] Claus Westermann an Erich Klapproth, 13.6.1935 (EZA 50/231/143).

[32] G. Ebeling, Das Problem der natürlichen Theologie, 9 S., masch., 1935 (Nachlass G. Ebeling, UAT 633/680).

[33] H. Asmussen, Die Seelsorge. Ein praktisches Handbuch über Seelsorge und Seelenführung, 1934 (vgl. Claus Westermann an Erich Klapproth, 27.5.1935 [EZA 50/231/144]).

[34] K. Barth, Credo. Die Hauptprobleme der Dogmatik dargestellt im Anschluß an das Apostolische Glaubensbekenntnis. 16 Vorlesungen, gehalten an der Universität Utrecht im Februar und März 1935,

Im Dezember 1935 notierte Klapproth exegetische Überlegungen zur lukanischen Weihnachtsgeschichte und versandte sie an einige Leitungsträger der Berliner Bekennenden Kirche. Dieser nicht mehr erhaltene Text – ob es sich dabei um eine Predigt, eine biblische Textmeditation oder einen exegetisch-theologischen Kurzkommentar handelte, bleibt unklar – fokussierte sich offenbar auf den von Klapproth womöglich aus aktuellem theologischen Interesse stark gemachten Begriff der „Furcht Gottes", welche die Hirten, als des Herrn Engel zu ihnen trat (Lk 2,9), überkam. Martin Niemöller widersprach der von Klapproth skizzierten Deutung mit „der Überzeugung, dass die Furcht Gottes auch von dem ‚Geringen', nämlich von der Menschenfurcht befreit".[35] Und Präses Jacobi verwies seinen Vikar auf die Sünde, in der die Furcht des Menschen ihren Grund habe, sowie auf das Segenswort des Engels (Lk 2,10), das mit der Furcht auch die Sünde von den Hirten genommen habe.[36] Wenn der junge Klapproth seine theologischen Einsichten den kirchlichen Lehrern und Vorgesetzten mitteilte, so wird dies gewiss nicht als Ausdruck eitler Selbstdarstellung, sondern als das Zeugnis ernsthaften theologischen Ringens zu deuten sein.

Dass Klapproth den theologischen Disput auch mit staatlichen Amtsträgern nicht scheute, dokumentiert der Briefwech-

---

1935 (vgl. Claus Westermann an Erich Klapproth, 21.6.1935 [EZA 50/231/146]).

[35] Martin Niemöller an Erich Klapproth, 27.12.1935 (EZA 50/231/113).

[36] „Ganz so stimmt ihre Exegese meiner Auffassung nach nicht. Sicherlich fürchteten sich die Hirten vor dem offenstehenden Himmel, also vor der Offenbarung Gottes; aber vor der Offenbarung Gottes fürchten sich die Menschen eben darum, weil sie sündige und von Gott getrennte Menschen sind. Im Himmel werden wir uns nicht mehr fürchten, da werden wir schauen von Angesicht zu Angesicht [1Kor 13,12]. Es ist also Menschenfurcht, weil wir gott-lose Menschen sind. Diese Furcht wird uns durch den Ruf ‚Fürchtet Euch nicht!' genommen" (Gerhard Jacobi an Erich Klapproth, 2.1.1936 [EZA 50/231/72]).

sel, den er mit dem Bevölkerungswissenschaftler und Eugeniker Friedrich Burgdörfer aufnahm. Dieser fungierte seit 1929 als Direktor beim Statistischen Reichsamt, in welchem er die Abteilung für Bevölkerungs-, Betriebs-, Landwirtschaft und Kulturstatistik leitete. Burgdörfer stand der NSDAP nahe, hatte deren Machtergreifung im Januar 1933 ausdrücklich begrüßt und gehörte seit kurzem dem Sachverständigenbeirat für Bevölkerungs- und Rassenpolitik des Reichsinnenministeriums an.[37] Nachdem Klapproth in einer Schrift Burgdörfers gelesen hatte, es sei denjenigen Völkern, die ihrer als Gebot Gottes verstandenen natürlichen Bestimmung treu bleiben, ein „ewiges Leben" beschieden, protestierte er am 14. September 1935 brieflich gegen die damit dem Begriff des ewigen Lebens widerfahrene Profanierung.[38]

Burgdörfer antwortete ausführlich, gesprächsoffen und dezidiert freundlich. Er lobte den „heiligen Ernst", den Klapproth mit seinem Drängen auf semantische Klarheit erwiesen habe, und zeigte für die daraus resultierende Beanstandung „volles Verständnis".[39] Dann setzte er eingehend auseinander, weshalb er gleichwohl an der von ihm gebrauchten Formulierung festhalten wolle. Als Wissenschaftler und Christ pflege er den vermenschlichten und den göttlichen Ewigkeitsbegriff deutlich auseinanderzuhalten. Dabei beziehe sich die im juristischen Fachdiskurs übliche Rede von einer „relativen Ewigkeit" auf eine lediglich innerweltlich unbeschränkte Dauer, keineswegs aber auf die „Verheissung absolut-ewiger Dauer".[40]

---

[37] Vgl. TH. BRYANT, Friedrich Burgdörfer (1890–1967). Eine diskursbiographische Studie zur deutschen Demographie im 20. Jahrhundert (Pallas Athene. Beiträge zur Universitäts- und Wissenschaftsgeschichte 32), 2010.

[38] Der Brief Erich Klapproths an Friedrich Burgdörfer ist nicht erhalten, lässt sich aber aus Burgdörfers Antwortschreiben annähernd rekonstruieren.

[39] Friedrich Burgdörfer an Erich Klapproth, 3 S., masch., 6.10.1935 (EZA 50/231/55f), 1.

[40] Ebd.

Das Erstgenannte, wiederholte Burgdörfer, gehe denjenigen Völkern verloren, die, „weil der gesunde natürliche Wille in ihnen erschlafft ist, […] sich abgewendet haben vom schöpferischen Willen Gottes".[41] Er empfahl Klapproth die Lektüre seiner im Vorjahr erschienenen kleinen Schrift *Sterben die weißen Völker?*[42] und erläuterte im Rückgriff auf eine aktuelle Publikation[43] seine Auffassung, es sei eine „Erneuerung des Volkslebens" nur dann zu erwarten, wenn

> Ehe, Familie und Kindersegen ihre alte, gottgewollte und naturgegebene Stellung und Rangordnung im Leben des einzelnen und des Volkes wiedergewinnen. Erziehung und Willensbildung sind darum die unentbehrlichen Voraussetzungen für die Wirksamkeit und den dauernden Erfolg bevölkerungspolitischer Maßnahmen.[44]

Burgdörfer schloss den Brief mit dem Hinweis, in diesem Zusammenhang habe „gerade auch die Kirche eine große volkspolitische Aufgabe".[45] Unbeschadet aller sachlichen Divergenzen signalisierte die Reaktion Burgdörfers doch aufrichtiges Gesprächsinteresse. Dass Klapproth darauf seinerseits wieder reagiert haben wird, dürfte kaum zu bezweifeln sein. Doch bleiben diesbezüglich die Akten, soweit sie erhalten sind, stumm.

3. Prosa und Poesie

Mit der Wiederaufnahme der Jugendarbeit in Berlin-Lichterfelde setzte Klapproth auch seine Mitwirkung an der von Udo Smidt im Auftrag das Bundes Deutscher Bibelkreise betreuten

---

[41] AaO 2.

[42] F. BURGDÖRFER, Sterben die weißen Völker? Die Zukunft der weißen und farbigen Völker im Lichte der biologischen Statistik (Das Neue Reich), 1934.

[43] F. BURGDÖRFER, Bevölkerungsentwicklung im Dritten Reich. Tatsachen und Kritik, 1935, 5.

[44] Friedrich Burgdörfer an Erich Klapproth, 6.10.1935 (s. Anm. 39), 2f.

[45] AaO 3.

Monatsschrift *Jungenwacht* fort. Allerdings hatte er dabei einen gewissen Widerwillen zu überwinden. Smidt wies Klapproths abschätziges Urteil über den Jahrgang 1934 des Periodikums zwar zurück, lobte aber Ton und Absicht der vorgebrachten Kritik als konstruktiv und ermunterte Klapproth zu weiteren Beiträgen aus seiner Feder.[46] Als dieser sich im Oktober 1935 unter Hinweis auf die Fülle der Gemeindearbeit endgültig dispensieren wollte, suchte Smidt ihn dringlich und, wie sich zeigte, erfolgreich davon abzuhalten.[47] So verblieb Klapproth im Kreis der dort publizierenden Jugendautoren und ließ sich gelegentlich sogar zur Korrekturlektüre der Druckfahnen einspannen.[48] Eine von Smidt erbetene aktive Mitwirkung an der Rüst- und Freizeit des Bundes, die Anfang Januar 1936 in Detmold stattfand,[49] kam allerdings nicht zustande.

Solange Klapproth in Berlin-Wilmersdorf Dienst tat, wurden etliche seiner Kurztexte in der *Jungenwacht* publiziert. Ihr Umfang schwankte zwischen 20 Zeilen und bis zu zwei Druckseiten. Es waren zumeist fabelähnliche, bildhaft-unterhaltsame Lehrtexte, die den jugendlichen Lesern eine schmackhaft zubereitete moralische oder religiöse Lebensberatung servierten. Unterzeichnet waren sie stets mit dem Kürzel „Ete“. Bereits die Überschriften zielten darauf ab, spontanes Interesse zu wecken.[50] Schreibart und Tonfall ließen jedesmal gesättigte ju-

[46] Udo Smidt an Erich Klapproth, 13.5.1935 (EZA 50/244/25).

[47] Udo Smidt an Erich Klapproth, 8.10.1935 (EZA 50/244/61). – Der damit beantwortete Brief Klapproths vom 5.10.1935 ist nicht überliefert.

[48] Udo Smidt an Erich Klapproth, 24.9.1935 (EZA 50/244/59).

[49] Udo Smidt an Erich Klapproth, 10.10.1935 (EZA 50/244/62).

[50] Vgl. beispielsweise E. Klapproth, Der Leiterwagen (Jungenwacht, Februar 1936, 26f); Ders., Spiel, Ernst und Segen (aaO 52f); Ders, Der König des Kreuzes (Jungenwacht, März 1936, 68f); Ders., Die kleine Anzeige (aaO 78f); Ders., Die leuchtenden Hände (Jungenwacht, Juni 1936, 142); Ders., Das wirkende Wort (aaO 148); Ders., Da fiel das Feue Feuer des Herrn herab (Jungenwacht, August 1936, 198–200); Ders., Nein-Sager (Jungenwacht, Oktober 1936, 226).

gendpädagogische Erfahrung erkennen. So bekamen die Abonnenten beispielsweise im Märzheft des Jahres 1936 zu lesen:

Das langsame Sterben.
Mitten in der großen Stube stand ein brennendes Licht. Es gab keinen Winkel im ganzen Raum, den es nicht mit seinem Schein erreicht hätte. Es gab keine Ecke, in die es nicht hineinleuchtete.

Aber eines Tages entstand darüber eine Unzufriedenheit. „Das paßt uns nicht mehr", sagten Stimmen von der einen Seite her, „wir wollen uns nicht länger in alles hineinsehen lassen!" Und sie begannen, eine Wand zu errichten, die sie vor der Helligkeit bewahren sollte.

Das Licht war hierüber recht aufgebracht. „Wie kommt ihr dazu, meinem Wirken Hindernisse in den Weg zu legen?" fragte es empört. „Wer tut denn das?" war die entrüstete Antwort. Du wirst doch noch jedem seine Freiheit lassen?! Oder willst du dich etwa aufdrängen, wo man dich nicht wünscht?" Nein, das wollte es natürlich nicht, gab das Licht verlegen zu. Dies war die Geburt der Finsternis.

Es dauerte nicht lange, bis in anderen Ecken das gleiche geschah. Es sprach sich herum, daß in der Finsternis jeder tun könne, was er wolle. So prallte das Licht sehr bald rings im Umkreis da, wo es noch eben hingelangt war, auf Mauern. Da wurde ihm nun doch unheimlich zumute, und es legte laut erheblichen Protest gegen solche Beschränkung ein. Aber damit kam es schlecht an. „Was willst du eigentlich?" tönte es von allen Seiten. „Wer tastet dich denn an? Mach dich nur an deine Aufgabe und leuchte! Es ist *deine* Schuld, wenn sich dir mancher verschließt. Wenn du recht hell leuchtest, wirst du auch durch Mauern hindurchdringen".

Das Licht wurde rot vor Beschämung und gab sich Mühe, noch besser und durchdringender zu scheinen. Doch schon am nächsten Tag waren die Wände ihm wieder noch näher auf den Leib gerückt, mehr und mehr Umwelt wurde ihm entzogen, mehr und mehr wurde es eingeengt. Nein, niemand tastete es an! Niemand vergriff sich an dem Licht selbst! Aber nach drei Tagen, als es nunmehr auf allen Seiten dicht eingeschlossen war, losch es aus. Niemand hatte es berührt, nein, gewiß nicht! Man hatte ihm nur – die Luft genommen.

„Ihr seid das Licht der Welt" [Mt 5,14]. Wer Ohren hat zu hören, der höre![51]

---

[51] E. KLAPPROTH, Das langsame Sterben (Jungenwacht, März 1936, 79).

In Klapproths Nachlass finden sich zahlreiche Manuskripte dieser Gattung, die längst nicht alle in der *Jungenwacht* publiziert worden sind. Wahrscheinlich hatte er seiner Phantasie und Feder in ruhigen Stunden ungezügelten Lauf gelassen und dann im Nachgang selbstkritisch die Spreu vom Weizen getrennt. Zugleich mochte auch Smidt bei der Textauswahl eine Rolle gespielt haben. Zumindest der folgende Kurzbeitrag ist von ihm, wohl nicht zuletzt wegen der unübersehbaren Anspielung auf das nationalsozialistische Hetzblatt *Der Stürmer*, als „staatsgefährlich" abgelehnt worden:

Wer Schmutz anfasst, besudelt sich.
Der Meinung seid ihr wahrscheinlich bisher auch gewesen. Nach diesem Grundsatz hat man bisher allen Dreck aus dem eigenen Hause ferngehalten, um selbst sauber zu bleiben.

Dies Verfahren ist jedoch in der neuesten Zeit durch eine umwälzende Beobachtung völlig in den Schatten gestellt worden. Es wurde festgestellt, dass Abschrecken besser wirkt als Vorbeugen. Darum ist man dazu übergegangen, den Leuten – Grossen wie Kleinen – den Schmutz in geradezu aufdringlicher Weise vor Augen zu führen und bis ins Haus zu tragen (selbstverständlich nur, soweit man ihn in *fremden* Häusern zusammengekratzt hat). Die Wirkung hat dann zu sein, dass jeder, angeekelt, wissen wird, was er *nicht* tun soll. Bis dahin lässt sich übrigens mit diesem Verfahren ein glänzendes Geschäft machen. Denn es gibt Menschen, die gern im Schmutz leben und darum dankbare Abnehmer für derartige Ware sind. –

Offengestanden – ganz bin ich noch nicht davon überzeugt, dass man durch Umgang mit Dreck sauberer wird. Ihr hoffentlich auch nicht! So stehet denn in solcher Schmutzflut wie Festungen, die sich nicht *stürmen* lassen![52]

Im Bereich der christlichen Jugendpublizistik wurde Klapproth aufmerksam wahrgenommen. So fragte Hermann Windel, der Inhaber des Anfang Januar 1935 gegründeten Wuppertaler

[52] E. KLAPPROTH, Wer Schmutz anfasst, besudelt sich, 1 S., masch., 10.9.1935 (EZA 50/312/32). Auf dem Typoskript hatte Klapproth später handschriftlich vermerkt: „Von der Schriftleitung als staatsgefährlich abgelehnt".

Umbruch-Verlags, am 17. Februar 1936 an, ob er einen im Januarheft 1935 der *Jungenwacht* publizierten Artikel in seinem geplanten *Kalender für Jungs und Mädel* nachdrucken dürfe; auch Originalbeiträge von „Ete" seien ihm jederzeit sehr willkommen.[53] Klapproth korrigierte zunächst das Erscheinungsdatum des erfragten Artikels[54] und gab einen Tag später unter der Voraussetzung, dass auch die Schriftleitung der *Jungenwacht* zustimme, sein Einverständnis; für die Erstellung zusätzlicher Texte fehle ihm allerdings jegliche Zeit.[55] Der Dank von Windel folgte postwendend.[56] Auch in der von Otto Riethmüller herausgegebenen, im Berlin-Dahlemer Burckhardthaus-Verlag publizierten Serie *Die offene Tür. Konfirmandenbriefe der Kirche* erschienen 1935, von Klapproth lizenziert, etliche Nachdrucke seiner Prosa für die christliche Jugend.[57] So hatte sich ihm ein literarisches Gestaltungsfeld aufgetan, das expansionsträchtig erschien und das, wie sich zeigen sollte, nicht auf die Gattung von jugendpädagogischen Kurzgeschichten beschränkt blieb.

Denn die epische und lyrische Sparte kamen alsbald hinzu. Wie die meisten Intellektuellen seiner Generation fertigte auch Klapproth zeitlebens Etüden in diesen literarischen Gattungen an. Dabei interessierten ihn deren religiöse bzw. christliche Spielarten in besonderem Maße. Nachdem er in einer Radiosendung das von dem deutschbaltischen Schriftsteller, Dramatiker, Lyriker und aktiven Tierschützer Manfred Kyber verfasste Gedicht *Sonnenaufgang* gehört hatte, wandte er sich am 26. Oktober 1935 brieflich an den Autor und bat ihn um Mitteilung des Publikationsortes, da er den Text in den bisherigen Veröffentlichungen Kybers nicht habe finden können.[58] Dass

[53] Hermann Windel an Erich Klapproth, 17.2.1936 (EZA 50/231/1).
[54] Erich Klapproth an Hermann Windel, 24.2.1936 (EZA 50/231/2).
[55] Erich Klapproth an Hermann Windel, 25.2.1936 (EZA 50/231/4).
[56] Hermann Windel an Erich Klapproth, 27.2.1936 (EZA 50/231/5).
[57] Vgl. die Beleg-Exemplare in EZA 50/325/93–101.
[58] Erich Klapproth an Manfred Kyber, 26.10.1935 (EZA 50/217/89).

Klapproth dabei die Anfangsverse nach einmaligem Hören nicht ganz korrekt zitierte,[59] ist verständlich. Allerdings lag das Gedicht bereits seit 1918 in gedruckter Form vor.[60] Außerdem hatte er übersehen, dass Kyber schon am 10. März 1933 in seinem letzten Wohnort Löwenstein verstorben war.[61] Gleichwohl bezeugt Klapproths spontanes Interesse an diesem Gedicht feinsinnigen literarästhetischen Geschmack und ein ausgeprägtes lyrisches Qualitätsbewusstsein. Im Übrigen zählt der Brief an Kyber zu den seltenen Schreiben, die Klapproth im verordneten Stil der Zeit „mit deutschem Gruss" unterzeichnete.[62]

Eine beliebte Aktionsform evangelischer Jugendkreise stellte damals die Einübung und Aufführung christlicher Laien- oder Gemeindespiele dar. Ihren Stoff bezogen sie meist aus der Bibel, aber auch aus zentralen Stationen der Kirchengeschichte, zumal aus dem Leben und Wirken Luthers, sowie aus aktuellen religiösen Lebens- und Glaubensthemen. Die szenische Abfolge des in der Regel gereimten Spieltextes war auf etliche Darsteller verteilt. Die Aufführungen fanden vor kirchlichem oder jedenfalls kirchlich interessiertem Publikum statt und sollten in populartheologischer Unterhaltsamkeit der christlichen Verkündigung dienen. Dadurch gerieten die jugendlichen Bühnenakteure nicht selten in bisweilen gewaltsam ausgetragene Konflikte mit den konkurrierenden nationalsozialistischen

[59] Bei ihm lauten sie „Es kommt eine Stunde, Menschenkind, da all deine Lampen erloschen sind" (ebd.), bei Kyber hingegen „Es kommt eine Stunde, du Menschenkind, wo all deine Lampen erloschen sind" (M. KYBER, Sonnenaufgang [in: DERS., Genius Astri. Dreiunddreißig Dichtungen, [4]1982, 16f], 16).

[60] Kybers *Genius Astri* erschien zuerst 1918, weitere Auflagen folgten 1922, 1932, 1982 und 1996.

[61] In Löwenstein (nahe Heilbronn), wo Kyber begraben liegt, ist die Grundschule nach ihm benannt, auch befindet sich dort das Manfred-Kyber-Museum, in dem der Nachlass des Schriftstellers verwahrt wird.

[62] Demgegenüber fällt auf, dass Klapproth etwa das Schreiben an Rechtsanwalt Franz Janich (s. o. Anm. 19) „mit evangelischem Gruss" beschlossen hatte.

Organisationen der Hitler-Jugend und des Bundes Deutscher Mädel. Die große Attraktivität des Mediums veranlasste den Münchener Kaiser-Verlag in den 1930er Jahren, sogar eine eigene Reihe mit dem Titel *Christliche Gemeindespiele* zu eröffnen.

Auch Klapproth machte in seiner Jugendarbeit von solcher szenischen Inszenierung Gebrauch. Gegen Ende seiner Vikariatszeit reiste er mit der in Berlin-Lichterfelde bestehenden Jugendgruppe an seinen künftigen Dienstort Altruppin, um dort am Ostermontag, dem 13. April 1936, ein Laienspiel aufzuführen, nachdem dieses schon im Vorjahr „bei allen Zuhörern einen tiefen Eindruck hinterlassen"[63] hatte. Nun stand der Stoff des biblischen Gleichnisses vom „Großen Abendmahl" (Lk 14,15–24) auf dem Spielprogramm. Die jugendliche Laientruppe war aus Neustadt an der Dosse angereist, wo sie anlässlich der 250-Jahr-Feier der dortigen evangelischen Kirche ebenfalls eine Vorstellung gegeben hatte.[64] Weil es in Neustadt zu handgreiflichen Tumulten mit der Hitler-Jugend gekommen war, hatte man in Altruppin vorsorglich Polizeischutz erbeten und auch erhalten. Gleichwohl musste die Spielschar auch dort wüste Bedrohungen und Provokationen erdulden. Der Altruppiner Bekenntnispfarrer Ernst Barleben erstattete seinem Superintendenten Karl Schlaeger von den Übergriffen präzisen, namensscharfen Bericht. Zugleich bat er ihn, bei den zuständigen Stellen Beschwerde einzulegen, da solche Vorgänge, wie er argumentationstaktisch hinzufügte, nun einmal geeignet seien, „den guten Ruf der Hitlerjugend aufs ärgste zu gefährden".[65] Für Klapproth, der als Leiter der Lichterfelder Jugendgruppe

[63] Ernst Barleben an Karl Schlaeger, 16.4.1936 (EZA 50/244/20).

[64] Vgl. Hermann Wauer an Erich Klapproth, 6.4.1936 (EZA 50/245/3). Wauer amtierte seit 1926 in Neustadt (Dosse) und wirkte während des Kirchenkampfes als Kreispfarrer der Bekennenden Kirche.

[65] Ernst Barleben an Karl Schlaeger, 16.4.1936 (s. Anm. 63). – Kurz darauf bat auch der Lichtenfelder Bekenntnispfarrer Walter Hildebrand seinen Jugendarbeiter, ihm von den gewaltsamen Ausschreitungen in Neustadt (Dosse) und Altruppin genauen Bericht zu geben: Er sei nicht gewillt, die Sache auf sich beruhen zu lassen, sondern werde

dies alles hautnah miterlebte, waren solche Erfahrungen längst nicht mehr neu.

Er hatte inzwischen auch selbst mit der Produktion christlicher Laienspiele begonnen. Was der Altruppiner Pfarrer seinem Vorgesetzten als szenische Darstellung des Großen Abendmahls ausgab, stammte bereits aus Klapproths Feder. Unter dem Titel *Der Ruf. Ein Spiel von der Bereitschaft* war es im Februarheft 1936 der *Jungenwacht* erschienen[66] und wurde später in den viel breiteren Einzugsbereich des Kaiser-Verlags übernommen.[67] Neben einem Sprecher, der das Stück mit einer gereimten Paraphrase des biblischen Gleichnisses (Lk 14,15–24) einleitete, traten insgesamt 14 „Typen" auf, vom Hausherrn über den König, den Knecht, den Reichen, den Priester und etliche Andere bis hin zum Armen, Lahmen und Blinden; ein Chor der „Mühseligen und Beladenen" kam außerdem noch hinzu. Als Aufführungsdauer wird man etwa eine Stunde veranschlagen können. Die Texte waren bodenständig, eingängig gereimt und von erstaunlicher metrischer Sicherheit. Allerdings dürfte der Textumfang den jugendlichen Laiendarstellern erhebliche Memorierfähigkeit abverlangt haben. Unverkennbar trat dabei die eminente dichterische Begabung Klapproths hervor.[68]

Daneben hatte er bereits früh versucht, seiner Freude an sprachvergnügten Reimereien auch ernsten lyrischen Ausdruck zu geben. Erscheinen die ersten Übungen dieser Art noch recht unausgegoren, so ist, überblickt man die Jahre, ein sehr rasch sich vollziehender stilistischer Reifeprozess dabei doch unverkennbar. Die Gedichte, die Klapproth in seinen

---

der zuständigen Stelle Meldung machen (Walter Hildebrand an Erich Klapproth, 18.4.1936 [EZA 50/231/74]).

[66] E. Klapproth, Der Ruf. Ein Spiel von der Bereitschaft (Jungenwacht, Februar 1936, 33–47).

[67] S.u. Abschnitt IV.3.b.

[68] Für weitere Laienspiele aus Klapproths Feder s.u. Abschnitt IV.3.a.

letzten, als Soldat verbrachten Lebensjahren verfasste, haben den Vergleich mit der großen christlichen Lyrik jener Zeit nicht zu scheuen. Für die während der Vikariatszeit entstandene Produktion ist das Gedicht, das er für den Sonntag Reminiscere der kirchlichen Fastenzeit 1936 publizierte, durchaus beispielhaft, auch wenn darin weniger christliche als vielmehr heldenverehrende Motivik hervortritt:

> Reminiszere
>
> Ihr habt mich nicht gekannt,
> ihr lieben, toten Brüder.
> Doch modern eure Glieder
> Für mich im kalten Sand.
>
> Und ich sah euch nicht mehr.
> Doch weiß ich: nimmer wäre
> Mein Volk ein Volk von Ehre,
> wenn eure Gräber leer.
>
> Ach, seht mich immer an,
> ob ich vermag zu taugen
> und auch vor euren Augen
> getrost bestehen kann.[69]

[69] E. Klapproth, Reminiszere (Jungenwacht, März 1936, 65). – Eine variierende Vorform des Gedichts findet sich in einem Typoskript mit dem von Klapproth handschriftlich ergänzten Datum 11.7.1934 (EZA 50/312//): „Ihr habt uns nicht gekannt – / und seid für uns gefallen, ersehntet heiss uns allen / ein freies Vaterland. // Wir kannten euch nicht mehr, / doch dass wir heute leben, / habt ihr uns einst gegeben, / ihr grosses Totenheer. // Sind wir, was ihr begehrt? / Nur unter euren Augen / vermögen wir zu taugen / und sind des Opfers wert".

III. Prädikant

1. Kirchlicher Dienst

a) Ruppin

Während der letzten Vikariatstage erhielt Erich Klapproth die Einweisung in seine künftige Prädikantenstelle. Der Bruderrat hatte dafür die Bekenntnisgemeinde Ruppin und als Vorgesetzten den in Fehrbellin tätigen Bekenntnispfarrer Günther Harder vorgesehen, der Dienstbeginn war auf den 16. April 1936 terminiert.[1] Um sich schon vorab einzugewöhnen, übersiedelte Klapproth bereits am 8. April an seinen künftigen Wirkungsort und bezog dort eine Stube im Pfarrhaus des Altruppiner Geistlichen Ernst Barleben. „Die alten Pfarrersleute", schrieb er schon drei Tage später beglückt, „halten mich wie zur Familie gehörig. Ich fühle mich sehr wohl".[2] Tatsächlich bot ihm der wesentlich ältere, 1871 geborene Barleben, der seit 1914 im Altruppiner Amt stand, fortan räumliche Heimat und pastorale Geborgenheit.

Inmitten der vielfältigen neuen Eindrücke erledigte Klapproth die anstehende Korrespondenz. Seinem vormaligen Superintendenten Max Diestel meldete er den veränderten Dienstort, weil er sich von ihm leider nicht persönlich hatte verabschieden können.[3] Und die Vertrautheit mit dem Berlin-Wilmersdorfer Lehrpfarrer Eduard Lindenmeyer setzte sich nun in einem regen Briefwechsel fort. Ende April 1936

---

[1] Vgl. Martin Albertz an Erich Klapproth, 28.3.1936 (EZA 50/232/80).

[2] Erich Klapproth an Eltern Klapproth, 11.4.1936 (EZA 50/309/8).

[3] Vgl. Erich Klapproth an Max Diestel, 19.4.1936 (EZA 50/232/166).

dankte Lindenmeyer für den ausführlichen Erstbericht, den ihm Klapproth aus Ruppin hatte zukommen lassen, und außerdem für die umsichtige protokollarische Einweisung, die Klapproths potentieller Wilmersdorfer Nachfolger vorfinden würde.[4] Fast überschwänglich fügte die Schwägerin Agnes Lindenmeyer ihrerseits die herzlichsten Grüße und Wünsche hinzu und machte aus dem Abschiedsschmerz, den sie empfand, keinen Hehl: „Es war gut so, daß nicht gleich ein anderer Vikar kam, es wäre mir schwer gewesen, mich gleich daran zu gewöhnen. Ihre Tasse stelle ich weg und der neue Vikar bekommt eine neue Tasse".[5]

Die Ruppiner Bekenntnisgemeinde umfasste etwa 550 Personen, darunter bemerkenswert viele Glieder aus den oberen, einflussreichen Schichten der Stadtgesellschaft.[6] Theologischen Rückhalt fand Klapproth insbesondere bei Superintendent Karl Schlaeger, der seit 1926 in Neuruppin Dienst tat, sowie bei dem seit 1917 amtierenden Ortspfarrer Reinhold Bittkau. Die Sitzungen des Neuruppiner Bruderrats wurden zumeist im Hause Bittkau (Schinkelstraße 12) abgehalten, dazu konstituierte sich im Sommer 1936 zu Altruppin ein eigener Bruderrat.

Neben der monatlichen Predigtverpflichtung, die Klapproth vor Ort zu erfüllen hatte, standen etliche Vertretungsdienste in den umliegenden Dörfern, zu denen er sich mit dem Fahrrad bis in „die entfernteren Zipfel des Sprengels"[7] aufmachen musste. Auch war es ihm gelungen, in einem weit abgelegenen Gutsdorf einen monatlich stattfindenden Gottesdienst zu installieren. Daneben galt es Kindergottesdienste abzuhalten, kirchliche Trauungen und Bestattungen vorzunehmen und bisweilen

[4] Vgl. Eduard Lindenmeyer an Erich Klapproth, 29.4.1936 (EZA 50/245/11f).

[5] Ebd.

[6] Vgl. E. Klapproth, Bericht über die Erfahrungen im ersten Monat (16. 4. – 24.5.1936) meines Prädikantendienstes in der Bekennenden Gemeinde Ruppin, 5 S., masch., 25. 5. / 21.7.1936 (EZA 50/232/82–86).

[7] AaO 4.

den gesundheitlich angeschlagenen Barleben im Konfirmandenunterricht zu vertreten. Ein weiteres zentrales Element seiner pastoralen Tätigkeit stellten, wie schon während der Vikarszeit in Wilmersdorf, die meist zwei- oder dreimal am Tag abgestatteten gemeindlichen Hausbesuche dar, bei denen Klapproth, seine frühere Scheu überwindend, nun regelmäßig auch die Bibellesung und das gemeinsame Gebet praktizierte.[8] Unmittelbar vor seinem Dienstantritt hatte ihn Albertz aufgefordert, den Neuruppiner Examensanwärter Joachim Teller zur Abgabe seiner längst überfälligen Examensarbeiten zu bewegen,[9] was Klapproth, nachdem er mehrfach bei dem Kollegen interveniert hatte, dann auch gelungen war.[10]

Weitere regelmäßige Arbeit erforderten die alle zwei Wochen abgehaltenen Gemeindeversammlungen, die von bis zu 200 Teilnehmern frequentiert wurden. Als Zweiter Vorsitzender des Gemeindekirchenrats hatte es Bittkau vermocht, dafür das der Bekenntnisgemeinde zunächst verwehrte evangelische Gemeindehaus wieder verfügbar zu machen.[11] Klapproth konnte mehrere namhafte Gastredner, darunter Martin Niemöller, Otto Dibelius, Hermann Ehlers und der Berliner Missionsdirektor Hans Lokies, zur Mitwirkung bewegen, trat aber auch seinerseits mit Vorträgen, Berichten zur Lage und Andachten in die Verantwortung ein.[12] Darüber hinaus initiierte er zwei neue Foren: einen von etwa 15 Personen frequentierten Hausbibelkreis, der sich zunächst dem Römerbrief zuwandte,[13] sowie

[8] Vgl. E Klapproth, Ergänzung zum Lebenslauf, 5 S., masch., 2.5.1937 (ELAB 30/26), 3.

[9] Vgl. Martin Albertz an Erich Klapproth, 11.4.1936 (EZA 50/232/81).

[10] Vgl. Erich Klapproth an Martin Albertz, 21.7.1936 (EZA 50/232/87).

[11] Vgl. ebd.

[12] Vgl. E. Klapproth, Arbeit des Prädikanten Klapproth in der Bekennenden Gemeinde Neuruppin im Sommerhalbjahr 1936, 1 S., masch. (EZA 50/245/34).

[13] Vgl. ebd.

einen gegen den heftigen Widerstand der örtlichen Hitler-Jugend eingerichteten, allen konfirmierten Jungen offenstehenden kirchlichen Jugendkreis.[14] Im Spätsommer 1936 übernahm Klapproth in Altruppin für vier Wochen die volle Krankheits- und Urlaubsvertretung von Pfarrer Barleben und kam dabei auch den zusätzlichen Aufträgen nach, die ihm Barleben, verbunden mit herzlichen Feriengrüßen, postalisch erteilt hatte.[15]

So waren die Ruppiner Wochen und Monate für Klapproth bis an die Grenzen des Möglichen ausgefüllt.[16] Die mehrfach am Tag zu überwindende Entfernung zwischen Alt- und Neuruppin, aber auch gelegentlich auftretende Herzschmerzen kamen erschwerend hinzu. Seinen ersten Erfahrungs- und Arbeitsbericht, den er Albertz bereits nach vier Wochen hätte vorlegen sollen, vermochte er, verbunden mit der entsprechenden Bitte um Nachsicht, erst Mitte Juli abzuschließen und einzureichen.[17]

Das lässt die Klage, dass ihm die eigene wissenschaftliche Fortbildung fast gar nicht mehr möglich sei,[18] vollauf verständlich erscheinen. Immerhin konnten die von Harder organisierten Kreiskonvente, die sich auf theologische Kernfragen konzentrierten, kleine diesbezügliche Lichtblicke freisetzen. Außerdem ergaben sich gelegentliche Arbeitstreffen mit dem Freund Ebeling, der bei Harder im nahegelegenen Fehrbellin

---

[14] Vgl. Klapproth, Bericht (s. Anm. 6), 3.

[15] Vgl. Ernst Barleben an Erich Klapproth, 4.9.1936 (EZA 50/232/36).

[16] In einem „Tagebuch" notierte Klapproth stichwortartig in stenographischer Kurzschrift die mit Uhrzeiten versehenen Verpflichtungen aller Tage. Die Einträge umfassen, teilweise lückenhaft, die Zeiträume 27. Juni bis 8. Oktober 1936 (Neuruppin), 17. Oktober bis 10. November 1936 (Finkenwalde), 31. März bis 6. September 1937 (Neuruppin); vgl. E. Klapproth, Tagebuch in der Kandidatenzeit, 65 S., hs. (EZA 50/245/37–69).

[17] Vgl. Erich Klapproth an Martin Albertz, 21.7.1936 (EZA 50/232/87).

[18] Vgl. Klapproth, Ergänzung zum Lebenslauf (s. Anm. 8), 3f.

Dienst tat. Die Distanz von 13 Kilometern überwand man mit dem Fahrrad oder, bei schlechtem Wetter, mit der Bahn. Ebeling zeigte damals besonderes Interesse am theologischen Begriff des Gesetzes[19] und bat Klapproth, der darin weit erfahrener war, um Unterstützung in der kirchlichen Jugendarbeit.[20] Außerdem besuchte man, wenn es sich einrichten ließ, einen Gottesdienst, den der andere hielt,[21] oder traf sich mit dem gemeinsamen Studienfreund Hermann Stehfen-Gervinus.[22]

Die finanziellen Verhältnisse des Prädikanten Klapproth waren überaus karg. Der Schatzmeister des Berliner Bruderrats Karl Wiese mahnte am 13. Mai 1936 den für die zweite Aprilhälfte noch fehlenden Ausbildungsbeitrag an und erhob eine Mahngebühr von 15 Pfennigen.[23] Damit war ein für die damalige organisatorische Unübersichtlichkeit symptomatisches Missverständnis aufgedeckt worden. Die mit der Einweisung nach Ruppin verbundene Mitteilung, von den 100 Reichsmark, die ihm monatlich als Aufwandsentschädigung „aus örtlichen Quellen" zustünden, seien jeweils 40 Reichsmark an den Schatzmeister zu entrichten,[24] hatte Klapproth augenscheinlich vergessen. Nun bemühte er sich umgehend um eine Klärung der Lage. So teilte er am 20. Mai Wiese mit, Martin Albertz, der offenbar seinerseits nicht mehr zureichend orientiert war, habe ihn mit der Frage, wohin der Ausbildungsbeitrag zu leiten sei, an Harder verwiesen und dieser wiederum an den Bruderrat zu Neuruppin, dem er darum den entsprechenden Betrag auch getreulich zugestellt habe; sollte diese Regelung nicht der Ord-

[19] Vgl. Gerhard Ebeling an Erich Klapproth, 3.5.1936 (EZA 50/245/14).

[20] Vgl. Gerhard Ebeling an Erich Klapproth, 25.4.1936 (EZA 50/245/9).

[21] Vgl. Gerhard Ebeling an Erich Klapproth, 10.9.1936 (EZA 50/245/72).

[22] Vgl. Gerhard Ebeling an Erich Klapproth, 18.9.1936 (EZA 50/245/74).

[23] Vgl. Karl Wiese an Erich Klapproth, 13.5.1936 (EZA 50/232/148).

[24] Martin Albertz an Erich Klapproth, 28.3.1936 (EZA 50/232/80).

nung entsprechen, so erbitte er für sich und den Neuruppiner Bruderratsvorsitzenden Wilhelm Steinbrecht, der 1934 als Pfarrer von Brunn (Kirchenkreis Wusterhausen) emeritiert worden war, entsprechende Anweisung.[25] Gleichwohl setzte sich die verwaltungstechnische Wirrnis über Monate und einen regen Briefwechsel hinweg fort. Erst im September 1936 erhielt Klapproth von der Regelung Kenntnis, es sei „von der Zahlung einer Ausbildungsgebühr von monatlich RM 40,– […] jeder Vikar befreit, solange er sich in einer selbständigen Prädikantenstelle befindet".[26] So bat Klapproth nun um Erlass der Gebühr, dies freilich „nicht um des ungerechten Mammons willen […], sondern einmal um meines Nachfolgers willen und dann, weil ich meinen Eltern ja immer noch auf der Tasche liege".[27] Daraufhin wurde ihm die Bitte postwendend, sogar mit rückgehender Wirkung, gewährt.[28]

Die bekenntniskirchliche Entschiedenheit Klapproths, zu der sich jugendliche Unbedingtheit und kompromisslose Glaubenstreue verbunden haben mochten, grundierte auch seinen Prädikantendienst. Unverhohlen beklagte er gegenüber der Kirchenleitung die Halbherzigkeit der Ruppiner Bekenntnispfarrer, die sich durch den „Druck, ja: Bann seitens der politischen Gewalten in einer kleinen Stadt" in Angst versetzt fühlten und zugleich unter ihrer Inkonsequenz litten.[29] So vernachlässigten sie die Kollektenbitten der Bekennenden Kirche und oft genug auch deren Kanzelabkündigungen.[30] Allerdings zeigte sich Klapproth seinerseits nicht bereit, alle Vorlagen der Kirchenleitung kritiklos zu übernehmen. So teilte er Albertz am 29. August 1936 mit, er habe am vergangenen Sonntag den zur

---

[25] Vgl. Erich Klapproth an Karl Wiese, 20.5.1936 (EZA 50/232/81).

[26] Erich Klapproth an den Rat der Bekennenden Kirche in der Mark Brandenburg, 20.9.1936 (EZA 50/232/133).

[27] Ebd.

[28] Kurt Lüdecke an Erich Klapproth, 21.9.1936 (EZA 50/232/134).

[29] Klapproth, Bericht (s. Anm. 6), 1.

[30] Vgl. aaO 1 f.

Kanzelverlesung angewiesenen Satz „Mit einer Wucht und Planmäßigkeit ohne gleichen wird der Glaube in Deutschland heute bekämpft“ nicht übernommen, weil sich die mit dem Ausdruck „ohne gleichen“ suggerierte Einzigartigkeit der eigenen Situation über die zeitgenössischen, weit schlimmeren Christenverfolgungen im bolschewistischen Russland und faschistischen Spanien, erst recht aber über die Martyrien der Alten Kirche anmaßend erhebe und durch solche „hyperbolische Redeweise“ die Kraft und Glaubwürdigkeit der eigenen Sache gefährde.[31] Außerdem, fügte er hinzu, habe ihm in jener Kanzelabkündigung die Fürbitte für den „Führer“ missfallen und andererseits ein Wort der Buße gefehlt.

Albertz reagierte in beschwichtigender Souveränität: Die Wendung „ohne gleichen“ halte er ebenfalls für übertrieben, das innere Recht, ein Mahnwort an die Obrigkeit zu richten, stehe nur demjenigen zu, der die Obrigkeit mit der Fürbitte trägt, und außerdem sei es, ohne die eigenen Versäumnisse kleinreden zu wollen, doch keineswegs nötig, „daß jedes Wort der Kirche auch ein ausgesprochenes Bußwort ist, auch bei Paulus ist das nicht so gewesen“.[32] Klapproth antwortete respektvoll, aber beharrlich: „Ueber den Mangel eines Busswortes, durch das die Kirche ihre Mitschuld an dem Abfall weiter Kreise erklärte, hat mich Ihr Hinweis auf Paulus nicht hinweggetröstet“.[33] Was er den Ruppiner Bekenntnispfarrern ins Stammbuch schrieb – „sie müssen mehr heraus aus ihren vier Wänden in die Gemeinde, aus der Defensive in die Aggressive; die Kirche muss zu den Leuten kommen!“[34] –, suchte er seinerseits umzusetzen, indem er gezielt auch denjenigen, die sich von der Kirche verabschiedet hatten, nachging und gelegentlich sogar von einem erfolgreichen Gespräch Kenntnis gab, das er mit

[31] Erich Klapproth an Martin Albertz, 29.8.1936 (EZA 50/232/89f).
[32] Martin Albertz an Erich Klapproth, 11.9.1936 (EZA 50/232/92).
[33] Erich Klapproth an Martin Albertz, 14.9.1936 (EZA 50/232/93).
[34] Klapproth, Bericht (s. Anm. 6), 5.

dem aus der Kirche ausgetretenen Führer der örtlichen Hitler-Jugend unlängst hatte führen können.[35]

b) Finkenwalde

Der auf das Erste Theologische Examen folgende Ausbildungsgang umfasste neben der Vikars- und Prädikantenzeit auch den auf ein halbes Jahr veranschlagten Besuch eines Predigerseminars. Am 21. Juli 1936 antwortete Klapproth auf einen entsprechenden Rundbrief von Albertz, er stehe für Oktober zum Eintritt bereit und erbitte sich zusammen mit Ebeling die Einweisung nach Finkenwalde.[36] Dass er sich von den fünf Möglichkeiten,[37] die zur Auswahl standen, ausdrücklich das von Dietrich Bonhoeffer geleitete Seminar wünschte, mag neben dem einstigen Berliner Studienkontakt auch durch das hohe Ansehen, das Bonhoeffer in den Kreisen der Bekennenden Kirche genoss, zu erklären sein. Mitte September verfügte der Bruderrat die erhoffte Einberufung nach Finkenwalde.

Das von Bonhoeffer verantwortete Seminar hatte im April 1935 den Betrieb aufgenommen. Nach provisorischen Anfängen in Zingst konnte schon Ende Juni 1935 in dem kleinen westpommerschen Landstädtchen Finkenwalde bei Stettin ein festes Quartier bezogen werden. Jedoch befand sich das dafür angemietete Gebäude, das ehemals einer Familie von Katte als Gutshaus gedient hatte, in einem erbärmlichen Zustand. Das

---

[35] Vgl. Erich Klapproth an Martin Albertz, 29.8.1936 (EZA 50/232/89).

[36] Vgl. Erich Klapproth an Martin Albertz, 21.7.1936 (EZA 50/232/87).

[37] Die Bekennende Kirche verfügte innerhalb der Altpreußischen Union über Predigerseminare in Naumburg am Queis (Schlesien), Blöstau (Ostpreußen), Bielefeld, Wuppertal und Finkenwalde (nahe Stettin); vgl. G. HARDER, Die kirchenleitende Tätigkeit des brandenburgischen Bruderrates (in: H. BRUNOTTE / E. WOLF [Hg.], Zur Geschichte des Kirchenkampfes. Gesammelte Aufsätze [AGK 15], 1965, 189–216), 194.

zupackende Engagement der Kandidaten, das sich durch eine Flut von Geld- und Sachspenden unterstützt sah, ließ daraus binnen kurzer Zeit eine funktionsfähige Unterkunft für die jeweils ein halbes Jahr andauernde Arbeits- und Lebensgemeinschaft entstehen. Die landschaftliche Lage – weite Buchenwälder, wasserreiche Oderarme und das nahe Stettiner Haff – verlieh dem Standort erheblichen Reiz. Allerdings ist das Predigerseminar Finkenwalde bereits im September 1937, nach Ablauf des fünften Kurses, polizeilich geschlossen worden.[38]

Am 17. Oktober 1936, ohne sich zuvor eine Erholungspause gegönnt zu haben,[39] traf Klapproth zusammen mit Ebeling und den anderen Teilnehmern des vierten Finkenwalder Kurses am Zielort ein. Die Lebensumstände, die sie vorfanden, waren äußerst spartanisch: Klapproth wurde in ein kleines Zimmer mit vier Betten eingewiesen, Ebeling hatte den großen Schlafsaal mit 19 Kameraden zu teilen. Als Stauraum stand nur ein schmaler Spind auf dem Flur zur Verfügung, von den Kandidaten wurde die Selbstversorgung mit Handtüchern, Bettzeug und -wäsche erwartet.[40] Doch ließen die neuen Eindrücke solche äußerlichen Einschränkungen alsbald vergessen.

Als bezwingend erwies sich insbesondere die klare geistliche Ordnung des gemeinsamen Tagesablaufs, die regelmäßige Morgenandachten, freie Gebete und biblische Meditationszeiten vorsah, daneben aber auch einen regen geselligen Austausch mit sportlichen Elementen – Bonhoeffer muss ein überragender Tischtennis-Spieler gewesen sein –, schöngeistiger Lektüre und formeller Unterweisung, beispielsweise über

[38] Vgl. E. Bethge, Dietrich Bonhoeffer. Theologe – Christ – Zeitgenosse. Eine Biographie, [8]2004, 481–662.

[39] „Ich sorge mich, ob Sie nicht zu überanstrengt nach Finkenwalde kommen. Dort brauchen Sie doch auch Ihre ganze Kraft" (Hans Lokies an Erich Klapproth, 13.10.1936 [EZA 50/245/91]). Dagegen hatte sich Ebeling vor der Reise nach Finkenwalde zumindest eine Woche frei nehmen können (vgl. G. Ebeling, Mein theologischer Weg [Hermeneutische Blätter, Sonderheft Oktober 2006], 2006, 19).

[40] Vgl. Ebeling, Mein theologischer Weg (s. Anm. 39), 19.

„Fragen des Anstands und der guten Manieren".[41] Von tragender Bedeutung war zumal die konzentrierte theologische Arbeit, namentlich auf den Feldern der neutestamentlichen Exegese und der Praktischen Theologie, zu der sich Vorlesungen Bonhoeffers, auch aus dem Manuskript seines damals entstehenden Buches *Nachfolge*[42], mit reihum vorzulegenden eigenen Entwürfen und Diskussionsbeiträgen ergänzten. Die aus alledem sich nährende Atmosphäre geistlicher Konzentration und lebenspraktischer Frömmigkeit zog die Teilnehmer vollständig in ihren Bann.

Klappproth gewann schnell die Sympathie der Kursgenossen und kam mit Bonhoeffer in vertrauten Kontakt. Er widmete sich mit Hingabe der theologischen Arbeit, seine wissenschaftlichen Beiträge und geistlichen Andachten blieben nachhaltig in Erinnerung. Darüber hinaus vermochte er dank seiner souveränen Beherrschung der deutschen Einheitskurzschrift alle Lehr- und Übungsveranstaltungen des Kurses zu dokumentieren.[43] Als besondere Höhepunkte erwiesen sich die im Oktober 1936 zusammen mit den Teilnehmern des zweiten Kurses (Wintersemester 1935/36) abgehaltene Freizeit, ein Ende Januar 1937 im Kirchenkreis Greifenberg (Hinterpommern) durchgeführter volksmissionarischer Einsatz sowie die kurz vor Weihnachten 1936 über zweieinhalb Tage hinweg veranstaltete Disputation über die Frage „Wie predigt die Kirche das Gesetz?",[44] die Ebeling vorbereitet und organisiert

[41] G. Ebeling, Dank für Dietrich Bonhoeffer (Kirchenbote für den Kanton Zürich, 1.4.1985, 6f).

[42] D. Bonhoeffer, Nachfolge, 1937 (= Ders., Nachfolge, hg. von M. Kuske / I. Tödt [DBW 4], [3]2002).

[43] O. Dudzus / J. Henkys, Vorwort der Herausgeber (in: D. Bonhoeffer, Illegale Theologenausbildung: Finkenwalde 1935–1947, hg. von O. Dudzus / J. Henkys [DBW 14], 1996, 1–36), 28f. – Für Klapproths Mitschriften der Vorlesungen und Übungen des vierten Kurses vgl. aaO 721–819.

[44] Vgl. aaO 778–785; ferner A. Beutel, Gerhard Ebeling. Eine Biographie, 2012, 49.

hatte.[45] Zwischen Weihnachten und Neujahr wurde den Seminarteilnehmern der einzige Heimaturlaub gewährt.

Aber auch sonst ließ die Abgeschiedenheit, in der sich das Kursgeschehen vollzog, manche Kontakte mit der Außenwelt zu. Klapproth unterhielt einen regen Briefwechsel, in dem er sogar noch die in Wilmersdorf betriebene Seelsorge fortsetzte.[46] Den ansehnlichen Poststapel, der ihn zum Geburtstag erreichte, bestückten längst nicht nur Mutter,[47] Vater und Bruder,[48] sondern auch Freunde und zahlreiche Glieder der Ruppiner Gemeinde; besonders herzlich gratulierten ihm sein alter Lehrpfarrer Eduard Lindenmeyer und dessen Schwägerin Agnes, die freudig darauf hinwies, dass ihr Ehemann Friedrich Lindenmeyer wie Klapproth an einem 31. Oktober geboren worden war.[49]

In einen handfesten Skandal sah sich Klapproth bereits nach der ersten Finkenwalder Woche verstrickt. Ida Schönherr, die Mutter des späteren Berliner Bischofs Albrecht Schönherr, die sich in der Neuruppiner Bekenntnisgemeinde tatkräftig engagierte und zu Klapproth ein geradezu liebevolles Vertrauen gefasst hatte, ließ ihm unter dem Datum des 22. Oktober 1936 einen wahren Brandbrief zukommen. Was sie berichtete, war in

---

[45] Mit dem theologischen Begriff des Gesetzes hatte sich Ebeling bereits Monate vorher auseinandergesetzt (s.o. Abschnitt III.1.a.).

[46] Vgl. beispielhaft Elisabeth Brebeck an Erich Klapproth, 12.12.1936 (EZA 50/245/129–131).

[47] Der anrührende Gratulationsbrief, den Klapproth von seiner Mutter erhielt (s.u. Anhang II.1), ist auch insofern bemerkenswert, als er tiefe religiöse Verbundenheit zu erkennen gibt und von den heftigen weltanschaulichen Konflikten, die bald darauf zwischen ihnen zum Austrag kamen (s.u. Abschnitt III.2.b.), noch nichts erahnen lässt.

[48] In akkurater Kinderschrift schrieb der behinderte Bruder Heinz u.a.: „Es ist mir ein seltsames Gefühl, daß Du zum ersten Mal an Deinem Geburtstag nicht bei uns bist. Mit der Schokolade hoffe ich, Dir eine kleine Freude zu bereiten, laß sie Dir gut munden“ (Heinz Klapproth an Erich Klapproth, 28.10.1936 [EZA 50/245/112]).

[49] Vgl. Eduard, Friedrich und Agnes Lindenmeyer an Erich Klapproth, 29.10.1936 (EZA 50/245/114–116).

der Tat empörend und atemberaubend: Der vertrauliche, die in Ruppin wirkenden bekenntniskirchlichen Pfarrer deutlich kritisierende Arbeitsbericht, den Klapproth unlängst an Albertz gesandt hatte,[50] war soeben, teilweise verstümmelt, im Wochenbrief der Bekennenden Kirche von Berlin-Brandenburg publiziert worden. Die Wirkung in Ruppin schilderte Ida Schönherr als schlichtweg verheerend; was Klapproth meinte beklagen zu müssen, „hätten Sie wohl Bittkau ins Gesicht sagen können", zumal dieser „vor etwa 3 Wochen mit ganz großer Liebe von Ihnen sprach: Er ist [...] mir so lieb wie ein Sohn, sagte er".[51] Entsprechend groß sei nun die Enttäuschung und Bitterkeit, die sich in Ruppin breit gemacht habe. Ihr Klagebrief schloss mit den Worten: „Gott schenke Ihnen die Kraft zum Wiedergutmachen!"[52]

Unmittelbar nach Erhalt dieser Meldung bemühte sich Klapproth um postalische Klärung. An Albertz sandte er ein aufgebrachtes Protestschreiben, distanzierte sich von seinen damals, wie er nun einräumte, teilweise zu undifferenziert gefällten Urteilen und verlangte, der nächstfolgende Wochenbrief solle die Textverstümmelung eingestehen und außerdem darauf hinweisen, dass der Prädikantenbericht „in dieser Form nicht aufrecht erhalten wird".[53] Albertz teilte dem Bruderrat sogleich seine tiefe Empörung über den geschehenen Vertrauensbruch mit, forderte eine öffentliche Entschuldigung und überdies die Gewähr, dass interne Arbeitsberichte von Vikaren und Prädikanten künftig keinesfalls mehr publiziert würden.[54] Zeitgleich zu dem Brief an Albertz und mit entsprechendem Inhalt schrieb

---

[50] S. o. Abschnitt III.1.a.

[51] Ida Schönherr an Erich Klapproth, 22.10.1936 (EZA 50/245/96f).

[52] Ebd.

[53] Erich Klapproth an Martin Albertz, 24.10.1936 (EZA 50/245/107).

[54] Vgl. Martin Albertz an den Rat der Bekennenden Kirche in der Mark Brandenburg, 28.10.1936 (EZA 50/232/98); eine Durchschrift des Briefes ging an Erich Klapproth.

Klapproth auch an die durch solche Indiskretion öffentlich bloßgestellten Ruppiner Pfarrer Schlaeger und Bittkau, um sie seiner inzwischen viel differenzierteren Sichtweise und tiefen Dankbarkeit zu versichern.[55] Obwohl unmittelbare Reaktionen der Betroffenen nicht überliefert scheinen, lässt sich aus ihrem fortgesetzten guten, ja herzlichen Einvernehmen mit Klapproth ersehen, dass der peinliche Konflikt offenbar keine bleibenden Verletzungen ausgelöst hatte.

Anfang Februar 1937 erkundigte sich Klapproth beim Berliner Bruderrat, ob er als noch nicht ordinierter Prädikant dem von Martin Niemöller im September 1933 gegen die Deutschen Christen gegründeten Pfarrernotbund beitreten könne und ob er diesenfalls die im Eintrittsformular enthaltene Verpflichtung auf die „Bekenntnisse der Reformation", deren reformierte Teile er nicht mitzutragen vermöge, durch eine Verpflichtung auf die „Bekenntnisse der evangelisch-lutherischen Kirche" ersetzen dürfe.[56] Die Antwort erging postwendend: Bis zur Ordination habe Klapproth noch im Kandidaten-Notbund zu verbleiben, jedoch finde sich gegen den gewünschten Austausch der Verpflichtungsformel nichts einzuwenden.[57] Dieser Notenwechsel ist ein unscheinbares, aber aufschlussreiches Exempel für die Tragweite der innerprotestantischen Lehrdifferenzen, mit denen sich manche Bekenntnispfarrer im Kirchenkampf, der ihnen Herausforderungen von ganz anderer Art aufbürdete, meinten beschweren zu müssen.

Die interne Beurteilung, die Bonhoeffer zum Ende des Kurses für Klapproth ausstellte, war außergewöhnlich. Er lobte den Nachwuchstheologen in höchsten Tönen als überragend,

[55] Vgl. Erich Klapproth an Karl Schlaeger, 24.10.1936 (EZA 50/245/103); Erich Klapproth an Reinhold Bittkau, 24.10.1936 (EZA 50/245/105).

[56] Erich Klapproth an den Rat der Bekennenden Kirche in der Mark Brandenburg, 6.2.1937 (EZA 50/232/174).

[57] Rat der Bekennenden Kirche in der Mark Brandenburg an Erich Klapproth, 11.2.1937 (EZA 50/232/175).

das abgelaufene Semester lasse sich ohne seine Mitarbeit gar nicht mehr denken, „er war unzweifelhaft derjenige, der am selbständigsten arbeitete, dachte und mithalf. Man konnte sich auf sein Urteil immer verlassen".[58] Den Predigten und Andachten Klapproths attestierte der Mentor eine erstaunliche Reife, seinen theologischen Kenntnissen durchweg hervorragende Qualität. Trotz seiner exzellenten wissenschaftlichen Begabung strebe Klapproth, dieser „weit über den Durchschnitt begabte Mensch", ganz entschieden in die Gemeindearbeit; er halte ihn, schloss Bonhoeffer, „an jeder [!] Stelle" der Bekennenden Kirche für einsatzfähig.[59]

Klapproth seinerseits zeigte sich von den Finkenwalder Erfahrungen tief beglückt:

> In keinem Lebensabschnitt bin ich bisher so reich beschenkt worden wie in jenem Semester. Finkenwalde brachte über mich den Segen eines geordneten christlichen Lebens in der Nachfolge [...]. Ich nahm aus dieser Zeit mit die Übung der festgeordneten, reichlichen Schriftlesung (Andacht), der täglichen Meditation, der regelmässigen Beichte – und die bleibende Gemeinschaft mit Brüdern.[60]

Auch in theologisch-wissenschaftlicher Hinsicht habe er unverhoffte Förderung und Befruchtung erfahren, weshalb er Bonhoeffer „für immer in grosser Dankbarkeit verbunden" bleibe.[61] Am 5. März 1937 übermittelte er an Albertz die Bitte,

---

[58] D. Bonhoeffer, Beurteilung Erich Klapproth, 15.3.1937 (Prüfungsakte Erich Klapproth [ELAB 30/26]).

[59] Ebd. – Es mag bemerkenswert sein, dass Klapproth im Urteil Bonhoeffers insgesamt noch besser als Ebeling, dem ebenfalls großer Ernst, unbedingte Dienstwilligkeit und wissenschaftliche Begabung attestiert wurden, abschnitt (vgl. D. Bonhoeffer, Beurteilung Gerhard Ebeling, 13.3.1937 [Prüfungsakte Gerhard Ebeling (ELAB 30/11)]; ferner Beutel, Ebeling [s. Anm. 44], 53).

[60] Klapproth, Ergänzung zum Lebenslauf (s. Anm. 8), 4.

[61] AaO 4f.

der Bruderrat möge ihn nach dem bevorstehenden Abschluss der Seminarzeit abermals in Ruppin einsetzen.[62]

Das Ende des Finkenwalder Kurses war auf den 15. März 1937 terminiert. Danach standen Klapproth zwei Urlaubswochen bevor. Nun hatte er aber Mitte Februar unerwartet verpflichtende Post bekommen: Der in Königsberg tätige, der Bekennenden Kirche verbundene Vikar Viktor Wendt teilte ihm mit, Udo Smidt habe aus persönlichen Gründen von der geistlichen Leitung des am 22. März im ostpreußischen Zinten (Kreis Heiligenbeil) beginnenden Abiturienten- und Soldatenlagers[63] zurücktreten müssen, und da vor Ort zwar viele Pfarrer und Vikare, aber kaum bekenntniskirchlich orientierte Theologen bereitstünden, bitte er den ihm aus der Jungenwacht-Arbeit bekannten Klapproth, kurzfristig für Smidt einzuspringen.[64] Klapproth vergewisserte sich daraufhin des kirchenleitenden Einverständnisses[65] und sagte, nachdem dieses erklärt war,[66] seine Mitwirkung zu. Wendt reagierte dankbar erfreut und konnte am 13. März die Anmeldung von 45 Teilnehmern berichten.[67] Fünf Tage später verbot die Königsberger Geheime Staatspolizei überraschend das Lager. Wendt berichtete umgehend die eingetretene Fatalität, sah keine realistische Hoffnung mehr, forderte Klapproth aber dennoch auf, sich für den unwahrscheinlichen Fall einer Verbotsrücknahme, den er sogleich

[62] Vgl. Erich Klapproth an Martin Albertz, 5.3.1937 (EZA 50/232/101),

[63] Jeweils cin Exemplar des für dieses Lager ausgefertigten Einladungsschreibens, Merkzettels und Anmeldeformulars findet sich im Nachlass Klapproths aufbewahrt (vgl. EZA 50/245/162–165).

[64] Vgl. Viktor Wendt an Erich Klapproth, 12.2.1937 (EZA 50/145/149).

[65] Vgl. Erich Klapproth an Martin Albertz, 15.2.1937 (EZA 50/232/99).

[66] Vgl. Martin Albertz an Erich Klapproth, 22.2.1937 (EZA 50/232/100).

[67] Vgl. Viktor Wendt an Erich Klapproth, 13.3.1937 (EZA 50/245/156).

telegraphisch durchgeben würde, reisefertig zu halten.[68] Am 19. März, nachdem sich jeder Widerspruch als zwecklos erwiesen hatte, sagte Wendt das Lager durch Rundschreiben ab.[69] Klapproth, der davon noch nichts wusste, sprach am 20. März im Hauptamt der Berliner Geheimen Staatspolizei vor und wurde von dort an das zuständige Kirchenministerium weiterverwiesen. Hier offerierte ihm der kaltsinnig distanzierte Oberregierungsrat und vormalige Bad Segeberger Propst Ernst Szymanowski die Möglichkeit einer schriftlichen Beschwerde,[70] was angesichts der drängenden Zeitnot selbstverständlich ganz aussichtslos war. Zudem belehrte ihn Szymanowski, solche Lager habe die Kirche bis vor kurzem noch gar nicht gekannt und erst in jüngster Zeit nach dem Vorbild der Hitler-Jugend dreist kolportiert. Bereits nach drei Minuten sah sich Klapproth unfreundlich vor die Tür gesetzt.[71] Die Erfahrung, die er damit gemacht hatte, quittierte er sarkastisch als eine „Illustration für die angebliche Rechtstreue und Neutralität des Staates in den kirchlichen Angelegenheiten".[72] So blieben die letzten Märztage, die er ferienhalber im Steglitzer Elternhaus zubrachte, von Enttäuschung und Bitterkeit überschattet.

c) *Wieder Ruppin*

Am 29. März 1937 predigte Klapproth im Ostermontags-Gottesdienst der Steglitzer Lukaskirche. Zwei Tage später übersiedelte er wieder nach Ruppin, um dort seinen Prädikantendienst fortzusetzen. Die erste Nacht verbrachte er noch einmal bei den Barlebens im vertrauten Pfarrhaus zu Altruppin, dann be-

---

[68] Vgl. Viktor Wendt an Erich Klapproth, 18.3.1937 (EZA 50/145/157).

[69] Vgl. Viktor Wendt, Rundschreiben, 19.3.1937 (EZA 50/145/158).

[70] Vgl. Erich Klapproth an die vorläufige Leitung der D.E.K., 22.3.1937 (EZA 50/132/161f).

[71] Vgl. ebd.

[72] Ebd.

zog er im Neuruppiner Anwesen des Justizinspektors Sievert, der dem örtlichen Bruderrat angehörte, sein neues Quartier (Steinstraße 17). Sievert bewohnte mit seiner Familie die obere Etage, im Erdgeschoss lebte die alleinstehende Schwägerin Maria Herzberg, bei der Klapproth nun ein Zimmer zur Miete bekam. Lebhaft angetan und ausführlich schilderte er den Eltern die neuen Wohnverhältnisse, die er mit einer Skizze anschaulich illustrierte.[73] Sein 24 Quadratmeter großes, ruhig gelegenes Zimmer wies nach Norden, wodurch zwar die direkte Sonneneinstrahlung verhindert, jedoch selbst bei größter Sommerhitze noch eine angenehm kühle Raumtemperatur zu genießen war. Das Fenster bot den Blick in einen kleinen, von hohen Baumkronen überragten Hofgarten, den Klapproth an warmen Vormittagen gern zur Lektüre aufsuchte und der ihn bald mit seinen blühenden Flieder- und Rosensträuchern erfreute. Seinem Fahrrad war dort ein geschützter Stellplatz geboten. An freien Abenden nahm er, so oft es ging, auf eine halbe Stunde die Geige zur Hand.[74]

Die finanziellen Verhältnisse blieben weiterhin klamm. Immerhin konnte Klapproth eine Ermäßigung der ihm obliegenden Bürgersteuer erwirken[75] und ein Darlehen der Eltern in gelegentlichen Raten zu 10 Reichsmark zurückerstatten.[76] Außerdem erwiesen sich die Kosten des Lebensunterhalts günstiger als erwartet: Am Morgen und Abend begnügte er sich mit Milch oder Wasser und Aufstrichbrot, als Mittagessen offerierte das Speisehaus Grabow für 90 Pfennige ein schmackhaftes, reichhaltiges Drei-Gänge-Menü.[77] Bald kamen vermehrte Es-

[73] Vgl. Erich Klapproth an Eltern Klapproth, 2.4.1937 (EZA 50/309/15).

[74] Vgl. ebd.

[75] Vgl. Erich Klapproth an das Bezirks-Steueramt Berlin-Steglitz, 27.4.1937 (EZA 50/232/198).

[76] Vgl. Erich Klapproth an Eltern Klapproth, 2.4.1937 (EZA 50/309/5).

[77] Vgl. ebd.

senseinladungen aus der Gemeinde hinzu, von der bekenntniskirchlich orientierten Bäckersfrau erhielt er hin und wieder „feinen Kuchen" geschenkt, gelegentlich überraschte ihn die Zimmerwirtin mit frischem Obst oder Kompott. „Ins Zimmer", konnte er am 16. Juni 1937 vermelden, „bekomme ich alle acht Tage frische Blumen – jetzt gerade zwei herrliche Rosen".[78]

Die landschaftlichen Reize des Ruppiner Landes kostete Klapproth, so gut es ging, aus. Wenn auswärtige Predigtvertretungen oder Kreiskonvente eine längere Anreise mit dem Fahrrad erforderten, ergötzte er sich an der Schönheit der Wiesen und Felder und pflückte sich auf dem Heimweg einen Kornblumenstrauß.[79] Die neu errichtete Badeanstalt am Ruppiner See, für die er zum Preis von 3,60 Reichsmark eine Saisonkarte erworben hatte, bot immer wieder Gelegenheit zu kurzer Erfrischung. Manchmal legte Klapproth, wenn Besuch kam, einen Urlaubstag ein. Am Pfingstsonntag 1937 paddelte er mit dem ihm aus der Jugendarbeit in Berlin-Lichterfelde vertrauten Freund Hans Bärend, der ein Faltboot dabei hatte, stundenlang über den See. Im Juli unternahm er mit seinem auf etliche Tage angereisten Vater Ausflüge in die Umgebung. Und am 2. September gab es das lange ersehnte Wiedersehen mit Gerhard Ebeling. Dieser hatte ihm, mit der Bahn anreisend, frische Wäsche aus Klapproths Elternhaus mitgebracht und nahm dorthin am Abend eine Portion gebrauchter Wäsche zurück, zwischen Ankunft und Abreise erlebten sie, wie Klapproth beglückt an die Eltern schrieb, „einen sehr reichen Tag".[80] Nach dem Abschluss der gemeinsamen Finkenwalder Seminarzeit war Ebeling zur Anfertigung einer Doktorarbeit nach Zürich übersiedelt, weshalb die Freunde ihren Austausch seitdem in einem regen, wöchentlich aktualisierten Briefwechsel fortführten. Eingehend berichtete man einander von der eigenen Arbeit, nahm an den Freuden und Beschwernissen des anderen teil,

---

[78] Erich Klapproth an Eltern Klapproth, 12.6.1937 (EZA 50/309/19).
[79] Vgl. ebd.
[80] Erich Klapproth an Eltern Klapproth, 4.9.1937 (EZA 50/309/59).

und während Ebeling des Öfteren über seine geistliche Einsamkeit und die Entfernung aus dem in Deutschland sich zusehends verschärfenden Kirchenkampf klagte,[81] zeigte sich Klapproth, wie es scheint, niemals dadurch irritiert oder befremdet, dass der Freund, äußerlich unangefochten, konzentrierter wissenschaftlicher Arbeit nachgehen konnte, während er selbst fortwährend den Strapazen und Gefährdungen des bekenntniskirchlichen Frontdienstes ausgesetzt war.

In beruflicher Hinsicht konnte Klapproth an seine zuvor in Neuruppin ausgeübte Tätigkeit unmittelbar anknüpfen. Gottesdienste und Hausbesuche, Jugendpflege und Seelsorge, Hausbibelkreis und Verwaltungsarbeit, dazu nun auch die seelsorgerliche Begleitung des im Untersuchungsgefängnis von Berlin-Tegel einsitzenden Gemeindeglieds Dr. Rothe[82] lasteten ihn sogleich wieder aus. Allerdings hatte sich das Gesicht der Bekenntnisgemeinde seit dem vergangenen Herbst spürbar verändert, nicht nur durch den Wegzug von Familien, sondern auch durch eine heftige Grippewelle, der selbst Jugendliche und „Menschen im besten Alter" zum Opfer gefallen waren.[83]

Die monatlich abgehaltenen Gemeindeversammlungen erfreuten sich weiterhin regen Zulaufs. Da der vorgesehene Redner verhindert war, sprang Klapproth gleich am 22. April 1937 mit dem Referat „Ganze oder halbe Nachfolge?" ein und erstattete außerdem von den Erlebnissen und Erfahrungen der Finkenwalder Seminarzeit ausführlich Bericht.[84] Es fällt auf, dass die Titel der Gemeindevorträge auch sonst bevorzugt in Frageform formuliert waren; so sprachen Eduard Lindenmeyer

---

[81] Vgl. etwa Gerhard Ebeling an Erich Klapproth, 31.5.1937 (EZA 50/245/199); 10.6.1937 (EZA 50/247/6); 6.11.1937 (EZA 50/253/38); 26.11.1937 (EZA 50/253/40).

[82] Vgl. Erich Klapproth an den Anstaltsgeistlichen des Gefängnisses Berlin-Tegel, 15.6.1937 (EZA 50/247/8); Gertrud Rothe an Erich Klapproth, 22.6.1937 (EZA 50/247/16f).

[83] Erich Klapproth an Eltern Klapproth, 2.4.1937 (EZA 50/309/15).

[84] Wilhelm Steinbrecht, Einladung zur Gemeindeversammlung am Donnerstag, 22.4.1937 (EZA 50/245/159).

am 7. Mai zum Thema „Woran entscheidet sich die Zukunft der Kirche?“[85] und am 17. Juni Günther Harder über die Alternative „Jüdische Kirche oder biblische Kirche?“[86] Klapproth hatte sogar Bonhoeffer für die grundsätzliche Zusage eines Vortrags gewinnen können,[87] der aber während seiner Dienstzeit in Neuruppin nicht zustande kam.

Obschon sich der äußere Arbeitszuschnitt kontinuierlich fortsetzte, war Klapproth doch als ein Anderer in die Gemeinde zurückgekehrt: „Die Früchte der Zeit in Finkenwalde“, bekannte er bald, „kommen mir dabei täglich zugute“.[88] Dies betraf nicht nur die dort intensivierte theologische Reflexion, sondern insbesondere auch die vertiefte geistliche Vergewisserung. So führte Klapproth nun die in Finkenwalde eingeübte tägliche Bibellese- und Meditationspraxis fort, wozu ihm die von Bonhoeffer in persönlichen Rundbriefen monatlich ausgegebenen Meditationspläne wertvolle Anleitung boten. Ebeling, der in Zürich ebenfalls daran festhalten wollte, litt sehr darunter, dass ihn die Bonhoefferschen Rundbriefe nicht erreichten, und bat den Freund deshalb um Mitteilung der Meditationstexte.[89] So war aus Klapproth ein entschiedener Finkenwalder geworden, und wenn ihm Ebeling Ende Oktober 1937 zum Geburtstag schrieb: „Das nun hinter Dir liegende letzte Lebensjahr wird mit seiner Frucht Dich durch alle folgenden Jahre begleiten“,[90] so hatte sich diese Prophezeiung schon längst zu erfüllen begonnen.

---

[85] Wilhelm Steinbrecht, Einladung zur Gemeindeversammlung am Freitag, 7.5.1937 (EZA 50/245/176).

[86] Wilhelm Steinbrecht, Einladung zum Vortrag des Herrn Pfarrer Lic. Dr. Harder […] am Donnerstag, 17.6.1937 (EZA 50/247/15).

[87] Vgl. Dietrich Bonhoeffer an Erich Klapproth, Juli 1937 (EZA 50/245/197).

[88] Klapproth, Ergänzung zum Lebenslauf (s. Anm. 8), 5.

[89] Vgl. Gerhard Ebeling an Erich Klapproth, 31.5.1937 (EZA 50/245/199).

[90] Gerhard Ebeling an Erich Klapproth, 29.10.1937 (EZA 50/253/31).

Am 29. Mai 1937 bat Klapproth die Eltern, sie wollten ihm das griechische Neue Testament, das er offenbar bei seinem letzten Besuch zu Hause vergessen hatte, möglichst rasch nachsenden.[91] Wegen der zahlreichen Eintragungen, die er im Lauf der Jahre vorgenommen hatte, war ihm das Büchlein unentbehrlich geworden. Allein weder im Elternhaus noch andernorts fand es sich wieder. So musste Klapproth, nachdem alle Hoffnung zerstoben war, am 5. Juni in der Neuruppiner Buchhandlung Wilhelm Stein ein neues Exemplar des *Novum Testamentum graece* erwerben.[92]

Während der Freund Ebeling unverkennbar einer akademischen Laufbahn zustrebte, verfestigte sich bei Klapproth nun ein ganz anders orientiertes Berufsziel: „Mein Wunsch", ließ er am 2. Mai den Berliner Bruderrat wissen, „geht dahin, später einmal – sofern ich dafür reif genug geworden sein werde – in einer Arbeitergemeinde dienen zu können".[93]

Mit den Eltern stand Klapproth in regelmäßigem, meist wöchentlich fortgeschriebenem Briefkontakt. Abgesehen von den grundsätzlichen theologischen Streitfragen, die dabei zum Austrag kamen,[94] waren zumeist terminliche und organisatorische Dinge zu klären. Besuche im Berlin-Steglitzer Elternhaus hielt Klapproth, zumal wegen des schwelenden theologischen Konflikts, eher kurz und verband sie mit dienstlichen Anlässen in der Hauptstadt. Zumindest Ende Mai 1937 hielt er sich aber auch für einige Tage zu Hause auf. Trotz dieser äußerlichen Distanznahme sorgte die Mutter weiterhin für seine Wäsche, die manchmal durch Klapproth oder Besucher in Neuruppin, zumeist aber in Postpaketen hin und her transportiert wurde. Auch nähte sie abgegangene Knöpfe an, flickte eingerissene

[91] Vgl. Erich Klapproth an Eltern Klapproth, 29.5.1937 (EZA 50/309/16).

[92] Vgl. Buchhandlung Wilhelm Stein, Quittung, 5.6.1937 (EZA 50/247/11).

[93] Klapproth, Ergänzung zum Lebenslauf (s. Anm. 8), 5.

[94] S. u. Abschnitt III.2.b.

Hemden[95] und bügelte, wenn es not tat, die Hosen des Sohnes.[96] Zusehends wichtiger wurde daneben die Versorgung mit Fachliteratur, die Klapproth zur Vorbereitung des Zweiten Examens[97] benötigte. So übernahm die Mutter in seinem Auftrag – der Vater war dafür schon zu gebrechlich – manchen Gang zur Berliner Staatsbibliothek,[98] schnürte Buchpakete, brachte die ihr retournierten Exemplare wieder zurück und erstattete gegebenenfalls die anfallenden Mahngebühren. Große Aufregung verursachte im August ein anscheinend verschwundener Bibliotheksband,[99] aus dem aber nur, wie sich schließlich erwies, bei der fristgerechten Rückgabe der Leihzettel abhanden gekommen war.[100] Zu Pfingsten 1937 erhielt Klapproth von den Eltern ein großes Lebensmittelpaket, von dem er dem Besucher Hans Bärend gastfrei abgeben und auch selber dankbar noch tagelang zehren konnte.[101]

Während Klapproth seinen Prädikantendienst leistete, bewegte sich die Bekennende Kirche in einer delikaten rechtlichen Grauzone, weil die Grenze zur Illegalität noch nicht eindeutig gezogen war. Dadurch sah sich das Handeln der bekenntniskirchlichen Funktionsträger fortwährend einer fundamentalen Rechtsunsicherheit und der daraus resultierenden Angst vor staatlichen Willkürmaßnahmen ausgesetzt. Für die Zusendung von Schriften und Broschüren seiner Kirchenlei-

[95] Vgl. Erich Klapproth an Eltern Klapproth, 12.6.1937 (EZA 50/309/19).

[96] Vgl. Erich Klapproth an Eltern Klapproth, 22.5.1937 (EZA 50/309/15).

[97] S.u. Abschnitt III.1.e.

[98] Vgl. etwa Erich Klapproth an Mathilde Klapproth, 4.7.1937 (EZA 50/309/22).

[99] Vgl. Erich Klapproth an Mathilde Klapproth, 10.8.1937 (EZA 50/309/49); 12.8.1937 (EZA 50/309/50); 14.8.1937 (EZA 50/309/51).

[100] Vgl. Erich Klapproth an die Berliner Staatsbibliothek, 15.8.1937 (EZA 50/309/52).

[101] Vgl. Erich Klapproth an Eltern Klapproth, 15.5.1937 (EZA 50/309/14).

tung hatte sich Klapproth vorsorglich einer Deckadresse bedient.[102]

Im Sommer 1937 ergab sich eine Verschärfung der Lage. Bereits im Frühjahr hatte Reichsinnenminister Wilhelm Frick die Bekanntgabe von Kirchenaustritten während des Gottesdienstes verboten und damit den Spielraum des *ius in sacra* empfindlich beengt. Die Verhaftungswelle, die dann im Juni einsetzte und über das bekenntniskirchliche Leitungspersonal hinaus auch auf die einfachen Pfarrer ausgriff,[103] gründete nicht zuletzt in dem sog. Kollekten-Erlass. Dieser am 9. Juni 1937 verkündete Runderlass des Innen- und Kirchenministeriums[104] verschärfte das im November 1934 ergangene Sammlungsgesetz[105] dergestalt, dass nunmehr die Erlaubnis der gottesdienstlichen Kollekte auf christliche Religionsgesellschaften des öffentlichen Rechts beschränkt und damit der Bekennenden Kirche, die sich allein aus freiwilligen Gaben ihrer Mitglieder finanzierte, eine wichtige ökonomische Grundlage entzogen war. Ende Juni wurden auch in Neuruppin die gottesdienstlichen Kollektengelder beschlagnahmt.[106] Obschon die verhafteten Pfarrer meist nach wenigen Wochen wieder freikamen, hatte sich dadurch das Legalitätsproblem der Bekennenden Kirche doch erheblich verschärft.

---

[102] Die Deckadresse lautete: Fräulein Frieda Kroschel, Neuruppin, Rheinsberger Straße 12 (vgl. Erich Klapproth an den Rat der Bekennenden Kirche, 3.5.1937 [EZA 50/232/140]).

[103] Davon berichtete Erich Klapproth seiner Mutter Mathilde Klapproth am 31.7.1937 (EZA 50/309/47) und am 21.8.1937 (EZA 50/309/53).

[104] Runderlass des Reichs- und Preußischen Ministers des Innern und des Reichs- und Preußischen Ministers für kirchliche Angelegenheiten vom 9.6.1937 (Reichsministerialblatt der inneren Verwaltung 1937, 945).

[105] Gesetz zur Regelung der öffentlichen Sammlungen und sammlungsähnlichen Veranstaltungen (Reichsgesetzblatt 1934 I, 1086).

[106] Vgl. Erich Klapproth an Mathilde Klapproth, 31.7.1937 (EZA 50/309/47).

Bei Martin Niemöller nahmen die Dinge einen anderen Lauf. Die Hoffnung, dass auch er nach seiner am 1. Juli 1937 erfolgten Inhaftierung bald wieder in die Freiheit zurückkehre, erwies sich als trügerisch, weil er nach der gerichtlich angeordneten Haftverbüßung rechtswidrig ins Konzentrationslager verlegt und dort bis zum Kriegsende festgehalten wurde.[107] Am 12. August unterzeichnete Klapproth eine Solidaritätserklärung für Niemöller,[108] fünf Tage später erhielt er von ihm eine in der Untersuchungshaft ausgefertigte Postkarte, die neben getroster Zuversicht und brüderlicher Zuwendung auch deutliche Verzagtheit erkennen ließ. „Ich sehe", schrieb Niemöller, „keinen Ausweg oder kein Ende dieses Zustands [...], mit gebundenen Händen und verbundenen Augen betend und fürbittend den Dienst der andern am Evangelium zu begleiten und mitzutragen. Das ist keine leichte Last, und man muß schon fleißig sein im Hören und Nehmen, um von einem Tag zum andern durchzukommen".[109] Klapproth zeigte sich ob dieser Worte tief erschüttert.[110] Dass ihm Niemöller am 5. November lakonisch mitteilte: „Ich lebe mein stilles, aber nicht untätiges Leben intra muros weiter",[111] vermochte ihn kaum zu beruhigen.

Klapproth, den man seinerseits mehrfach gefangengesetzt hatte,[112] wurde vor Ort auch mit anderen obrigkeitlichen Willkürmaßnahmen unmittelbar konfrontiert. So musste er in Vertretung des vorübergehend inhaftierten Fehrbelliner Pfarrers Harder tatenlos zusehen, wie der im Flecken Wutzetz bei

---

[107] Vgl. hierzu knapp und präzise: M. SCHREIBER, Martin Niemöller (rm 50550), ²2008, 78–93.

[108] Erklärung, von Erich Klapproth unterzeichnet am 12.8.1937 (EZA 50/247/85).

[109] Martin Niemöller an Erich Klapproth, 17.8.1937 (EZA 50/247/89).

[110] Vgl. Erich Klapproth an Eltern Klapproth, 21.8.1937 (EZA 50/209/53).

[111] Martin Niemöller an Erich Klapproth, 5.11.1937 (EZA 50/253/37).

[112] S. u. Abschnitt III.2.a.

Friesack (Kirchenkreis Wusterhausen) in der Hühnerfarm eines Gutshofes für Erntehelfer eingerichtete kirchliche Kindergarten unter dem Hinweis, der Gutsbesitzer Walther Schwabe sei nichtarischen Blutes, geschlossen wurde, obwohl vom nationalsozialistischen Arbeitsdienst, der diese Räumlichkeiten zuvor genutzt hatte, „merkwürdigerweise kein Anstoss an der Person des Besitzers genommen" worden war.[113] Und der emeritierte Bekenntnispfarrer Wilhelm Steinbrecht, der sich über 34 Jahre hinweg im Vorstand einer Erziehungsanstalt der Inneren Mission engagiert hatte, wurde am 21. Juni 1937 kurzerhand und ohne jedes Dankeswort aus dieser ehrenamtlichen Funktion entlassen, nachdem der Ruppiner Landrat Friedrich von Uslar-Gleichen kaltherzig und erpresserisch mitgeteilt hatte, „er setze sich nicht mit einem Pfarrer der Bekennenden Kirche an einen Tisch und müßte, falls St[einbrecht] nicht ginge, der Anstalt sein Interesse entziehen".[114] Diese und andere Beispiele machen offensichtlich, dass Klapproths Neuruppiner Prädikantenzeit, trotz Badevergnügen und Kornblumenstrauß, alles andere als eine pastorale Idylle gewesen ist.

d) Berlin

Am 13. Oktober 1937 wurde Klapproth nach einer vier Wochen andauernden Inhaftierung[115] aus dem Gefängnis entlassen. Die Neuruppiner Bekenntnisgemeinde und er gingen wie selbstverständlich davon aus, dass er nun seinen bisherigen Dienst umgehend fortsetzen würde. Allerdings war das Zimmer, das

---

[113] Erich Klapproth an Unbekannt, 26.8.1937 (EZA 50/247/90f). – Für die Hintergründe vgl. R. Bookhagen, Die evangelische Kinderpflege und die Innere Mission in der Zeit des Nationalsozialismus. Bd. 2: 1937 bis 1945: Rückzug in den Raum der Kirche (AKZG B 30), 2002, 92–102.

[114] Erich Klapproth an Eltern Klapproth, 26.6.1937 (EZA 50/309/20).

[115] Für die näheren Umstände s. u. Abschnitt III.2.a.

er bei Maria Herzberg bewohnt hatte, schon bald nach seinem Ausbleiben an den Prädikanten Gustav Seydel übergegangen. Dieser rief ihm am 16. Oktober einen herzlichen Willkommensgruß in der Freiheit zu, teilte die anstehenden Gemeindetermine mit und riet ihm dringend, das Angebot von Ida Schönherr, Klapproth könne fortan in ihrer Wohnung Unterkunft finden, bedenkenlos anzunehmen.[116] Pfarrer Bittkau votierte ebenfalls in diese Richtung. Er gratulierte zur glücklichen Haftentlassung, terminierte die nächsten Dienstpflichten und hatte schon am Vortag mit Frau Schönherr vereinbart, dass Klapproth künftig in deren neu erbautem Haus wohnen könne; der Mietzins werde sich problemlos in Gestalt von täglich zweistündiger Gartenarbeit entrichten lassen, „was Ihnen nach der Abspannung in der Gefängniszelle gesundheitlich sicherlich gut sein wird".[117]

Zeitgleich mit dem Brief von Bittkau traf bei Klapproth, der einstweilen wieder bei den Eltern in Berlin-Steglitz wohnte, nun allerdings auch ein Schreiben von Albertz ein. Da die Ruppiner Prädikantenstelle neu besetzt war, gehe die Kirchenleitung, wie Albertz schrieb, davon aus, „daß es Ihnen recht ist, wenn Sie sich erst ein wenig erholen und dann zur privaten theologischen Arbeit zurückziehen".[118] Tatsächlich hatte die Vorbereitung auf das Zweite Examen[119] unter der Haftzeit empfindlich gelitten. So wurde Klapproth für die ihm widerfahrene Unbill durch großzügige Dienstfreistellung entschädigt. Ende Oktober zog er sich für etliche Tage auf die dem Städtchen Barth vorgelagerte Ostsee-Halbinsel nach Zingst zurück. Ausgiebig genoss er dort, zumal bei langen Spaziergängen am

[116] Vgl. Gustav Seydel an Erich Klapproth, 16.10.1937 (EZA 50/253/22).

[117] Reinhold Bittkau an Erich Klapproth, 14.10.1937 (EZA 50/253/20).

[118] Martin Albertz an Erich Klapproth, 14.10.1937 (EZA 50/232/112).

[119] S.u. Abschnitt III.1.e.

Sandstrand, das herrliche Herbstwetter, gedachte beim Blick auf das offene Meer freilich auch in erfahrungsgesättigter Anteilnahme der inhaftierten Brüder im Amt.[120] Die Buchtitel, die er den Eltern als Geburtstagswunsch übermittelte, umfassten, seinem breiten Interessenshorizont entsprechend, neben theologischer und religionswissenschaftlicher Fachliteratur auch den im Vorjahr von Rudolf Alexander Schröder publizierten Band *Dichtung und Dichter der Kirche*.[121]

In Steglitz verblieb Klapproth bis Ende Januar 1938. Nachdem er sich zwei Monate lang der konzentrierten Examensvorbereitung hatte zuwenden können, übernahm er im Dezember und Januar, zu seinem früheren Superintendenten Max Diestel abgeordnet, die im Kirchenbezirk Wilmersdorf-Süd zu verrichtende Jugenddienstarbeit.[122] Es lag längst nicht nur an dem keineswegs spannungsfreien häuslichen Zusammensein mit den Eltern, dass Klapproth bisweilen wehmütig an die arbeits- und erlebnisintensive Zeit seines in Neuruppin erbrachten pastoralen Wirkens zurückdachte. Und auch von dort trafen vielfältige Zeugnisse der anhänglichen Verbundenheit ein, insbesondere aus der Feder von Ida Schönherr, die mit langen Briefen die räumliche Trennung zu überbrücken suchte und ein um das andere Mal ihrer tiefen Dankbarkeit für den von Klapproth erwiesenen seelsorgerlichen Beistand emphatischen Ausdruck verlieh. „Daß Ihnen sehr viel geschenkt ist“, schrieb sie am 29. Oktober 1937, „weiß ich wohl mit am besten […]. So hat mich noch keiner mit vor Gott genommen im Gebet“.[123]

Am 1. Februar 1938 begann für Klapproth ein neuer Lebensabschnitt: Die Kirchenleitung entsandte ihn als Studieninspektor an das Katechetische Seminar der Berliner Bekennenden

---

[120] Vgl. Erich Klapproth an Eltern Klapproth, 24.10.1937 (EZA 50/309/93).

[121] Ebd.

[122] Vgl. Erich Klapproth, Rundbrief, 7.5.1938 (EZA 50/253/74f).

[123] Ida Schönherr an Erich Klapproth, 29.10.1937 (EZA 50/253/29).

Kirche.[124] Diese Einrichtung war 1936 im Haus der Goßner-Mission (Berlin-Friedenau, Handjerystraße 19/20) als Reaktion auf den von staatlicher Seite auf die Lehrerschaft zunehmend ausgeübten Druck, den schulischen Religionsunterricht niederzulegen,[125] eröffnet worden.[126] Nun wurden hier unter der Leitung von Oskar Hammelsbeck bekenntniskirchlich orientierte Nachwuchstheologen auf den schulischen und außerschulischen Religionsunterricht vorbereitet. Auch in seinen anderen Funktionen[127] stellte das 1891 im Stil der späten Gründerzeit errichtete stattliche Goßner-Haus[128] ein wichtiges Zentrum der Bekennenden Kirche dar.[129] Klapproth bezog ein Zimmer in der dritten Etage, unterrichtete Gruppen von je-

[124] Vgl. Erich Klapproth, Rundbrief, 7.5.1938 (EZA 50/309/74f).

[125] Vgl. K. Hunsche, Der Kampf um die christliche Schule und Erziehung 1933–1945 (KJ 76, 1949/50, 455–519) (Der Beitrag ist, auch wegen seiner Materialfülle, noch immer interessant); ferner F. Rickers, Die nationalsozialistische Ära (in: R. Lachmann / B. Schröder [Hg.], Geschichte des evangelischen Religionsunterrichts in Deutschland. Ein Studienbuch, 2007, 233–267 [Lit.]).

[126] Vgl. O. Hammelsbeck, Das Katechetische Seminar der Bekennenden Kirche im Goßner-Haus (Die Biene auf dem Missionsfelde, 1961, H. 1); G. Ruddat, Oskar Hammelsbeck, der „Schulmann der Bekennenden Kirche“, und sein Konzept einer „Schule in evangelischer Verantwortung“ (in: H. Wrogemann [Hg.], Theologie in Freiheit und Verbindlichkeit. Profile der Kirchlichen Hochschule Wuppertal/Bethel, 2012, 95–110).

[127] Vgl. R. Lange, Gossner Mission (in: Kirchenkampf in Berlin 1932–1945. 42 Stadtgeschichten, hg. von O. Kühl-Freudenstein / P. Noss / C. P. Wagener [SKI 18], 1999, 419–425).

[128] Der bemerkenswerte Bau (eine Abbildung findet sich aaO 424 sowie bei Sandvoss [s. Anm. 129], 125) hatte den Zweiten Weltkrieg schadlos überstanden, ist dann aber mitsamt seinen reichhaltigen Dokumenten- und Bildarchiven im Sommer 1945 von Soldaten der sowjetischen Besatzungsmacht bis auf die Grundmauern niedergebrannt worden. An derselben Stelle wurde 1954 ein Miets- und Verwaltungsgebäude errichtet, dessen architektonischer Zuschnitt an den Vorgängerbau symbolisch zu erinnern sucht.

[129] Vgl. H.-R. Sandvoss, „Es wird gebeten, die Gottesdienste zu überwachen …“. Religionsgemeinschaften in Berlin zwischen Anpas-

weils etwa 20 Vikaren in der Gemeindejugendarbeit und leitete die Wohngemeinschaft, die sich dort zusammenfand.[130] Damit verbunden setzte er die Betreuung kirchlicher Jugendgruppen, übrigens beiderlei Geschlechts,[131] in den umliegenden Stadtteilen Groß-Berlins fort.[132] Aus Zürich übermittelte Gerhard Ebeling seine Glückwünsche zur neuen Tätigkeit, die zwar nicht Klapproths eigentlichen Wünschen entspreche, gleichwohl aber doch „eine herrliche Aufgabe" darstelle: „Mein alter Mensch möchte fast mit etwas Neid aus meiner Klausureinsamkeit auf solche Arbeit blicken".[133]

Indessen wurde der Gegenwind immer schärfer. Nachdrücklich widersetzte sich die Bekennende Kirche den Versuchen der Reichskirche, opponierende Pfarrer und Prädikanten zu „legalisieren", sie also unter Anerkennung der vor dem Prüfungsamt der Bekennenden Kirche abgelegten Examina in den Dienst der mit dem nationalsozialistischen Staat ideologisch harmonierenden Deutschen Evangelischen Kirche abzuwerben. Solchem Ansinnen, mahnten der Vertrauensmann des Bruderbundes junger Theologen Götz Grosch und Albertz in etlichen Rundschreiben,[134] möge man sich unbeschadet des Umstands, dass sich „das Heil Gottes" selbstverständlich „auch anderenorts hören und verkündigen" lasse,[135] entschie-

---

sung, Selbstbehauptung und Widerstand von 1933 bis 1945, 2014, 122–133.

[130] Vgl. E. Klapproth, Tätigkeitsbericht, Mai 1939 (EZA 50/232/115–117).

[131] Vgl. Hildegard Hesse an Erich Klapproth, 12.3.1938 (EZA 50/380/76).

[132] Vgl. etwa Unbekannt an Erich Klapproth, 20.2.1938 (EZA 50/380/67).

[133] Gerhard Ebeling an Erich Klapproth, 10.2.1938 (EZA 50/245/148). Ebeling hatte den Brief irrtümlich auf den 10.2.1937 datiert.

[134] Vgl. etwa Martin Albertz, Rundschreiben, 30.3.1938 (EZA 50/232/73).

[135] Götz Grosch, Rundschreiben, Karwoche 1938 (EZA 50/232/74).

den und tapfer entziehen.[136] Auf eben diese Sorge war die eindringlich mahnende Bibelarbeit gerichtet, die Bonhoeffer am 21. Juni 1938 auf einer Freizeit für alle Mitglieder seiner Finkenwalder Kurse über die sechste Bitte des Vaterunsers „Führe uns nicht in Versuchung, sondern erlöse uns von dem Übel" (Mt 6,13a) vortrug. Die gut besuchte Freizeit (20.–25. Juni 1938) fand in Zingst statt, also dort, wo Bonhoeffer im Frühjahr 1935 das von ihm geleitete Predigerseminar der Bekennenden Kirche eröffnet hatte. Auch Klapproth nahm daran teil und überlieferte die Bibelarbeit getreulich in seiner bewährten stenographischen Kurzschrift.[137]

Ende Juni 1938 wurde das Berliner Katechetische Seminar durch die Geheime Staatspolizei geschlossen und verboten. Klapproth behielt seinen Wohnsitz im Goßner-Haus bei, wandte sich nun aber anderen dienstlichen Aufgaben zu.[138]

e) Zweites Theologisches Examen

Nach der Wiederaufnahme des Neuruppiner Dienstes hatte die Vorbereitung auf das Zweite Theologische Examen schon bald die pastorale Alltagsarbeit zu überlagern begonnen. Am 2. Mai 1937 reichte Klapproth seine mit allen erforderten Anlagen ausgestattete Prüfungsanmeldung ein.[139] Dann sah er mit täglich wachsender Spannung dem offiziellen Beginn seiner Examensphase entgegen.[140] Am 2. Juni überstellte ihm Albertz als Vorsitzender des Prüfungsamtes der berlin-brandenburgischen

---

[136] Vgl. etwa Götz Grosch, Rundschreiben, 19.5.1938 (EZA 50/232/75).

[137] Vgl. D. Bonhoeffer, Bibelarbeit über Versuchung (in: Ders., Illegale Theologenausbildung: Sammelvikariate 1937–1940, hg. von D. Schulz [DBW 15], 1998, 371–406).

[138] S.u. Kapitel IV.1.

[139] Vgl. Erich Klapproth an Martin Albertz, Meldung zur zweiten theologischen Prüfung, 2.5.1937 (EZA 50/232/102–108).

[140] Vgl. Erich Klapproth an Eltern Klapproth, 14.5.1937 (EZA 50/309/14) und 22.5.1937 (EZA 50/309/15).

Bekennenden Kirche die Themen der drei schriftlichen Arbeiten, die binnen eines Vierteljahres erstellt werden sollten.[141] So musste Klapproth, der mit den Aufgaben „im Ganzen recht zufrieden"[142] war, eine Predigt über die an das Volk Israel prophetisch ergangene Vergebungszusage (Jes 43, 22-28) sowie eine dem Satz „Jesus ist Gottes Knecht und Gottes Sohn" gewidmete Katechese ausfertigen. Höchst anspruchsvoll war daneben der Gegenstand der wissenschaftlichen Arbeit, den das Prüfungsamt mit einer Überschrift, einer Erläuterung und zwei Leitfragen umriss:

Die geistliche Speise und der geistliche Trank der Israeliten und unsere Gemeinschaft des Blutes und des Leibes Christi nach 1. Kor 10. Es ist zu untersuchen, inwiefern Paulus behaupten konnte, daß Israel durch sakramentales Geschehen mit Christus Gemeinschaft haben konnte. Ist diese Gemeinschaft die gleiche wie unsere Gemeinschaft des Leibes und Blutes Christi oder nicht? Inwiefern kann aber eine Gleichheit oder Unterschiedenheit bestehen?[143]

Gerhard Ebeling, der das Zweite Theologische Examen erst nach der Fertigstellung seiner in Zürich entstehenden Dissertation zu gewärtigen hatte, kommentierte die dem Freund Klapproth gestellten Prüfungsaufgaben mit einem sprechenden Bild: „Die Mitteilung Deiner Examensthemen erweckt mir das Gefühl, als müßte ich einem abfahrenden Zug nachwinken. Ich werde dem D-Zug mit einem sehr viel langsamer fahrenden Güterzug nachkommen, der mit viel Unnötigem belastet ist und viel Aufenthalt hat. Aber auch das ist ja notwendig".[144]

Klapproth machte sich zunächst an die Predigtausarbeitung, setzte dann mit der Katechese fort und wandte sich schließlich der wissenschaftlichen Hausarbeit zu. Wegen der fortlaufenden

[141] Vgl. Martin Albertz an Erich Klapproth, 2.6.1937 (EZA 50/232/109).

[142] Erich Klapproth an Eltern Klapproth, 4.6.1937 (EZA 50/309/18).

[143] Martin Albertz an Erich Klapproth, 2.6.1937 (EZA 50/232/109).

[144] Gerhard Ebeling an Erich Klapproth, 10.6.1937 (EZA 50/247/6).

dienstlichen Verpflichtungen und anderen Abhaltungen[145] zerrann ihm die Zeit. Anfang September 1937 bat er notgedrungen um Aufschub der Abgabefrist,[146] der ihm auch umgehend bis zum 1. Oktober gewährt wurde.[147] Weitere widrige Umstände, die Klapproth unverschuldet aufhielten,[148] zwangen abermals zur Verzögerung. Anfang Dezember lagen die drei schriftlichen Arbeiten endlich im Prüfungsamt vor. Ebeling, dem Klapproth seine Unzufriedenheit mit dem Erreichten geklagt hatte, spendete freundlichen Trost: Er möge sich über etwaige Unvollkommenheiten nicht grämen, „bei Examensarbeiten hat man ja das Recht, unfertig fertig zu sein".[149]

Die selbstkritischen Skrupel des Kandidaten erwiesen sich als weit übertrieben. „Die Predigt", befand der Korrektor Hans Asmussen, „ist mit großem Fleiß angefertigt – nicht ohne Geschick". Auch wenn die homiletische Umsetzung der als glänzend erkannten Textexegese ein wenig nachstehe, sei das Ergebnis insgesamt als „gut" anzuerkennen.[150] Für die Katechese fällte Heinrich Vogel ein ähnliches Urteil: Zwar erscheine die biblische Exegese „recht verständig", doch komme in der katechetischen Anwendung „weder das gewählte Gleichnis Markus 12,1ff noch das gegebene Thema zu seiner klaren Darstellung und Entwicklung". Gleichwohl beurteilte er, was ihm vorlag, als „im ganzen gut".[151]

---

[145] S.u. Abschnitt III.2.a.

[146] Erich Klapproth an Martin Albertz, 3.9.1937 (EZA 50/232/110).

[147] Martin Seyler an Erich Klapproth, 8.9.1937 (EZA 50/232/111).

[148] S.o. Abschnitt III.1.c.

[149] Gerhard Ebeling an Erich Klapproth, 8.12.1937 (EZA 50/253/47).

[150] Beurteilung der von Herrn cand. theol. Erich Klapproth zur zweiten theologischen Prüfung eingereichten Prüfungsarbeiten, [Januar 1938] (EZA 50/239/51). – Die Reinschrift der Predigt scheint verloren; dagegen sind Vorbereitungsnotizen sowie das stenographische Konzept der Predigt erhalten (EZA 50/332/1–14).

[151] Beurteilung der von Klapproth eingereichten Prüfungsarbeiten (s. Anm. 150). – Auch die Reinschrift der Katechese scheint verloren,

Mit der wissenschaftlichen Hausarbeit erzielte Klapproth die beste Zensur. Der Aufbau war klug gewählt: Der erste Teil analysierte, was Paulus zum geistlichen Trank und zur geistlichen Speise ausführte (1Kor 10,1–4), der zweite Teil rekonstruierte die paulinische Vorstellung der Gemeinschaft des Leibes und Blutes Christi (1Kor 10,16f), beides in umsichtiger Wahrnehmung des historischen und biblisch-theologischen Kontextes. Daraufhin führte der dritte Teil das, was zunächst separat erörtert worden war, in den Versuch zusammen, mit einer differenzierten, aus dem Dreiklang von „Wort", „Sakrament" und „Kirche" komponierten Gesamtschau der komplexen Themenstellung gerecht zu werden.[152] Ebeling, dem Klapproth die Examensarbeit erst im Februar 1938 nach Zürich zusandte, bekundete „uneingeschränkte Bewunderung", warf aber zugleich, abgesehen von einigen Detailnotizen, die entscheidende Frage auf, ob man für den alttestamentlichen Referenztext (Ex 16), den Paulus einspielte, nicht zuerst eine von 1Kor 10 unabhängige Exegese hätte vorlegen sollen.[153] Indessen fiel dieser zentrale Kritikpunkt für den Geschäftsführer des altpreußischen Bruderrats und Dozenten Wilhelm Niesel, der als Gutachter bestellt war, offenbar nicht ins Gewicht: Er lobte die „sehr gründliche, gut durchdachte Arbeit", die breite Literaturkenntnis und große Selbständigkeit dokumentiere; „be-

umfangreiche stenographische Notizen sind aber erhalten (EZA 50/332/15–45).

[152] E. Klapproth, Der geistliche Trank und die geistliche Speise der Israeliten und unsre Gemeinschaft des Leibes und Blutes Christi nach 1. Kor. 10 [wissenschaftliche Examensarbeit], 67 S., masch., 3.12.1937 (EZA 50/339/62–135). Es fällt auf, dass Klapproth das ihm gestellte Thema (vgl. bei Anm. 143) sinnwahrend geringfügig umformuliert hatte. – Von dem unerbittlichen Arbeitseifer, den Klapproth hierbei erwies, zeugen die erhaltenen Leihscheine der Preußischen Staatsbibliothek (EZA 50/332/42–73) ebenso wie seine weit über 100 Seiten umfassenden Notizen, Exzerpte und Entwürfe (EZA 50/332/74–188).

[153] Vgl. Gerhard Ebeling an Erich Klapproth, 23.2.1938 (EZA 50/253/61f).

sonders erfreulich“, hob er hervor, „ist allenthalben die Sorgfalt und Abgewogenheit des theologischen Urteils“.[154] Was ihn veranlasste, die Bestnote mit einem geringen Abstrich zu versehen, war lediglich eine ihm fragwürdig erscheinende Kleinigkeit.[155]

Wichtige Teile des Examens waren damit bestanden. Die beiden Klausuraufgaben, denen sich Klapproth im Frühjahr 1938 zu stellen hatte, bewältigte er ebenfalls mit gutem Erfolg. Das bibelwissenschaftliche Thema lautete: „Wer hat recht: Christen oder Juden – wenn die einen bejahen und die andern verneinen, die messianischen Weissagungen seien im Neuen Testament erfüllt?“[156] Der Korrektor konnte sich damit begnügen, am Rand der Klausur immer wieder „gut!“ zu notieren, und erkannte insgesamt auf „vorzüglich“.[157] In der praktisch-theologischen Klausur war „Das Wesen des evangelischen Gottesdienstes“ zu bestimmen. Gleich mit dem ersten Satz markierte Klapproth die theologische Höhenlage, auf der sich seine Ausführungen bewegten: „Das Wesen des Gottesdienstes ist bestimmt durch seinen Ort: er ist gelegen zwischen dem Fall der Menschheit und der Auferstehung der Toten“.[158] Von dieser fundamentaltheologischen Situierung ausgehend klärte er dann die Struktur und Funktion des evangelischen Gottesdienstes. Nachdem er am 9. April 1938 auch noch die mündlichen Prüfungen abgelegt hatte, quittierte ihm das Zeugnis als Gesamtergebnis die mit „recht gut“ bezeichnete zweitbeste

[154] Beurteilung der von Klapproth eingereichten Prüfungsarbeiten (s. Anm. 151).

[155] „Fragwürdig bleibt allerdings an wichtiger Stelle die Behauptung, daß Christus nach 1. Kor. 10,1-4 der Geber der Gabe und nicht die Gabe selber war“ (ebd.).

[156] E. Klapproth, Biblische Klausur zur 2. theologischen Prüfung, 5 S., hs., 1938 (ELAB 15/3555).

[157] Vgl. ebd.; vgl. ferner Beurteilung der von Klapproth eingereichten Prüfungsarbeiten (s. Anm. 151).

[158] E. Klapproth, Praktisch-theologische Klausur zur 2. theologischen Prüfung, 6 S., hs., 1938 (ELAB 15/3555).

Zensur.[159] Die 13 Einzelleistungen, die dafür erbracht worden waren, belegten in den biblisch-exegetischen Fächern jeweils den obersten Rang und wichen in den anderen Fächern geringfügig, nur in der Disziplin „Recht und Verwaltung der Kirche" markant davon ab.[160]

Weil mit dem Zweiten Examen die Prädikanten-Abordnung nach Neuruppin, die faktisch bereits seit Oktober 1937 sistiert war,[161] nun auch formell hinfällig wurde, überwies die Kirchenleitung ihren neuen Hilfsprediger am 12. April 1938, ohne dass sich damit auf dessen Tätigkeitsfeldern etwas geändert hätte, in die Zuständigkeit des Berliner Superintendenten Max Diestel.[162] Einen Tag später wurde Klapproth in der Jesus-Christus-Kirche zu Berlin-Dahlem unter assistierender Mitwirkung seines Vikariatspfarrers Lindenmeyer[163] feierlich ordiniert. Der Ordinationseid verpflichtete ihn auf das Wort Gottes, wie es in der Bibel verfasst und in den lutherischen Bekenntnisschriften bezeugt war, aber auch, über diese traditionelle Verbindlichkeit aktualitätsträchtig hinausgehend, „wie es gegenüber den Irrlehren unserer Zeit aufs neue bindend bekannt ist in der Theologischen Erklärung der ersten Bekenntnissynode der Deutschen Evangelischen Kirche in Barmen".[164] Klapproth nahm an der Einbeziehung der evangelisch-reformiert konnotierten Barmer Theologischen Erklärung von 1934 keinen Anstoß, hatte aber den in der Eidesformel aufgezählten lutherischen Be-

159 Vgl. Beurteilung der von Klapproth eingereichten Prüfungsarbeiten (s. Anm. 151).

160 Zeugnis der Zweiten Theologischen Prüfung für Erich Klapproth, 15.4.1938 (ELAB 15/3555).

161 S. o. Abschnitt III.1.d.

162 Vgl. Martin Albertz an Erich Klapproth, 12.4.1938 (EZA 50/239/49).

163 Vgl. Eduard Lindenmeyer an Erich Klapproth, 12.4.1938 (EZA 50/253/70).

164 Ordinationsformel für Erich Klapproth, 13.4.1938 (ELAB 15/3555).

kenntnistexten die Konkordienformel von 1577 noch eigenständig hinzugefügt.[165]

Im Nachgang zur bestandenen Prüfung mussten die Examenspredigt und -katechese überdies in der Praxis bewährt werden. Am Sonntag Cantate, dem 15. Mai 1938, hielt Klapproth seine Kanzelrede im Hauptgottesdienst der Johanneskirche zu Berlin-Lichterfelde. Der dort seit 1930 amtierende erste Pfarrer Willy Praetorius notierte im Bewertungsformular würdigen Anstand, zurückhaltende Gestikulation, natürlichen Vortrag und das Talent freier Rede.[166] Man wird annehmen dürfen, dass auch die Gemeinde den Auftritt des jungen Gastpredigers als gelungen empfand.

Ebenfalls in Lichterfelde konnte Klapproth am 23. Mai in einer kirchlichen Jugendgruppe seine Katechese erproben. Der seit 1908 am selben Ort wirkende Pfarrer Karl Grüneisen zeigte sich absolut hingerissen: In guter, ruhiger Haltung, hielt er im Evaluationsbogen fest, habe der Katechet die anwesenden 13 Jungen unterrichtet, dabei vollständige Stoffbeherrschung, einwandfreie Gesprächsführung, kurzum: ein Höchstmaß an „natürlicher Begabung" und „fleißiger Übung" erwiesen. Die Knaben, befand er, „folgten der ganzen Katechese mit offenbar großer Freude und gleichbleibender Aufmerksamkeit". Der im 67. Lebensjahr stehende Geistliche war von alledem so beeindruckt, dass er, den Rahmen der üblichen Bewertungsprädikate weit überschreitend, die religionsdidaktische Kompetenz des Pfarramtsanwärters schlichtweg als „beneidenswert" einstufte.[167] So ging Klapproth aus dem Zweiten Theologischen Examen als ein glückhaft begabter, hoffnungsvolle Erwartun-

---

[165] Vgl. ebd. – Vgl. auch Ordinations-Urkunde des Pfarramtskandidaten Erich Klapproth, 13.4.1938 (EZA 50/239/50).

[166] W. Praetorius, Urteil über die Predigt des Kandidaten Erich Klapproth, 23.5.1938 (EZA 50/239/53).

[167] K. Grüneisen, Urteil über die Katechese des Kandidaten Erich Klapproth, 24.5.1938 (EZA 50/239/52).

gen schürender Nachwuchstheologe der Bekennenden Kirche hervor.

2. Konflikte

Während seiner Prädikantenzeit wurde Klapproth nicht nur unmittelbarer Zeuge von staatswillkürlichen Übergriffen und weltanschaulichen Divergenzen,[168] sondern erlebte diese Bedrängnisse auch mehrfach am eigenen Leib. Sie erwuchsen einerseits aus Maßnahmen der nationalsozialistisch vereinnahmten Polizei und Justiz, andererseits in fortgesetzter harter Auseinandersetzung mit seiner die staatsideologische Weltsicht in kritikloser Vehemenz vertretenden Mutter. Dabei ergibt sich aus der fragmentierten Aktenlage nicht immer ein vollständiges oder wenigstens abgerundetes Bild.

a) Staatspolizei und Justiz

Mit den exekutiven Staatsorganen kam der Ruppiner Pfarramtsanwärter mehrfach in unliebsame, fortschreitend heftiger werdende Berührung. Am 9. Juni 1936 stellte ihm die Preußische Geheime Staatspolizei eine Vorladung zu. Darin wurde er ohne Angabe von Gründen „ersucht", sich drei Tage später vormittags zwischen 9 und 10 Uhr in deren Amtssitz (Prinz-Albrecht-Straße 8, Zimmer 307) „einzufinden".[169] Klapproth reagierte mit erstaunlichem Freimut: Da die Vorladung an seine alte Berlin-Steglitzer Adresse gerichtet war, er aber seit April in Ruppin tätig sei, müsse er der Behörde „anheimstellen", ob sie die Vorladung fernmündlich bestätigen oder die Vernehmung an die Polizeistelle seines jetzigen Dienstortes übertragen wolle. Im Übrigen sei er an dem fraglichen Tag durch eine Beerdi-

[168] S. o. Abschnitt III.1.c.

[169] Preußische Geheime Staatspolizei, Vorladung Erich Klapproth, 9.6.1936 (EZA 50/232/200).

gung und andere Dienstpflichten gebunden, gedenke sich aber am 20. Juni ohnehin nach Berlin zu begeben. „Ihrem Entscheid", teilte das mit keinem Gruß versehene Schreiben mit, „sehe ich entgegen".[170] Der Fortgang der Angelegenheit, die, wie es scheint, ohne gravierende Folgen blieb, ist nicht dokumentiert. –

Umso folgenschwerer verlief dann aber ein weiterer Polizeikontakt. Am 14. August 1936 nahm Klapproth in Berlin an einer Konventssitzung des Berliner Bruderrats teil. Dort wurden ihm etliche für Ruppin bestimmte Schriftstücke und Broschüren zum Transport übergeben. Die Nacht verbrachte er im Steglitzer Elternhaus. Am Vormittag des folgenden Tages wollte Klapproth, bevor er nach Ruppin zurückfuhr, die große Deutschland-Ausstellung am Kaiserdamm[171] besuchen und bat deshalb seine Mutter, ihm das Gepäck auf 12 Uhr an den Bahnhof Zoo zu bringen. Auf dieselbe Stunde war ein kurzes Treffen mit dem Jugendfreund Oswald Hanisch anberaumt. Wenige Minuten, nachdem ihm die Mutter den Koffer am vereinbarten Ort übergeben und Klapproth dem Freund einige Papiere ausgehändigt hatte, wurde er von zwei Zivilbeamten, die, wegen der damals in Berlin stattfindenden Olympischen Spiele in höchster Wachsamkeit stehend, das Geschehen beobachtet hatten, verhaftet und in das Polizeipräsidium am Alexanderplatz überstellt.

Während man dort das Verdacht erregende Gepäckstück sowie den Inhalt aller Kleidungstaschen eingehend untersuchte, führte der für kirchliche Angelegenheiten zuständige junge SS-Mann Ludwig Chantré mit Klapproth ein längeres, von ihm als „persönlich" deklariertes Gespräch. Es verlief in freundlicher,

---

[170] Erich Klapproth an die Preußische Geheime Staatspolizei, 10.6. 1936 (EZA 50/232/201).

[171] Die als propagandistische Selbstdarstellung gestaltete „Deutschland-Ausstellung" wurde von 18. Juli bis 16. August 1936 als Begleitangebot zu den zeitgleich in Berlin stattfindenden XI. Olympischen Spielen (1.–16.8.1936) gezeigt.

offener Atmosphäre, man erörterte, durchaus auf Augenhöhe, die aktuelle kirchliche Lage. Dabei gab sich Chantré als Sohn eines rheinhessischen Pfarrers zu erkennen, begründete aber zugleich seine Entfremdung von der Kirche mit einer unlängst gehörten Predigt, in der gesagt worden war, heutzutage stünde Jesus in der Illegalität, „weil er den Ariernachweis nicht erbringen könnte".[172] Nach Ablauf einer halben Stunde teilte man Klapproth mit, er stehe, da sich der gegen ihn erhobene Verdacht als unbegründet erwiesen habe, auf freiem Fuß, jedoch müsse eine Reihe der Schriftstücke, die er mit sich führte, vorläufig sichergestellt werden. Die ihm ausgehändigte Quittung listete die beschlagnahmten Gegenstände detailliert auf, darunter das Mitgliederverzeichnis der Ruppiner Bekenntnisgemeinde, Klapproths Terminkalender, verschiedene Notiz- und Kassenbücher, etliche zur Weiterleitung bestimmte Poststücke sowie ein offenbar geheimnisvoll wirkender Stapel „Blätter mit stenographischen und griechischen Schriftzeichen".[173] Insbesondere das Einbehalten der Adressdaten und des Terminkalenders beeinträchtigte die Dienstwahrnehmung des Prädikanten in erheblichem Maße.

Einen Monat später wandte sich Klapproth brieflich an das Berliner Polizeipräsidium: Da er doch wohl annehmen dürfe, „dass die erforderliche Einsicht in die beschlagnahmten Schriftstücke inzwischen erfolgt ist", bitte er um möglichst umgehende Zustellung der ihm abgenommenen Gegenstände.[174] Indessen erfolgte weder eine Rücksendung der Dokumente noch auch nur eine Antwort. Mitte Oktober versicherte

---

[172] E. Klapproth, Bericht über Sicherstellung wichtiger Schriftstücke der B. K. aus meinem Besitz durch die Staatspolizeistelle Berlin, 3 S., masch., 16.10.1936 (EZA 50/686/20f).

[173] Staatspolizeistelle für den Landespolizeibezirk Berlin, Quittung über vorläufig sichergestellte Schriftstücke aus dem Gepäck des Herrn Vikar Klapproth, 15.8.1936 (beglaubigte Abschrift) (EZA 50/686/21).

[174] Erich Klapproth an das Polizeipräsidium Berlin, 14.9.1936 (EZA 50/232/204).

Chantré, mit dem sich Klapproth telefonisch in Verbindung gesetzt hatte, die Rückgabe eines Teiles der einbehaltenen Papiere sowie eine Begründung der endgültigen Beschlagnahme des Restes sei „sehr bald" zu erwarten.[175] Als nach weiteren vier Wochen noch immer keine Klärung erfolgt war, beschwerte sich Klapproth bei der zuständigen Polizeidienststelle voller Empörung, er sei „bis zur Stunde ohne jegliche Nachricht – aber nicht geneigt, mich damit abzufinden".[176] Auch in diesem Fall vereitelt die Aktenlage jeden Einblick in den weiteren Sachverlauf. –

Der nächstfolgende Konflikt mit dem Justizapparat fiel wesentlich heftiger aus. Er entzündete sich an einem von Klapproth Ende Juni 1937 eigenständig, also ohne Abstimmung mit der örtlichen oder zentralen Kirchenleitung erstellten, hektographierten und in Neuruppin verteilten Flugblatt.[177] Anlass der darin mitgeteilten Empörung war der Umstand, dass die Berliner Geheime Staatspolizei kurz zuvor fast das gesamte Leitungspersonal des Preußischen Bruderrats verhaftet, wichtige Aktenbestände konfisziert und die Räume der bekenntniskirchlichen Verwaltungszentrale versiegelt hatte.[178] Das Flugblatt trug diese Vorgänge in die Öffentlichkeit und benannte als Grund des massiven polizeilichen Vorgehens den vom Bruderrat am 3. Juni mitgeteilten Beschluss, die namensscharfe Abkündigung von Kirchenaustritten während des Gottesdienstes sei „notwendig und recht", während das Kirchenministerium solche Bekanntgaben kurz zuvor durch Anordnung strikt untersagt hatte. Klapproth unterstützte den Beschluss des Bru-

[175] Vgl. Erich Klapproth an das Polizeipräsidium Berlin, 17.11.1936 (EZA 50/232/205).

[176] Ebd.

[177] Das Flugblatt, das Klapproth auch seinen Eltern zusandte, muss kurz vor dem 26. Juni 1937 entstanden sein (vgl. Erich Klapproth an Eltern Klapproth, 26.6.1937 [EZA 50/309/20]).

[178] Vgl. K. Meier, Der evangelische Kirchenkampf. Bd. 2: Gescheiterte Neuordnungsversuche im Zeichen staatlicher „Rechtshilfe", 1976, 155–180.

derrats entschieden und skandalisierte die ministerielle Anweisung als unbefugten staatlichen Eingriff in die innerkirchlichen Angelegenheiten. Zuletzt rief das Flugblatt zur Fürbitte für Kirche, Volk und Obrigkeit sowie zu tätiger, sichtbar werdender Unterstützung der Bekennenden Kirche auf. Ausdrücklich trat Klapproth mit seinem vollen Namen in die Alleinverantwortung des Papiers ein. Mochte der darin angeschlagene Ton auch weithin als nüchtern referierend erscheinen, so bot unter den herrschenden Umständen zumindest die Kritik am staatlichen Handeln, die in dem Vorwurf des rechtswidrigen Übergriffs und erst recht in der Überschrift „Vergewaltigung der evangelischen Kirche"[179] zu drastischem Ausdruck kam, eine höchst riskante politische Provokation.

Am Nachmittag des 8. Juli 1937 wurde Klapproth festgenommen und in Zelle 51 des Neuruppiner Gerichtsgefängnisses eingesperrt. Der Haftbefehl warf ihm unter Verweis auf das Heimtückegesetz (§ 73 StGB) die Verbreitung friedensgefährdender Schriftstücke und „gröblich entstellte[r] Behauptungen" vor, die „geeignet sind, das Ansehen der Reichsregierung schwer zu schädigen".[180] Recht unbekümmert teilte Klapproth den Eltern am Folgetag die Sachlage mit, lud sie zur Erholung in sein derzeit ungenutztes Zimmer bei Maria Herzberg ein, bekannte seine Freude über die Gelegenheit zu ausführlicher Lektüre der Bibel, die er habe mitführen dürfen, und suchte die Adressaten vorsorglich aufzurichten: „Laßt Euch nicht betrüben – es ist keine Schande, daß ich hier sitze".[181] Vor Ort hatte sich die Verhaftung in Windeseile herumgesprochen und breite Anteilnahme hervorgerufen. Noch am Tag der Festnahme erbot sich Ida Schönherr für Hilfsleistungen aller Art und rief

[179] E. Klapproth, Vergewaltigung der evangelischen Kirche, 1 S., masch., Ende Juni 1937 (EZA 50/232/1).

[180] Amtsgericht Neuruppin, Haftbefehl Erich Klapproth, 8.7.1937 (EZA 50/247/23).

[181] Erich Klapproth an Eltern Klapproth, 9.7.1937 (EZA 50/309/30). – Zur Reaktion der Eltern s. u. Abschnitt III.2.b.

ihm das sonst nur für ihren Sohn Albrecht Schönherr reservierte Trostwort zu: „Gott behüte Sie".[182] Zwei Tage später ermunterte sie ihn, am kommenden Sonntag während der Gottesdienstzeit um 9 Uhr das Vaterunser zu beten, „dann ist es fast wie sonst".[183] Klapproths Wirtin durfte ihm die eingehende Post im Gefängnis abliefern und legte ein eigenes herzliches Grußwort dazu: „Wenn ich Ihnen alle Grüße bringen könnte, die mir für Sie aufgetragen sind, müßte ich einen Waschkorb nehmen".[184]

Neben zahlreichen Zuschriften aus der Gemeinde, die ihn aufmuntern sollten und manchmal bedauerten, dass man ihm nicht Obst oder Blumen schicken dürfe,[185] erreichten ihn auch etliche Winke von Freunden, darunter Adolf Ebeling, Johannes Mickley und Gustav Seydel.[186] Claus Westermann notierte auf der Rückseite der gedruckten Danksagung, welche die Zuwendungen zu seiner Vermählung quittierte, „anteilnehmende Grüße ins Gefängnis",[187] der erst kürzlich aus der Haft entlassene Freund Hermann Ehlers spendete erfahrungsgesättigten Trost.[188] Während sich all diese gut gemeinten Beistandsbekundungen in Ton und Inhalt recht ähnlich waren, stach die Zuschrift Bonhoeffers durch eigenen Akzent davon ab. Er äußerte zwar auch ein Wort der Ermutigung, nahm dann aber Klapproth seinerseits in die Pflicht, indem er ihn drängend um Mithilfe bei der Gestaltung einer für die Gemeinde bestimmten

---

182 Ida Schönherr an Erich Klapproth, 8.7.1937 (EZA 50/247/21).

183 Ida Schönherr an Erich Klapproth, 10.7.1937 (EZA 50/247/28).

184 Maria Herzberg an Erich Klapproth, 16.7.1937 (EZA 50/247/50).

185 Vgl. etwa, neben drei Dutzend anderen Gemeindezuschriften, Frau von Denchem an Erich Klapproth, 11.7.1937 (EZA 50/247/33).

186 Vgl. Adolf Ebeling an Erich Klapproth, 22.7.1937 (EZA 50/247/69); Johannes Mickley an Erich Klapproth, 13.7.1937 (EZA 50/247/32); Gustav Seydel an Erich Klapproth, 14.7.1937 (EZA 50/247/42).

187 Claus Westermann an Erich Klapproth, 14.7.1937 (EZA 50/247/41).

188 Vgl. Hermann Ehlers an Erich Klapproth, 14.7.1937 (EZA 50/247/40).

Gebetsanleitung ersuchte: „Bitte helfen Sie uns. Sie können uns jetzt mehr sagen als wir Ihnen".[189] Das war ein bemerkenswerter Akt der Seelsorge, mit dem Bonhoeffer den Bedürftigen zum Ratgeber und die scheinbar Starken zu den wahrhaft Bedürftigen machte. In anderer Weise eindrucksvoll reagierte der Präses des brandenburgischen Provinzialbruderrats Kurt Scharf. Ihm hatte Klapproth aus der Haft auf Anstaltspapier einen langen, bewegten Brief geschrieben und dabei den Gefängnisaufenthalt, den er reinen Gewissens verbüße, zu einem wichtigen Teil seiner Ausbildungsphase erklärt: „Hier lebt man unter denen, zu denen Jesus ging".[190] „Wollte Gott", antwortete Scharf, „wir hätten viele so einsatzbereite, selbständig handelnde, tapfere und umsichtige junge Brüder!"[191]

Der Berliner Bruderrat setzte Klapproth auf die Fürbittenliste der inhaftierten Geistlichen und initiierte den Kontakt mit dem der Bekennenden Kirche nahestehenden Berliner Rechtsanwalt Dr. Horst Holstein, in dessen Kanzlei auch Ehlers zeitweise tätig war. Am 15. Juli 1937 übersandte Holstein, um Haftbeschwerde einlegen zu können, eine vorgefertigte Vollmacht,[192] die Klapproth unterzeichnete und postwendend retournierte. Bereits am 20. Juli konnte der in solchen Dingen erfahrene Anwalt die Haftentlassung erwirken. Sie wurde gewährt, weil das Sondergericht I des Landgerichts Berlin feststellte, es sei „nach den bisherigen Ermittlungen *dringender* Tatverdacht [...] nicht vorhanden" und außerdem nicht zu erkennen, „daß der Beschuldigte die Freiheit zu neuen strafbaren

---

[189] Dietrich Bonhoeffer an Erich Klapproth, 14.7.1937 (EZA 50/247/38).

[190] Erich Klapproth an Kurt Scharf, 19.7.1937 (EZA 50/795/17).

[191] Kurt Scharf an Erich Klapproth, 22.8.1937 (EZA 50/232/144). – Kurt Scharf besuchte Klapproth während dessen nächstfolgendem Gefängnisaufenthalt am 8. Oktober 1937 in der Untersuchungshaftanstalt Alt-Moabit (vgl. Erich Klapproth an Eltern Klapproth, 13.10.1937 [EZA 50/309/85]).

[192] Vgl. Horst Holstein an Erich Klapproth, 15.7.1937 (EZA 50/247/49).

Handlungen mißbrauchen werde".[193] Am 22. Juli stand Klapproth wieder auf freiem Fuß.[194] Viele Freunde teilten ihre Erleichterung mit, Bonhoeffer grüßte „in großer Freude und Dankbarkeit",[195] und der emeritierte Ruppiner Pfarrer Steinbrecht, der in Gumtow-Wutike den Sommerurlaub verbrachte, gab seiner Anteilnahme herzhaft-pragmatischen Ausdruck: „Nun in Gottes Namen gehen Sie weiter an Ihre Arbeit".[196]

Mit der Haftentlassung war das gegen Klapproth eingeleitete Verfahren noch keineswegs abgeschlossen. Am 1. September 1937 stellte ihm das Neuruppiner Landgericht die Anklageschrift zu.[197] Umgehend leitete Klapproth das Papier mit der Bitte um fortgesetzten Rechtsbeistand an Holstein weiter und wies zu seiner Entlastung darauf hin, dass das von ihm allein verfasste und hergestellte Flugblatt, das den ganzen Vorgang ausgelöst hatte, keine öffentliche „Druckschrift", sondern nur ein im „geschlossenen Kreis" ausgegebenes „Mitteilungsblatt" darstellte; die Vorlagen, aus denen es kompiliert worden war, wolle er nun eilends zusammenstellen und halte sich für eine mündliche Besprechung des weiteren Vorgehens jederzeit gerne bereit.[198] Die Unterredung, die dann tatsächlich am Nachmittag des 9. September in der Berliner Anwaltskanzlei stattfand,[199] dürfte der im Mai 1938 verfügten Einstellung des Ver-

---

[193] Sondergericht I beim Landgericht Berlin, Beschluß in der Strafsache gegen den Prädikanten *Erich* Max Rudolf Klapproth, 20.7.1937 (EZA 50/247/64).

[194] Vgl. Horst Holstein an Gustav Seydel, 21.7.1937 (EZA 50/309/42).

[195] Dietrich Bonhoeffer an Erich Klapproth, Ende Juli 1937 (EZA 50/247/78).

[196] Wilhelm Steinbrecht an Erich Klapproth, 22.7.1937 (EZA 50/247/68).

[197] Vgl. Geschäftsstelle des Landgerichts in Neuruppin an Erich Klapproth, 1.9.1937 (EZA 50/232/9).

[198] Erich Klapproth an Horst Holstein, 2.9.1937 (EZA 50/232/10).

[199] Vgl. Horst Holstein an Erich Klapproth, 6.9.1937 (EZA 50/232/11).

fahrens zugute gekommen sein.[200] Wie in ähnlich gelagerten Fällen hatte der Bruderrat auch dieses Mal die Anwaltskosten getragen. –

Der vierte Polizei- und Justizkonflikt schnitt am tiefsten ein und währte am längsten. Am 6. September 1937 wurde Klapproth nachmittags von der Neuruppiner Ortspolizei zur Beantwortung einer Frage einbestellt und kehrte nicht wieder. Seine Wirtin Maria Herzberg und Pfarrer Bittkau informierten umgehend die Eltern.[201] Grund der Verhaftung war nun der Vorwurf, gegen das schon erwähnte Sammlungsgesetz[202] verstoßen zu haben. Tatsächlich hatte Klapproth gegen die am 28. Juli erfolgte Beschlagnahme einer bekenntniskirchlichen Kollekte mutigen Einspruch erhoben[203] und am 4. und 12. August in zwei Versammlungen seiner Ruppiner Gemeinde sibyllinisch erklärt: „Wir dürfen nicht um Opfer bitten; wir dürfen aber sagen, daß wir Opfer brauchen".[204] Mit seinem Protest gegen das der Bekennenden Kirche auferlegte Kollektenverbot stand Klapproth längst nicht allein. Zwei Tage nach seiner Verhaftung teilte er den Eltern mit, er sei unterdessen in das Potsdamer Polizeigefängnis gebracht worden und bitte um Versorgung mit Leibwäsche, Schreib- und Waschzeug und theologischer Literatur, für das Letztere seien ihm vornehmlich Karl Barths *Kirchliche Dogmatik* und Friedrich Schleiermachers *Glaubenslehre* willkommen. Im Übrigen, fügte er hinzu, bestehe „zu irgendeiner Besorgnis [...] kein Anlaß".[205]

Am 15. September wurde Klapproth von Potsdam in das Untersuchungsgefängnis des Berliner Stadtbezirks Alt-Moabit

---

200 S.u. bei und in Anm. 238.

201 Vgl. Maria Herzberg an Max Klapproth, 7.9.1937 (EZA 50/309/59); Reinhold Bittkau an Eltern Klapproth, 8.9.1937 (EZA 50/309/62).

202 S.o. Abschnitt III.1.c.

203 Vgl. E. KLAPPROTH, Erklärung, 5 S., masch., 15.10.1937 (EZA 50/232/42–46), 2.

204 AaO 4.

205 Erich Klapproth an Eltern Klapproth, 8.9.1937 (EZA 50/309/61).

überführt. Der Einzelhaft, der er dort in Zelle 317 ausgesetzt war, vermochte er bei aller Beschwernis auch Günstiges abgewinnen, weil ihm der streng regulierte Tagesablauf – um 6:45 Uhr musste man aufstehen, ab 21 Uhr war strikte Bettruhe verordnet – neben den Mahlzeiten und Säuberungspflichten etliche freie Stunden beließ. So memorierte er fast unentwegt Bibeltexte und Gesangbuchlieder, bald durfte er darüber hinaus die von der Mutter herbeigeschaffte theologische Fachliteratur nutzen, die wissenschaftliche Examensarbeit kam unter diesen Umständen wenigstens langsam voran. „Der Tag", schrieb er den Eltern, „kann garnicht lang genug dazu sein, und es gibt kaum Schöneres, als die biblischen Geschichten wieder einmal ganz neu zu lesen, als hätte man sie noch nie gekannt".[206] Allerdings blieb ihm der Gottesdienstbesuch in den ersten Wochen verwehrt,[207] weshalb er sich notgedrungen am sonntäglichen Glockengeläut schadlos hielt.[208] Besuche, die man beim Haftrichter weit im Voraus beantragen musste, waren nur alle zehn Tage erlaubt. Nachdem das dafür nötige umständliche Genehmigungsverfahren bestanden war, versorgte ihn die Mutter mehrfach mit eigener Wäsche, Strümpfen und Oberhemden, dazu mit Hygieneartikeln wie Nagelfeile, Taschentücher und Kamm. Auch ließ sie ihm wöchentlich einen Betrag von 20 oder 40 Reichsmark zukommen,[209] den Klapproth zur Anschaffung von Schreibwaren sowie zur Aufbesserung der kargen Ernäh-

[206] Erich Klapproth an Eltern Klapproth, 26.9.1937 (EZA 50/309/74).

[207] Vgl. Erich Klapproth an Mathilde Klapproth, 13.10.1937 (EZA 50/309/85).

[208] Vgl. Erich Klapproth an Eltern Klapproth, 4.10.1937 (EZA 50/309/81).

[209] Quittungen der Einzahlungen finden sich in EZA 50/247/117–119.

rung einsetzte[210] und den er nach der Haftentlassung „ohne Schwierigkeit“ zu erstatten versprach.[211]

Auch während dieser zweiten Haftzeit erfuhr Klapproth wieder breite, aufrichtige Anteilnahme. Da er anfangs nur einen Brief pro Woche empfangen durfte, stapelten sich die Zuschriften unter seiner Neuruppiner Adresse.[212] Bald wurden die Bedingungen freundlicher, so dass Klapproth zahlreiche Trostbriefe aus der Gemeinde zuströmten, am häufigsten aus der Hand Ida Schönherrs, deren warmherzige Zuwendung viele Seiten füllte. Es sei, schrieb sie am 16. September, „wohl ein großer Gewinn nach der schlimmen Zerstreuung, die Ihnen die Menschen immer wieder bereiten, [...] daß Sie nun wieder einmal mit Gott allein sind“.[213] Aus Neuruppin berichteten neben ihr auch Pfarrer Bittkau und Prädikant Seydel das aktuelle Geschehen vor Ort.[214] Die Fehrbelliner Pfarrfrau Magdalena Harder dankte in bewegten Worten für die treue Unterstützung, die ihr Klapproth während der Haftzeit ihres Mannes erwiesen hatte.[215] Manche Weggefährten baten Klapproths Eltern, ihrem inhaftierten Sohn anteilnehmende Grüße zu bestellen, so Adolf Ebeling, Eduard und Agnes Lindenmeyer oder Hans Asmussen.[216] Von Bittkau und Martin Albertz erfuhren die El-

[210] Ein auf den 22. September 1937 datierter kleiner, handgeschriebener Zettel vermerkt: „Für Klapproth bitte zu besorgen: 1½ Pfund Butter, ½ Pfund Dauerwurst, 4 kleine Flaschen Maggi Suppenwürze, 4 Schachteln [...] Käse, 1 Pfund Zucker, 1 Topf Erdbeermarmelade“ (EZA 50/247/120).

[211] Erich Klapproth an Eltern Klapproth, 16.9.1937 (EZA 50/247/70).

[212] Vgl. Maria Herzberg an Erich Klapproth, 13.9.1937 (EZA 50/247/108).

[213] Ida Schönherr an Erich Klapproth, 16.9.1937 (EZA 50/247/104).

[214] Vgl. Reinhold Bittkau an Erich Klapproth, 22.9.1937 (EZA 50/247/131); Gustav Seydel an Erich Klapproth, 22.9.1937 (EZA 50/247/124).

[215] Vgl. Magdalena Harder an Erich Klapproth, 17.9.1937 (EZA 50/247/112).

[216] Vgl. Adolf Ebeling an Erich Klapproth, 25.9.1937 (EZA 50/247/

tern auch ihrerseits Zuspruch,[217] aus Klapproths Wilmersdorfer Vikariatsgemeinde bedachte Elisabeth Brebeck mehrfach mit frommen Wünschen die Mutter,[218] die freilich den Vorschlag, gemeinsam den Dahlemer Bitt-Gottesdienst zu besuchen, wohl als befremdlich empfand. Mit der Neuruppiner Zimmerwirtin Maria Herzberg stand Mathilde Klapproth in anhaltender Korrespondenz.

Unter den an Klapproth gerichteten Zuschriften waren drei Briefe von besonderer Art. Martin Niemöller, der wenig später ebenfalls in Alt-Moabit einsaß, dankte von dort aus bewegt für den Brief, „den Sie am 17.9. unter diesem selben Dach an mich schrieben“.[219] Hermann Ehlers ging über die Bekundung hilflosen Mitgefühls pragmatisch hinaus: Er berichtete vom redaktionellen Fortgang der *Jungenwacht*, ermunterte Klapproth zu konzentrierter wissenschaftlicher Arbeit, wie er dies während der eigenen Inhaftierung auch selber getan habe, und erbot konkrete, tätige Hilfe: „Wenn Du irgendwelche Wünsche finanzieller Art oder nach Fachliteratur hast, lass es mich doch bitte wissen“.[220] Der womöglich gehaltvollste Brief stammte aus Bonhoeffers Hand. Auch er forderte Klapproth auf, ihm konkrete Wünsche zu nennen, bat ihn, den unklaren Fortgang des Finkenwalder Predigerseminars mit guten Gedanken zu unterstützen, und ließ seinem inhaftierten Schüler und Freund starke seelsorgerliche Erbauung zuteilwerden:

---

144); Eduard und Agnes Lindenmeyer an Erich Klapproth, ca. 21.9. 1937 (EZA 50/247/127); Hans Asmussen an Mathilde Klapproth, 27.9. 1937 (EZA 50/247/149).

[217] Vgl. Reinhold Bittkau an Mathilde Klapproth, 8.10.1937 (EZA 50/309/83); Martin Albertz an Max Klapproth, 8.10.1937 (EZA 50/309/84).

[218] Vgl. Elisabeth Brebeck an Mathilde Klapproth, 13.9., 3.10. u. 14.10.1937 (EZA 50/309/64.78.90).

[219] Martin Niemöller an Erich Klapproth, 5.11.1937 (EZA 50/253/37).

[220] Hermann Ehlers an Erich Klapproth, 4.10.1937 (EZA 50/253/3).

Sie tun Ihren Dienst, und Gott macht es Ihnen nicht leicht. Es gilt wohl auch hier: wer da hat, dem wird gegeben [Mt 25,29a]. Sie haben sich ja manchmal darüber Gedanken gemacht und wohl auch beunruhigt, dass Gott es Ihnen in so vielen Dingen gelingen lässt. Es ist nun an der Zeit, dass Sie es lernen, (wie Sie das andre gelernt haben,) dass es nur die andre Seite derselben Gabe ist, die Sie jetzt empfangen. Die Gabe ist Gottes Gemeinschaft. Möchten Sie sie jetzt in vollem Wissen [?] hinnehmen, wo es deutlich wird, dass es *Gottes* Gemeinschaft ist, die um Seinetwillen allein geschenkt u[nd] erfahren und erlitten wird. Es liegt ja nun alles daran, dass Sie nicht müde werden. Gott zeigt Ihnen, dass er viel mit Ihnen vorhat. Verderben Sie ihm sein Werk nicht! Er hat das Vermögen, Sie in aller Anfechtung und Einsamkeit zu erhalten, wenn Sie es nur recht von ihm erbitten. Er kann viel mehr tun, als wir zu bitten und zu glauben demütig genug sind.[221]

Rechtsbeistand erhielt Klapproth nun abermals durch den bewährten Berliner Anwalt Horst Holstein. Dieser legte am 20. September 1937 förmliche Haftbeschwerde ein: Der Verdacht, sein Mandant habe gegen das Sammlungsgesetz verstoßen, sei unbegründet, da der Beschuldigte „in einem ordentlichen Gottesdienst der Evangelischen Landeskirche der altpreussischen Union innerhalb der Grenzen des § 15 Ziff. 4 des Sammlungsgesetzes eine Kollekte abgekündigt“ habe. Von Fluchtverdacht oder Verdunkelungsgefahr könne „angesichts der Persönlichkeit des Angeschuldigten und seiner Stellung im öffentlichen Leben keine Rede sein“. Zudem verwies Holstein auf etliche analoge Fälle, in denen die Gerichte einer Haftbeschwerde stattgegeben hatten.[222] Da die Staatsanwaltschaft nicht zu reagieren bereit schien, trug Holstein am 4. Oktober als zusätzlichen Grund seiner Beschwerde vor, dass kirchliche Strafprozesse auf Anweisung des Justizministers schon seit mehreren Wochen ausgesetzt seien und sich eine weitere Untersuchungs-

[221] Dietrich Bonhoeffer an Erich Klapproth, 4.10.1937 (EZA 50/253/4).

[222] Horst Holstein, Haftbeschwerde in der Strafsache gegen Vikar Erich Klapproth, 20.9.1937 (EZA 50/232/26).

haft darum keinesfalls mehr rechtfertigen lasse.[223] Zugleich leitete er seinem Mandanten und dessen Vater jeweils eine Abschrift seiner Eingaben zu.[224] Klapproth, dem Holstein den entsprechenden Auszug des Strafgesetzbuches hatte zukommen lassen, studierte und exzerpierte nun seinerseits die einschlägigen Passagen des Sammlungsgesetzes.[225]

Plötzlich beschleunigte sich das Verfahren: Bereits am 5. Oktober zeigte sich die Große Strafkammer des Neuruppiner Landgerichts bereit, Klapproth aus der Untersuchungshaft zu entlassen, band diese Absicht jedoch an die in unnachahmlichem Amtsdeutsch verfasste Bedingung, dass er sich „durch schriftliche Erklärung zu den Akten verpflichtet, bis zur rechtskräftigen Beendigung des Verfahrens keine anderen Kirchenkollekten abzukündigen oder zu veranstalten als die nach Maßgabe der von den ordentlichen vorgeordneten Kirchenbehörden aufgestellten Kollektenpläne in den regelmäßigen Gottesdiensten zu veranstaltenden“.[226]

Nachdem Holstein mit dem Hinweis, die Kollektenfrage sei mittlerweile zwischen Evangelischem Oberkirchenrat und bekenntniskirchlichem Bruderrat einvernehmlich geklärt worden,[227] auch diese Kautele zu überwinden vermocht hatte, wurde der Haftbefehl am 13. Oktober bedingungslos aufgehoben.[228] Das Potsdamer Amtsgericht unterrichtete Mathilde Klapproth, wegen der angeordneten Haftentlassung ihres Soh-

---

223 Vgl. Horst Holstein, Neue Gründe zur Haftbeschwerde gegen Vikar Erich Klapproth, 4.10.1937 (EZA 50/232/13).

224 Vgl. Horst Holstein an Erich Klapproth, 6.10.1937 (EZA 50/232/25); Horst Holstein an Max Klapproth, 6.10.1937 (EZA 50/232/21).

225 Vgl. EZA 50/253/13 ff.

226 Landgericht Neuruppin, Beschluss in der Strafsache gegen den Prädikanten Erich Max Rudolf Klapproth, 5.10.1937 (EZA 50/232/34).

227 Horst Holstein, Beschwerde gegen den Beschluss des Landgerichts Neuruppin vom 5. Oktober 1937 (EZA 50/232/36).

228 Vgl. Untersuchungsgefängnis Berlin, Entlassungs-Schein Prädikant Erich Klapproth, 13.10.1937 (EZA 50/232/39).

nes habe sich ihr aktueller Antrag auf Sprecherlaubnis erledigt.[229] In der Familie und bei den Neuruppiner Freunden war die Erleichterung groß; Klapproths Bruder Heinz übersandte „zur Stärkung“ einen Schokoladenriegel und gab seiner Mitfreude rührenden Ausdruck: „Du selbst wirst froh sein, daß Du wieder frei herumlaufen kannst“.[230]

Uneingeschränkt froh fühlte sich Klapproth jedoch keineswegs. War ihm doch just am Tag seiner Haftentlassung eine Nachtragsanklage zugestellt worden. Sie verwies auf eine am 13. September 1937 in Potsdam durchgeführte Vernehmung, in deren Verlauf Klapproth mitgeteilt hatte, der Neuruppiner Kriminalassessor Levin habe ihm am 29. Juli bezüglich der gottesdienstlichen Kollektenfrage die Auskunft gegeben, „die Aufforderung zu diesem Opfer sei statthaft; verboten sei nur das Einsammeln in der Kirche“. „Diese Behauptung“, konstatierte die Nachtragsanklage, „ist unwahr“.[231] Umgehend setzte Klapproth diesbezüglich eine den Sachverhalt skrupulös rekonstruierende Erklärung auf. Die Bezichtigung der Lüge, hielt er eingangs fest, „belastet mich als Christen, als Geistlichen und als Offizierssohn unerträglich“.[232] Die ausführliche Klarstellung, die er dann vornahm, ergab folgendes Bild: In der längeren Unterredung mit Levin hatte dieser die Frage, ob sich mit dem Verbot einer bekenntniskirchlichen Kollekte zumindest die gottesdienstliche Mitteilung, die Gemeinde befinde sich in einer auf Abhilfe drängenden Notlage, vereinbaren lasse, „bejaht, wenigstens nicht eindeutig verneint“.[233] Diese Auskunft habe er während der sechs Wochen später erfolgten Potsdamer Vernehmung „in völliger subjektiver Wahrhaftigkeit“,

[229] Vgl. Amtsgericht Potsdam an Mathilde Klapproth, 14.10.1937 (EZA 50/309/91).

[230] Heinz Klapproth an Erich Klapproth, ca. 15.10.1937 (EZA 50/253/19).

[231] Klapproth, Erklärung (s. Anm. 203), 1.

[232] AaO 2.

[233] AaO 3.

jedoch aufgrund „grobe[r] Gedächtnistäuschung" in der protokollierten „irreführenden Formulierung"[234] wiedergegeben. Entsprechend erklärte sich Klapproth auch gegenüber Levin und bat ihn für die entstandene Irritation um Entschuldigung: „Ich bedaure es, eine falsche Angabe über Ihre Auskünfte im Irrtum gemacht zu haben, und beklage diese Irreführung meiner Erinnerung mit ihren Folgen aufs Tiefste".[235] Danach übergab er seinem Rechtsbeistand Holstein eine Kopie der beiden Schriftstücke.[236] Dieser konnte ihm kurz darauf mitteilen, die Angelegenheit habe sich damit „erledigt".[237]

Am 21. Mai 1938 wurde Klapproth vom Oberstaatsanwalt darüber in Kenntnis gesetzt, die beiden gegen ihn anhängigen Strafverfahren, die ihm einen Verstoß gegen das Reichspressegesetz sowie gegen das Sammlungsgesetz vorwarfen, seien am 16. Mai eingestellt worden.[238]

b) Mutter

Spätestens mit seiner Zuwendung zur Bekennenden Kirche war es zwischen Klapproth und seiner der NSDAP verbundenen Mutter zu heftigen weltanschaulich-religiösen Auseinandersetzungen gekommen. In ihrer Unerbittlichkeit und Prinzipientreue standen sie einander nicht nach. Wenn Mathilde Klapproth sich und ihren Gatten auch gern in der Wir-Form zusam-

---

234 AaO 2.

235 Erich Klapproth an Kriminalassessor Levin, 16.10.1937 (EZA 50/232/47–49). – Von den in der nationalsozialistischen Ära eingeführten neuen Grußformeln machte Klapproth nur äußerst selten Gebrauch. Seine Schreiben an Holstein unterzeichnete er vorsichtshalber jedoch durchweg „mit deutschem Gruß", dem Brief an Levin war am Ende „Heil Hitler" hinzugefügt.

236 Vgl. Erich Klapproth an Horst Holstein, 16.10.1937 (EZA 50/232/50).

237 Horst Holstein an Erich Klapproth, 20.10.1937 (EZA 50/232/51).

238 Oberstaatsanwalt Neuruppin an Erich Klapproth, 21.5.1938 (EZA 50/232/53f).

menfasste, so war es doch offensichtlich, dass dabei vornehmlich ihr eigener Standpunkt zur Geltung kam, wie umgekehrt auch Erich Klapproth in seinen an die Eltern gerichteten Briefen vor allem die Mutter im Blick hatte und ins Visier nahm.

Der Vater Max Klapproth war dem Sohn herzlich zugetan, schrieb ihm aber nur selten. Er scheint, ob aus Alters- oder Charaktergründen, von irenisch-ausgleichendem Temperament und redlicher Frömmigkeit gewesen zu sein. Als Klapproth seinen 24. Geburtstag nicht mehr, wie es bis dahin üblich war, im Elternhaus, sondern in Finkenwalde beging, wünschte ihm der Vater „eine gute Gesundheit und weiterhin guten Erfolg in Deinem Ringen zur Erreichung des hohen Zieles, das Du Dir gesteckt hast. Das walte Gott!" Er freue sich über den Bericht, den Erich vom Alltag des Predigerseminars ihm erstattet hatte, vermisse dabei aber die sportlichen Elemente, die einer „träge[n] Verdauungstätigkeit" vorbeugen könnten: „Dagegen ist ein frisch-fröhliches Handballspiel oder ein täglicher Dauerlauf von ¼ Stunde sehr heilsam. Das kann auch einem angehenden geistlichen Herrn nicht schaden".[239] Zumindest einmal, Anfang April 1937, bemühte sich der Vater aufrichtig um religiöse Vermittlung: Wer Gott als den Schöpfer *aller* Dinge bekenne, der müsse, schrieb er, auch *alle* Menschen für Gottes Kinder ansehen, weshalb selbst die vom Sohn als „Heiden" apostrophierten Nichtchristen, sofern sie ein gottgefälliges Leben führten, vor Gott angenehm seien – „ich verweise in diesem Zusammenhang auf das Wort aus der Apostelgeschichte 10, 34 u. 35".[240] Es könne, fuhr er fort, doch nicht angehen, etwa die großen, sittlich und kulturell hochstehenden Völker des Ostens „dafür verantwortlich zu machen, daß sie keine Christen sind". Daneben übermittelte er abermals gut gemeinte Rat-

[239] Max Klapproth an Erich Klapproth, 30.10.1936 (EZA 50/235/117).

[240] „Petrus aber sprach: Nun erfahre ich in Wahrheit, dass Gott die Person nicht ansieht; sondern in jeglichem Volk, wer ihn fürchtet und recht tut, der ist ihm angenehm" (Act 10,34f).

schläge zur Gesundheitsfürsorge und schloss mit dem Gal 6,9 entlehnten Apostelwort: „Lasset uns Gutes tun und nicht müde werden! In diesem Sinne herzliche Grüße […], Dein Vater“.[241]

Davon unterschied sich die Tonart, in der Mutter und Sohn miteinander verkehrten, beträchtlich. Als Klapproth im August 1936 am Berliner Bahnhof Zoo kurzfristig verhaftet worden war,[242] schloss er eine Denunziation durch die Mutter nicht aus, was diese in schmerzender Empörung zurückwies: „Wie könnten wir [!] als Eltern, deren Kind Du trotz aller politischen Verschiedenheiten doch stets bleiben wirst, einen solchen Schritt unternehmen. Uns [!] als aufrechte Nationalsozialisten“ – aber der Vater, mochte er auch sympathisiert haben, war gar kein Mitglied der NSDAP! – „wäre solche Handlungsweise auch unmöglich, das möchte ich [!] Dir […] sagen“. Im Übrigen zeigte sich Mathilde Klapproth in naiver Gutgläubigkeit überzeugt, Erich werde die beschlagnahmten Papiere umgehend zurückerhalten, „denn Notizen für kirchliche Arbeiten können ja kein Interesse für die Polizei haben“.[243]

Im Frühsommer 1937 verschärfte sich die Auseinandersetzung zwischen Mutter und Sohn. Klapproth übersandte ihr Druckschriften der Bekennenden Kirche, die konkrete Zwangs- und Gewaltmaßnahmen der Staates gegen Repräsentanten dieser Glaubensbewegung dokumentierten, berichtete zudem von entsprechenden Einzelschicksalen, die ihm zur Kenntnis gekommen waren, und geißelte die aus den dunklen Kapiteln der Kirchengeschichte gespeiste antichristliche Propaganda von Staat und Partei, deren Wirkung sich längst auch im eigenen Elternhaus breitgemacht habe. Weil man dort zwar täglich „auf die Stimme der Zeitung“, aber nicht „ebensoviele Minuten täglich auf die Stimme der Heiligen Schrift“ höre, sei der Glaube der Eltern zu einem „vertrocknete[n] Christentum“

241 Max Klapproth an Erich Klapproth, 2.4.1937 (EZA 50/245/159f).

242 S. o. Abschnitt III.2.a.

243 Mathilde Klapproth an Erich Klapproth, 20.8.1936 (EZA 50/245/30).

degeneriert, weshalb man dann „ehrlicherweise lieber gleich aus der Kirche austreten" sollte.[244] Die Mutter reagierte freundlich besonnen, legte ihrerseits ein Werbeblatt der Deutschen Christen bei und bat ihren Sohn, diese andere Glaubensrichtung, anstatt sie pauschal zu verwerfen, mit vorurteilsfreiem Interesse verstehen zu lernen. Sie selbst sei erst kürzlich von einem Vortrag des Mecklenburgischen Landesbischofs und NSDAP-Parteigenossen Walther Schultz wieder tief beeindruckt worden. Aus der Bitte, sich in den strittigen religiösen Fragen einer offenen Sachauseinandersetzung zu stellen, schloss sie die eigene Person allerdings aus: „Über mich und meinen Glauben hat niemand zu urteilen als Gott allein, wie ich auch allein die Verantwortung dafür trage".[245]

Von diesem ihm existenziell zusetzenden Konflikt hatte Klapproth seinem einstigen Vikariatsleiter Eduard Lindenmeyer berichtet. Die Art, in der sich Lindenmeyer daraufhin einschaltete, machte die Sache nicht besser, da er, anstatt zu vermitteln, die Not des jungen Freundes mit dem Hinweis, ihm widerführen nun genau diejenigen Leiden, die Jesus seinen Jüngern vorausgesagt hatte, in eschatologische Höhen trieb.[246] Unter diesem Eindruck schrieb Klapproth seiner Mutter am 5. Mai 1937 einen geharnischten maschinenschriftlichen Brief.[247] In ungebrochener Überzeugung von der Stimmigkeit dessen, wofür er einstand, verwahrte er sich nun apodiktisch gegen den Vorwurf, die aktuelle kirchliche Lage „von einer nicht deutschen Einstellung aus beurteilt" zu haben: „Heißt etwa, die Wahrheit sagen, undeutsch sein?? Oder ist die Sorge um [..] das ewige Heil der Deutschen eine ‚undeutsche Einstel-

244 Erich Klapproth an Eltern Klapproth, 11.4.1937 (EZA 50/309/7).

245 Mathilde Klapproth an Erich Klapproth, 27.4.1937 (EZA 50/245/173f).

246 Vgl. Eduard Lindenmeyer an Erich Klapproth, 29.4.1937 (EZA 50/245/175).

247 S.u. Anhang II.2.

lung'?"[248] Sodann führte er gegen den Umstand, dass ihm in seiner Jugend jede wahrhaft christliche Erziehung verwehrt und die Anleitung zum Lesen der Bibel durchweg vorenthalten worden sei, bittere Klage. Auf dem deutsch-christlichen Weg, den die Mutter verfolge, werde bald auch die Verleugnung der Bibel als „Judenbuch" zu erwarten sein; schon jetzt lasse ihr Urteil in den strittigen religiösen Fragen „eine völlige Unkenntnis der Hlg. Schrift und der Wahrheiten des christlichen Glaubens" erkennen.[249] Nach weiteren harschen Anschuldigungen mündete der Brief in eine persönliche Differenzbestimmung, in der Klapproth das Bewusstsein der eigenen frommen Überlegenheit nicht verhehlte: „Du schreibst, Du wollest nicht etwa daran denken, mich zu ändern. Ich denke allerdings daran, Euch zu ändern – freilich nicht ich, sondern dass Gott es durch seinen Geist tun möge, ist mein tägliches Gebet, dessen Erhörung ich gewiss bin."[250]

Die Korrespondenz setzte sich fort, doch die Briefe, die Klapproth der Mutter weiterhin im Wochenrhythmus zustellte, waren jetzt anderer Art: Sie berichteten das aktuelle dienstliche und persönliche Ergehen, vermieden dabei jede weitere Diskussion der religiösen Streitfragen und fügten am Ende jeweils unvermittelt und aus höherer Warte einen geistlichen Segenswunsch an, so beispielsweise musterhaft am 29. Mai: „Bitte schmückt Großmutters Grab für mich mit Vergißmeinnicht [...], für etwa eine Mark, die ich Euch dann erstatte. Möchte Gott Euch die Augen für seine Wahrheit öffnen",[251] oder am 12. Juni: „Das Flugblatt, das ich Euch zuletzt mitschickte, ist inzwischen verboten worden – warum wohl?? Nun wünsche ich Euch einen gesegneten Sonntag und daß Ihr zu der gleichen

[248] Erich Klapproth an Mathilde Klapproth, 5.5.1936 (EZA 50/309/10f).
[249] Ebd.
[250] Ebd.
[251] Erich Klapproth an Eltern Klapproth, 29.5.1937 (EZA 50/309/16).

Erkenntnis der Wahrheit kommen möchtet, wie sie mir geschenkt wurde".[252]

Nachdem Klapproth am 8. Juli 1937 wegen des von ihm erstellten und verbreiteten Flugblatts verhaftet worden war,[253] trat der Mutter-Sohn-Konflikt in eine neue Etappe ein. Die Ruppiner Geistlichen Wilhelm Steinbrecht und Reinhold Bittkau drückten den Eltern brieflich ihr Mitgefühl aus, betonten dabei aber auch, dass Erich Klapproth in dieser Sache vollkommen selbstständig agiert habe.[254] Mit dieser Klarstellung, die der Wahrheit entsprach, mochten sich die Eltern nicht abfinden. Am 18. Juli reiste die Mutter nach Neuruppin, wo es neben dem Besuch ihres inhaftierten Sohnes zu einer längeren Unterredung mit Bittkau kam. Auch danach fand sie über das Unverständnis nicht hinweg, weshalb die leitenden Geistlichen der Ruppiner Bekenntnisgemeinde ihren jungen Prädikanten in solcher fatalen Freiheit beließen, anstatt seine öffentlichen Äußerungen fürsorglich zu beaufsichtigen oder sich zumindest, nachdem das Unheil geschehen war, sich in schützender Solidarität vor ihn zu stellen.[255] Bereits am 10. Juli hatte der Vater Max Klapproth der Ruppiner Zimmerwirtin Maria Herzberg seine Verwunderung darüber kundgetan, dass er von ihr und nicht von den verantwortlichen Geistlichen über die Verhaftung seines Sohnes in Kenntnis gesetzt worden war. „Als alter Offizier" zeigte er sich davon überzeugt, es könne „unser Sohn, da er sich dort zu seiner Ausbildung befindet, die verbotenen Flugblätter nur mit Wissen oder auf Anordnung des zuständigen Pfarrers [...] verteilt haben".[256]

---

252 Erich Klapproth an Eltern Klapproth, 12.6.1937 (EZA 50/309/19).

253 S. o. Abschnitt III.2.a.

254 Vgl. Wilhelm Steinbrecht an Mathilde Klapproth, 16.7.1937 (EZA 50/309/39f); Reinhold Bittkau an Mathilde Klapproth, 17.7.1937 (EZA 50/309/41).

255 Vgl. Mathilde Klapproth an Erich Klapproth, 20.7.1937 (EZA 50/247/62).

256 Max Klapproth an Maria Herzberg, 10.7.1937 (EZA 50/309/31).

Während der Vater dergestalt die Dienstvorgesetzten der Feigheit und Verantwortungslosigkeit zieh, stimmte die Mutter damit zwar überein – „ich als deutscher Mensch, noch dazu als deutscher Pfarrer, würde mich schämen, einen vertrauensvollen Menschen in diese Lage zu bringen, für die ich selbst die Verantwortung trage" –, warf darüber hinaus aber auch dem Sohn Erich vor, er habe für seine Verhaftung selbst einzustehen, weil er sich aus törichtem Stolz in der Märtyrerrolle gefalle und sich fahrlässig, ohne auf seine Gesundheit und Familie Rücksicht zu nehmen, in die von obskuren Mächten organisierte „Opposition gegen das 3. Reich" einspannen und von ihnen wider alles bessere Wissen – „im deutschen Vaterlande wird niemand seines Glaubens wegen verfolgt" – fanatisieren lasse.[257] Klapproth hingegen wies diese mütterlichen Vorhaltungen entschieden zurück: „Ich kann nur wiederholen: Niemand hat mich getrieben, vorgeschickt, fanatisiert – außer dem Wort Gottes in dem Heiligen Geist. [...] Alles, was ich hier tue, fällt auf mich selbst zurück".[258] Und wenn die Mutter das Zögern des Vaters, sich auf die nationalsozialistischen Zukunftsversprechen einzulassen, mit dessen hohem Alter erklärte, so hielt der Sohn dem entgegen, solche Zurückhaltung gründe viel eher in des Vaters kirchlicher Vergangenheit und seiner größeren Vertrautheit mit der Heiligen Schrift.[259]

Am 19. Juli 1937 meldete Klapproth dem Präses des brandenburgischen Provinzialbruderrats Kurt Scharf, seine Mutter sehe in ihm nur das Opfer langjähriger theologischer Irreführung und habe trotz seines Einspruchs, dass dazu keinerlei Anlass bestehe, den Ruppiner Ortspfarrern heftige Vorhaltungen gemacht.[260] Daraufhin wandte sich Scharf in nobler Weise an

[257] Mathilde Klapproth an Erich Klapproth, 12.7.1937 (EZA 50/247/34f).

[258] Erich Klapproth an Mathilde Klapproth, 31.7.1937 (EZA 50/309/47).

[259] Vgl. ebd.

[260] Vgl. Erich Klapproth an Kurt Scharf, 19.7.1937 (EZA 50/795/17).

Mathilde Klapproth.[261] Er benannte die finanziellen, anwaltlichen und verpflegerischen Hilfsmaßnahmen, die von der Kirchenleitung umgehend eingeleitet worden waren, bekundete uneingeschränkte Solidarität mit dem inhaftierten Prädikanten und bat um die Möglichkeit eines baldigen persönlichen Gesprächs.[262] Die Antwort erging außerordentlich brüsk. Mathilde Klapproth stellte klar, dass sie keinesfalls wegen der Verhaftung in Sorge sei, vielmehr als Mutter von ganz anderen Gefühlen hinsichtlich der Zukunft ihres Sohnes bewegt werde. Dann erklärte sie sich offen „als Christin und alte Parteigenossin", die sich in ihrer Weltanschauung auch von einem Repräsentanten der Kirchenleitung nicht irre machen lasse, und verwarf die vorgeschlagene Aussprache als völlig zwecklos, weil man, um ihre Anschauungen zu verstehen, „den Nationalsozialismus wirklich innerlich erlebt haben" müsse, „was ja bei einem Mitglied der Bekennenden Kirche ganz ausgeschlossen ist".[263]

Die stolze Verhärtung, die darin zum Ausdruck kam, glich einem Schutzpanzer, hinter dem längst andere, mütterliche Gefühle rumorten. Dass diese Empfindungen zusehends ans Licht traten, mag neben anderem auch durch eine bemerkenswerte briefliche Intervention Gerhard Ebelings unterstützt worden sein. Er hatte Erichs Mutter aus Zürich ein starkes seelsorgerliches Trost- und Mahnwort zukommen lassen und mit der darin vorgetragenen religiösen Situationsdeutung den Wunsch verbunden, Gott möge der Adressatin im Blick auf ihren Sohn schenken, „daß Sie sich in diesen Tagen seiner nicht schämen!"[264] Jedenfalls zeigte sich Mathilde Klapproth von der Haftentlassung des Sohnes tief erleichtert und lud ihn zu der

[261] S.u. Anhang II.4.

[262] Vgl. Kurt Scharf an Mathilde Klapproth, 24.7.1937 (EZA 50/309/44); s.u. Anhang II.4.

[263] Mathilde Klapproth an Kurt Scharf, 2.8.1937 (EZA 50/232/142f); s.u. Anhang II.5.

[264] Gerhard Ebeling an Mathilde Klapproth, 12.7.1937 (EZA 50/309/35); s.u. Anhang II.3.

jetzt notwendigen Erholung warmherzig ins Berliner Elternhaus ein: „Wenn es auch die ‚Steinwüste' Berlin ist, glaube ich doch, daß Du Dich erholen könntest: viel Schlaf und Ruhe, keine Arbeit, gute Verpflegung, Du könntest schnell und leicht zum Baden an die Havel [...] kommen, und auch leicht zur Abwechslung Besuche Deiner Freunde haben".[265] Zehn Tage später, im Rückblick auf die durchlittene Gefängniszeit, bekannte sie ihrem Sohn: „Der Einzige, der mir in der Angelegenheit Achtung abverlangt, bist Du".[266]

Von nun an blieb der Briefwechsel beiderseits von jedweden religiösen oder weltanschaulichen Streitfragen frei. Als Klapproth im September 1937 erneut in Haft kam,[267] begnügte er sich gegenüber der Mutter mit eingehenden Berichten von seiner Lage, auf die sie jedes Mal in irenischer Fürsorglichkeit replizierte.[268] Der schwere Konflikt zwischen Mutter und Sohn war damit zwar noch längst nicht überwunden, aber doch unverkennbar in einen Klärungsprozess überführt, der sich während der folgenden Jahre auf insgesamt gute, gedeihliche Weise fortsetzen sollte.

[265] Mathilde Klapproth an Erich Klapproth, 23.7.1937 (EZA 50/247/74f).

[266] Mathilde Klapproth an Erich Klapproth, 2.8.1937 (EZA 50/247/81).

[267] S.o. Abschnitt III.2.a.

[268] Vgl. beispielhaft Erich Klapproth an Eltern Klapproth, 16.9.1937 (EZA 50/309/70); Mathilde Klapproth an Erich Klapproth, 27.9.1937 (EZA 50/247/150).

IV. Vertrauensmann

1. Sonderpastorat

a) Entscheidung in Komptendorf

Mit der Ende Juni 1938 verfügten Schließung des Berliner Katechetischen Seminars[1] hatte sich auch der seitherige Dienstauftrag Klapproths erledigt. Insofern lag es nahe, dass er, bevor die Frage seiner weiteren Verwendung geklärt war, im Juli den Jahreshaupturlaub antreten würde. Kurz zuvor erreichte ihn dann aber eine Bitte um pastorale Vertretung. Pflichtgetreu nahm er, nachdem ihn Karl Grüneisen als Vertreter des Superintendenten Martin Albertz dafür freigestellt hatte,[2] die Herausforderung an.

So übersiedelte Klapproth Anfang Juli in das Pfarrhaus des südöstlich von Cottbus gelegenen, nur wenige hundert Einwohner zählenden Fleckens Komptendorf, weil der dort seit 1936 amtierende, 1907 geborene Pfarrer Karl Theodor Jellinghaus im Auftrag der Goßner-Mission an einer Fortbildung in Tübingen teilnahm, die ihn auf seine ab 1939 in Indien wahrgenommene Missionarstätigkeit zurüsten sollte. Damit war Klapproth nun erstmals in die selbstständige Versorgung eines Pfarramtes eingerückt. Mit ganzer Kraft stellte er sich der neuen, von ihm schon längst ersehnten Verantwortung und genoss die Möglichkeit der kontinuierlichen Predigt- und Seelsorgearbeit innerhalb *einer* Gemeinde; erstaunlicherweise wurde ihm dabei erst jetzt, und nicht etwa schon in Berlin-Wilmersdorf

---

[1] S. o. Abschnitt III.1.d.

[2] Vgl. Karl Grüneisen an Erich Klapproth, 8.7.1938 (EZA 50/232/169).

oder Ruppin, die Erfahrung einer geistlichen Sterbebegleitung zuteil.[3] Seinem an den bisherigen Dienstvorgesetzten Hans Lokies gerichteten Antrag, es möge ihm die ausfüllende Komptendorfer Tätigkeit nicht als Urlaub verbucht werden,[4] wurde umgehend entsprochen.[5]

Während Klapproth in Komptendorf Dienst tat, spitzte sich die Frage seiner künftigen Verwendung immer mehr zu. Grüneisen hatte diesbezüglich eine Hilfspredigerstelle in Berlin-Schöneberg oder -Friedenau, bevorzugt aber die Leitung des „Bruderbundes junger Theologen", also die koordinierende Betreuung der bekenntniskirchlich orientierten Nachwuchsgeistlichen in Berlin und Brandenburg als mögliche Tätigkeitsfelder erwogen. Klapproth, dem verständlicherweise an einer baldigen Klärung gelegen war, bat Albertz am 11. Juli um rasche Entscheidung. Dass er seinerseits den Einsatz im Dienst an einer Gemeinde bevorzugen würde, verhehlte er dabei ebenso wenig wie die Sorge, den Anforderungen des Bruderschaftsdienstes kaum gewachsen zu sein. Sollte das Kirchenregiment gleichwohl an der dort priorisierten Lösung festhalten, so möge man ihn zumindest „nicht von der Möglichkeit der direkten Verkündigung" abschneiden. Nachdem er die eigenen Wünsche in verbindlicher Klarheit ausführlich dargelegt hatte, nahm er sich am Ende wieder ergeben zurück: Er wolle, versicherte er dem Superintendenten, „in keiner Weise wählen, sondern nur gesandt sein", und sehe „Ihrer Weisung gern und gehorsam entgegen".[6]

Dass diese Bekundung der eigenen Willfährigkeit einer Selbstverleugnung gleichkam, machte ein Brief an den Freund Ebeling offenkundig. Hier untermauerte Klapproth den drin-

---

[3] Vgl. E. Klapproth, Tätigkeitsbericht, 9 S., masch., Mai 1939 (EZA 50/232/115–123), 1.

[4] Vgl. Erich Klapproth an Martin Albertz, 11.7.1938 (ELAB 15/3555).

[5] Vgl. Hans Lokies an Erich Klapproth, 12.7.1938 (EZA 50/232/170).

[6] Erich Klapproth an Martin Albertz, 11.7.1938 (ELAB 15/3555).

genden Wunsch, ein Gemeindepfarramt zu übernehmen, insbesondere mit drei Gründen: Die Ausübung des Bruderschaftsdienstes würde ihn wegen all der Nöte, die man ihm dabei anvertraue, seelsorgerlich überfordern, ihm außerdem die Führung eines geregelten geistlichen Lebens erschweren und überdies auch der Suche nach einer Lebensgefährtin abträglich sein.[7]

Am 13. Juli teilte Martin Albertz bündig mit, er sei mit den stellvertretenden Vorsitzenden der Bekennenden Kirche von Berlin (Gunnar Buhre) und Brandenburg (Georg Seyler) übereingekommen, Klapproth zum 1. August in den Bruderschaftsdienst zu berufen, wofür nun lediglich noch das Einverständnis der Nachwuchsgeistlichen eingeholt werden müsse. Klapproths eigene Wünsche seien zwar verständlich und ehrenwert, hätten aber hinter den Erfordernissen der Kirchenleitung zurückzustehen.[8]

Kurz darauf traf der Antwortbrief Ebelings ein. Er dankte Klapproth „für das Vertrauen, in dem Du mich heute mit in die Verantwortung für die vor Dir liegende Entscheidung rufst", und bemühte sich, dessen vorgetragene Bedenken ebenso elegant wie eindringlich zu entkräften. So riet er dem Freund, das Ansinnen der Kirchenleitung als einen großen Vertrauensbeweis zu würdigen, und betonte, dass man derzeit – beide standen im 26. Lebensjahr – noch viel zu jung für ein „vollverantwortliches Gemeindeamt" sei. Die Furcht vor seelsorgerlicher Überforderung suchte er mit dem Hinweis zu bannen, Klapproth werde die Lasten derer, die sich ihm anvertrauen, ja gar nicht tragen müssen, weil es vielmehr auf die Anleitung zu *gegenseitiger* Seelsorge ankomme, womit sich ein eigenes, durch regelmäßige Bibellesung und -meditation geprägtes geistliches

[7] Der Brief ist nicht erhalten, lässt sich aber aus Ebelings Antwortschreiben erschließen (vgl. Gerhard Ebeling an Erich Klapproth, 16./17.7.1938 [EZA 50/253/85f]).

[8] Vgl. Martin Albertz an Erich Klapproth, 13.7.1938 (EZA 50/232/113).

Leben durchaus vereinbaren lasse. Und dass Klapproth bislang noch keine Lebensgefährtin gefunden habe, dämpfe ja nicht, sondern steigere geradewegs die „Verpflichtung, einen anderen Bruder, der in dieser Weise nicht mehr frei ist, vor solch einem Reiseamt zu bewahren".[9] Deutlicher hätte der Freundesrat, um den Klapproth gebeten hatte, kaum ausfallen können.[10]

Indessen haderte Klapproth weiterhin mit seinem Schicksal und ließ den Brief von Albertz mehrere Tage lang liegen. Am 20. Juli raffte er sich schließlich zu einer Antwort auf. Wenn es denn gar nicht anders gehe, so nehme er den Auftrag „in Gottes Namen" an – die Wendung war kaum der Ausdruck frommer Ergebenheit, vielmehr ein resigniertes Seufzen über die offenbar unvermeidliche Fatalität. Zugleich betonte er noch einmal seine Furcht, der ihm zugedachten Aufgabe nicht gewachsen zu sein und mit dem „eigene[n] Christenstand [...] in eine geistliche Dürre zu geraten". Außerdem erneuerte er den Wunsch, es möge mit dem neuen Amt ein regelmäßiger Predigtauftrag, „am liebsten immer in der gleichen Gemeinde", verbunden sein, und ersuchte um die Erlaubnis, auch seine frühere kirchliche Jugendarbeit in beschränktem Umfang fortsetzen zu dürfen. Darüber hinaus, hielt er fest, sei für die Reisetätigkeit, die das ihm zugedachte Amt mit sich bringe, die Verfügbarmachung eines kleinen Motorrads ganz unerlässlich. Klapproth schloss mit dem Hinweis, dass, „falls [!] es bei meiner Bestellung zu diesem Amt bleibt" – aber die Sache war längst entschieden! –, seine Zuordnung zur Synode Kölln-Land alsbald gelöst werden müsse.[11]

---

9 Gerhard Ebeling an Erich Klapproth, 16./17.7.1938 (EZA 50/253/85f).

10 Am 23. Juli 1938 erkundigte sich Ebeling, ob bzw. wie sich Klapproth inzwischen entschieden habe, und bekannte seinen täglich stärker werdenden Wunsch, der Freund möge sich dem ihm angetragenen Dienst nicht versagen (vgl. Gerhard Ebeling an Erich Klapproth, 23.7.1938 [EZA 50/247/73]).

11 Erich Klapproth an Martin Albertz, 20.7.1938 (ELAB 15/3555).

Albertz reagierte umgehend: Er befristete die Abordnung Klapproths an das Katechetische Seminar auf den 31. Juli,[12] dankte dem sich fügenden Prädikanten „sehr herzlich, daß Sie uns doch das Opfer bringen", und bestellte ihn zur Sichtung seiner künftigen Tätigkeitsfelder auf den 1. August zu sich ein.[13] Am 19. August, nachdem Klapproth mit der neuen Arbeit schon längst begonnen hatte, übertrug ihm Präses Gerhard Jacobi das Amt als Bruderschaftsleiter der Hilfsprediger und Vikare dann offiziell.[14]

b) Bruderbund junger Theologen

Als die Weichen gestellt waren, nahm Klapproth die Herausforderung mit der ihm eigenen, hingebungsvollen Entschiedenheit an. Dabei waren etliche strukturelle Schwierigkeiten zu meistern. Weil das Sonderpastorat, das er nun innehatte, ganz neu geschaffen war, gab es keine Regelungen und Erfahrungen, an die er hätte anknüpfen können. Auch erwies sich die Sorge, die vielen Nöte derer, die er zu betreuen hatte, würden ihm innerlich zusetzen, als nicht unbegründet. Die Schwierigkeit, dass er den beiden Bruderräten von Berlin und Brandenburg zugeordnet war und diese keineswegs fugenlos harmonierten, kam noch hinzu. Schließlich war auch die Fülle und Vielfalt seiner Dienstpflichten dazu angetan, ihm fortwährend die Grenzen der eigenen Leistungskraft vor Augen zu führen und ihn dergestalt notorisch zu überfordern.

Ein kontinuierliches Element stellte dabei die assistierende Zuarbeit dar, die Klapproth den beiden Präsides Gerhard Jacobi (Berlin) und Kurt Scharf (Brandenburg) sowie dem Leiter des bekenntniskirchlichen Prüfungsamtes Martin Albertz zu

---

[12] Vgl. Martin Albertz an Max Diestel, 25.7.1938 (ELAB 15/3555).

[13] Martin Albertz an Erich Klapproth, 25.7.1938 (ELAB 15/3555).

[14] Vgl. Gerhard Jacobi an Erich Klapproth, 19.8.1938 (EZA 50/232/155).

leisten hatte.[15] So musste er an fast allen Bruderratssitzungen und Konventen teilnehmen und dafür mitunter mehrtägige Reisen, so etwa im Januar 1939 nach Halle, antreten. Auch sprach er im Auftrag der Kirchenleitung allerhand Grußworte bei festlichen Anlässen oder nahm, wiederum stellvertretend, an Ordinationen, Trauungen und Bestattungen teil.

Daneben unterhielt er einen ausgedehnten Briefwechsel mit den fernab von Berlin tätigen Nachwuchsgeistlichen, dessen Umfang allerdings bald nicht mehr zu bewältigen war. Deshalb ging Klapproth am 8. Dezember 1938 auf das Medium des vervielfältigten Rundbriefes über, von dem er dann regelmäßig, wenn auch in unterschiedlichen Zeitabständen, Gebrauch machte. Die erste Ausgabe dieser Gattung[16] war für die folgenden symptomatisch. Klapproth setzte mit einer ungezwungenen geistlichen Betrachtung ein, indem er das Predigtamt als den höchsten, die ekklesialen Leitungsfunktionen hingegen als den niedrigsten Dienst der Kirche auswies. In den derzeit zu erleidenden Drangsalen des Kirchenkampfes machte er den „Pilgrimstand des Christen" ansichtig, den es gemäß der „praktische[n] Seite der Christologie" zu gestalten gelte: Nach der Maßgabe Christi, der nicht dort geblieben sei, „wo es besser und schöner war", sondern „sich aufgemacht zu uns herab und seinerseits den ersten Schritt getan [hat] auf uns zu", sollten sich auch die Pfarrer in ihrem Seelsorge- und Hirtendienst in die Häuser und Schicksale der Menschen, die ihnen anvertraut sind, hineinbegeben. Danach folgten konkrete praktische Ratschläge wie etwa die Anregung zu beständigem geistlichen Austausch zwischen den Amtsbrüdern oder – welch schöner Ausdruck! – zu „taktvolle[r] Aufdringlichkeit", in der man sich auch um deutsch-christlich orientierte Kollegen bemühen sol-

[15] Sofern nicht anders vermerkt, speist sich die nachfolgende Skizzierung der von Klapproth wahrgenommenen Dienstpflichten aus Klapproth, Tätigkeitsbericht (s. Anm. 3).

[16] E. Klapproth, Persönlicher Brief, nicht zur Weitergabe bestimmt, 4 S., masch., 18.12.1938 (EZA 50/312/63–65).

le. Aktuelle kirchenregimentliche Maßnahmen und Entscheidungen wurden ebenfalls erläutert und, wo es geboten schien, diskutiert. Als Postskriptum dieser Rundbriefe eröffnete sich nicht selten ein kleiner interner Gebrauchtwarenmarkt, auf dem der Absender nachgelassene Bibliotheksbestände, gebrauchte Kleidung, Fahrräder und Schreibmaschinen, mitunter auch Freitische feilbot.

Des weiteren berief Klapproth die Hilfsprediger, Prädikanten und Vikare der Berliner Bekennenden Kirche auf jeden zweiten Montag des Monats zu einem verbindlichen Arbeitstag ein. Man traf sich jeweils am mittleren Vormittag, die Teilnehmer hatten das griechische Neue Testament, das Gesangbuch sowie „Zukost zum Kaffee" mitzubringen, er selbst bestimmte das theologische Tagesthema und lud namhafte Referenten ein, darunter Hans Asmussen, Günther Dehn und Edo Osterloh.[17] Einmal, nachdem ein Referent durch Krankheit kurzfristig ausgefallen war, ließ sich der auf Niemöllers Predigtstelle in Berlin-Dahlem wirkende Helmut Gollwitzer ersatzweise einspannen, um mit der Gruppe das Thema des Abendmahls zu behandeln, wobei sich Klapproth veranlasst sah, die Erwartungen des Gastredners gleich vorweg gehörig zu dämpfen: „Sie dürfen auch nicht einmal das, was Sie in den Barth-Aufsätzen zu diesem Thema schrieben,[18] voraussetzen!"[19] Etliche „Konvente junger Brüder" und mehrtägige Freizeiten, so in der Osterwoche 1939, wofür die Nachwuchsgeistlichen neben dem Üblichen auch Musikinstrumente und Bettwäsche mitbringen sollten,[20] kamen außerdem noch hinzu.

---

[17] Erich Klapproth an alle Hilfsprediger, Prädikanten und Vikare der Bekennenden Kirche, 29.11.1938 (EZA 50/325/35).

[18] Vgl. H. Gollwitzer, Die Abendmahlsfrage als Aufgabe kirchlicher Lehre (in: E. Wolf [Hg.], Theologische Aufsätze. Karl Barth zum 50. Geburtstag, 1936, 275–298).

[19] Erich Klapproth an Helmut Gollwitzer, 7.6.1939 (EZA 686/3525).

[20] Vgl. Erich Klapproth, Einladung zur Osterfreizeit 12.–15.4.1939, o. D. (EZA 50/314/9).

Als zentralen Bestandteil des neuen Amtes erwies sich der von Klapproth versehene Besuchsdienst. Dazu lud er sich allein in Berlin ohne besonderen Anlass pro Monat bei zehn oder zwölf jungen Amtsbrüdern ein, mit denen er über Stunden hinweg ihre dienstlichen wie persönlichen Schwierigkeiten erörterte, aber stets auch eine mit gemeinsamem Bibellesen und Beten versehene geistliche Besinnung abhielt.[21] Indessen umfasste sein Besuchsdienst die gesamte Mark Brandenburg. So fuhr er in jedem Monat für mehrere zusammenhängende Tage über das Land, kam dabei bis nach Crossen, Döberitz, Zülichau und in die Ostpriegnitz und reihte sich dort jeweils für etliche Stunden in den Tageslauf des besuchten Amtsbruders ein.[22] Musste er für seine Dienstreisen im August 1938 noch auf ein Leihfahrzeug ausgreifen, so stand ihm ab September, wie er es gewünscht hatte, trotz einstweilen fehlenden Führerscheins ein eigenes DKW-Motorrad mit 200 ccm Hubraum und dem polizeilichen Kennzeichen IA–139704 zur Verfügung. Die Handhabung wollte gelernt werden, doch nachdem er anfangs auf dem Berliner Nollendorfplatz einen Passanten, der, auf die Straßenbahn wartend, in die Abendzeitung vertieft war, ohne Schadensfolgen umgefahren hatte,[23] gewann er zügig an Sicherheit und handelte sich wegen Verkehrsdelikten mehrere Strafzettel ein.[24] Andere Malheurs wie ein unbedacht leergefahrener Tank oder Motorschäden, die jeweils eine längere Fahrtunterbrechung auf offener Landstraße erzwangen,[25] blieben nicht aus. Und auch sonst stellten Sonnenhitze, Sturm, Schnee und Regen erhebliche Herausforderungen dar; nicht immer schützten während der Wintermonate die gelben dreieckigen Fähn-

---

[21] Vgl. Klapproth, Tätigkeitsbericht (s. Anm. 3), Anlage II.

[22] Vgl. aaO Anlage III.

[23] Vgl. E. Klapproth, Der Esel Bileams. Fahrten und Gedanken auf märkischen Landstraßen, 32 S., [1941], 18.

[24] Vgl. etwa Strafzettel, 22.3.1939 (EZA 50/232/215); Gebührenpflichtige Verwarnung, 23.5.1939 (EZA 50/232/219).

[25] Vgl. Klapproth, Der Esel Bileams (s. Anm. 23), 9. 28.

chen, die zur Warnung vor Glatteis am Straßenrand eingesteckt waren, vor gefährlichen Situationen.[26] Trotz alledem genoss Klapproth das aus dieser Art der Fortbewegung hervorgehende Freiheitsgefühl über die Maßen, lud auch gelegentlich Fremde, mit denen sich dann gute Gespräche ergaben, auf den Soziussitz ein und legte monatlich an die 1.000 Kilometer mit dem Motorrad zurück. „Die Freude, die Schöpfung zu sehen und ihren Raum zu durchmessen", jubelte er, „kann schon zur Anbetung zwingen!"[27] Im Herbst 1939, kurz nach Beginn des Zweiten Weltkriegs, wurde das Motorrad dann allerdings von der Wehrmacht ersatzlos enteignet.[28]

Viel seltener, als er es gewünscht hätte, kam es zu Besuchen bei „neutralen", also weder bekenntniskirchlich noch deutschchristlich gebundenen jungen Amtsbrüdern. Ein paar Mal ließ sich Klapproth als Referent in deren Arbeitsgemeinschaft einladen, ansonsten erwuchs zumeist aus der konkreten Gefahr, dass einer der eigenen Hilfsprediger von einem „Neutralen" vor Ort aus der Gemeinde verdrängt werden sollte, die Veranlassung eines Gesprächs.

Die Hoffnung, es werde sich mit dem neuen Amt auch eine Fortsetzung der eigenen Jugend- und Verkündigungsarbeit vereinbaren lassen, erfüllte sich ebenfalls nur in bescheidenem Rahmen. So konnte Klapproth auf seinen Reisen durch Brandenburg und auch in Berlin vereinzelt Gottesdienst halten. Was demgegenüber numerisch eindeutig überwog, waren Jungenrüsttage, Gebetskreise, Adventsfeiern und bekenntniskirchliche Gemeindeabende.[29] Anfang Oktober 1938 wirkte er sogar auf dem Landesjugendtag im niedersächsischen Oldenburg mit.[30] Und Mitte Februar 1939, als er auf dem Gemeindejugend-

---

26 Vgl. aaO 24.

27 AaO 30.

28 Vgl. Ada Jacobsen an Erich Klapproth, 10.12.1939 (EZA 50/253/151).

29 Vgl. Klapproth, Tätigkeitsbericht (s. Anm. 3), Anlage IV.

30 Verbunden mit herzlichem Dank für seinen Einsatz wurde

tag in Berlin-Frohnau ein Rundgespräch zum Thema „Was ist die Kirche?“ zu moderieren hatte,[31] kam es zu einem Wiedersehen mit dem Freund Ebeling, der dort seit Anfang des Jahres als Bekenntnispfarrer bestallt war.

Aufgrund der enormen Anspannung, in der sich Klapproth fortwährend befand, verzögerte sich die Abgabe seines Tätigkeitsberichts, den er eigentlich Mitte April 1939 hätte vorlegen sollen, um ganze drei Wochen.[32] Gleichwohl ließ er sich im Sommer von Wolfram Buisman auch noch als Nachfolger von Martin Schutzka in die Brandenburgische Jugendkammer berufen.[33] Insgesamt dürfte kaum zu bezweifeln sein, dass Klapproth das Amt des Vertrauensmanns nicht nur in stetiger Hingabe ausfüllte, sondern ihm auch vielfältige persönliche und geistliche Bereicherung abgewann. Was er darin leistete, wurde vielerorts respektvoll und dankbar quittiert. Der spätere Landesjugendpfarrer für Brandenburg und damalige Prädikant in Buckow Karl-Heinz Corbach berichtete am 3. Februar 1939 an Dietrich Bonhoeffer, wie wohltuend ihm die derzeitige Tätigkeit Klapproths erscheine: „Von ihm kann man sich schon einiges sagen lassen. Er ist unermüdlich in seinem Dienst und ohne jede Eitelkeit“.[34] Otto Berendts, der seinerzeit die Pfarrstelle in Schermeisel versah und in den 1970er Jahren als Oberkirchenrat im Kirchlichen Außenamt der EKD tätig war, rühmte den

Klapproth nachträglich eine zusätzliche Reisekostenentschädigung in Höhe von 3 Reichsmark zugesandt (vgl. Fritz Albus an Erich Klapproth, 11.10.1938 [EZA 50/253/95]).

[31] Vgl. Gemeindejugendtag in Frohnau am 19.2.1939. Programmzettel (EZA 50/316/68).

[32] Vgl. Erich Klapproth an die Bruderräte der Bekennenden Kirche in Berlin und der Mark Brandenburg, 3.5.1939 (EZA 50/232/151).

[33] Vgl. Wolfram Buisman an Erich Klapproth, 31.7.1939 (EZA 50/232/185); Erich Klapproth an Wolfram Buisman, 15.8.1939 (EZA 50/232/186).

[34] Karl-Heinz Corbach an Dietrich Bonhoeffer, 3.2.1939 (in: D. Bonhoeffer, Illegale Theologenausbildung: Sammelvikariate 1937–1940, hg. von D. Schulz [DBW 15], 1998, 132f), 132.

reitende[n] Bote[n], der auf seinem Motorrad von Pfarrhaus zu Pfarrhaus fuhr, um uns illegalen Brüdern immer wieder in gegenseitigem Gespräch und Trost zur Seite zu stehen. Außer den Finkenwalder Rundbriefen mit Bonhoeffers eigenem Zuspruch an seine ehemaligen Kandidaten war Erich Klapproth derjenige, der sich besonders um die verstreuten Brüder in ihren Gemeinden kümmerte und sie persönlich aufsuchte.[35]

Nach dem Ausbruch des Zweiten Weltkriegs Anfang September 1939 waren es insbesondere die Rundschreiben Klapproths, die unter den im Feld stehenden Amtsbrüdern der Bekennenden Kirche die Gemeinschaft und Verbundenheit wachhielten.[36]

c) Das Problem der Legalisierung

In dem seit Jahren anhaltenden evangelischen Kirchenkampf drohten die Anfangskräfte der Bekennenden Kirche nun immer mehr zu erlahmen. Verzagte Ermüdung machte sich mancherorts breit; die zwar nicht gesetzlich verfügte, aber doch faktisch oft hautnah zu erlebende kirchliche Illegalität wirkte zermürbend. Hinzu kam, dass die 1933/34 aufgebrochene harte Alternative zwischen der bekenntniskirchlichen und deutschchristlichen Front nicht nur durch taktische Manöver der reichskirchlichen Konsistorien, sondern auch durch die Gruppe der zahlreichen, wenn auch institutionell kaum organisierten sog. Neutralen zusehends an Plausibilität verlor und der Hoffnung auf Kompromisslösungen Raum gab. In Bonhoeffers Umkreis meinten manche gar bereits eine dezidierte „Kapitula-

[35] O. Berendts, Bericht eines Zeitzeugen (in: Die Finkenwalder Rundbriefe. Briefe und Texte von Dietrich Bonhoeffer und seinen Predigerseminaristen 1935–1946, hg. von I. Tödt [DBW Ergänzungsband], 2013, 533–594), 577.

[36] Vgl. R. Lange / P. Noss, Bekennende Kirche in Berlin (in: O. Kühl-Freudenstein / P. Noss / C. P. Wagener [Hg.], Kirchenkampf in Berlin 1932–1945. 42 Stadtgeschichten [SKI 18], 1999, 114–148), 137.

tionsstimmung“[37] ausmachen zu können. Im letzten Friedensjahr 1938 indizierten zumal zwei Problemfelder die brüchige Lage: einerseits der Streit um den nun auch den evangelischen Pfarrern abverlangten Treueeid auf den „Führer“,[38] andererseits das Problem der Legalisierung von bekenntniskirchlich gebundenen Nachwuchsgeistlichen. In seiner Funktion als Vertrauensmann hatte sich Klapproth, wie es scheint, allein mit dem zweitgenannten Streitfall auseinanderzusetzen.

Den Vikaren, Prädikanten und Hilfspredigern der Bekennenden Kirche blieb nicht nur die Aussicht auf ein landeskirchliches Pfarrhaus, sondern auch der Zugang zu behördlich garantierter Berufs- und Altersalimentierung verwehrt. Dadurch erhielt das Schreckgespenst, womöglich in den Status einer bloßen Freikirche abzurutschen, realistische Züge. Auf dieses ebenso strukturelle wie existentielle Dilemma reagierte das altpreußische Kirchenregiment seit Spätherbst 1937 mit systematischen Werbekampagnen, die eine Legalisierung durch das Konsistorium unter der Bedingung anboten, dass die daran Interessierten ihre von der Bekennenden Kirche ausgestellten Examens- und Ordinationsurkunden einzureichen, sich gegebenenfalls einer theologischen Nachprüfung zu unterziehen und das Konsistorium als rechtmäßige Kirchenleitung anzuerkennen bereit wären. Diese Offerten waren jeweils mit einer knapp bemessenen Gültigkeitsfrist versehen, die freilich immer wieder, zuletzt bis zum 31. März 1939, verlängert wurde. Der altpreußische Bruderrat widersetzte sich solchem Ansinnen nicht kategorisch, bestand aber darauf, dass die geforderten Dokumente von ihm, nicht von den einzelnen Bewerbern eingereicht würden, dabei jedoch eine förmliche Anerkennung der konsistorialen Kirchenleitung keinesfalls statthaben dürfe.

---

[37] Karl-Heinz Corbach an Dietrich Bonhoeffer, 3.2.1939 (s. Anm. 34).

[38] Vgl. K. Meier, Der evangelische Kirchenkampf. Bd. 3: Im Zeichen des zweiten Weltkrieges, 1984, 43–62.

In seinem ersten Rundbrief vom 18. Dezember 1938 ging Klapproth ausführlich auf diese Problemlage ein. Denn nachdem etliche Nachwuchsgeistliche der berlin-brandenburgischen Bekennenden Kirche, darunter auch er selbst,[39] ihre Legalisierungsanträge auf dem Dienstweg, also über den Bruderrat eingereicht hatten, waren kurz zuvor die Antworten des Konsistoriums ergangen, dies freilich nicht an den Bruderrat, sondern direkt an die Privatadressen der einzelnen Bewerber gerichtet. In solcher Lage pochte Klapproth dringlich auf ein koordiniertes Verhalten. So dürfe man unter keinen Umständen die Bereitwilligkeit zu einer Nach- oder Neuprüfung erklären und solle die nachgeforderten Dokumente niemals direkt, sondern stets nur über den Bruderrat einreichen. Die Abforderung eines persönlichen Familiennachweises sei, schärfte er ein, in jedem Fall abzuweisen, denn „die Vorlage des Stammbaums kann der Einführung des Arierparagraphen in der Kirche Vorschub leisten. Dazu aber dürfen wir nicht helfen".[40] Außerdem suchte er die Hoffnung, aus den schon länger geführten Verhandlungen zwischen dem Altpreußischen Bruderrat und dem Evangelischen Oberkirchenrat könnte alsbald eine gütliche Gesamtlösung hervorgehen, nachhaltig zu dämpfen.[41] Im Frühjahr 1939 wiederholte Klapproth diese Mahnungen abermals und fügte, erbost über den Eigensinn mancher Kollegen, die Drohung hinzu, es werde jedem, der seine Legalisierung auf eigenem Wege erreiche, die rote Karte, also der Mitgliedsausweis der Bekennenden Kirche entzogen.

In der eigenen Angelegenheit handelte Klapproth so, wie er es von allen seinen Kollegen erwartete. Nachdem ihn Konsistorialrat Martin Kegel vom Prüfungsamt des brandenburgischen Evangelischen Konsistoriums aufgefordert hatte, einen aktuellen Lebenslauf, seine Studienbücher, Examensunterlagen und

[39] Vgl. Erich Klapproth an das Evangelische Konsistorium der Mark Brandenburg, 3.8.1938 (EZA 50/239/54).

[40] Klapproth, Persönlicher Brief (s. Anm. 16), 3.

[41] Vgl. ebd.

Ordinationsurkunde sowie einen Familiennachweis einzureichen und sich für eine Wiederholung der Zweiten Theologischen Prüfung bereitzuhalten,[42] ließ er sich mit einer Antwort etliche Wochen lang Zeit. Dann aber bot er mutigen Klartext: „Ich habe mich in meinem Gesuch zu dem Weg der Bekennenden Kirche bekannt und die Veranlassung aller zur Legalisierung erforderlichen Schritte dem Provinzialbruderrat anvertraut". In Übereinstimmung mit seiner vorgesetzten Behörde lehne er alle „Nach- und Neuprüfungen als kirchlich und gewissensmässig untragbar" ab. Gleichwohl halte er sein Gesuch auf Anerkennung seines Zweiten, durch die Ordination abgeschlossenen Examens aufrecht und überlasse weiterhin alle erforderlichen Schritte, wie er bereits in seinem Antrag deutlich gemacht habe, dem Bruderrat.[43] Der Fortgang der Sache, so es denn einen gab, lässt sich aus den Akten nicht mehr erheben.

Am 14. Dezember 1939 schrieb Klapproth an den Leiter des Pfarrernotbundes, dem er ein Jahr zuvor beigetreten war,[44] in höchster Empörung, es sei wahrhaft „ungeheuerlich", dass Notbundpfarrer, die, um legalisiert zu werden, einen Abstammungsnachweis einsenden, trotz entgegengesetzter Weisung nicht umgehend mit einem Ausschluss bestraft würden.[45] Allerdings hatte das Legalisierungsproblem seit dem Beginn des Krieges erheblich an Gewicht verloren. Eine spürbare Autoritätseinbuße der Bekennenden Kirche, die in dieser Frage nicht unbedingt glücklich agiert hatte, blieb gleichwohl die leidige Folge.

---

[42] Martin Kegel an Erich Klapproth, 20.1.1939 (EZA 50/232/188).

[43] Erich Klapproth an Martin Kegel, 1.4.1939 (EZA 50/232/189).

[44] Vgl. Wilhelm Jannasch [Geschäftsführer des Pfarrernotbundes] an Erich Klapproth, 9.8.1938 (EZA 50/232/179).

[45] Erich Klapproth an den Engeren Vorstand des Pfarrernotbundes z.H. Präses Kurt Scharf, 14.12.1939 (EZA 50/232/180).

d) Theologische Existenz

Erich Klapproth führte eine zutiefst theologische Existenz. Sein Pastorenamt nahm er nicht als bloße Berufstätigkeit, von der das Privatleben notgedrungen auf etliche Stunden am Tag unterbrochen wird, sondern als die ihm gemäße, ganzheitliche Lebensform wahr. Gleichwohl verdienen diejenigen theologischen Konkretionen, die er außerhalb seiner amtlichen Funktion auf eigene Veranlassung und Verantwortung unternahm, noch gesonderte, wenn auch nur exemplarisch zu leistende Aufmerksamkeit.

So beteiligte sich Klapproth an der Vorbereitung und anfänglichen Durchführung der norddeutschen „Theologischen Sozietät“. Die Idee zu dieser neuartigen Einrichtung entstand auf der von Bonhoeffer Ende Juni 1938 in Zingst abgehaltenen Freizeit.[46] Dort waren Ebeling, Gollwitzer, Klapproth, Gerhard Krause und Albrecht Schönherr spontan übereingekommen, in Nordostdeutschland einen Kreis von bekenntniskirchlich gebundenen Theologen gründen zu wollen, „der die schwelende kirchliche Frage theologisch gründlich durcharbeitet“.[47] Bonhoeffer und Schönherr übernahmen dabei die Aufgabe der Initiation. Die erste Tagung der Sozietät, an der ein Kreis von acht Theologen, darunter auch Klapproth, teilnahm, wurde vom 31. Oktober bis zum 2. November 1938 in Stettin abgehalten und widmete sich dem hochaktuellen Thema „Die öffentlich-rechtliche Stellung der Kirche“.[48] Von 9. bis 11. Januar 1939 traf man sich am selben Ort erneut. Dabei ging es abermals um zeitgeschichtlich virulente Fragen der Ekklesiologie. Während fünf andere Referenten die exegetischen, ordnungstheologischen, praktischen, verwaltungstechnischen und kir-

---

[46] S.o. Abschnitt III.1.d.

[47] Albrecht Schönherr an einige Finkenwalder Brüder, 7.10.1938 (in: Bonhoeffer, Illegale Theologenausbildung: Sammelvikariate 1937–1940 [s. Anm. 34], 73).

[48] Ebd.

chenrechtlichen Aspekte beleuchteten, sprach Klapproth über „Die doppelte Berufung ins Pfarramt“,[49] also über die fundamentaltheologisch höchst gewichtige Frage, wie das Verhältnis zwischen der von der Kirchenleitung auszuübenden *vocatio externa* und der durch den Heiligen Geist bewirkten *vocatio interna* sachgemäß zu bestimmen sei.[50] Der dritten, im Februar 1939 abgehaltenen Tagung musste Klapproth aufgrund gesundheitlicher Angeschlagenheit fernbleiben,[51] von weiteren Zusammenkünften der Sozietät fehlt, wie es scheint, jede brauchbare Spur.

In Berlin nahm Klapproth ebenfalls, so gut es ging, an theologischen Vortragsveranstaltungen teil, die er gelegentlich sogar eingehend protokollierte.[52] Andererseits galt es auch ganz triviale Aktionsfelder des eigenen Christseins zu klären. Dazu zählte beispielsweise die kirchliche Abgabepflicht, die er selbstverständlich auf Seiten der Bekennenden Kirche erfüllte. Dann aber trug ihm die Post am 28. November 1939 einen Mahnbrief des Evangelischen Kirchensteueramtes Berlin-Friedenau ins Haus, der ihn das für das laufende Jahr fällige Kirchgeld in Höhe von 5,36 Reichsmark mittels des beigelegten Zahlscheins binnen acht Tagen zu begleichen aufforderte.[53] Nun hatte Klapproth aber bereits am 29. August gegen das Ansinnen, er solle auch der Reichskirche Steuer entrichten, förmlichen Ein-

---

[49] Vgl. Albrecht Schönherr an die Teilnehmer der Theologischen Sozietät in Pommern, 14.11.1938 (aaO 79f).

[50] Ein Manuskript seines Vortrags scheint nicht überliefert zu sein.

[51] Vgl. Erich Klapproth an Dietrich Bonhoeffer, 3.2.1939 (in: Bonhoeffer, Illegale Theologenausbildung: Sammelvikariate 1937–1940 [s. Anm. 34], 136).

[52] Vgl. etwa E. Klapproth, Jesus und die Weisheit. Kurze Wiedergabe eines von Herrn Superintendent Lic. Albertz-Spandau am 28. Oktober 1938 in einer Gemeindeveranstaltung der Friedrich-Werderschen Kirche gehaltenen Vortrags, 3 S., masch., o.D. (EZA 50/325/26f).

[53] Evangelisches Kirchensteueramt Berlin-Friedenau an Erich Klapproth, 28.11.1939 (EZA 50/232/194).

spruch erhoben.[54] Darum verwies er jetzt nur knapp auf den „dort dargelegten Tatbestand“, der „sich bis zur Stunde nicht geändert“ habe, weshalb er sich nach wie vor außerstande sehe, „Ihrem Verlangen nachzukommen“.[55] Daraufhin respondierte die Behörde lakonisch, sie könne den vorliegenden Kirchensteuereinspruch nicht anerkennen, und forderte Klapproth auf, „zur Vermeidung von Weiterungen“ seiner Zahlungspflicht umgehend nachzukommen.[56] Dieser zeigte sich davon in gereiztem Ton „stark befremdet“, pochte unter Verweis auf einschlägige, seitenscharf zitierte Fachliteratur auf sein Recht, ein „*begründetes* Urteil“ erwarten zu dürfen, und wies die neuerliche Mahnung des Kirchensteueramtes entschieden zurück: „Ich bin nicht gesonnen, meinen ernsthaft erwogenen und gründlich ausgeführten Einspruch durch einen einzigen Satzteil, wie in Ihrem angeführten Schreiben, widerlegt sein zu lassen; vielmehr beziehe ich mich auf die genannten, geltenden Bestimmungen und beharre [...] auf den in meinem Einspruch vom 29. VIII. 39 dargelegten Standpunkt“.[57] Da Klapproth kurz darauf zum Kriegsdienst eingezogen wurde, steht zu vermuten, dass sich der Vorgang damit erledigt hatte.

Mit Gollwitzer, dessen Gottesdienste in Berlin-Dahlem[58] er gerne besuchte, unterhielt Klapproth vertrauten theologischen

[54] Klapproths Einspruch vom 29.8.1939 ist nicht aktenkundig, lässt sich aber aus dem Fortgang des Verfahrens erschließen.

[55] Erich Klapproth an das Evangelische Kirchensteueramt in Berlin-Friedenau, 4.12.1939 (EZA 50/232/195).

[56] Evangelischer Gemeindekirchenrat Berlin-Friedenau an Erich Klapproth, 30.12.1939 (EZA 50/232/196).

[57] Erich Klapproth an das Kirchensteueramt in Berlin-Friedenau, 13.1.1940 (EZA 50/232/197).

[58] Zu der exzeptionellen Bedeutung dieser Berliner Bekenntnisgemeinde vgl. G. Schäberle-Koenigs, Und sie waren täglich einmütig beieinander. Der Weg der Bekennenden Gemeinde Berlin-Dahlem 1937–1943 mit Helmut Gollwitzer, 1998; M. Gailus, Protestantismus und Nationalsozialismus. Studien zur nationalsozialistischen Durchdringung des protestantischen Sozialmilieus in Berlin (Industrielle Welt 61), 2001, 306–371.

Austausch. So veranlasste ihn etwa die am 21. April 1939 gehaltene Abendpredigt über den Makarismus Jesu „Selig seid ihr Armen, denn das Reich Gottes ist euer" (Lk 6,20b), der sich, wie Gollwitzer dargelegt hatte, an *alle* Armen richte, zu exegetischem Widerspruch. Unter Verweis auf die im Einleitungssatz (Lk 6,20a) genannte Adressatenangabe plädierte Klapproth für eine streng christologische Auslegung dieser Seligpreisung, die nicht eine Glücksverheißung für sämtliche Armen der Welt darstelle, sondern dezidiert als eine Tröstung der Jünger und Nachfolger Jesu ergangen sei: „Nicht jedes Armen ist das Himmelreich, sondern allein dessen, [...] der mit seiner Armut in der Nähe Jesu ist, ja der, *weil* er in der Nähe Jesu ist, arm geworden ist".[59] Dieses Verständnis der Makarismen, unterstrich Klapproth mit leicht triumphierendem Unterton, habe er schließlich von Bonhoeffer in Finkenwalde gelernt.

Auch Fragen der praktischen Liturgik kamen zwischen ihnen zum Austrag. So störte sich Klapproth schon des Längeren daran, dass Kirchgänger,[60] die von einer in den Gottesdienst integrierten Abendmahlsfeier überrascht wurden, den Sakralraum „tropfenweise" wieder verließen und dabei mit dem „starken Gelärm der Tür und den fallenden Witwenscherflein" die erbauliche Atmosphäre aufstörten.[61] Als Abhilfe schlug er vor, man könnte künftig doch mit einem Plakat am Kirchenportal darauf hinweisen, dass heute ein Abendmahlsgottesdienst stattfinde, dem jeder Besucher bis zum Abschluss der Feier beiwohnen möge. Außerdem sollte ein solcher Aushang die Regieanweisung enthalten, es mögen diejenigen, die an der

---

[59] Erich Klapproth an Helmut Gollwitzer, 21.4.1939 (EZA 686/3525).

[60] Die Gottesdienste in der Berlin-Dahlemer Annenkirche wurden damals durchschnittlich von etwas mehr als 100 Teilnehmern besucht (vgl. GAILUS, Protestantismus und Nationalsozialismus [s. Anm. 58], 344f).

[61] Erich Klapproth an Helmut Gollwitzer, 20.8.1939 (EZA 686/3525).

Kommunion teilzunehmen gedächten, im vorderen Teil des Kirchenschiffs Platz nehmen, damit der Liturg nicht alle Bankreihen nacheinander zum Altar einladen müsse.[62] Diese beiden kleinen Einblicke in die mit Gollwitzer geführte Korrespondenz zeigen beispielhaft, wie organisch sich in Klapproths religiösem Lebensernst theologische Kern- und pragmatische Gestaltungsfragen miteinander verbanden.

Im April 1939, nachdem Klapproth die einem Nachwuchsgeistlichen auferlegte zweijährige Hilfsdienstpflicht erfüllt hatte, stellte ihm das Theologische Prüfungsamt der Bekennenden Kirche Berlin-Brandenburg das Wahlfähigkeitszeugnis aus.[63] Damit war er nun in die theoretische Möglichkeit versetzt, eine selbstständige Pfarrstelle übernehmen zu können. Dass daran jedoch faktisch bis auf Weiteres nicht zu denken war, muss Klapproth, dessen Amt als Vertrauensmann keiner Befristung unterlag, zweifellos geschmerzt oder doch jedenfalls merkwürdig berührt haben.

Am Abend des 24. August 1939, eine Woche vor dem Überfall der deutschen Wehrmacht auf Polen, hielt Klapproth in einem Berlin-Dahlemer Fürbitt-Gottesdienst eine mutige Predigt. Ausgehend von der Tageslosung „Er ist der Herr, unser Gott; er richtet in aller Welt“ (Ps 105,7) machte er den Auszug des Volkes Gottes aus ägyptischer Knechtschaft zum Urbild der eigenen bekenntniskirchlichen Situation: So wie einstmals die Israeliten, rufe Gott heute auch uns „auf einen schweren, ganz unkontrollierbaren Weg“ und gebe sich dabei nicht als Gewährleister einer unbekümmerten Zukunft, sondern als Richter in aller Welt zu erkennen. Deshalb müssten wir, fuhr er fort, „um des göttlichen Gerichtes wegen erschrecken über die Schuld unserer Verfolger“, also derjenigen, die Niemöller und viele andere evangelische Pfarrer schuldhaft ins Gefängnis geworfen und sie damit bedrängender Glaubensanfechtung aus-

[62] Vgl. ebd.

[63] Wahlfähigkeitszeugnis für Pastor Erich Klapproth, 15.4.1939 (EZA 50/239/66–68).

gesetzt haben. „Wir wissen", bezeugte er aus eigener Erfahrung, „daß sich in der Einsamkeit der Zelle nicht nur die Engel, sondern gerade auch die Teufel als Gesellschafter anbieten". Damit werde die Schuld der kirchenfeindlichen Obrigkeit noch zusätzlich potenziert: „Gott gnade denen, die solche Schuld einmal vor ihm zu verantworten haben werden!" Jedoch war dieser Satz nicht als Droh-, sondern als Bußruf gemeint, damit man um die eigenen Verfolger Angst bekäme und auch sie in die Fürbitte aufnehme. Erst recht aber drohe denen, die sich über ihre Widersacher in Unbarmherzigkeit und Hass überheben, das göttliche Gericht. Ein langes, sich unmittelbar anschließendes Kanzelgebet führte in anderer Sprachform die Predigtintention fort. Hatte Klapproth zu Beginn der Predigt den unlösbaren Zusammenhang von „Politik und Gott" aufgewiesen, so flehte er nun zu dem Richter aller Welt, er möge seine Feinde überwinden und sich „die Starken zum Raube"[64] nehmen. Unverblümt beklagte er die unmittelbar drohende Kriegsgefahr sowie die mit dem deutsch-russischen Nichtangriffspakt heraufbeschworene Möglichkeit, dass „die Gottlosigkeit jenes Landes unser liebes Volk vergifte". Schließlich bezog er selbst Hitler noch ausdrücklich in seine Fürbitte ein: „Gib dem Führer und aller anderen Obrigkeit, die über unsere Brüder Macht hat, ein gerechtes Urteil über sie in dem Sinn, daß nicht Dein Zorn entbrenne über die Beschwerung Deiner Heiligen".[65]

Das war, kein Zweifel, eine beherzte politische Predigt, wenn auch in dem halbwegs geschützten Raum einer Bekenntnisgemeinde gesprochen. Allerdings hatte Gollwitzer kurz darauf eine hektographische Vervielfältigung jener Kanzelrede sowie des Gebetes veranlasst. Am 3. September, kurz nachdem der Polenfeldzug begonnen hatte und damit der Kriegszustand eingetreten war, bekam Klapproth einen Abzug des Textes ins Haus gesandt. Umgehend teilte er Gollwitzer seine Erschro-

[64] Vgl. Jes 53,12.

[65] E. Klapproth, Predigt über Ps 105,7, 3 S., masch., 24.8.1939 (EZA 686/3525).

ckenheit mit: Zwar stehe er weiterhin zu jedem damals von ihm gesprochenen Wort, doch möge Gollwitzer nun, in der veränderten politischen Lage, dringlich dafür Sorge tragen, „daß eine Weitergabe möglichst nur an solche erfolgt, die ein geistliches Zeugnis auch geistlich aufnehmen".[66] Es scheint, als habe dieser Vorgang keine für Klapproth nachteiligen Folgen gezeitigt.

Dass sich die politische Einmischung des Christen Klapproth auch in den folgenden Kriegsmonaten fortsetzte, zeigt ein weiteres Exempel.[67] Es entzündete sich an dem „Brief an eine junge Mutter", den Rudolf Heß, der „Stellvertreter des Führers", an Heiligabend 1939 im nationalsozialistischen Zentralblatt *Völkischer Beobachter*[68] und anderen Tageszeitungen abdrucken ließ. Das Schreiben wandte sich an die fiktive Gestalt einer ledigen Mutter, der Heß versprach, die Patenschaft für ihr Kind, dessen Vater im Polenfeldzug gefallen war, zu übernehmen. Die Leser sollten damit versichert werden, dass der NS-Staat auch in Kriegszeiten um die Versorgung des Volkes bemüht sei. Unterschwellig, doch unüberhörbar war darin zugleich eine deutliche Aufwertung nichtehelicher Mutterschaft angezeigt worden. Im Fortgang des Briefes äußerte sich Heß zusehends klarer. Der „Selbsterhaltungstrieb der Nation", führte er aus, mache in Kriegszeiten „von den Grundregeln abweichende Maßnahmen" erforderlich: „Was hülfe es, wenn ein Volk siegte – durch die Opfer für den Sieg aber den Volkstod stürbe?"[69] Da ein Volk „sein rassisch gesundes Erbgut in höchstmöglichem Ausmaß weiterzutragen" verpflichtet sei, erweise eine unverheiratete junge Frau, die für „die Forterhal-

[66] Erich Klapproth an Helmut Gollwitzer, 3.9.1939 (EZA 686/3525).

[67] Für weitere diesbezügliche Beispiele s. u. Abschnitt IV.2.b.

[68] R. Hess, Brief an eine junge Mutter (Völkischer Beobachter, 24.12.1939, 2).

[69] Ebd. – Die stilistische Anlehnung an Luthers Übersetzung von Mt 16,26a („Was hülfe es dem Menschen, so er die ganze Welt gewönne, und nähme doch Schaden an seiner Seele?") ist unübersehbar.

tung der Nation in rassisch gesunden Kindern" sorge, dem Vaterland den „größten Dienst".[70]

Klapproth war angesichts dieser massiven staatlichen Unterhöhlung christlich-bürgerlicher Moralvorstellungen zutiefst empört. Da sich die Kirchenleitung dazu vorderhand nicht geäußert hatte, ergriff er am 4. Januar 1940 die Initiative und schrieb der Behörde einen deutlichen Brief. Die von Heß propagierten Grundsätze, stellte er fest, „bedeuten eine Auflösung nicht nur aller geltenden Sitte, sondern der göttlichen Ordnung der Ehe und eine Nichtachtung der eindeutigen Gebote Gottes". Demgegenüber sei die Christenheit in Deutschland ungeachtet aller möglichen Folgen verpflichtet, „ein Wort der Warnung und Mahnung an die Obrigkeit, gegebenenfalls auch an die Mitchristen zu richten".[71] Er schloss mit der Frage, ob die Leitung der Bekennenden Kirche zu einem solchen öffentlichen Wort gewillt sei oder entsprechende Protestrufe lediglich den Einzelnen überlasse.[72] Ob sich Klapproth dann seinerseits öffentlich in dieser Sache geäußert hat, ist nicht überliefert. Sollte er es getan haben, so ließe sich möglicherweise damit erklären, dass er Anfang Februar 1940 aus nicht mehr zu erhellenden Gründen für elf Tage im Untersuchungsgefängnis des Berliner Polizeipräsidiums am Alexanderplatz inhaftiert war.[73] Weitere elf Tage später wurde er zum Kriegsdienst eingezogen.[74]

[70] Ebd.

[71] Erich Klapproth an die Vorläufige Leitung der Deutschen Evangelischen Kirche, den Rat der Evangelischen Kirche der altpreussischen Union, 4.1.1940 (EZA 50/232/164).

[72] Vgl. ebd.

[73] Vgl. Erich Klapproth an die Lichtenfelder Kameraden, 28.4.1940 (EZA 50/253/172).

[74] S.u. Abschnitt V.1.

2. Lebensvollzug

Wenn es auch zutrifft, dass die theologische Existenz, die Klapproth führte, für ihn keine bloße Berufstätigkeit, sondern eine ganzheitliche Lebensform darstellte, gab es dabei selbstverständlich doch etliche Bezüge, die lediglich deren äußere Koordinaten betrafen oder mit ihr eher randständig zu tun hatten. In zwangloser, keinesfalls kategorial distinkter Weise bieten sich dabei die privaten Umstände, die freilich nur höchst sporadisch rekonstruiert werden können, und die staatsbürgerlichen Verwicklungen, denen er bisweilen ausgesetzt war, zur Unterscheidung an.

a) Privatmann

Klapproth arbeitete fast ununterbrochen und drang dabei immer wieder bis an den Rand der Erschöpfung vor. Gelegentliche Herzbeschwerden und andere gesundheitliche Einschränkungen gemahnten regelmäßig wiederkehrend zur Vorsicht. Seinen vierwöchigen Jahresurlaub, von dessen Art und Verlauf nichts bekannt ist, nahm er im Juli 1939.[75] Zum 1. November musste er sein Zimmer im Haus der Goßner-Mission räumen und kehrte in die elterliche Wohnung nach Steglitz zurück.[76] Ende September war er der Ortsbereitschaft des Deutschen Roten Kreuzes in Berlin-Friedenau beigetreten und musste sich nun in den neuen Wohnbezirk umbuchen lassen. Zur Teilnahme an einem Vollkurs, die Klapproth erstrebte, ist es dann aber wegen des Kriegsverlaufs nicht mehr gekommen.[77]

---

[75] Vgl. Martin Albertz an Erich Klapproth, 7.6.1939 (EZA 50/232/114).

[76] Vgl. Erich Klapproth an das Wehrbezirkskommando Berlin VIII, 31.10.1939 (EZA 50/232/221).

[77] Vgl. Erich Klapproth an das Deutsche Rote Kreuz, männliche Bereitschaft Friedenau, 27.11.1939 (EZA 50/232/190); Deutsches Ro-

Erholung fand er, abseits der Lektüre, vorwiegend in freier Natur, deren Herrlichkeit und Pracht ihn weiterhin mit tiefem Gemütsfrieden zu erfüllen vermochte. An Heiligabend 1939, nachdem das Tagwerk getan war, unternahm Klapproth südwestlich von Berlin einen 21 Kilometer langen, von winterlicher Einsamkeit umhüllten Fußmarsch vom Seddiner See bis nach Stahnsdorf. Während einer kurzen Rast rief er dabei emphatisch aus: „Du liebes, liebes Land, wie bist du doch so unerschöpflich schön in deiner Herbheit zu allen Zeiten des Jahres und zu allen Zeiten meines Lebens, du Heimat, du!".[78] Als er Ende April 1940, während des Frankreichfeldzugs, von diesem tiefgehenden Natureindruck Nachricht gab, assoziierte er damit den neuen Monatsspruch „Alles ist euer, ihr aber seid Christi" (1Kor 3,23) und gab sich, inzwischen als Soldat, davon ausgehend der Überlegung hin: „Was würde das für ein Zusammenleben der Völker bedeuten, wenn sie erkennten: die ganze, weite Welt mit allen ihren Schätzen hat Gott uns anvertraut – aber wir haben sie so zu gebrauchen, dass wir dabei Christus gehorchen und ihm Ehre machen!"[79]

Klapproth unterhielt eine ausgedehnte private Korrespondenz. Durch sie blieb er den Freunden und darüber hinaus denen, die ihm während der früheren kirchlichen Jugendarbeit ans Herz gewachsen waren, verbunden. Auch nach Neuruppin hatten sich etliche feste Kontakte erhalten. Ada Jacobsen versicherte ihn ihrer besten Erinnerung und klagte, inzwischen sei die dortige Bekenntnisgemeinde, die nur noch gelegentlich von Fehrbellin aus versorgt werde, „ganz verwaist".[80] Besonders intensiv blieb die Verbindung mit Ida Schönherr, die ihn mit langen, warmherzigen Briefen über die aktuellen Geschehnisse vor Ort auf dem Laufenden hielt und am 26. Oktober 1938 vol-

tes Kreuz, Kreisstelle Berlin III an Erich Klapproth, 8.12.1939 (EZA 50/232/191).

[78] Erich Klapproth an die Kameraden, 28.4.1940 (EZA 50/253/172).

[79] Ebd.

[80] Ada Jacobsen an Erich Klapproth, 10.12.1939 (EZA 50/253/151).

ler Freude berichten konnte, auch ihr Sohn Albrecht Schönherr, der soeben das Pfarramt zu Brüssow bezogen hatte,[81] sei ihm mittlerweile von Herzen zugetan: Er „spricht so lieb von Ihnen, wie ich mirs früher immer gewünscht habe".[82]

Aus der Zeit seines Sonderpastorats ist ein Briefwechsel zwischen Klapproth und seiner Mutter nicht überliefert. Wegen der örtlichen Nähe dürfte sich ihr Austausch wohl weitgehend in mündlicher Form fortgesetzt haben. Von mehrtägigen Dienstreisen sandte Klapproth mitunter einen Postkartengruß an die Eltern.[83] Als aufschlussreiche, wertvolle Ausnahme hat sich ein langer, acht Seiten füllender Brief erhalten, den ihm sein alter Vater am 20. Juli 1938 schrieb, während Klapproth in Komptendorf die pastorale Vertretung wahrnahm.[84] Das Schreiben bietet schlaglichtartige Einblicke in die häuslichen Verhältnisse sowie in die religiöse Verfasstheit des Vaters. Er war eigens um 5 Uhr aufgestanden, um in der innere Sammlung gewährenden Stille des frühen Morgens auszuführen, was ihm auf dem Herzen lag. Zunächst dankte er für einen erhaltenen Kartengruß, kündigte die Zusendung eines kleinen Lebensmittelpakets an und musste die Einladung Klapproths, die Eltern sollten doch zu ihm auf Besuch nach Komptendorf kommen, bedauernd ausschlagen. Dann schilderte er das Ergehen des ältesten, behinderten Sohnes Heinz, der sich als Gehilfe im väterlichen Lotteriegeschäft nützlich machte. Nachdem Heinz seit zwei Jahren keinen Krampfanfall mehr erlitten hatte, war er am Vormittag des 11. Juli urplötzlich „wie vom Blitz getrof-

[81] Vgl. A. Schönherr, ... aber die Zeit war nicht verloren. Erinnerungen eines Altbischofs, 1993, 115–127.

[82] Ida Schönherr an Erich Klapproth, 26.10.1938 (EZA 50/253/96–99). – Sollte sich aus dieser Bemerkung eine anfängliche Animosität oder jedenfalls Distanziertheit zwischen Albrecht Schönherr und Klapproth erschließen lassen?

[83] So etwa, als er von 22.–26.2.1939 eine Besuchsreise durch die Uckermark unternahm; vgl. Erich Klapproth an Eltern Klapproth, 25.2.1939 (EZA 50/309/98).

[84] S. o. Abschnitt IV.1.a.

fen rücklings vom Stuhl auf die Erde“ gefallen und hatte dort, von Krämpfen geschüttelt, das Bewusstsein verloren.[85] Der Vater rief, zutiefst erschrocken, sogleich die Mutter herbei, man musste, um eintreffende Kunden fernzuhalten, das Ladengeschäft einstweilen schließen, nach der Zuführung von Medikamenten kam Heinz dann alsbald wieder zu sich. Von dieser akuten Not ging der Vater auf die Schilderung einer strukturellen Bekümmernis über: Die finanziellen Umstände der Familie stellten sich als durchaus bedrohlich dar, der Los-Umsatz, klagte er, müsse mit allen Mitteln gesteigert werden, um weiterhin das Gehalt der für Heinz angestellten Betreuerin aufbringen zu können, und die ungelöste Frage, wie sich das Lotteriegeschäft während seiner am 7. August im thüringischen Bad Liebenstein beginnenden Kur unbeschränkt fortsetzen ließe, treibe ihn pausenlos um. „Ich bitte Gott täglich“, bekannte er im Blick auf die eigene Arbeitskraft offen, „daß er mir noch weiterhin Gesundheit und Kraft dazu geben möge, denn ohne ihn können wir nichts tun“.[86]

Im zweiten, kürzeren Teil des Briefes kam der Vater auf die Broschüre *Wo stehen wir heute?* zu sprechen, die Klapproth den Eltern „zur Einsichtnahme“ hatte zukommen lassen. Die Schrift stammte aus der Feder des in Noßdorf (Lausitz) tätigen Pfarrers und Mitbegründers des Pfarrernotbundes Günter Jacob (1906–1993). Sie fand rasche, weite Verbreitung und trug ihrem Verfasser ein gerichtlich verordnetes öffentliches Redeverbot ein. Max Klapproth zeigte sich sichtlich berührt: „Ich gebe zu, daß es den Anschein hat, als wenn in den NS-Formationen darauf hingearbeitet wird, die christliche Weltanschauung zu beseitigen“.[87] Dies habe ihm auch ein örtlicher

---

[85] Max Klapproth an Erich Klapproth, 20.7.1938 (EZA 50/253/87–91).

[86] Ebd. – Diese deutliche Anspielung auf Joh 15,5b sowie etliche weitere in den Brief eingestreute biblische Reminiszenzen sind für die religiöse Prägung des Vaters Max Klapproth symptomatisch.

[87] Ebd.

NSDAP-Funktionär, den er darauf ansprach, sogleich mit der Begründung bestätigt, durch Religion werde Angst vor einem strafenden Gott erzeugt, „so daß die armen Menschen ihres Lebens nicht froh werden könnten".[88] Dieser Auskunft setzte Vater Klapproth nun aber das johanneische Wort entgegen „Gott ist die Liebe, und wer in der Liebe bleibt, der bleibt in Gott und Gott in ihm" (1Joh 4,16). Davon durchdrungen, fuhr er fort, wolle er die Hoffnung nicht aufgeben, es komme in diesem Sinne „doch mal eine Einigung zwischen Deutschen Christen und Bekennender Kirche im Interesse des ganzen Volkes zustande, denn um dieses geht es in erster Linie".[89]

Kurz nach Erhalt dieses bemerkenswerten Schreibens und noch bevor der Vater seine Kur antrat, kehrte Klapproth aus Komptendorf nach Berlin zurück und dürfte dort das mit diesem Brief angestoßene Gespräch in direktem, persönlichem Austausch fortgeführt haben. Die Frage, wie sich die Mutter in diesem Disput positioniert haben mochte, drängt sich, zumal auf dem Hintergrund der heftigen religiösen Auseinandersetzungen, die sie zuvor mit ihrem Sohn geführt hatte,[90] unmittelbar auf, entbehrt aber, wie man quellenkundig zu konstatieren hat, jeder Möglichkeit der Beantwortung.

b) Staatsbürger

Während seines Sonderpastorats kam Klapproth auf unterschiedliche Weise mit dem Staatsapparat in Berührung. So ließ ihm der in der Leitstelle der Geheimen Staatspolizei tätige Kriminaloberassessor Kurt Geißler im Herbst 1938 einen handschriftlich ausgestellten Zettel mit der höflichen Bitte zuleiten, er möge sich am 14. Oktober um 8 Uhr zur Vernehmung im

[88] Ebd.
[89] Ebd.
[90] S. o. Abschnitt III.2.a.

Berliner Polizeipräsidium einfinden.[91] Als Klapproth erst am Abend des 15. Oktober von einer mehrtägigen Dienstreise zurückkehrte, erklärte er umgehend den Grund seines Nichterscheinens.[92] Daraufhin wurde die Vorladung für den 20. Oktober erneuert,[93] kam wegen abermaliger Unpässlichkeit dann aber erst drei Tage später zustande.[94] Das Gespräch drehte sich um die von Klapproth weiterhin versehene kirchliche Jugendarbeit und scheint harmlos verlaufen zu sein. Eine Woche später übersandte er an Geißler drei Broschüren, um ihm „einige Zeugnisse des Kampfes um Sauberkeit, wie er von meinen Freunden und Kameraden geführt [wird], vor Augen zu stellen"; bei einem späteren „Besuch", fügte er leicht sarkastisch hinzu, werde er wohl die Gelegenheit haben, die Druckschriften wieder „zurückzuerbitten".[95] Spätestens am 2. Mai 1939, als er wegen einer „unbeträchtliche[n] Angelegenheit" abermals bei der Geheimen Staatspolizei vorsprechen musste,[96] mag es zur Rückgabe der Druckschriften gekommen sein. Das Widerfahrnis etlicher Haussuchungen, bei denen Predigten Niemöllers sowie einige kirchliche Schriften und dienstliche Papiere beschlagnahmt wurden,[97] teilte Klapproth mit fast allen bekenntniskirchlichen Pfarrern der damaligen Zeit.

Zwei weitere, in ihrer Art jeweils bedeutsame Vorgänge kamen hinzu. In der Pogromnacht vom 9. November 1938 und an

---

[91] Vgl. Kurt Geißler an Erich Klapproth, vor 14.10.1938 (EZA 50/232/210).

[92] Vgl. Erich Klapproth an die Staatspolizeileitstelle Berlin z. Hd. Herrn Geißler, 16.10.1938 (EZA 50/232/211).

[93] Vgl. Geheime Staatspolizei, Staatspolizeileitstelle Berlin, Vorladung Erich Klapproth, 18.10.1938 (EZA 50/232/212).

[94] Vgl. Erich Klapproth an Kurt Geißler, 31.10.1938 (EZA 50/232/213).

[95] Ebd.

[96] Vgl. Erich Klapproth an das Polizeiamt Berlin-Schöneberg, 11.5.1939 (EZA 50/232/216).

[97] Vgl. handschriftliche Notiz von Unbekannt, 2.3.1939 (EZA 50/232/214).

den Tagen danach hatten die Staatsorgane in Berlin sowie im gesamten Reichsgebiet schwerste Gewaltmaßnahmen gegen die Juden im Lande verübt. Klapproth war darüber zutiefst empört und sah sich als ein Christ, „der für sein Vaterland und seine Obrigkeit alle Tage Gott anruft",[98] zur Stellungnahme gedrängt. Deshalb formulierte er am 4. Dezember einen an Adolf Hitler, Hermann Göring und Joseph Goebbels sowie an den Reichsinnenminister Wilhelm Frick und den Reichsjustizminister Franz Gürtner adressierten klaren Protestbrief. Die Verbindung von christlichem Bekennermut und antijüdischem Ressentiment, die darin zum Ausdruck kam, mag irritieren, verdient aber als ein authentisches persönliches und zeitgeschichtliches Dokument nüchterne Wahrnehmung. Klapproth betonte zunächst, es liege ihm fern, „die Schuld geringzuschätzen, die zahlreiche Glieder des jüdischen Volkes [...] unserm Vaterland gegenüber auf sich geladen haben". Auch spreche er „einem geordneten, maßvollen Verfahren gegen die jüdische Rasse" das Recht keinesfalls ab.[99] Allerdings lehne er die seit dem 9. November vorgefallenen Geschehnisse „als eine Befleckung des guten deutschen Namens mit tiefster Beschämung ab".[100] Es bestehe, so Klapproth weiter, daran kein Zweifel, dass der Zorn Gottes, der einst Israel traf, weil es Christus verworfen hatte, nun auch gegen „unser deutsches Volk und Vaterland" heraufbeschworen worden sei, da doch die jüngsten, aus bösem Geist geborenen Exzesse ihrerseits eine aktive Verleugnung Christi darstellten. Unterzeichnet war der Brief nicht mit der obligatorischen Grußformel „Heil Hitler", sondern, gut lutherisch relativiert, „in der Ehrerbietung, die der Obrigkeit gebührt!"[101] Ob dieses Schreiben einen bloßen Entwurf dar-

[98] Erich Klapproth an Adolf Hitler, Hermann Göring, Wilhelm Frick, Franz Gürtner und Joseph Goebbels, 4.12.1938 (EZA 50/232/193).
[99] Ebd.
[100] Ebd.
[101] Ebd.

stellte oder von Klapproth tatsächlich an die Adressaten gesandt wurde, lässt sich aus dem verfügbaren Aktenbestand nicht erheben. Sollte Klapproth die Verwegenheit aufgebracht haben, den mit vollständiger Absendernennung versehenen Brief in den Postlauf zu geben, so blieb sie allem Anschein nach ungestraft.

Der andere Vorgang betraf die Hochzeit Gerhard Ebelings. In seinem zweiten Zürcher Studiensemester hatte er die Violinistin Kometa Richner kennengelernt und sich am 16. Juli 1933, unmittelbar vor seiner Rückkehr nach Deutschland, mit ihr verlobt. Während seines 1937/38 in Zürich verbrachten Promotionsaufenthalts konnte er in einer Dachkammer des Hauses Richner wohnen. Aufgrund widriger Umstände musste die ursprünglich für 1937 geplante Hochzeit immer wieder verschoben werden. Schließlich, nachdem Ebeling in Berlin-Hermsdorf und -Frohnau eine bekenntniskirchliche Pfarrstelle angetreten hatte, wurde das am Wohnort der Braut in Zürich geplante Fest auf den 23. Mai 1939 anberaumt.[102] Kometa Richner war schon früh in Ebelings Freundschaft mit Klapproth einbezogen worden. So ergab sich der Wunsch der Brautleute, ihre Trauung möge von Klapproth vollzogen werden, in natürlicher Selbstverständlichkeit.

Dieser leitete, als der Termin näher rückte, die notwendigen Schritte ein. Am 19. April 1939 beantragte er beim zuständigen Wehrbezirkskommando die Genehmigung, sich einen Auslandspass beschaffen zu dürfen.[103] Das Gesuch wurde zügig bearbeitet und bewilligt, am 28. April konnte Klapproth das gewünschte Dokument in Empfang nehmen. Bereits am Folgetag begann dann aber die Fatalität. Der Vorsteher des 177. Polizeireviers in Berlin-Schöneberg forderte den Ausweis, dessen Registriernummer man abzugleichen versäumt habe, wieder zurück. Seitdem wurde die Angelegenheit auf dubiose Weise

[102] Vgl. A. Beutel, Gerhard Ebeling. Eine Biographie, 2012, 66.

[103] Vgl. Erich Klapproth an das Wehrbezirkskommando Berlin-Schöneberg, 19.4.1939 (EZA 50/232/219).

verschleppt. Als sich Klapproth, täglich unruhiger werdend, nach dem Stand der Dinge erkundigte, verwies man ihn an das Fremdenamt im Polizeipräsidium. Dort war oder schien der Vorgang jedoch nicht bekannt. Auch in der Leitstelle der Berliner Staatspolizei fand er weder Hilfe noch Auskunft. Schließlich teilte ihm das zuständige Polizeiamt am 11. Mai, also zwölf Tage vor dem Ebelingschen Hochzeitstermin, lakonisch mit, es könne ihm ein Auslandspass „vorläufig nicht ausgestellt werden".[104] Klapproth reagierte darauf mit einem spontanen Protestbrief an die Behörde: „Es geht mir", schrieb er, „als deutschem Reichsbürger, zumal ich Sohn eines alten Offiziers und evangelischer Geistlicher bin, in einer schwer erträglichen Weise an die Ehre, auf solche Weise von den Rechten, die jedem deutschen Volksgenossen gewährt werden, ausgeschlossen zu sein".[105] Für den Fall, dass die ihm auferlegte Passsperre in einer „Beargwöhnung des geistlichen Standes überhaupt" gründe, fügte er die Erklärung hinzu, er sei „jederzeit bereit, ehrenwörtlich zu versichern, dass sich mein Aufenthalt in Zürich auf die Erledigung lediglich der Trauhandlung beschränken wird".[106] Damit verband er die spitze Bemerkung, er würde es bedauern, seinem Zürcher Freundeskreis „*diesen* Grund meines Fernbleibens mitteilen zu müssen".[107] Über die Einsicht, dass dieser Wink seinem Anliegen kaum förderlich sein würde, setzte sich Klapproth in gerechter Empörung[108] hinweg. Die Zürcher Trauung wurde dann von Werner Jetter, den die Brautleute in einem dortigen Singkreis kennengelernt hatten, vollzogen, und Klapproth blieb mit einer neuen bitteren Erfahrung,

---

[104] Erich Klapproth an das Polizeiamt Berlin-Schöneberg, Pass-Stelle, 11.5.1939 (EZA 50/232/216).

[105] Ebd.

[106] Ebd.

[107] Ebd.

[108] Die Empörung hielt ihn nicht davon ab, am selben Tag eine Geldbörse mit 10,46 Reichsmark, die er auf der Straße gefunden hatte, im amtlichen Fundbüro abzugeben (vgl. Polizeifundbüro Berlin-Friedenau, Fundanzeige Nr. 94307 [EZA 50/232/217]).

die er mit der Rechtswillkür des nationalsozialistischen Staatsapparates gemacht hatte, in Deutschland zurück.

3. Dichtung

a) Laienspiele

Während der 1930er Jahre stand die Gattung der christlichen Laienspiele in voller Blüte. Sie wurden dutzendfach produziert, manchmal auch in Verlagsreihen gedruckt, bearbeiteten biblische Geschichten oder kirchenhistorische Stoffe in freier szenischer Paraphrase und bewährten sich als ein Kernelement evangelischer Jugendarbeit. Aufgeführt wurden sie in Gemeindehäusern vor zumeist kirchlichem Publikum, einzelne Jugendgruppen zogen damit sogar tourneeartig über das Land.[109] In diesem Zusammenhang erlebte auch das von Erich Klapproth verfasste Stück *Der Ruf. Ein Spiel von der Bereitschaft*, das im Februar 1936 erstmals publiziert worden war,[110] namhafte Erfolge. Mehrfach kamen dem Verfasser aus den zumeist norddeutschen Aufführungsorten dankbare Grüße, die von begeisternden Darbietungen zu berichten wussten, ins Haus.[111] Unterzeichnet waren sie von den Leitern der jugendlichen Truppen, einmal sogar von allen Spielern, die hinter ihrem Namen die im Stück wahrgenommene Rolle notierten.[112]

---

[109] Vgl. H.-Ch. Brandenburg, Berliner Jungenwacht-Kreise im Dritten Reich (Jungenwacht 34/4, 1991, 3–15).

[110] S.o. Abschnitt II.3.

[111] „Wieviele Male haben wir nun schon geprobt und gespielt? Wir vermögen es kaum zu zählen! Ein anderes Spiel würde wohl nur noch Fassade sein, der Körper würde noch mitspielen, aber die Persönlichkeit nicht mehr dahinter stehen. Hier ist es anders. Mit jedem Male trifft uns das Spiel wieder mitten ins Herz, hat jedesmal etwas Neues zu sagen. […] Unsere Jungen haben mit ganzem Herzen gespielt“ (Erwin Meißner an Erich Klapproth, 26.9.1937 [EZA 50/309/75]).

[112] Vgl. etwa Hans Burlesch an Erich Klapproth, 12.6.1936 (EZA

Der in Berlin-Tempelhof praktizierende Zahnarzt Karl Strache, der 1933 die Gesamtleitung der städtischen Schülerbibelkreise übernommen hatte,[113] berichtete am 3. Mai 1936 emphatisch: „Mein eigener Kreis in der Wilhelmstrasse hat Dein Spiel in zwei Dörfern im Fläming zu Ostern aufgeführt, [...] und ich kann nur sagen, ich hatte den Eindruck: Gott war da, und das sagt ja wohl alles".[114] Verhaltener reagierte der als bekenntniskirchlicher Hilfsprediger in Fehrbellin tätige Bonhoeffer-Schüler Alexander von der Marwitz, den Klapproth nach einer Aufführung des Stückes *Der Ruf* darum ersucht hatte, sich über seine unverbindliche Bemerkung „es war fein" hinausgehend differenziert und kritisch zu äußern. So lobte von der Marwitz nun zwar das dichterische Geschick des Verfassers und die Spielkunst der Laiendarsteller, bemängelte aber zugleich den unzureichenden inneren Zusammenhang des Stückes, ferner den zu schnellen Handlungsablauf, der eine existentielle Rezeptionsleistung erschwere oder sogar verhindere, und schließlich die Abständigkeit des auf der Bühne Dargestellten von „der augenblicklichen kirchlichen Situation".[115] Trotz dieses Tadels, der vielleicht auch, wie von der Marwitz selbstkritisch einräumte, von dessen eigener Zerstreutheit und chronischer Übermüdung beeinflusst sein mochte,[116] nahm die Beliebtheit des Spieles *Der Ruf* keinen Schaden, sondern gewann zusehends an Popularität. Auch die von der Berliner Bekennenden Kirche während der Olympischen Spiele im Sommer 1936 organisierte, mit prominenten Rednern besetzte Vor-

50/231/52); Unbekannt an Erich Klapproth, 29.7.1937 (EZA 50/247/80).

[113] Vgl. H.-R. Sandvoss, „Es wird gebeten, die Gottesdienste zu überwachen". Religionsgemeinschaften in Berlin zwischen Anpassung, Selbstbehauptung und Widerstand von 1933 bis 1945, 2014, 279–281.

[114] Karl Strache an Erich Klapproth, 3.5.1936 (EZA 50/231/138).

[115] Alexander von der Marwitz an Erich Klapproth, 16.10.1935 (EZA 50/231/110f).

[116] Vgl. ebd.

tragsreihe schloss mit einer Aufführung dieses Spiels, das der an der Berlin-Schöneberger Zwölf-Apostel-Kirche wirkende Pfarrer Adolf Kurtz mit seiner Gemeindejugend einstudiert hatte.[117] Der Jungenwacht-Verlag gab das Spiel *Der Ruf* 1938 als erstes Heft der neu begründeten Reihe „Biblische Laienspiele" abermals auf den Markt.[118] Bereits ein Jahr später rückte es in die Reihe „Christliche Gemeindespiele" des wesentlich größeren, in München ansässigen Christian-Kaiser-Verlags ein[119] und hat es dort, mit leicht geändertem Untertitel, bis 1965 zu etlichen weiteren Auflagen gebracht.[120]

Der Kontakt mit dem Kaiser-Verlag war bereits 1936 zustande gekommen, als Klapproth nicht ohne Hintergedanken den Erstdruck seines Stückes *Der Ruf* dorthin übersandt hatte. Umgehend dankte ihm der Firmeninhaber persönlich und zeigte sich an der Zusendung weiterer Laienspiele höchst interessiert.[121] Zwei Jahre später kam Klapproth auf diese Offerte zurück, indem er das Manuskript *Der Gott Jakobs. Eine Verkündigung* an Kaiser zustellte und zum Abdruck erbot. Der Verlagschef signalisierte freundliche Bereitschaft, regte aber zwei einschneidende Korrekturen an. Zum einen erschien ihm die den einzelnen Darstellern zugemutete Textmasse dringend kürzungsbedürftig, zum anderen fürchtete er, der Obertitel könnte „Anstoss erregen und es wäre dann leicht möglich, dass dieses Spiel lediglich des Titels wegen beschlagnahmt würde". Wenn man es hingegen mit „Ich lasse Dich nicht" überschriebe,

---

[117] Vgl. A. Meier, Hermann Ehlers. Leben in Kirche und Politik, 1991, 25.

[118] E. Klapproth, Der Ruf. Ein Spiel von der Bereitschaft (Biblische Laienspiele 1), 24 S., 1938.

[119] E. Klapproth, Der Ruf. Ein Spiel von der Bereitschaft (Christliche Gemeindespiele 3), 24 S., 1939.

[120] Z.B. E. Klapproth, Der Ruf. Ein Spiel von der Bereitschaft (Christliche Gemeindespiele 3), 28 S., 1948; Ders., Der Ruf. Ein Evangelienspiel von der Bereitschaft (Spiele der Zeit 3), [6]1954, [7]1965.

[121] Vgl. Christian Kaiser an Erich Klapproth, 9.3.1936 (EZA 50/231/6).

so würden sich, meinte er, „alle etwaigen Schwierigkeiten äusserer Art beseitigen" lassen.[122] Hinsichtlich der Titelfrage deutete Klapproth daraufhin die vage Möglichkeit einer Verständigung an. Zwar würde er sich von der Überschrift, die er gewählt hatte, nur schweren Herzens trennen können, da sie doch „implizit das ganze Evangelium" enthalte, und die vom Verleger angeratene Ersatzformulierung behage ihm nicht. Als Kompromiss brachte er immerhin die Wendung „Der Gott unserer Väter" ins Spiel. Sie weise, erläuterte er, den Vorzug der Doppeldeutigkeit auf, weil sie von Christen in heilsgeschichtlichem, seitens der „Unkundigen" aber in biologischem Sinne zu deuten sei. Allerdings sehe er sich, was den Textbestand anbelangt, zu den gewünschten Kürzungen schlechterdings außerstande.[123] Klapproth legte dem Schreiben ein Korrigenda-Blatt bei[124] und verblieb, wie es auch Kaiser getan hatte, „mit deutschem Gruss". Der Verlag reagierte schnell und entgegenkommend, zeigte sich mit dem Titel „Der Gott unserer Väter" umstandslos einverstanden, zog die Bitte um Kürzung zurück und bat um alsbaldige Druckerlaubnis.[125] Erstaunlicherweise kam dann aber nach sechs Tagen ein ganz anderer Brief des Verlags hinterher. Die ursprünglichen Bedenken, hieß es nun, hätten sich über Nacht wieder stark gemacht, aufgrund der nicht gekürzten Textfülle sei zudem zu fürchten, es werde „gerade der tiefe Sinn dieses Spiels profaniert, wenn es schlecht zur Darstellung kommt", weshalb man nun von einer Drucklegung definitiv absehe und das eingereichte Manuskript retourniere.[126] Dabei blieb es, Alternativen gab es oder fanden sich nicht, das Spiel

[122] Christian Kaiser an Erich Klapproth, 1.9.1938 (EZA 50/231/7).

[123] Erich Klapproth an den Christian-Kaiser-Verlag, 14.9.1938 (EZA 50/231/8).

[124] Erich Klapproth, Berichtigungen zu dem Laienspiel „Der Gott Jakobs", 15.9.1938 (EZA 50/231/9).

[125] Christian-Kaiser-Verlag an Erich Klapproth, 17.9.1938 (EZA 50/231/10).

[126] Christian-Kaiser-Verlag an Erich Klapproth, 23.9.1938 (EZA 50/231/11).

Der Gott Jakobs. Eine Verkündigung ist niemals veröffentlicht worden.[127]

Die Absicht, die biblische Jakobsgeschichte (Gen 25–35) in eine szenische Darstellung zu überführen, hatte Klapproth schon länger verfolgt. Kurioserweise war es dann aber ausgerechnet die Einzelzelle des Gefängnisses zu Berlin-Altmoabit, die ihm im Herbst 1937[128] die zu der Ausarbeitung nötige Abgeschiedenheit und Stille gewährte. Die Vorbemerkung des dort maschinenschriftlich erstellten Typoskripts *Der Gott Jakobs* ist auf den 3. Oktober 1937 datiert.[129] Zweck der Darstellung, hielt Klapproth einleitend fest, sei nicht ein Schauspiel, sondern eine „Verkündigung", die es den Menschen leicht machen solle, in der Gestalt des biblischen Jakob sich selbst zu entdecken und „die Botschaft von dem Gott Jakobs als das Evangelium" zu vernehmen.[130] So weist der Text auch fast gar keine Dialoge auf, weil die Sprechrichtung der einzelnen Figuren nicht auf die Bühnenpartner, sondern auf die Gemeinde zielt. Neben sieben Einzelgestalten lässt Klapproth einen Vorleser und „die Stimme Gottes" auftreten sowie einen geteilten, die Kinder Israels und die Völker der Welt darstellenden Chor. Das Stück ist mit klaren Regieanweisungen durchsetzt. Wenn es idealerweise in einer Kirche zur Aufführung kommt, ist der „Stimme Gottes" die dem als Aufführungsort vorgesehenen Altarraum gegenüberliegende Empore zugewiesen, wo „ein gehaltener zarter Orgelakkord" den „voll Kraft ohne Kommandoton und zugleich mit Wärme ohne Sentimentalität"[131] rezitierten Text un-

---

[127] Nach Kriegsende hatte der mit Klapproth befreundete Pfarrer Rudolf Weckerling vergeblich versucht, dieses Spiel im Kaiser-Verlag oder anderswo publizieren zu lassen (vgl. Rudolf Weckerling an Hermann Ehlers, 4.2.1952 [EZA 666/217]).

[128] S.o. Abschnitt III.2.b.

[129] E. KLAPPROTH, Der Gott Jakobs. Eine Verkündigung, 22 S., masch. (mit handschriftlichen Ergänzungen und Berichtigungen), 3.10.1937 (EZA 50/314/13–38).

[130] AaO 1.

[131] AaO 10.

termalen möge. Die Wortbeiträge aller Gestalten sind von Klapproth in metrisch einwandfreie, durch Paar- oder Kreuzreim verbundene, manchmal die Grenze zu absichtsvoller Komik erreichende Verse gefasst. Der Ein- und Auszug der Spieltruppe sollte möglichst über den Mittelgang des Kirchenschiffs führen; der Vorleser war dabei, die „mit schöner Haltung einhergetragene Bibel“ in Händen, jeweils als Schlussmann des Zuges gedacht.[132]

Die Uraufführung fand am Samstag, dem 19. März 1938, zu Berlin-Lichterfelde im dortigen Paulusgemeindehaus statt.[133] Zahlreiche Menschen waren bei freiem Eintritt herbeigeströmt und erlebten einen beeindruckenden Abend, der Klapproth mit tief beglückender Freude erfüllte.[134] Eine von der örtlichen Hitler-Jugend geplante Störaktion konnte durch behutsame, kluge Deeskalationsmaßnahmen vermieden werden.[135] Danach kam es, vornehmlich in Berlin, zu etlichen weiteren Aufführungen. Aus dem Bezirk Lichtenberg, wo *Der Gott Jakobs* im November gespielt wurde, erhielt Klapproth ein warmherziges Dankesschreiben:

Es hat mich alles sehr bewegt, und man muß das schwere Thema wohl so behandeln, wie Sie es getan haben. Zwar wird's der Zeit schwer eingehen, aber gerade das, was die Zeit nicht liebt, aber bitter nötig hat, ist des Schweißes wert. Ich wünschte von Herzen, daß Sie die Fähigkeit des innig schlichten Redens, die das Spiel so urtümlich und echt macht, noch an manches Thema wenden werden.[136]

Der damit ausgesprochene Wunsch scheint in Erfüllung gegangen zu sein. Jedenfalls findet sich in Klapproths Nachlass noch ein weiteres, undatiertes, wahrscheinlich in der zweiten Jahres-

[132] AaO 22; vgl. aaO 3.

[133] Einladung zur Abendfeier am 19.3.1938 (EZA 50/253/68).

[134] Vgl. Erich Klapproth an die Mitglieder seiner früheren Jugendgruppen, 7.5.1938 (EZA 50/253/74).

[135] Vgl. Brandenburg, Berliner Jungenwacht-Kreise (s. Anm. 109), 7.

[136] Herr Stehmann [?] an Erich Klapproth, 21.11.1938 (EZA 50/314/51).

hälfte 1939 entstandenes Typoskript mit dem Titel *Die verschlossenen Ohren. Ein Spiel vom Hören.*[137] Ob es jemals zur Darstellung kam, bleibt aber ungewiss.

b) Jugendprosa

Den Fortgang der evangelischen Jugendzeitschrift *Jungenwacht*[138] begleitete Klapproth mit stetem Interesse. Mit den wenigen Arbeiten, die er jetzt noch beisteuern konnte, versuchte er, die Kritik zu beherzigen, die in seinem Umfeld bisweilen laut wurde. So hatte der um zwei Jahre ältere Alexander von der Marwitz zwar die Qualität der meisten Beiträge gelobt, das Niveau des Journals aber insgesamt als bürgerlich, großstädtisch und „zu gymnasial" empfunden. Dass er das Blatt „einem ausgesprochenen Proletarierjungen" nicht in die Hand geben könne, illustrierte er an einer kürzlich publizierten Geschichte von der Badewanne: „Wie wirkt sie auf einen, der sein Leben lang keine Badewanne zu sehen bekommt?"[139]

Die 1933 eröffnete *Jungenwacht*, die ihre Auflagenhöhe von anfangs 4.500 auf zuletzt 13.000 Exemplare hatte steigern können,[140] musste im Juli 1938 aufgrund staatspolizeilicher Anordnung ihr Erscheinen einstellen. Der letzte Artikel, den Klapproth an seinem Geburtstag geschrieben hatte,[141] blieb darum unveröffentlicht. Manchmal kam es in anderen Zeitschriften noch zu einem Wiederabdruck einzelner von ihm verfasster Kurzgeschichten.[142]

---

137 E. Klapproth, Die verschlossenen Ohren. Ein Spiel vom Hören, in 3 Bildern, 11 S., masch., o.D. (EZA 50/314/84–94).

138 S.o. Abschnitt II.3.

139 Alexander von der Marwitz an Erich Klapproth, 16.10.1936 (EZA 50/231/110f).

140 Vgl. G. Plesch / K. Geuder, Dein Wort ist die Wahrheit. Aus der Geschichte der Schülerbibelkreise in München, 1977, 150.

141 E. Klapproth, „Ich habe dich bei deinem Namen gerufen, du bist mein!", 1 S., masch., 31.10.1938 (EZA 50/312/67).

142 Vgl. etwa E. Klapproth, Das trojanische Pferd / „Ich kann

Nachdem der angestammte Ort seiner Jugendprosa verloren war, schmiedete Klapproth diesbezüglich ein neues Projekt. Daraus entstand eine Serie von Kurzgeschichten für heranwachsende Jungen, die allesamt von seinem Motorrad, das er liebevoll und beziehungsreich[143] *Der Esel Bileams* nannte, den Ausgang nahmen. Diese Bezeichnung stand dann auch der im Sommer 1939 abgeschlossenen Sammlung, die zunächst nur in maschinenschriftlichen Durchschlägen umlief[144] und erst 1941 im Druck erschien,[145] als Überschrift vor. Was mit dem Titel gemeint war, fand sich im Vorwort erläutert:

> Kennt ihr die wundersame Geschichte von dem Propheten Bileam und seinem Reittier, das zu ihm redete? Die folgenden Seiten wollen dankbar und fröhlich davon erzählen, wie auch ein modernes Reittier, nämlich ein DKW 200ccm Motorrad, seinem Reiter einige geistliche Wahrheiten zu Gehör gebracht hat. Der Reiter hält sich dabei nicht gerade für einen Propheten. Wenn sich aber der Leser an dem kühnen Vergleich stoßen sollte, dann mag er denken, daß in jener alten Begebenheit doch wohl der Esel der wahre Prophet, der Prophet aber eher der Esel zu nennen ist.[146]

Zwischen dem Fußgänger und dem Autoreisenden erkannte Klapproth in der Situation des Motorradfahrers das bessere Abbild christlicher Existenz. Lerne dieser bei dem erforderlichen Energieeinsatz, der steten Gefährdung seiner Person und den vielfältigen Unbilden des Wetters, denen er ausgesetzt ist, doch wohl am besten, „was es heißt, gefährlich und wagend zu leben", und wie unentbehrlich es deshalb ist, „sich dabei allemal

---

nicht glauben!" (Das Christliche Haus 60, 1938/7, 134f); Ders., Gespräch im Rucksack eines deutschen Jungen (Der Rufer 16, 1938/2); zu Letzterem vgl. Hermann Werner an Erich Klapproth, 16.2.1938 (EZA 50/380/64).

[143] Vgl. Num 22–24.

[144] E. Klapproth, Der Esel Bileams, 15 S., masch., [1939] (EZA 50/312/70–78).

[145] E. Klapproth, Der Esel Bileams, [1941] (s. Anm. 23).

[146] AaO 5.

in Gottes Hände zu befehlen".[147] Die dann folgenden 13 Geschichten erzählen jeweils von einem Eindruck, einer Überlegung oder einem plötzlichen Widerfahrnis aus Klapproths Dienstfahrten mit dem Motorrad, die danach, mehr oder minder geschmeidig, gleichnishaft auf Grundfragen des christlichen Glaubens angewandt und religionspädagogisch konkretisiert werden. Als repräsentative Beispiele stehen dafür etwa die Teile *Das Licht geht aus!*,[148] *Die großen Straßen*[149] oder auch das folgende Stück:

Der Tank ist leer!
Mit dem Augenblick, wo einer zum Kraftfahrer wird, treten ganz neue Erscheinungen in den Horizont seines Lebens. Was hatten mich die vielfachen bunten Baracken am Straßenrand bisher schon interessiert! Jetzt aber weiß ich, daß es Tankstellen sind, und ich habe im Vorbeifliegen zu jeder Tankstelle ein freundschaftliches Verhältnis, wenn wir auch nicht in nähere Beziehung miteinander treten. Es ist so beruhigend, daß sie da sind – wir werfen uns einen Blick zu und verstehen uns ohne weitere Worte.

Neulich ging mir mitten auf der Landstraße der Stoff aus. Es war ein Sonntagvormittag, und ich hatte einen Pfarrer in der Nähe Berlins zu besuchen. Kurz bevor ich in sein Dorf gelangte, passierte ich eine Tankstelle. „Tanke!" rief eine innere Stimme. Aber ich hatte es so eilig und war zu faul, nach dem Stand des Vorrats zu sehen. Es wird schon noch reichen! dachte ich mir. Es reichte auch bis in jenes Dorf und dann einige hundert Meter hinaus. Dann gurgelte der Schlund der Maschine, röchelte kurz – und es war aus. Ich mußte das Rad 5 Kilometer auf der sonnigen Asphaltstraße spazierenführen, ehe ich an die nächste Tankstelle kam. Und das eine Stunde vor dem Sonntagmittagessen!

Ja, so ist es. Die ganze Maschine nützt dir nichts, wenn du nicht die Kraft hast, sie voranzutreiben. Und da gilt es, einmal für lange Zeit Vorrat einzukaufen. Wer weiß, ob nicht sonst der Mangel zu einer Zeit eintritt, wo keine Hilfe beschafft werden kann! Darum muß man beizeiten nachfüllen – der kluge Mann baut vor.

---

[147] AaO 6.

[148] AaO 12.

[149] AaO 22f. – Allein bei diesem Stück ist die Überschrift geändert worden. Sie lautete in der Typoskriptfassung (s. Anm. 144) noch „Die Straßen des Führers".

Ich mußte daran denken, daß dies ein gutes Bild dafür abgibt, wie wir uns mit dem Wort und Geist Gottes erfüllen lassen müssen. Mit der eigenen Kraft kriegen wir das stolze Lebensschiff gar nicht recht in Fahrt, das uns der Herr anvertraut hat. Wir müssen uns vielmehr die Kraft dazu schenken lassen, wenn wir so vorankommen wollen, wie es sich für uns gehört. Es kann einer ein fixer und tadelloser Mensch sein – aber wenn er nur „imstande ist", Erhebliches zu leisten und es nicht wirklich zuwege bringt, dann wirkt er so niederdrückend wie das Spazierenschieben eines Motorrades oder eines Autos. Dies ist also die Lehre: fleißig das Wort Gottes in sich aufnehmen auf die Zeit, da uns Hilfe not sein wird. Sonst brauchen wir eines Tages Kraftstoff, wo es keinen gibt, und müssen uns erst lange müde laufen. Denn auch die göttliche Kraft kommt nicht aus der Luft, sondern wird uns durch einen anderen, einen Bruder, zugereicht. Wie sehnsüchtig kann man nach einem solchen Helfer aussehen und achtet ihn fast als einen Engel, wenn er uns endlich zu Gesichte kommt. Das sind die Stationen, an denen der Christ auffüllt: das gepredigte Wort und das ausgeteilte Sakrament. Wer anfängt, ein Christenleben zu führen, wird plötzlich jede solche Station mit großer und bisher ungekannter Liebe betrachten. Bisher waren sie ihm gleichgültig. Aber nun weiß er, daß er ohne die Kraft, die auf diesen Stationen ausgegeben wird, mitten auf dem Wege steckenbleibt.[150]

Es scheint, als habe Klapproth dabei einen Ton getroffen, der die Jungen seiner Zeit unmittelbar anzusprechen und zu berühren vermochte. Das vervielfältigte Typoskript fand weite Verbreitung und ging oftmals von Hand zu Hand.[151] Die im dritten Kriegsjahr im Verlag Brockhaus mit neu hinzugekommenem Untertitel gedruckte Heftausgabe hatte Eberhard Tacke mit schlichten, hübschen Zeichnungen versehen und Hermann Ehlers mit einem empfehlenden Nachwort bedacht.[152] Das Honorar, das Klapproth dafür erhielt und das er seine Mutter von der Westfront aus auf einem neu einzurichtenden

[150] AaO 9–11.

[151] Vgl. Ada Jacobson an Erich Klapproth, 10.12.1939 (EZA 50/253/151).

[152] H. Ehlers, Ein Wort zum Schluß (in: Klapproth, Der Esel Bileams, [1941] [s. Anm. 23], 31f).

Sparbuch zu deponieren bat, war mit 150 Reichsmark verhältnismäßig üppig ausgefallen.[153]

c) Lyrik

Klapproth war mit einer starken epischen, erzählerischen und lyrischen Begabung gesegnet. Während seine Laienspiele eher populären, seine Jugendprosa klar pädagogischen Charakter trugen, brachten die ernsten lyrischen Etüden, die er während seines Sonderpastorats ausfertigte, immer wieder stupende Meisterwerke der religiösen Dichtung hervor. Nun war die Produktion guter geistlicher Lyrik in seinem Freundeskreis durchaus verbreitet, wofür Hans Bärend[154] und Gerhard Ebeling[155] nur zwei von etlichen Beispielen sind. Gleichwohl wird man den Gedichten, die Klapproth, oft nur mit Bleistift auf kleinen Notizzetteln, zu Papier brachte, eine besondere qualitative Höhenlage zubilligen können.

An Heiligabend 1938 verknüpfte er das weihnachtliche Engelsmotiv mit den niederdrückenden Erfahrungen derer, die um ihres Glaubens willen inhaftiert worden waren, zu einem Gedicht, dessen vier Strophen jeweils im Parallelismus von zwei dreiteiligen Verseinheiten mit dem Reimschema a-a-b-c-c-b komponiert waren. Dabei tritt die in der Zelle erlittene Anfechtungsnot plastisch hervor, wird dann aber zusehends aufgehoben in die Kraft und Zuversicht christlichen Glaubens:

---

[153] Vgl. Erich Klapproth an Mathilde Klapproth, 10.1.1941 (EZA 50/305/184). – Auf dem Befreiungsschein, der zuvor bei der Reichsschrifttumskammer zu beantragen war, hatte Klapproth in der Rubrik „arische Abstammung“ auf die Parteizugehörigkeit seiner Mutter verwiesen (vgl. Erich Klapproth an Mathilde Klapproth, 17.12.1940 [EZA 50/305/168]).

[154] Vgl. H. Bärend, amor dei. sieben gedichte, 26 S., masch., 1934/37 (EZA 50/315/22–34).

[155] Vgl. G. Ebeling, Jahreswende, 31.12.1944 (in: Beutel, Gerhard Ebeling [s. Anm. 102], 74f).

Weihnachten 1938

Der Engel der Gefangenen
blickt in die schwarzverhangenen
und leidverschlossnen Seelen.
Er schließt sie auf mit linder Hand
und tröstet, wie im Kinderland,
nach seines Herrn Befehlen.

Der großen Straße nicht bekannt,
die an ihr geiles Licht gebannt,
geht er durch unsre Mitte.
Doch wer in dunkler Kammer klagt
und niemand seinen Jammer sagt,
der hört die leisen Schritte!

Die von der Welt Entrechteten,
durch Menschenhand Geknechteten
ummauert seine Nähe.
Wie groß auch sei der Wächter Macht,
der Engel hält nicht schlechter Wacht,
daß ihnen nichts geschehe.

Der Engel der Gefangenen
wählt nicht die vielbegangenen
und öffentlichen Pfade.
Wenn auch sein Tun verborgen scheint
und manches Herz in Sorgen weint –
zuletzt ist alles Gnade![156]

Seit Herbst 1939 war in den Gedichten Klapproths das Kriegsthema allgegenwärtig. Es lieferte andere, bittere Motive, die er dann teils antithetisch, teils analogisch in den Horizont christlicher Glaubenshoffnung und Lebenspraxis zu integrieren suchte. Am Silvestertag 1939 unternahm er einen Ausflug auf den bei Potsdam gelegenen Hohen Golm. Unter dem herrlichen

---

[156] E. KLAPPROTH, Weihnachten 1938, 1 S., masch. (EZA 50/314/52); geringfügig überarbeiteter Abdruck in: ... an des Todes Grenzen sieghaft glänzen ... Gedichte von Pastor E. KLAPPROTH, 26 S., masch., [um 1945], 20f.

Landschaftseindruck, den weiten Abendhimmel über sich und bewegt von den besonderen Beschwernissen, die nahtlos aus dem scheidenden in das neu aufziehende Jahr übergingen, formte er die folgenden Verse:

Was brauchen wir noch Flammen,
wenn uns das Herz nur brennt!
Was sie an uns verdammen,
das trieb uns ja zusammen,
hier unterm Firmament.

Wir brennen für die Ehre,
die Gott allein gebührt.
Uns dämpfen keine Heere,
uns löschen keine Meere,
weil ER das Feuer schürt!

Hier wurde es geboren
für jedes neue Jahr.
Hier haben wir uns verschworen –
doch mancher ging verloren,
der unser Bruder war.

Und viele sind zugegen,
die unser Blick nicht sieht,
in denen allerwegen –
trotz Ketten und trotz Degen –
das alte Feuer glüht.

Was brauchen wir noch Flammen!
Und brennt das Herz genug!
Mag uns die Welt verdammen –
einmal stürzt sie zusammen,
die IHN ans Fluchholz schlug.[157]

Zwei Wochen später, am 14. Januar 1940, empfing Klapproth von der Tageslosung dieses Sonntags „Tausendmal tausend dienten ihm, und zehntausendmal zehntausend standen vor

[157] E. KLAPPROTH, Was brauchen wir noch Flammen, 1 S., masch., 31.12.1939 (EZA 50/314/95).

ihm" (Dan 7,10) wiederum lyrische Inspiration. Nach dem siegreich abgeschlossenen Polenfeldzug war der Zweite Weltkrieg zwar in eine relativ ruhige Phase eingetreten, doch der ausgerufene Kriegszustand des Deutschen Reiches mit Großbritannien und Frankreich und gewiss auch die martialische Propaganda der nationalsozialistischen Staatsführung konnten Klapproth schwerlich darüber hinwegtäuschen, dass auf den alten und künftigen Schlachtfeldern Europas noch längst kein „Siegeszeichen in die Höhe stieg" und der Gedanke an einen deutschen Triumphschrei „Gewonnen ist der Krieg" in solcher Lage nicht nur utopisch, sondern gänzlich absurd hatte erscheinen müssen:

Die grössten Heere hat noch immer GOTT!
Nur ER vermag die Schlacht zu übersehen,
lässt uns bald hier, bald dort auf einem Posten stehen.
Da müssen manche jählings auseinandergehen,
denn ihres Herren Wille muss geschehen,
sonst wird der Feind ja nicht zu Schand und Spott!

Braucht ER den einen hier, den andern dort,
in Seinem Heer sind sich doch alle nah:
für alle ist Sein helles Angesicht ja da,
und spiegelt wider, was ER an den Seinen sah,
was denen, die uns teuer sind, geschah –
sind die auch viele Meilen von uns fort.

Die grössten Heere hat noch immer ER,
und die IHM dienen, stehen vor dem Sieg!
Wenn ER auf manche ihrer heissen Bitten schwieg,
bis erst Sein Siegeszeichen in die Höhe stieg –
es geht vorbei! Gewonnen ist der Krieg,
und Freude ohne Ende hinterher![158]

---

[158] E. KLAPPROTH, Die grössten Heere hat noch immer Gott, 1 S., masch., 14.1.1940 (EZA 50/314/99).

Neben freier Empfindungs- und Gedankenlyrik verfasste Klapproth manchmal auch kasuell motivierte Gedichte.[159] Eines von ihnen entstand aus der Verbundenheit mit dem Pfarrer und Mitglied der Bekennenden Kirche Paul Schneider. Dieser hatte sich besonders mutig, ja geradezu verwegen den gegen ihn verhängten staatlichen Drangsalierungen widersetzt, wurde 1937 bereits zum wiederholten Mal inhaftiert und alsbald aus dem Koblenzer Untersuchungsgefängnis in das Konzentrationslager Buchenwald deportiert. Dort nahm er seine unbedingte pastorale Selbstverpflichtung weiterhin auf eine todesmutig zu nennende Weise wahr, was ihm die Ehrenbezeichnung „Prediger von Buchenwald" eintrug. Am 18. Juli 1939 wurde Schneider durch eine vorsätzlich überdosierte Strophantinspritze ermordet. Nachdem sein Leichnam erstaunlicherweise freigegeben worden war, konnte er am 21. Juli auf dem Friedhof seines letzten regulären Dienstortes Dickenschied (Hunsrück) unter atemberaubend breiter Beteiligung zahlreicher Amtsbrüder und Gemeindeglieder von Johannes Schlingensiepen beigesetzt werden.[160] Auf der Trauerfeier sprach Klapproth ein Votum für die Bekennende Kirche von Berlin und Brandenburg.[161] Schon längst hatte der überregional bekannt gewordene Schneider auf den Fürbitt-Listen der Bekennenden Kirche gestanden. Darauf anspielend, übersandte Klapproth am 29. Mai 1939 der Ehefrau des langjährig inhaftierten Kollegen Margarethe Schneider ein Trostgedicht, das er mit dem folgenden Gruß unterschrieb: „In herzlichem, bewegtem Gedenken grüsst Sie, sehr verehrte, liebe Frau Pfarrer Schneider, in der festen Gemeinschaft der Fürbitte im Namen vieler Brüder aus Berlin und Brandenburg Ihr Erich Klapp-

---

[159] Vgl. etwa E. KLAPPROTH, Am Abend des 6. XII. 1939 (Begräbnis von Bruder – – –), 6 S., hs. (EZA 50/314/78–81).

[160] Vgl. A. AICHELIN, Paul Schneider. Ein radikales Glaubensbekenntnis gegen die Gewaltherrschaft des Nationalsozialismus, 1994.

[161] Vgl. K. HÜNSCHE, Bericht über Pastor Erich Klapproth, 3.12.1964 (EZA 50/785/182–187), 185.

roth". Die Verse aber, die er ihr dabei zudachte, lesen sich wie ein exemplarisches Konzentrat seines Wirkens als Vertrauensmann der Bekennenden Kirche:

> Wie gut, dass GOTT die Worte alle hört,
> die wir den fernen Brüdern heimlich sagen,
> die wir auf brennend heissem Herzen tragen
> und die doch nie ein Mensch von uns erfährt.
>
> ER, GOTT hebt alle unsre Grüße auf
> und sagt sie den Geliebten in die Ohren.
> Es ging bei IHM noch kein Gebet verloren,
> ER drückt nur stets sein Siegel noch darauf.
>
> ER lässt sie wissen, was sie tragen kann.
> ER lässt sie wissen, was sie tragen können.
> Wir dürfen IHM allein das Sorgen gönnen,
> denn wenn wir schlafen, hebt sein Wachen an.
>
> ER spricht, ER hört, wo wir gebunden sind.
> ER nimmt uns unser Sorgen aus den Händen.
> Solch ein Geschick, das nur der HERR kann wenden,
> das macht uns sehend – oder macht uns blind.[162]

---

[162] E. KLAPPROTH, Wie gut, dass GOTT die Worte alle hört, 1 S., masch., 29.5.1939 (EZA 50/314/70).

V. Soldat

1. Grundausbildung in Sachsendorf

Ende Januar 1940 wurde Erich Klapproth durch das Berlin-Schöneberger Wehrbezirkskommando auf den 20. Februar zum aktiven Wehrdienst einberufen.[1] Damit dürfte er, seit das Deutsche Reich im September 1939 den Zweiten Weltkrieg begonnen hatte, durchaus gerechnet haben. Allerdings blieb ihm, um sich auf die akute Situation einzustellen, nur wenig Zeit. Denn am 2. Februar, kaum dass ihn die Einberufung erreicht hatte, wurde er aus Gründen, die sich nicht mehr erhellen lassen,[2] in das Polizeigefängnis am Alexanderplatz abgeführt. Bei seiner Haftentlassung am 13. Februar musste er die Verpflichtung quittieren, sich „bis auf weiteres […] jeder organisatorischen Betätigung für die Bekennende Kirche zu enthalten".[3] Diese Auflage lastete in der Folgezeit schwer auf ihm. Schließlich teilte er der Berliner Staatspolizeileitstelle am 24. April mit, auch wenn er unter den gegebenen Kriegsumständen ohnehin zu allem kirchlich-organisatorischen Wirken außerstande sei, vermöge er „gerade als ein Soldat, der den Ehrendienst mit der Waffe zu tun hat, nicht auf unbestimmte Zeit eine im Zivilleben unfreiwillig übernommene Verpflichtung mit mir

---

1 Wehrbezirkskommando Berlin VIII an Erich Klapproth, 27.1.1940 (EZA 50/232/222). – Die Postkarte wurde am Montag, 29. Januar 1940, um 19 Uhr abgestempelt, dürfte ihren Adressaten also frühestens am 30. Januar erreicht haben.

2 S.o. Abschnitt IV.1.d.

3 Erich Klapproth an die Staatspolizeileitstelle Berlin, Abtlg. C 1, 24.4.1940 (50/239/69).

herumzutragen".[4] Indessen dürfte jene Verpflichtung inzwischen wenn nicht ausdrücklich, so doch faktisch außer Kraft gesetzt worden sein, da der Reichskirchenminister Hanns Kerrl am 2. März den Erlass hatte ausfertigen lassen, es seien gegen „zur Wehrmacht eingezogene Bekenntnisgeistliche" keinerlei Maßnahmen zu treffen oder Disziplinarverfahren zu verfolgen, „die geeignet sind, die Dienstfreudigkeit dieser Geistlichen im Heer zu mindern".[5] Da ihm irgendwelche Unterhalts- oder Abzahlungsverbindlichkeiten nicht oblagen, musste sich Klapproth ab März 1940 unter Wegfall seiner bisherigen kirchlichen Bezüge mit dem Wehrsold in Höhe von monatlich 36 Reichsmark begnügen.[6] Später, als er an der Westfront eingesetzt wurde, kamen dann allerdings 30 Reichsmark als Pfarrergehalt wieder hinzu.[7]

Am 21. Februar 1940 bezog Klapproth das in dem damals noch selbstständigen, nahe Cottbus gelegenen Ort Sachsendorf bestehende Kasernenareal. Dort wurde er der 3. Kompanie des Infanterie-Ersatz-Bataillons 337 zugewiesen. Unter den neuen Kameraden fand er zu seiner Freude auch etliche Nachbarn aus Berlin-Steglitz und -Schöneberg vor. Die militärische Grundausbildung erwies sich als tagesfüllend: Der Dienst begann mit dem Wecken um 5.30 Uhr und dauerte bis ungefähr 19 Uhr; ab

---

4 Ebd.

5 Der Reichsminister für die kirchlichen Angelegenheiten [Hanns Kerrl] an den Leiter der Deutschen Evangelischen Kirchenkanzlei, 2.3.1940 [Abschrift] (EZA 50/253/157). – In einem Rundschreiben vom 15.4.1940 forderte Martin Albertz unter Hinweis auf den erwähnten Kerrl-Erlass die Kandidaten und Hilfsprediger der Berliner Bekennenden Kirche auf, ihm mitzuteilen, „wenn bei Ihnen noch Maßnahmen vorliegen sollten, die geeignet sind, Ihre Dienstfreudigkeit im Heere zu mindern" (EZA 50/253/168). Die Aktenlage macht es wahrscheinlich, dass sich Klapproth zu einer solchen Mitteilung nicht veranlasst sah.

6 Vgl. Bekennende Kirche, Bruderrat Berlin, Finanzabteilung, Karl Wiese an Erich Klapproth, 4.3.1940 (EZA 50/253/163).

7 Vgl. Erich Klapproth an Mathilde Klapproth, 30.8.1941 (EZA 50/301/112).

22 Uhr galt strikte Nachtruhe. Für die zweistündige Mittagspause und die freien Abende stand ein großer Lesesaal zur Verfügung, in dem Tageszeitungen und Illustrierte auslagen. Allerdings wurde die dort zur Lektüre und Korrespondenz erhoffte Stille durch einen fortwährend betriebenen Lautsprecher empfindlich gestört. Die Verpflegung war reichlich und kräftig, wenn auch notorisch wurst-, fleisch- und fettlastig. Die von Anfang an genährte Hoffnung, über Ostern (24. März) auf Heimaturlaub gehen zu können, erfüllte sich nicht. Erst in der vorletzten Aprilwoche, kurz vor seinem Aufbruch an die Westfront,[8] kehrte Klapproth für ein paar Tage in die Wohnung der Eltern zurück.

Am 10. März 1940 fand die feierliche Vereidigung der Rekruten statt. Von deren pompös inszeniertem Ablauf zeigte sich Klapproth befremdet: „Im Blick auf die Gefallenen halte ich angesichts des ungeheuren Ernstes des Todes und des Krieges eine stille und demütige und dankbare Trauer für angemessener als ein stolzes Selbstgefühl“.[9] Missfällig äußerte er sich auch über die beiden an der Feier mitwirkenden Geistlichen: Während von dem rhetorisch brillanten, deutsch-christlich gesinnten evangelischen Pfarrer etliche biblische Aussagen völkisch pervertiert worden seien, habe der katholische Priester „immerhin am Schluß Christus beim Namen genannt, wenn auch die Hauptsache ausgelassen“.[10]

Mit seinen Stubenkameraden hatte Klapproth anfangs erhebliche Not. Deren obszöne Unterhaltungen und Gesänge – „fast jedes Soldatenlied kriegt eine saftige Strophe zugedichtet, die mit besonderer Wonne erwartet und gesungen wird“[11] – stießen ihn ab, und als sie dann auch noch über die „unsauberen

[8] S.u. Abschnitt V.2.a.

[9] Erich Klapproth an Mathilde Klapproth, 13.3.1940 (EZA 50/309/114f).

[10] Ebd.

[11] Erich Klapproth an Eltern Klapproth, 1.3.1940 (EZA 50/309/104f).

Geschichten“ des Alten Testaments herzogen, protestierte er voller Empörung: „Mit den Schweinereien, die ihr euch in den ersten 8 Tagen geleistet habt, kommt das AT jedenfalls lange nicht mit“.[12] Bald gab es auf der Stube einen Volksempfänger, der allabendlich in Betrieb kam. Und mit der Zeit führten die Gespräche auch auf ernstere Themen, bei denen Klapproth zusehends „die Achtung und Zuneigung der Kameraden“[13] gewann.

Während der Freistunden genoss er auf Spaziergängen die Natur, die noch im März tief verschneit war, dann aber bald in einen herrlichen Frühling überging. Zwar wurde der Einzelausgang erst nach der Vereidigung gestattet, doch besuchte man in Gruppen auch zuvor schon gelegentlich, um sich „aufzubessern“,[14] eine mit knapp einstündigem Fußmarsch zu erreichende Cottbuser Konditorei. Zudem lockte die Stadt zu mancher kulturellen Veranstaltung, so am 4. März zu Giuseppe Verdis *Messa da Requiem* oder wenig später zum Besuch einer Varietévorstellung. In der Kaserne gab es mitunter Tonfilm-Abende, für deren alberne Lustigkeit sich Klapproth „angesichts des Ernstes des Krieges nicht in der Stimmung“[15] befand. Am 18. April marschierte die Kompanie geschlossen nach Cottbus ins Kino, um den unter der Regie von Hans Bertram mit erheblichem technischen Aufwand gedrehten nationalso-

---

[12] Ebd. – Klapproth hatte die verführerische Freiheit des Soldatenlebens wohl auch seinerseits verspürt, wusste sich aber zusammen mit allen Christen „gezeichnet durch unsre Taufe, gebunden durch das oft gehörte Wort Gottes und das empfangene Abendmahl, verpflichtet durch die Fürbitte unsrer Eltern und Freunde“ (Erich Klapproth an die Kameraden aus Berlin-Lichterfelde, 28.4.1940 [EZA 50/253/172]).

[13] Erich Klapproth an Eltern Klapproth, 7.3.1940 (EZA 50/309/109f).

[14] Erich Klapproth an Eltern Klapproth, 14.4.1940 (EZA 50/309/125).

[15] Erich Klapproth an Eltern Klapproth, 18.4.1940 (EZA 50/309/126).

zialistischen Propagandastreifen *Feuertaufe. Der Film vom Einsatz unserer Luftwaffe in Polen* (1940) zu sehen.[16]

Mit dem Besuchsdienst, den Klapproth als bekenntniskirchlicher Vertrauensmann zu versehen hatte,[17] war es seit seiner Einberufung zur Wehrmacht natürlich vorbei. Immerhin suchte er aus Sachsendorf mit den ihm zugewiesenen Amtsbrüdern und dem Berlin-Lichterfelder Jugendverband weiterhin brieflich Kontakt zu halten.[18] Zu seiner tiefen Freude traf er in der Kompanie auf andere junge evangelische Pfarrer, mit denen sich bald ein vertrauter Umgang ergab. Der Vorsitzende des Berliner Bruderrats Willy Praetorius, dem Klapproth von seinen neuen Umständen berichtet hatte, muss gewusst haben, weshalb er ihn bereits am 5. März freundlich ermahnte: „Sehen Sie doch ja zu, dass Sie nicht eine Theologengemeinschaft bleiben, sondern andre dazu ziehen. Das könnte in ernsten Lagen, in die der Krieg Sie alle führen kann, viel zu bedeuten haben“.[19] An den Festtagen der Kar- und Osterwoche sowie an späteren dienstfreien Wochenenden übernahm Klapproth im benachbarten Groß Gaglow etliche Haupt- und Taufgottesdienste, denen manchmal auch einige seiner Kameraden beiwohnten. Mehrfach kehrte er in umliegenden, teilweise durch Kriegsdienst verwaisten Pfarrhäusern ein, wo ihn Muße, geistliche Heimat und der Anhauch einer anderen Lebensform traulich umfingen. „Gestern Abend“, schrieb er am 19. April beglückt nach Hause, „besuchte ich die […] Mutter eines auch einberufenen jungen Pfarrers hier in C[ottbus]; da gibt es eine Stunde Stille zur Predigtarbeit, eine freundliche Unterhaltung – und einmal ein anderes Abendessen“.[20]

---

[16] Vgl. ebd.

[17] S. o. Abschnitt IV.1.b.

[18] Vgl. Erich Klapproth an die Brüder und Kameraden, 17.3.1940 (EZA 50/253/165); Erich Klapproth an die Kameraden aus Berlin-Lichterfelde, 28.4.1940 (EZA 50/253/172).

[19] Willy Praetorius an Erich Klapproth, 5.3.1940 (EZA 50/253/164).

[20] Erich Klapproth an Mathilde Klapproth, 19.4.1940 (EZA 50/309/128).

Von Sachsendorf aus unterhielt Klapproth vielfältige Korrespondenz. Allein zwischen ihm und den Eltern gingen alle paar Tage Postsendungen hin und her. Regelmäßig berichtete er sein Ergehen, manchmal kamen auch Sachdispute mit der Mutter und fast jedes Mal Bestellungen noch hinzu. Hatte er am ersten Tag kurz und bündig vermeldet: „Nachzusenden bitte ich [...] nichts. Alles etwa Erforderliche ist hier einzukaufen",[21] so änderte sich dies schon vom nächsten Tag an grundlegend. Nach und nach forderte Klapproth seine Hausschuhe („keine Pantoffeln!"[22]), Mundharmonika und Nachthemden an, dazu wiederholt Fußlappen, um sich gegen die Kälte und Nässe in den Stiefeln zu wappnen. Auch Hygieneartikel wie Seife, Rasier- und Hautcreme, Watte oder Papiertaschentücher ließ er sich zusenden, an Lebensmitteln begehrte er zumal das hausgemachte Pflaumenmus, dazu Marmelade und Saft, auch ersuchte er gelegentlich um neue theologische und militärische Literatur.[23] Damit die Eltern sein gutes Schreibpapier oder die Taschenuhr, um deren Überstellung er bat, fänden, fügte er umständliche, durch eine Zeichnung erleichterte Hinweise zur häuslichen Auffindung bei. Besonders willkommen war ihm darüber hinaus „das gute Feuerzeug, mit dem ich dem Unteroffizier nun immer Feuer anbieten kann".[24] Die Mutter willfuhr seinen Wünschen nach Kräften, es folgte Päckchen auf Päckchen, und was darin an Essbarem enthalten war, wurde zumeist mit den Stubenkameraden geteilt. Klapproth revanchierte sich mit der

---

[21] Erich Klapproth an Eltern Klapproth, 22.2.1940 (EZA 50/309/100).

[22] Erich Klapproth an Eltern Klapproth, 23.2.1940 (EZA 50/309/102).

[23] So erbat er etwa die Titel: H. ASMUSSEN, Die Kirche und das Amt, 1939 (vgl. Erich Klapproth an Mathilde Klapproth, 25.2.1940 [EZA 50/309/103]), oder W. REIBERT, Der Dienstunterricht im Heere, [9]1939 (vgl. Erich Klapproth an Mathilde Klapproth, 6.3.1940 [EZA 50/309/107]).

[24] Erich Klapproth an Eltern Klapproth, 1.3.1940 (EZA 50/309/104f).

Zusendung aktueller Photographien und eingegangener Poststapel, die man ihm in der elterlichen Wohnung hinterlegen möge. Auch übersandte er seine vor Ort nicht mehr benötigte Zivilkleidung sowie mehrfach Strümpfe, die zu Hause gewaschen und gestopft werden sollten.

Neben diesem rührend intensiven Versorgungswesen bestanden die alten Konflikte freilich immer noch fort. Nachhaltig verärgert war Klapproth über das anhaltende Misstrauen, das die Eltern seinen kirchlichen Geschäften und Freunden entgegenbrachten.[25] Da er nicht sicher war, ob sie bei einer möglichen Haussuchung die Herausgabe seiner „verschlossenen Sachen" entschieden genug abwehren würden, hatte er diese vorsorglich „anderwärts untergebracht".[26] Hinsichtlich des von ihm abgelegten Fahneneids sandte er der Mutter eine ausführliche Klarstellung zu:

> Daß der Eid mir, wie Du schreibst, Konflikte bringen kann, hoffe ich nicht. Das könnte nur der Fall sein, wenn von mir die Ausführung von Befehlen verlangt wird, welche den offenbaren Geboten Gottes widersprechen. In *solchem* Fall steht ohne Frage der Gehorsam gegen Gott, als dem Herrn und Richter des Eides, höher als der Gehorsam gegen Menschen. Das ist mit der Anweisung Gottes ganz von selber gegeben. Zumal als ordinierter Pfarrer bin ich, außer an das Konfirmationsversprechen, auch an mein Ordinationsgelübde gebunden. Das gilt für mich![27]

Von den hierin angezeigten Konsequenzen sollte Klapproth während seines weiteren Soldatenlebens, soweit man weiß, niemals Gebrauch machen müssen. Gleichwohl dürfte kaum zu

---

[25] Vgl. Erich Klapproth an Eltern Klapproth, 6.4.1940 (EZA 50/309/121).

[26] Erich Klapproth an Eltern Klapproth, 1.3.1940 (EZA 50/309/104f). – Vieles deutet darauf hin, dass der ebenfalls in Berlin-Steglitz wohnhafte Adolf Ebeling, der Vater Gerhard Ebelings, für Klapproth auch in dieser Hinsicht der kirchliche Vertrauensmann war (s. u. bei Anm. 147).

[27] Erich Klapproth an Mathilde Klapproth, 13.3.1940 (EZA 50/309/114f).

bezweifeln sein, dass er sich, anders als manche kirchlich gebundenen Glieder der deutschen Wehrmacht, im äußersten Konfliktfall daran gehalten hätte.

Selbst den an die Mutter ausgefertigten Geburtstagsgruß verband Klapproth mit der Klage über ihren fortbestehenden weltanschaulichen Dissens: „Auch ich würde gern haben, daß unter uns beiden in den wichtigsten Fragen des Lebens Übereinstimmung herrschte. Ich habe gerade in der letzten Woche aus Deinen Zusendungen wieder neu erfahren, wie unverändert fern und fremd wir uns darin sind. Gott kann geben, daß es anders wird".[28] Nachdem die Mutter daraufhin nicht ihrerseits religiös reagiert, vielmehr parteiideologisch an die familiäre Verbundenheit appelliert hatte, respondierte Klapproth nur kühl, er setze, „gerade auch bei der Hoffnung auf ein besseres Verstehen unter uns, meine Zuversicht *garnicht* auf die Bande des Blutes".[29]

Gesundheitlich blieb Klapproth weithin stabil. Die obligatorische Typhusimpfung überstand er ohne Beeinträchtigung. Eine Anfang März zugezogene, durch das nasskalte Wetter und undichte Stiefel begünstigte Erkältung klang nach wenigen Tagen wieder vollständig ab. Allerdings warf ihn Ende März ein heftiger, mit hohem Fieber verbundener grippaler Infekt aus der Bahn. Man verbrachte ihn aufs Krankenrevier, gewährte anschließend eine mehrtägige Dienstbefreiung, erst nach annähernd zwei Wochen war er wieder leidlich genesen. Während dieser Krankheitsphase ereignete sich ein für ihn höchst genierlicher Zwischenfall. Nachdem Klapproth umstandshalber die regelmäßigen Briefsendungen an die Eltern nicht wie gewohnt hatte fortsetzen können, erkundigte sich der besorgte Vater beim Hauptfeldwebel brieflich nach dem Ergehen des Sohnes. Der Vorgesetzte übergab das Schreiben mit der Bitte,

---

[28] Erich Klapproth an Mathilde Klapproth, 16.3.1940 (EZA 50/309/117).

[29] Erich Klapproth an Eltern Klapproth, 13.3.1940 (EZA 50/309/120).

es seinerseits zu beantworten, an den Betroffenen und ließ sich über den Vorgang nicht weiter aus. Umso mehr sah sich nun Klapproth bloßgestellt und peinlich berührt. Der Tadel, den er diesbezüglich nach Hause sandte, erging gleichwohl recht moderat:

Die Anfrage Vaters bei der Kompagnie (nach meinem Gesundheitszustand) war mir außerordentlich unangenehm. [...] Daß im Fall einer ernsteren Verschlimmerung sofort die Angehörigen seitens der Kompanie benachrichtigt werden, ist doch klar. Frühestens nach 8 Tagen hätte ich Eure Anfrage verstanden. So aber stellt sie ein Mißtrauensvotum sowohl gegen die Kompagnie wie auch gegen mich dar. Ich möchte Euch *dringend* bitten, solche Anfragen in Zukunft nicht – oder wirklich erst nach längeren Zeiträumen zu wiederholen, denn der Zustand, daß ich alle paar Tage schreiben kann, nimmt ja vielleicht bald ein Ende. Ich verstehe, daß Ihr aus Fürsorge angefragt habt, aber eine *derartige* Fürsorge macht mich nur lächerlich.[30]

Im April 1940, als sich die Sachsendorfer Grundausbildung ihrem Ende zuneigte, gewann die Frage der weiteren Verwendung an Raum. Angesichts des zunehmenden Schwundes an Ausbildern kam es zu der Erwägung, Klapproth mit der kommissarischen Anleitung neuer Rekruten zu betrauen, was dann auch eine längere Verweildauer vor Ort zur Bedeutung gehabt hätte. Andererseits mehrten sich aber zugleich die Anzeichen eines baldigen Abzugs aus Sachsendorf, womöglich verbunden mit einem kurzen Heimaturlaub. „Aber das alles“, schrieb er schicksalsergeben nach Hause, „weiß man ja nie, bevor es nicht tatsächlich da ist“.[31]

Am Samstag, dem 27. April, wurde der Kompanie abends ein üppiges Festessen mit Moselwein aufgetischt. Damit war, ohne dass man von tagesscharfer Planung erfahren hätte, der Abschied in greifbare Nähe gerückt. Er vollendete sich am 1. Mai

[30] Erich Klapproth an Eltern Klapproth, 6.4.1940 (EZA 50/309/129).

[31] Erich Klapproth an Eltern Klapproth, 14.4.1940 (EZA 50/309/125).

in Gestalt eines großen Manöver-Balls.[32] Das Fest begann um 17 Uhr im Tanzsaal des Gasthauses Weise zu Klein Gaglow mit einem vielgestaltigen, bunten, von den abgehenden Soldaten erstellten Programm. Dabei kam auch Klapproths *Granatwerfer-Lied*,[33] das der Kamerad Erich Schuhmann vertont hatte, zur Erstaufführung.[34] Diese launigen, landsknechthaft rustikalen Verse nehmen sich im lyrischen Kosmos des Verfassers fast wie ein Fremdkörper aus.[35] Als Höhepunkt des soldatischen Varietés inszenierten Klapproth und der mit ihm befreundete Schütze Eberhard Karnatzki[36] einen ausgiebigen „Dichterwettstreit“, der in gefälligen Reimen die Eigenheiten mancher Kameraden, Ausbilder und Vorgesetzten humorvoll aufs Korn nahm[37] und frenetischen Jubel auslöste. Das Kompaniefest mündete in einen Tanzabend, zu dem auch die Dorfbevölkerung bei freiem Eintritt geladen war.

Am nächsten Morgen übersandte Klapproth den Eltern auf einem flüchtig mit Bleistift beschriebenen Zettel zum Abschied „In Eile Grüße!“; die noch laufende Post werde ihm nachgesandt.[38] Bereits drei Tage zuvor hatte er sie vorsorglich gebeten, nicht ungeduldig zu werden, „wenn die Post von mir nun ein-

---

32 Manöver-Ball bei Weise (Klein Gaglow), 1.5.1940 [Programmzettel] (EZA 50/309/131).

33 E. Klapproth, Granatwerfer-Lied, 1 S., masch., April 1940 (in: Fest der 3. Kompanie, Infanterie-Ersatz-Bataillon 337, 1. Mai 1940, 20 S., masch. [EZA 50/315/54–64], 55); s.u. Anhang I.2.

34 Das Lied ist in Sachsendorf auch nach Klapproths Weggang in Gebrauch geblieben; vgl. Erich Klapproth an Mathilde Klapproth, 18.6.1941 (EZA 50/301/80).

35 S.u. Anhang I.2.

36 Eberhard Karnatzki (1915–1994) zählte nach dem Zweiten Weltkrieg, den er schwer verwundet überlebt hatte, zu den bedeutendsten Vertretern des Künstlerkreises von Wernigerode.

37 Vgl. E. Klapproth / E. Karnatzki, Verse, gesprochen beim Kompanieabend [...] am 1. Mai 1940 in Klein-Gaglow, 15 S., masch. (in: Fest der 3. Kompanie [s. Anm. 33], 57–64).

38 Erich Klapproth an Eltern Klapproth, 2.5.1940 (EZA 50/309/132).

mal etwas länger auf sich warten läßt".[39] Aus dem geschützten Raum der Sachsendorfer Kaserne ging es jetzt zum Feldeinsatz an die Westfront.

2. An der Westfront

a) Feldeinsatz

Von Mai 1940 bis Dezember 1941 war Klapproth, durch drei Heimaturlaube unterbrochen, an der belgisch-nordfranzösischen Westfront eingesetzt. Bei Wesel hatte man den Niederrhein überquert, dann marschierte die Truppe durch die südlichen Niederlande auf das belgische Flandern zu. Die ersten Tage verliefen, von der Ortsveränderung abgesehen, nach dem aus Sachsendorf bekannten gleichförmigen Dienstmuster; „in irgendeiner Gefährdung", hieß es am 11. Mai 1940 im Brief an die Eltern, „befand ich mich noch nicht".[40] Doch die militärische Beschaulichkeit glich nur der Ruhe vor dem Sturm. Bald kam es in Lochtenberg bei Brecht, nordöstlich von Antwerpen, zu erster, harter Feindberührung. Den am 15. Mai beginnenden Angriff auf Antwerpen erlebte Klapproth unmittelbar mit. Beim Vorrücken traf er auf „die verheerenden Wirkungen unserer Artillerie",[41] kam an frischen Soldatengräbern und zerschossenen Pferdekadavern vorbei, schaute der Fratze des Krieges direkt ins Gesicht: „An den ersten Toten, dessen Gesicht man gesehen hat, denkt man wohl immer besonders zurück".[42]

---

[39] Erich Klapproth an Eltern Klapproth, 29.4.1940 (EZA 50/309/130).

[40] Erich Klapproth an Eltern Klapproth, 11.5.1940 (EZA 50/305/5).

[41] Erich Klapproth an Eltern Klapproth, 29.5.1940 (EZA 50/305/9).

[42] Ebd. – Es dürfte damit gewiss der erste gesehene Kriegstote gemeint sein, denn während seiner pastoralen Seelsorgetätigkeit war Klapproth schon mehrfach an Sterbe- und Totenbetten gerufen worden.

Die anfänglichen Kampfeindrücke fasste Klapproth mehrfach in lyrische Gestalt:

> Die ersten Kameraden
> hat uns der Tod geraubt.
> Er kam ganz ungeladen,
> doch hat es Gott erlaubt.
>
> Sie wehrten sich vergebens.
> Nun liegen sie ganz still.
> Der Schnitter allen Lebens
> fragt keinen, ob er will.
>
> Er ging durch unsre Mitte –
> wir können's nicht verstehn –
> wir hörten seine Schritte,
> da war es schon geschehn.
>
> Nicht „Lebewohl" zu sagen
> verblieb uns da die Zeit!
> Nun müssen wir's vertagen
> bis in die Ewigkeit.
>
> Ihr ersten Kameraden,
> ihr bleibt nicht lang allein.
> Behüt' euch Gott in Gnaden!
> Wir holen euch noch ein![43]

Die Truppe verblieb etliche Tage in Antwerpen und genoss dort „an Verpflegung alles, was eine eroberte Stadt den Siegern zu bieten hat".[44] Der Abtransport von fast tausend belgischen,

---

[43] E. KLAPPROTH, Die ersten Kameraden ..., Lochtenberg vor Antwerpen, 17. Mai 1940 (in: ... an des Todes Grenzen sieghaft glänzen ... Gedichte von Pastor E. KLAPPROTH, 26 S., masch., [um 1945], 4). Eine mit handschriftlichen Korrekturen versehene maschinenschriftliche Vorform des Gedichts findet sich in EZA 50/314/99. – Für weitere lyrische Verarbeitungen des Kriegsgrauens vom Mai 1940 vgl. Anhang I.6 („Es rief das Vaterland ...") und Anhang I.4 („Der Sand von Lochtenberg").

[44] Erich Klapproth an Eltern Klapproth, 2.5.1940 (EZA 50/305/7).

französischen und englischen Gefangenen weit hinter die Frontlinie beanspruchte mehrere marschmüde Tage.[45] Ende Mai rückte das Bataillon, begleitet von kleinen Scharmützeln, über Brügge auf Ostende vor, hörte am 28. Mai 1940 von der belgischen Kapitulation und grub sich vor Dünkirchen ein. Die englischen Stellungen, die man passiert hatte, waren augenscheinlich in höchster Eile verlassen worden.[46] Klapproth bedauerte, dass man von den zahlreichen guten Gebrauchsgegenständen, die dort lagen, nichts mitnehmen konnte, steckte aber zumindest einige englische Feldpostbriefe ein[47] und sandte eine Soldatenmütze des Gegners als Erinnerungstrophäe nach Hause.[48]

Als schlichter Fußsoldat nahm er von 2. bis 4. Juni an der großen Schlacht um Dünkirchen teil. Britische und französische Truppen konnten den dort bestehenden Brückenkopf ihres Verteidigungsringes so lange gegen die deutschen Offensivkräfte halten, bis sie die überwiegende Mehrzahl ihrer Soldaten in der Operation Dynamo evakuiert hatten.[49] Beim deutschen Einmarsch in die nordfranzösische Stadt suchte der Vortrupp, dem Klapproth angehörte, dicht an den Hauswänden Schutz vor den Geschossen der eigenen Artillerie. Es bot sich ein erschütterndes, trostloses Bild: Ein Großteil der Gebäude war völlig zertrümmert, Leichengeruch lag über den Straßen, die wenigen verbliebenen Einwohner, meist Kinder und alte Frauen, kauerten zu Tode geängstigt in den Ruinen und Kellerlö-

---

[45] Vgl. Erich Klapproth an Eltern Klapproth, 29.5.1940 (EZA 50/305/9).

[46] Für die am 28. Mai 1940 eingeleitete Evakuierung der britischen Truppen sowie überhaupt für den näheren kriegsgeschichtlichen Kontext vgl. R. Collier, Dünkirchen: „Operation Dynamo", 1987.

[47] Vgl. EZA 50/315/72–79.

[48] Vgl. Erich Klapproth an Eltern Klapproth, Anfang Juni 1940 (EZA 50/305/23–25).

[49] Für den näheren kriegsgeschichtlichen Kontext vgl. R.-D. Müller, Der Zweite Weltkrieg 1939–1945 (Gebhardt, Handbuch der deutschen Geschichte 21), [10]2004, 76–85.

chern. Während dieser Phase des Krieges konnte Klapproth den Eltern noch eingehend und unzensiert von dem Grauen, das er erlebt hatte, berichten. Am Strand vor Dünkirchen fanden sich zahlreiche ausgebrannte Kriegs- und Transportschiffe der Engländer, tagelang spülte die Flut die Leichname englischer Soldaten an Land.[50] Während des Wachdienstes, den er nun zu versehen hatte, verfasste Klapproth einen tiefe Erschütterung dokumentierenden Abgesang auf Dünkirchen.[51] Aus der Heimat erreichten ihn vermehrt Nachrichten von Kriegsgefallenen, die er gekannt hatte, darunter auch Franz Dibelius, der jüngste Sohn des Generalsuperintendenten Otto Dibelius.[52] Der Rollentausch, der sich im Wechsel der Dienstkleidung vom Talar zur Soldatenuniform ansichtig machte, gab Klapproth immer wieder Anlass zu tiefer Nachdenklichkeit.[53]

Im Westen war Klapproth fortan keinem weiteren direkten Kampfeinsatz ausgesetzt. Stattdessen galt es jetzt, die Kanalküste in Westflandern und Nordfrankreich zu sichern. Von Mitte Juni bis Mitte Juli 1940 zog man ihn zur Mitarbeit am Kriegstagebuch seiner Einheit heran. Obschon ihn diese Bürotätigkeit interessierte, sehnte er sich doch „zur Kompanie zurück, wo man richtiger Soldat ist".[54] Am 16. Juli wechselte die Kompanie von Dünkirchen in ein kleines, bei Cassel gelegenes Dorf. Zu Klapproths Freude ging der Blick nun nicht mehr auf zerschossene Häuser, sondern in eine idyllische Hügellandschaft. Der Lärm englischer Bomber und deutscher Flugabwehrgeschütze war gelegentlich aus der Ferne zu hören. Weil er

---

[50] Vgl. etwa Erich Klapproth an Max Klapproth, 7.6.1940 (EZA 50/305/12) und 11.6.1940 (EZA 50/305/19).

[51] E. Klapproth, Dünkirchen, Anfang Juni 1940 (in: Ders., Gedichte [s. Anm. 43], 6f); s.u. Anhang I.5.

[52] Vgl. Else Niemöller an Erich Klapproth, 4.6.1940 (EZA 50/253/182).

[53] Vgl. E. Klapproth, Wir tragen noch die Weihe … (in: Ders., Gedichte [s. Anm. 43], 25); s.u. Anhang I.3.

[54] Erich Klapproth an Eltern Klapproth, 18.6.1940 (EZA 50/305/32).

nicht ausschloss, demnächst auf die britische Hauptinsel verlegt zu werden, forderte er am 17. August aus dem Elternhaus sein deutsch-englisches Wörterbuch an.[55] Fünf Wochen später hatte sich diese vage Aussicht dann allerdings schon erledigt. Das gute, reichliche Essen – es gab Fleisch, Fisch, Gemüse, Käse und Rotwein in Fülle – verursachte eine spürbare Gewichtszunahme. Die belgische Spezialität „Pommes des frites" erläuterte Klapproth den Eltern als länglich geschnetzelte Bratkartoffeln.[56]

Im April 1941 bezog die Kompanie in dem bei Saint Omer gelegenen Dorf Tournehem-sur-la-Hem, 30 Kilometer landeinwärts, ihr neues Quartier. Der Dienstablauf, meist Exerzieren im freien Gelände, stellte keine besondere Herausforderung dar. Ende Mai nahm Klapproth an der tagelang eingeübten Ehrenformation zum Abflug des Oberbefehlshabers des Heeres Walther von Brauchitsch teil; „es klappte tadellos", lobten anschließend der Geehrte sowie der Divisionsgeneral.[57] Bereits im Vorjahr war mit dem Oberbefehlshaber der Kriegsmarine Erich Raeder hohe Prominenz auf Besuch gekommen. Das Gerücht, auch Hitler werde zur Frontbesichtigung eintreffen, bewahrheitete sich allerdings nicht. Die gleichförmig ruhigen Tage boten Stoff für mancherlei Illusionen, „aber irgendwann", ernüchterte sich Klapproth, „wird ja der Krieg 'mal weitergehen – auch für uns".[58] Die Anfangserfolge, die nach dem am 22. Juni 1941 eröffneten deutschen Angriff auf Sowjetrussland zu verzeichnen waren, nährten ihm zwar kurzfristig die Hoff-

---

[55] Vgl. Erich Klapproth an Heinz Klapproth, 17.8.1940 (EZA 50/305/80).

[56] Erich Klapproth an Eltern Klapproth, 24.8.1940 (EZA 50/305/94).

[57] Erich Klapproth an Eltern Klapproth, 22.5.1941 (EZA 50/301/57).

[58] Erich Klapproth an Mathilde Klapproth, 6.5.1941 (EZA 50/301/46).

nung auf ein Kriegsende noch im laufenden Jahr.[59] Aber auch dieser Trug zerstob dann alsbald und endgültig.

Anfang Juni 1941 wurde die Kompanie in die Stadt Lille verlegt. Klapproth freute sich auf die kulturellen Angebote, die dort bereitstanden, und nahm sie, so gut es ging, wahr. An jedem zweiten Tag hatte er einen 24-stündigen, jeweils von Mittag bis Mittag dauernden Wachdienst zu leisten. Wenn dabei am Abend das letzte Sonnenlicht auf den Häusern lag und die Fledermäuse ihre Raubflüge aufnahmen, dachte er wehmütig an seine Familie, die zu dieser Stunde nach getaner Arbeit um den Berliner Abendbrottisch sitzen mochte, zurück.[60] Im Oktober kam es zu einer zweitägigen Exkursion nach Paris, die in Klapproth ausgiebige Schwärmereien über „die schönste Stadt der Welt" auslöste.[61] Als drastisches Gegenprogramm erwies sich bald darauf die Verlegung in die Ardennen, wo man sich in selbsterbauten Baracken mit engen, düsteren Massenquartieren begnügen musste. Am 21. Dezember kehrte die Kompanie wieder nach Lille zurück. Von dort aus gewährten die letzten Tage des Jahres einen Ausflug nach Aachen. Dann war es mit dem vergleichsweise ruhigen Einsatz an der Westfront vorbei. Am 29. Dezember 1941 kündigte Klapproth den Eltern vorsorglich eine längere Briefpause an. Was er nicht sagen durfte, lag auf der Hand: Die Truppe sollte an die Ostfront verbracht werden.

b) Soldatenleben

Die Unterkünfte, in die Klapproth in Belgien und Nordfrankreich verwiesen wurde, hätten unterschiedlicher kaum sein

[59] Vgl. Erich Klapproth an Eltern Klapproth, 3.7.1941 (EZA 50/301/87).

[60] Vgl. Erich Klapproth an Mathilde Klapproth, 4.9.1941 (EZA 50/301/122f).

[61] Erich Klapproth an Mathilde Klapproth, 5.10.1941 (EZA 50/301/142); vgl. Erich Klapproth an Mathilde Klapproth, 7.10.1941 (EZA 50/301/143) und 12.10.1941 (EZA 50/301/144).

können. Manchmal hatte er einen engen, muffigen Schlafraum mit 15 Kameraden zu teilen, manchmal logierte er auch in verlassenen, vornehmen Villen mit gefüllten Vorratskammern, offenem Kamin und Klavier, wo die Stube dann allenfalls mit nur einem Kameraden geteilt werden musste. Waren die Besitzer im Haus verblieben oder wieder dorthin zurückgekehrt, besorgten sie für geringes Entgelt die Wäsche und oft auch die Verpflegung.[62]

Mit wacher Sensibilität erfreute sich Klapproth an den Schönheiten der Natur, genoss die Blicke aufs offene Meer, in Gärten und Wälder, unternahm ausgedehnte Spaziergänge am Strand und ließ sich von den Eltern die Badehose zusenden. Nachdem er das zerschossene Dünkirchen gegen das unversehrte Cassel hatte eintauschen können, gab er sich einem lyrischen, mit End- und Binnenreimen versehenen Friedenstraum hin:

> Wenn einmal Frieden ist ...
>
> Gen Westen sollen meine Fenster sehen,
> daß ich der Sonne Abschied schauen kann,
> schickt sie sich zu ertrinken und zu sinken,
> beginnt noch, o, ein Werben vor dem Sterben;
> mit ihren schönsten Strahlen will sie malen
> und streicht den ganzen Abendhimmel an.
>
> Dann sollen meine Blicke sie verstehen,
> bis sie den Rand des Horizonts erreicht,
> nicht mehr an Mauerwänden kraftlos enden,
> nicht hinter Steines Mauern müde trauern –
> nein, Berge, Wiesen, Felder, Seen, Wälder
> sind erst ein Grab, das ihrer Schönheit gleicht.
>
> Und jetzt beginnt ein Leuchten anzugehen
> wie eine hehre Farbensymphonie!
> Ach, mitten unterm Scheiden sich so kleiden,

[62] Vgl. etwa Erich Klapproth an Eltern Klapproth, 30.11.1940 (EZA 50/305/153–156).

in letzten Augenblicken so sich schmücken
und an des Todes Grenzen sieghaft glänzen,
wer kann das wohl so wundersam wie sie?

Dort, wo die Sonne sank, dort ists geschehen;
dort liegt mein bester Freund in seinem Grab.
Wenn ich zur Tagesneige endlich schweige
und Herz und Angesichte auf ihn richte,
strahlt sonnengleich sein Hügel, ihm zum Siegel,
und auch auf mich fällt noch ein Schimmer ab.[63]

Aber nicht nur die hohe Landschaftswarte, das horizontfüllende Abendrot über der See oder die bunten Segel der Fischerboote berührten ihn, sondern desgleichen ein einzelner blühender Fliederbusch oder Veilchenstock. In Lille hatte es ihm ein duftender Rosengarten besonders angetan. Dorthin zog er sich gerne zurück, um ungestört Bibel und Gesangbuch zur Hand zu nehmen, Briefe zu lesen und zu erwidern oder auch nur den Gedanken, die auf ihn einströmten, ungehinderten Lauf zu gewähren.

Der Park

Durch einen herbstlich stillen Park zu gehn
und hier und da vor den gereckten, alten,
blattschönen Riesen stillzustehn
und voll Begier mit Andacht hinzusehn,
wie sie dem Wind und Wetter stillehalten,
das gibt dem Herzen selig neue Kraft!

Und wie der Schwan auf blanker Fläche schwimmt,
so kann der Blick hier über Wiesen gleiten.
Man meint durchs Paradies zu schreiten!
Wie wundersam das hier zusammenstimmt,
wenn folgsam Menschenhände zubereiten,
was Gottes Gnadenfülle ihnen schafft!

---

[63] E. Klapproth, Wenn einmal Frieden ist …, Nordfrankreich, Herbst 1940 (in: Ders., Gedichte [s. Anm. 43], 8f).

Gott ist uns auch auf diesem Wege gut.
Selbst wo wir herrschen, will er uns noch dienen.
Nur stille halten – und mit frohen, kühnen,
lobpreisenden und hoffnungsstarken Mienen
dem nachgeschafft, der alles für uns tut![64]

Die hygienischen Umstände stellten kriegsbedingt oft eine Zumutung dar. Zahnbürste und Rasierzeug ließen sich mitunter tagelang nicht benutzen, verschmutzte Strümpfe und Wäsche warf Klapproth, wenn es zum Waschen keine Zeit oder Gelegenheit gab, einfach fort und ersetzte sie durch Stücke, die er in den besetzten Wohnungen vorfand. Zur Körperreinigung dienten ab und an die Kanäle, später auch ein von der Wehrmacht in Beschlag genommenes Freibad. Am 21. August 1940 saß Klapproth zum ersten Mal, seit er aus der elterlichen Wohnung in den Kriegsdienst gezogen war, in einer mit warmem Wasser gefüllten Badewanne.[65]

Die einzige gesundheitliche Einschränkung, die ihm dauerhaft zusetzte, waren anhaltende, empfindliche Dentalprobleme. Mehrfach fielen ihm Plomben aus, brachen Backenzähne ab und schmerzte das Zahnfleisch. Ende Juni 1940 begann eine langwierige Wurzelbehandlung, die aus ärztlicher Sicht etliche Goldkronen erforderlich machte. Allerdings war dieses Edelmetall weder beim Kriegsdentisten noch in Brüssel, wohin man ihn dazu überwiesen hatte, verfügbar. So wurde er auf den Abschluss der Behandlung in der Heimat vertröstet. Am 16. Januar 1941 berichtete er endlich frohgemut, die Zahnbehandlung sei mit guter Plombierung abgeschlossen und eine Versiegelung mit Goldkronen nicht mehr notwendig.[66] Doch bereits nach einem Vierteljahr begannen die Probleme erneut und hielten trotz mehrfacher ärztlicher Zuwendung bis zuletzt an.

---

[64] E. Klapproth, Der Park. Im Westen, August 1941 (aaO 10).

[65] Vgl. Erich Klapproth an Eltern Klapproth, 22.8.1940 (EZA 50/305/92).

[66] Vgl. Erich Klapproth an Mathilde Klapproth, 16.1.1941 (EZA 50/305/188).

Die Kameradschaft bereitete Klapproth, weit mehr als in Sachsendorf, manche Probleme. Zwar entstand mit Etlichen neben ihm ein auskömmlicher, bisweilen an Freundschaft heranreichender Umgang. Doch die Auswüchse soldatischer Unmoral empörten ihn immer wieder. Einen schweren Fall von Kameradendiebstahl erlebte er im Dezember 1940.[67] Schlichtweg entsetzt zeigte sich Klapproth, als am 21. Juli 1940, nachdem man den großen, aus dem Ersten Weltkrieg stammenden, ihn tief anrührenden Soldatenfriedhof in Langemarck besucht hatte, viele Kameraden und Offiziere den Abend in einem „Bordell übelster Art" ausklingen ließen, ohne dass diesbezüglich später ein Tadel erfolgt wäre.[68] Umso dankbarer quittierte er eine vom Divisionspfarrer veranstaltete offene Gesprächsrunde, in der dieser nachdrücklich zum Widerstand gegen alle Unsittlichkeit aufrief. „Das ist ja auch so notwendig", schrieb Klapproth aufgebracht nach Hause, „wie Ihr es Euch bestimmt nicht vorstellen könnt (man erlebt immer wieder Unterhaltungen und Aktionen, daß einem der Ekel und Zorn bis in die Kehle steigt)".[69]

Gelegenheiten zu kultureller Unterhaltung und Abwechslung gab es verschiedentlich. Fand sich in einem besetzten Anwesen ein Grammophon, so spielte man darauf so lange Schellack- oder Vinylschallplatten mit klassischer Musik, bis die Feder zerbrach.[70] In Lille besuchte Klapproth Kunstausstellungen, ging mehrfach ins Kino und, so zu Friedrich Schillers *Maria Stuart*, ins Stadttheater, auch wohnte er einer Aufführung der von Werner Jacob inszenierten Oper *Martha* Friedrich von

---

[67] Vgl. Erich Klapproth an Eltern Klapproth, 16.12.1940 (EZA 50/305/166).

[68] Erich Klapproth an Eltern Klapproth, 22.7.1940 (EZA 50/305/65).

[69] Erich Klapproth an Mathilde Klapproth, 6.5.1941 (EZA 50/301/46).

[70] Vgl. Erich Klapproth an Eltern Klapproth, 13.6.1940 (EZA 50/305/21).

Flotows bei.[71] Das Regiment sorge seinerseits für vielfältige Zerstreuung. Es gab Konzerte mit klassischer und seichter Musik, Varieté und Akrobatik, dazu immer wieder auch Soldatenkino, in dem sich, eingeleitet durch Wochenschau und kurzen Kulturfilm, harmlose Komödien, etwa der Hans-Moser-Ulk *Anton der Letzte*, mit staatlich inszenierten Propagandastreifen abwechselten. Zu den Letzteren zählte nicht nur ein reißerischer Filmbericht über die Eroberung von Dünkirchen, sondern ebenso der von Veit Harlan gedrehte antisemitische Hetzstreifen *Jud Süß*, an dessen Vorführung Klapproth zweimal teilnahm, ohne dass er darüber ein Wort der Irritation oder Empörung verloren hätte.[72] Auch die nationalsozialistische Parteiorganisation „Kraft durch Freude" war an der Westfront aktiv, veranstaltete heitere Nachmittage und organisierte ein Gastspiel der Kölner Heimatbühne, in deren Schwank *Drei Kölsche Junge* auch der 31-jährige Willy Millowitsch auftrat.[73] Im Sommer 1941 erstand Klapproth für 2,15 Reichsmark ein kleines, hübsches Reiseschachspiel mit Steckfiguren, das jederzeit eine Unterbrechung und spätere Wiederaufnahme der Partie möglich sein ließ.[74]

Militärische Fortbildungsmöglichkeiten boten sich zu Klapproths Leidwesen kaum. Im Juli 1940 absolvierte er einen Kurs für Hilfskrankenträger. Ein Jahr später erwarb er nach zweiwöchigem Lehrgang den LKW-Militärführerschein. Die Beförderung zum Gefreiten, mit der eine Aufbesserung des

---

[71] Zu Letzterem vgl. Erich Klapproth an Eltern Klapproth, 3.7.1941 (EZA 50/301/87); Deutsches Theater Lille, Programmzettel „Martha" (EZA 50/315/81f).

[72] Vgl. Erich Klapproth an Mathilde Klapproth, 4.12.1940 (EZA 50/305/156).

[73] Programmzettel „Drei Kölsche Junge" (EZA 50/305/95). – Nach der Benennung der Darsteller und Veranstalter stand dort zu lesen: „Im Interesse aller Kameraden und der mitwirkenden Künstler wird gebeten, während der Vorstellung nicht zu rauchen!" (ebd.).

[74] Vgl. Erich Klapproth an Mathilde Klapproth, 1.9.1941 (EZA 50/301/120).

monatlichen Wehrsolds um 12 Reichsmark verbunden war, erfolgte im Oktober 1940 routinemäßig. Allerdings wurde er kurz darauf von seiner Kompanie als Unteroffiziers-Anwärter in Vorschlag gebracht. Der entsprechende Lehrgang sollte ihn für etliche Monate zurück nach Deutschland führen und im Eignungsfall mit dem Vorrücken zum Feldwebel schließen. Doch die Sache verzögerte sich. Erst Ende März 1941 bestellte man Klapproth zu einem entsprechenden Kursus ein, der freilich nicht in der Heimat, sondern vor Ort stattfand. Die Prüfungsvorbereitung forderte seine letzten Reserven. Weit mehr als er selbst waren dann seine Eltern über den erfolglosen Ausgang enttäuscht. Nach Ansicht der Prüfer hatte Klapproth zumal auf dem Exerzierplatz versagt, da er dort viel zu befangen kommandiert und sich „gegen andere nicht hart genug" erzeigt habe.[75] Die Möglichkeit einer künftigen Beförderung war damit nicht ausgeschlossen, aber doch in die Ferne gerückt. Klapproth mutmaßte, sein Misserfolg gehe nicht zuletzt wohl auch darauf zurück, dass er in Sachsendorf gegen die seines Erachtens ungerechte Bestrafung eines Kameraden protestiert hatte, was ihm nun zu seinen Ungunsten ausgelegt worden sei.[76] Dass er im Frühjahr 1941 zum Obergefreiten aufrückte, entsprach wiederum der militärischen Normalität.

Auch als Soldat im Feldeinsatz lebte Klapproth in pastoraler Verpflichtung. Bereits am 7. Mai 1940 traf er mit dem belgischen Ortspfarrer auf Kaffee und Kuchen zusammen. Nach der Einnahme von Dünkirchen spielte er in einem schwer beschädigten Gotteshaus auf der Orgel, damit „das Lob Gottes", wie er als Begründung der gespenstischen Situation anführte, „auch in der zerschossenen Kirche seine Fortsetzung finde".[77] Wenig später stellte er in den versehrten Kirchen der Stadt li-

[75] Erich Klapproth an Mathilde Klapproth, 10.5.1941 (EZA 50/301/48f).

[76] Vgl. ebd.

[77] Erich Klapproth an Eltern Klapproth, 13.6.1940 (EZA 50/305/21f).

turgische Gewänder und Geräte sicher, die er dann seiner Kirchenleitung in Berlin überstellte.[78]

Gelegenheiten zum Kirchgang fanden sich nur sporadisch. So stand Klapproth am Ostersonntag 1941 bereits um 6 Uhr auf und hielt mit Bibel und Gesangbuch für sich selbst einen „Lese-Gottesdienst“ ab.[79] In der Adventszeit 1940 hatte Klapproth für das Wohnzimmer des von der Truppe requirierten Hauses einen großen Adventskranz besorgt und sich eine „niedliche Engels-Glocke“ an den Bettpfosten gehängt.[80] Auch machte er sich mitunter andere Formen der religiösen Privaterbauung zu eigen:

> Ich weiß nicht, Herr, nach welchem Plan
> du mir bestimmt die Lebensbahn;
> ich weiß nur: es ist wohlgetan,
> was du für mich erkannt.
>
> Ich weiß nicht, wann in mir erwacht
> der Schrecken vor der Bösen Macht;
> ich weiß nur, daß du mein gedacht,
> als ich in Ängsten stand.
>
> Ich weiß nicht, was der nächste Tag
> für Widrigkeit mir bringen mag,
> doch quält mich keine bange Frag',
> denn du gibst, was mir not.
>
> Ich weiß, daß Krieg und teure Zeit
> und große Ungerechtigkeit

---

[78] Dort wurde ein maschinenschriftliches Verzeichnis der Gegenstände erstellt (EZA 666/217/73). – Klapproths kirchlicher Vorgesetzter Martin Albertz dankte ihm für die Sicherstellung, mahnte aber auch, nachdem er sich mit Gerhard Ebeling über den Vorgang beraten hatte, die spätere Rückgabe der Gewänder und Gerätschaften an (vgl. Martin Albertz an Erich Klapproth, 17.7.1940 [EZA 50/253/198]).

[79] Erich Klapproth an Eltern Klapproth, 12.4.1941 (EZA 50/301/37).

[80] Erich Klapproth an Eltern Klapproth, 30.11.1940 (EZA 50/305/153).

noch mehren wird der Deinen Leid
und führen in den Tod.

Und weiß doch, daß der Tag sich naht,
da nicht mehr herrscht des Satans Tat,
da alle Not ein Ende hat
und Fried und Jubel ist.

Ich weiß nicht, was noch vor mir steht,
mit wieviel Leid der Weg besät;
ich weiß nur, daß er heimwärts geht
zu dir, Herr Jesu Christ.[81]

Mit dem Divisionspfarrer Friedrich-Wilhelm Krummacher zeigte sich Klapproth außerordentlich zufrieden. Er schätzte dessen klare, kräftige Predigten, desgleichen die von ihm regelmäßig veranstalteten Zusammenkünfte der in der Truppe anwesenden Theologen. Am 8. September 1941 gestaltete sich ein solches Treffen auf besondere Art. Klapproth hatte dabei eine Bibelarbeit über 2Kor 3,18 zu halten, und der anwesende Braunschweigische Landesbischof Helmuth Johnsen drückte ihm anschließend dankbar anerkennend die Hand. Davon war der bekenntniskirchlich gebundene Klapproth umso mehr beschämt, als er sich beim vorausgehenden Theologentreffen mit den Gedanken, die der deutsch-christlich gesinnte Bischof dort vortrug, ganz und gar nicht einverstanden gezeigt hatte.[82] Theologisch begründete Kritik brachte Klapproth auch sonst, wo es ihm nötig schien, zu Gehör. So beschwerte er sich im September 1941 bei der Schriftleitung der in Köln gedruckten deutschsprachigen *Brüsseler Zeitung* über die Verstümmelung eines dort abgedruckten Briefes von Matthias Claudius, worauf er umgehend von Heinrich Evers, dem Kulturschriftleiter

---

[81] E. KLAPPROTH, Ich weiß nicht, Herr, nach welchem Plan, 1 S., masch., 30.4.1941 (EZA 50/213/79).

[82] Vgl. Erich Klapproth an Eltern Klapproth, 8.9.1941 (EZA 50/301/127).

der Zeitung, eine freundlich um Verständnis bittende Antwort erhielt.[83]

Vereinzelt konnte Klapproth auch selbst einen Wehrmachtsgottesdienst halten[84] und fungierte darin, wenn kein Anderer zur Verfügung stand, zugleich als Organist. Allerdings wurde ihm dabei bewusst, „daß das Leben als gemeiner Soldat doch des theologischen Denkens und der Predigtarbeit recht entwöhnt".[85] Das Weihnachtsfest 1941 wurde in Lille mehrstufig begangen: am 4. Advent mit einer Zusammenkunft evangelischer Theologen sowie einer abendlichen Festmusik, bei der sich Klapproth spontan in den auftretenden Chor einfügte, an Heiligabend dann in einer ausgiebigen Feier der Kompanie, die er mit einem Abendmahlsgottesdienst eröffnete und danach mit eigenen lyrischen Darbietungen der ernsten[86] und heiteren Art, darunter erneut sein „Granatwerfer-Lied",[87] anreicherte.[88]

Selbstverständlich war der Kriegsdienst, den er in pflichtschuldiger, aufmerksamer Daseinspräsenz leistete, durchweg von Heimweh grundiert, und wie alle Soldaten sehnte auch Klapproth beständig den Urlaub herbei. Freilich standen ihm die Bedingungen deutlich vor Augen: Familienväter und Land-

---

[83] M. Claudius, Vermächtnis an meinen Sohn. Der Wandsbecker Bote teilt aus dem Schatz seiner Weisheit und Erfahrung mit (Brüsseler Zeitung Nr. 254, 13.9.1941 [EZA 50/314/104f]). – Klapproths Protestbrief vom 13.9.1941 ist nicht erhalten; vgl. aber Kulturschriftleiter Heinrich Evers, Brüsseler Zeitung, an Erich Klapproth, 24.9.1941 (EZA 50/314/105).

[84] Nachweisbar für den 7. September 1941 (vgl. Erich Klapproth an Mathilde Klapproth, 4.9.1941[EZA 50/325/127]); vgl. ferner den von Klapproth handschriftlich notierten, auf „Lille, am 7.9.1941" datierten Liturgieabriss (EZA 50/325/137).

[85] Erich Klapproth an Eltern Klapproth, 8.9.1941 (EZA 50/301/127).

[86] Vgl. E. Klapproth, Soldatenweihnacht 1941, 1 S., hs., 24.12.1941 (EZA 50/314/106).

[87] S.o. Abschnitt V.1.

[88] Vgl. Erich Klapproth an Eltern Klapproth, 25.12.1941 (EZA 50/297/28). – Für die Kompanie-Weihnachtsfeier des Vorjahres vgl. Erich Klapproth an Eltern Klapproth, 27.12.1940 (EZA 50/305/174).

wirte wurden bevorzugt, im Übrigen ging es langsam der Reihe nach, alle zwei Tage durfte aus der 150 Mann starken Kompanie ein einziger Kamerad aufbrechen. Mitte Oktober 1940 kehrte Klapproth für knapp drei Wochen, die Hin- und Rückreise eingerechnet, nach Hause zurück. Im Berliner Ernährungsamt nahm er die mit Einzelabschnitten für Lebensmittel versehene „Reichskarte für Urlauber"[89] in Empfang. Nachdem er seinen Geburtstag im Familienkreis hatte feiern können, ging es am 4. November vom Schlesischen Bahnhof aus im völlig überfüllten Militärzug über Maastricht, wo eine mehrstündige Einkaufs- und Besichtigungspause eingelegt wurde, zurück an die Front. Im Vorfeld des Weihnachtsfestes, aufgewühlt durch die Nachricht, dass immer mehr Pfarrer der Bekennenden Kirche, darunter auch der Freund Gerhard Ebeling, zum Militärdienst eingezogen wurden, führte Klapproth bittere Klage: „Rüstungsurlauber bekommen Arbeitsurlaub; aber die für die Seele des Volkes arbeiten, werden einer nach dem andern aus ihrem Wirkungskreis gerissen".[90]

Als die nächste, Anfang Februar 1941 einsetzende Heimatpause in Sicht kam, erwog Klapproth eine mit Eltern und Bruder zu unternehmende Reise in die Alpen, den Schwarzwald oder ans Meer.[91] Bald aber hatte der Gedanke seinen Reiz eingebüßt, weil er sich nun in Berlin, abgesehen von den wichtigsten kirchlichen Geschäften und Verwandtenbesuchen, ganz auf die theologische Arbeit zu konzentrieren gedachte.[92] Immerhin erlaubte er sich daneben auch einen Besuch des in der Berliner Philharmonie gastierenden Leipziger Thomaner-Chors.[93] Der

[89] Vgl. EZA 50/301/147f und EZA 50/305/192.

[90] Erich Klapproth an Eltern Klapproth, 6.12.1940 (EZA 50/305/158).

[91] Vgl. Erich Klapproth an Mathilde Klapproth, 11.12.1940 (EZA 50/305/161).

[92] Vgl. Erich Klapproth an Max Klapproth, 30.1.1941 (EZA 50/305/191).

[93] Vgl. Eintrittskarte, 15.2.1941 (EZA 50/305/192).

letzte von der Westfront aus angetretene Urlaub fiel in die zweite Oktoberhälfte. Auf die nächste Gelegenheit, teilte er am 29. Dezember 1941, unmittelbar vor der Verlegung nach Osten, lakonisch den Eltern mit, „werde ich (und werdet Ihr) nun wohl auch noch ein wenig länger warten müssen".[94]

c) *Heimatkontakt*

Während seines an der Westfront abgeleisteten Kriegsdienstes unterhielt Klapproth intensive, vielfältige Korrespondenz. In der zumeist täglich ausgelieferten Feldpost, schrieb er den Eltern, sei für ihn „eigentlich immer etwas dabei".[95] Die Postlaufzeit beanspruchte in der Regel nur wenige Tage. Bisweilen trugen die Umschläge der Sendungen, die hin und her gingen, den Stempel „Geöffnet Feldpostprüfstelle" – man wollte sicherstellen, dass keine Informationen zur militärischen Lage, erst recht keine staats-, partei- oder kriegskritischen Bemerkungen und Klagen ausgetauscht wurden. Von diesem dichten Kommunikationsnetz haben sich die Briefe, die Klapproth nach Hause sandte, weithin erhalten, während die Schreiben der Eltern vollständig, die Korrespondenzen mit anderen Partnern bis auf vereinzelte Restbestände verloren sind.

Tragende Bedeutung kam dem Austausch mit dem Freund Gerhard Ebeling zu. Anfang Mai 1940 erhielt Klapproth die Geburtsanzeige des ersten Kindes Martin Ebeling,[96] drei Wochen später dann die Nachricht von dessen Tod und Bestattung.[97] Aus Chorin, wo die leidtragenden Eltern Trost, Abstand und Stärkung zu finden hofften, empfing Klapproth, der als

---

[94] Erich Klapproth an Max Klapproth, 29.12.1941 (EZA 50/297/42).

[95] Erich Klapproth an Mathilde Klapproth, 11.6.1940 (EZA 50/305/76).

[96] Geburtsanzeige Martin Ebeling, 3.5.1940 (EZA 50/253/173).

[97] Todesanzeige Martin Ebeling, 29.5.1940 (EZA 50/253/176); G. Ebeling, Feier am Grabe unseres Kindleins Martin, 3 S., masch., 31.5. 1940 (EZA 50/253/177–179).

Taufpate vorgesehen war, einen ausführlichen, ergreifenden Bericht über die Schwangerschafts- und Geburtsschwierigkeiten, über die Krankheit, Nottaufe und Trauerfeier des verstorbenen Kindes. Gegenüber dem im Feld stehenden Freund suchte Ebeling die ihm und seiner Frau Kometa widerfahrenen Kümmernisse zu relativieren:

> Was Dich in dieser Zeit in Anspruch genommen hat, ist ohne Zweifel tiefgreifender und erschütternder. Die fluchhafte Macht des Todes wird Dir vor Antwerpen und sonst in Belgien – vielleicht jetzt gar an der Front bei der Somme? – viel näher gerückt sein, als uns in dem freilich so herzzerreißenden und doch noch irgendwie friedevollen Anblick unseres toten Kindes".[98]

Ende August erzählte Ebeling von der beschwerlichen Rückkehr in den Lebens- und Arbeitsalltag, wobei der von Berlin-Hermsdorf weit entfernte Fliegeralarm „einen manchmal den Krieg ganz vergessen" lasse.[99] Umso mehr bedrückten ihn die nationalsozialistischen Euthanasie-Maßnahmen, mit denen er in seiner Gemeinde soeben erstmals unmittelbar konfrontiert worden war.[100] Ob man an der Front davon auch schon gehört habe?[101] Dass Ebeling im dritten Kriegsjahr für seine 1938 fertiggestellte Dissertation doch noch eine Publikationsmöglichkeit fand,[102] quittierte Klapproth von Frankreich aus in aufrichtiger, selbstloser Freude.[103]

[98] Gerhard Ebeling an Erich Klapproth, 9.6.1940 (EZA 50/253/183). Vgl. dazu A. Beutel, Gerhard Ebeling. Eine Biographie, 2012, 86–88.

[99] Gerhard Ebeling an Erich Klapproth, 23.8.1940 (EZA 50/253/206).

[100] Vgl. Beutel, Ebeling (s. Anm. 98), 88–90.

[101] Vgl. Gerhard Ebeling an Erich Klapproth, 23.8.1940 (EZA 50/253/206).

[102] Vgl. G. Ebeling, Evangelische Evangelienauslegung. Eine Untersuchung zu Luthers Hermeneutik (FGLP X,1), 1942; vgl. dazu Beutel, Ebeling (s. Anm. 98), 54–62.

[103] Vgl. Erich Klapproth an Eltern Klapproth, 21.8.1941 (EZA 50/301/106).

Mit theologischen Lehrern und kirchlichen Weggefährten bestand ebenfalls reger Kontakt. Während seines Heimaturlaubs stattete Klapproth zusammen mit Ebeling am 2. November 1941 Dietrich Bonhoeffer in der Marienburger Allee einen Hausbesuch ab,[104] dabei sah und sprach er den verehrten Mentor zum letzten Mal. Martin Albertz dankte für viele Briefe und Gedichte und insbesondere für Klapproths selbst noch an der Front wahrgenommenes kirchliches Engagement,[105] auch wusste er von der beginnenden Drucklegung des berlin-brandenburgischen Pfarrerbuchs zu berichten.[106] Hans Asmussen tauschte sich mit ihm über das jeweilige Ergehen aus,[107] Helmut Gollwitzer erfreute ihn regelmäßig mit der Zusendung seiner Predigten sowie im März 1941 durch die Anzeige seiner Verlobung mit Eva Bildt,[108] deren halbjüdische Abstammung dann freilich ein Heiratsverbot nach sich zog. Auch mit Else Niemöller hielt Klapproth treue Verbindung, übersandte ihr mehrfach Päckchen mit Kaffee und anderen Lebensmitteln,[109] während sie vom Befinden ihres inhaftierten Gatten Martin Niemöller, dabei auch von dessen im Sommer 1940 aufkeimenden katholischen Neigungen erzählte[110] und den von Klapproth alsbald aktivierten Kontakt zu ihrem ebenfalls eingezogenen Sohn Jo-

---

[104] Vgl. D. Bonhoeffer, Konspiration und Haft 1940–1945, hg. von J. Glenthoj / U. Kabitz / W. Krötke (DBW 16), 1996, 722.

[105] S. u. Abschnitt V.5.

[106] Vgl. Martin Albertz an Erich Klapproth, 17.7.1940 (EZA 50/253/198). – Gemeint ist: O. Fischer, Evangelisches Pfarrerbuch für die Mark Brandenburg seit der Reformation, 3 Bde., 1941.

[107] Vgl. Hans Asmussen an Erich Klapproth, 15.8.1940 (EZA 50/253/202).

[108] Vgl. Erich Klapproth an Helmut Gollwitzer, 13.3.1941 (EZA 686/3525).

[109] Vgl. etwa Else Niemöller an Erich Klapproth, 4.6.1940 (EZA 50/253/182); Else Niemöller an Erich Klapproth, 25.9.1940 (EZA 50/253/214).

[110] Vgl. Else Niemöller an Erich Klapproth, 16.8.1940 (EZA 50/253/205).

chen herstellte,[111] sich dabei jedoch zu den aktuellen bekenntniskirchlichen Flügelkämpfen, an denen auch Klapproth beteiligt war, in ausdrücklichen Abstand begab: „Leider kann ich auf Ihre theologischen Auseinandersetzungen nicht eingehen, weil ich davon nicht allzu viel verstehe".[112] Aus seinen früheren Gemeinden erreichten ihn beklemmende Nachrichten vom Kriegstod und Suizid junger Menschen, die er gekannt hatte.[113] Dora Vatke, die Mutter seines jüngst gefallenen Kameraden Hanshermann Vatke, bat ihn um einen Bericht von den Gedanken und vom Soldatentod ihres geliebten Sohnes.[114]

Der Briefverkehr mit den Eltern kontinuierte sich im Abstand weniger Tage, mitunter auch nur einiger Stunden. Von den Kampfhandlungen in Antwerpen und Dünkirchen berichtete Klapproth ausführlich, danach dann von seinem Ergehen in den verschiedenen Etappenquartieren und wechselnden Dienstaufgaben.[115] Auch suchte er die um seine Ernährung besorgte Mutter fortgesetzt zu beruhigen: Immer wieder ist in der nach Hause gesandten Post von Erdbeeren, Kirschen, Pflaumen, Ananas und anderem Obst, das er reichlich zu sich nehme, die Rede, desgleichen von frischem Gemüse, von Bratkartoffeln, Fleisch, Ölsardinen, Schweizer Käse und Schokolade,

---

[111] Vgl. Else Niemöller an Erich Klapproth, 24.6.1940 (EZA 50/253/189); Jochen Niemöller an Erich Klapproth, 16.7.1940 (EZA 50/253/196).

[112] Else Niemöller an Erich Klapproth, 25.9.1940 (EZA 50/253/214).

[113] Vgl. etwa Hedwig und Oskar Goecke an Erich Klapproth, 28.6.1940 (EZA 50/253/184–188); Hans Böhm an Erich Klapproth, 26.6.1940 (EZA 50/253/190); Oskar Goecke an Erich Klapproth, 1.8.1940 (EZA 50/253/205–207).

[114] Vgl. Dora Vatke an Erich Klapproth, 22.9.1940 (EZA 50/253/212f).

[115] Klapproths ausführliche Berichte von seinen Eindrücken und Erlebnissen an der Front waren oft mit der Bitte verbunden, diese Sendungen für 14 Tage an Hermann Ehlers gehen zu lassen und danach Gerhard Ebeling zuzuleiten, der sie zu gegebener Zeit wieder den Eltern zurückgeben möge (vgl. etwa Erich Klapproth an Mathilde Klapproth, 11.7.1940 [EZA 50/305/49]).

von Kaffee und französischem Rotwein. Stolz berichtete er im November 1940 den Erwerb von Lederhandschuhen, die ihm die Schwiegermutter des Hauswirts passend genäht habe.[116] Und mit ersichtlichem Augenzwinkern klagte er über die hohen Briefschulden, die ihm die insgesamt 42 Weihnachtspäckchen, welche ihm im Dezember 1940 von Verwandten und Freunden zugingen, eingebrockt hatten.[117] Im Vorfeld seines 29. Geburtstags übermittelte Klapproth eine Liste möglicher Bücherwünsche, die vornehmlich auf Monographien zur biblischen Exegese oder zu Luther verwies,[118] sich im Notfall aber auch mit einem Titel von Fritz Reuter oder einem der deutschen Klassiker zu begnügen versprach.[119] In regelmäßigen Abständen retournierte er Stapel erhaltener Postsendungen, die er mit der Bitte versah, sie für ihn aufzubewahren. Außerdem ermahnte er die Eltern, sie seien die zu Hause eingehenden, an ihn adressierten Briefe mit der Aufschrift „Nicht nachsenden!" unter keinen Umständen zu öffnen befugt;[120] sollte ihm im Feld etwas Finales zustoßen, hieß es um Einiges später, so müssten diese Zuschriften unbedingt in verschlossenem Zustand vernichtet werden.[121]

---

[116] Vgl. Erich Klapproth an Eltern Klapproth, 30.11.1940 (EZA 50/305/155).

[117] Vgl. Erich Klapproth an Mathilde Klapproth, 10.1.1941 (EZA 50/305/184).

[118] An oberster Stelle waren die folgenden Neuerscheinungen notiert: W. Link, Das Ringen Luthers um die Freiheit der Theologie von der Philosophie, 1940; K. Hartenstein, Der wiederkommende Herr. Eine Auslegung der Offenbarung des Johannes, 1940.

[119] Vgl. Erich Klapproth an Mathilde Klapproth, 24.9.1941 (EZA 50/301/136).

[120] Vgl. Erich Klapproth an Mathilde und Heinz Klapproth, 17.8.1940 (EZA 50/305/80). – Dies war insbesondere auf Zusendungen bekenntniskirchlicher Freunde und Kollegen, die sich in dem in Berlin und Preußen immer stärker tobenden Kirchenkampf engagierten, gemünzt.

[121] Vgl. Erich Klapproth an Mathilde Klapproth, 30.4.1941 (EZA 50/301/44).

Daneben nahm er die Mutter mit praktischen, den Vater mit naturkundlichen Fragen, die ihn bewegten, in Anspruch: Ob sie ihm, damit man alte Backwaren nicht wegwerfen müsse, ein Rezept für Brotsuppe übermitteln könne?[122] Ob sich an Wollstrümpfe, die so leicht einrissen, doppelte Fersen flicken ließen?[123] Ob die Gezeiten, worauf der Vater vielleicht im Lexikon Antwort finde, an allen Küsten der Nordsee im exakten Abstand von zwölf Stunden gleichzeitig aufträten?[124]

Tief besorgten Anteil nahm Klapproth an der expandierenden Bombardierung der Reichshauptstadt, welche die Eltern vermehrt zu schlaflosen Nächten in den Luftschutzkeller vertrieb. Den jährlichen Kuraufenthalt, den der Vater im August 1940 in Bad Liebenstein nahe Eisenach zubrachte, begleitete Klapproth mit wohlmeinenden Wünschen.[125] Durch eine vorübergehende Feldpostsperre noch zusätzlich aufgewühlt, bangte er ab Mitte Juni 1941 um seinen Bruder Heinz, der wegen eines unvermittelt aufgetretenen Geschwürs mehrfach geröntgt und danach im Martin-Luther-Krankenhaus zu Berlin-Grunewald operiert werden musste.

Anders als in den Briefen der Vorkriegszeit waren religiöse Themen und Betrachtungen, seit Klapproth im Feld stand, fast gänzlich aus seinen Schreiben verschwunden; allenfalls am Briefende flocht er gelegentlich noch einen geistlichen Segens-

[122] Vgl. Erich Klapproth an Eltern Klapproth, 18.3.1941 (EZA 50/301/23).

[123] Vgl. Erich Klapproth an Eltern Klapproth, 7.8.1941 (EZA 50/301/101).

[124] Vgl. Erich Klapproth an Eltern Klapproth, 12.4.1941 (EZA 50/301/37).

[125] Im darauffolgenden Jahr 1941 beschwor Klapproth, als die Herbstkühle aufzog, den Vater, sich doch bitte ganz umstandslos seiner wollenen Unterhosen zu bedienen, und gab eine präzise Beschreibung, in welchem Fach seines Kleiderschranks sie zu finden sind (vgl. Erich Klapproth an Max Klapproth, 21.11.1941 [EZA 50/297/7]).

wunsch wie „Gott behüte Euch!“[126] ein. Nun aber, in solcher familiären Notsituation, griff er behutsam auf seine seelsorgerlichen Kompetenzen zurück. „Ihr erinnert Euch vielleicht eines gewissen Hiob“, fragte er rhetorisch, „dem nacheinander noch schlimmere Dinge widerfuhren“. Analog zu Hiobs damaliger Situation erscheine es auch jetzt unangebracht, „sich nutzlos und mißtrauisch oder gar besserwissend in Sorgen zu zermürben“. Vielmehr solle man die aktuelle Beschwernis als eine göttliche Prüfung ansehen und nicht die eigene Sorge, sondern das Vertrauen in das Gebet zu Gott vorherrschend werden lassen. „Freilich, ohne von Gottes Freundlichkeit durch Jesus Christus ein- für allemal überzeugt zu sein, läßt es sich in so bitteren Zeiten der Versuchung kaum durchhalten“. Diese geistlichen Mahn- und Ermunterungsworte ließ Klapproth sodann in diesseitig-pragmatische Überlegungen ausmünden: Ob nicht vielleicht Tante Erna oder Tante Marie oder sonst irgendjemand aus der näheren Verwandt- oder Bekanntschaft zumindest für zwei Wochen als Hilfe ins Haus kommen könnte?[127] Das war nicht länger, wie ansatzweise bisweilen in Friedenszeiten, abgehobene religiöse Verklärung der realen Lebensumstände, vielmehr glaubensintensive konkrete Hilfe zur Daseinsbewältigung.

Als dominantes Thema des mit den Eltern geführten Briefwechsels erwies sich alsbald und beständig der Warenaustausch. Wenn die Angebotslage in Flandern und Nordfrankreich auch Schwankungen unterworfen war, so erscheint die Fülle und Vielfalt der Sendungen, die Klapproth nach Hause abgehen ließ und deren Inhalt er brieflich jeweils penibel beschrieb, doch geradezu exorbitant. Mitte Juni 1940 teilte er bedauernd mit, man dürfe „wegen der Überlastung der Feldpost

---

[126] Erich Klapproth an Mathilde Klapproth, 19.5.1941 (EZA 50/301/52).

[127] Erich Klapproth an Eltern Klapproth, 3.7.1941 (EZA 50/301/87).

täglich [!] nur 1 Päckchen abgeben".[128] Den bis zu 250 Gramm schweren Lieferungen lag regelmäßig eine vom Kompaniechef unterzeichnete Bescheinigung bei, „dass der Inhalt dieser Sendung rechtmaessig erworben ist".[129] In dem durch zunehmende Luftangriffe bedrohten Berlin mochten die Eltern den Eindruck gewinnen, es herrschten an der Westfront fast paradiesische Zustände.

Bei den Lebensmitteln, die von dort in sehr dichter Folge abgingen, überwogen Äpfel, Birnen, Melonen, Apfelsinen und anderes Obst. Auch Bohnenkaffee, Kakao und Tee sandte er immer wieder nach Hause, desgleichen Butter, Kartoffeln, Rosinen, Puddingpulver, Leberpastete, einmal sogar frischen Spargel. Um Eier bruchsicher versenden zu können, zerriss Klapproth mehrere Stofftaschentücher und erbat sich neue dafür. Schokolade, Marzipan und Konfekt zählten ebenfalls zu den regelmäßigen Gütern; die dezente Andeutung, es habe sich für ihn in Lille „eine Schokoladenbeziehung"[130] aufgetan, nährte gewiss auch die Phantasie der Empfänger. Um der zugesandten Lebensmittelkonserven habhaft zu werden, überstellte er den Eltern zugleich einen Büchsenöffner und erläuterte ausführlich das ihnen offenbar unbekannte Küchengerät.[131] Als Toilettenartikel waren zumal Parfüm und Seife willkommen. Die bunte Warenfolge vermehrte sich um Hosenträger, Gummibänder, Schnüre, Schals, Oberhemden und Fahrradmäntel. Wegen der postalischen Gewichtsbeschränkung musste Klapproth zwei Bücher in mehrere Teile zerlegen; die Eltern, bat er, mögen sie wieder binden lassen.[132] Gelegentlich gingen auch

[128] Erich Klapproth an Mathilde Klapproth, 18.6.1940 (EZA 50/305/30).

[129] Beispielsweise EZA 50/305/46.

[130] Erich Klapproth an Max Klapproth, 29.12.1941 (EZA 50/297/42).

[131] Vgl. Erich Klapproth an Eltern Klapproth, 7.4.1941 (EZA 50/301/34).

[132] Vgl. Erich Klapproth an Mathilde Klapproth, 21.6.1940 (EZA 50/305/33).

Erinnerungsstücke nach Hause, so ein französischer Wimpel, mehrere große Muscheln vom Strand oder ein Granatsplitter, der ihm vor Dünkirchen in das Erdloch gerollt war.[133]

Wenn sich die Verlegung in stadtferne Quartiere abzeichnete, forderte Klapproth die Eltern zu raschen Bestellungen auf: „Schreibt mir umgehend, wenn Ihr noch hauswirtschaftl[iche] Gegenstände […] o. ä. braucht – auch Bürosachen! Denn vielleicht habe ich bald nicht mehr solche Einkaufsmöglichkeiten".[134] Sobald die Bedarfsliste eintreffe, werde er sich „um die Erfüllung sämtlicher Wünsche bemühen".[135] So erbaten die Eltern nun auch größere Stücke. Für den Vater ließ sich nach langem Suchen in Brüssel ein guter gefütterter Wintermantel erwerben. Der Wunsch nach einer Schreibmaschine erwies sich, nachdem man den zugestellten Katalog inspiziert hatte, als unerschwinglich. Längere Diskussionen gab es um den Kauf eines besseren Radios: Man zauderte, erwog hin und her, schließlich riet Klapproth ab, weil sich Ersatzteile für einen französischen Apparat in Deutschland wohl nur schwerlich würden auftreiben lassen.[136]

Den Transport größerer Güter übernahmen Kameraden, die auf Urlaub nach Berlin kamen. So lieferte der Gefreite Borchert eine prall mit Waren gefüllte lederne Aktenmappe und die von der Mutter bestellte Handtasche ab. Von der Möglichkeit, als Urlauber Gepäck bis zu einem Gewicht von 75 Kilogramm kostenfrei aufzugeben, machte auch Klapproth selbstverständlich Gebrauch.[137] Mitunter bediente er darüber hinaus die Wa-

---

[133] Zu Letzterem vgl. Erich Klapproth an Max Klapproth, 11.6.1940 (EZA 50/305/23–25).

[134] Erich Klapproth an Eltern Klapproth, 20.7.1941 (EZA 50/301/94).

[135] Erich Klapproth an Mathilde Klapproth, 8.3.1941 (EZA 50/301/12).

[136] Vgl. Erich Klapproth an Mathilde Klapproth, 16.9.1941 (EZA 50/301/131).

[137] Vgl. Erich Klapproth an Eltern Klapproth, 2.10.1941 (EZA 50/301/140).

renwünsche aus der Verwandtschaft, sofern sie nicht, wie etwa bei erbetenem Vogelfutter für Wellensittiche,[138] die Grenzen dessen, was ihm möglich war, überstiegen.

Von der Mutter kamen ebenfalls in dichter Serie Päckchen zu Klapproth ins Feld. Pflaumenmus, Marmelade oder trockener Kuchen erfreuten als gegenständliche Heimatgrüße und wurden mit den Stubenkameraden geteilt. Mehrfach zerbrach unterwegs eine Flasche mit Fruchtsaft und verdarb neben den anderen Waren meist auch den beiliegenden Brief. Wunschgemäß übersandte sie außerdem Zeitungen, Fußlappen, Einlegesohlen, Kerzen, hochwertiges Briefpapier, dazu auch Zigaretten, die ihrem Sohn als geldfreie Währung willkommen waren. Alle paar Wochen kamen gebrauchte Rasierklingen ins Haus, die dann geschliffen und retourniert werden sollten. Mitte April 1941, kurz nach dem Ausgriff der deutschen Wehrmacht auf Nordafrika, übersandte die Mutter eine große Karte von Afrika, die Klapproth sogleich vergnügt an der Tür seiner Stube anbrachte: „Das sieht schon ganz gelehrt und fast nach Generalstab aus!“[139] Im November 1940, als die Herbstnächte spürbar kühler wurden, erbat sich Klapproth die Zusendung eines kleinen elektrischen Heizofens, der, nachdem ihn der Unteroffizier Landsberg aus Berlin mitgebracht hatte, vor Ort tadellos funktionierte und den der stolze Besitzer gelegentlich „gegen geringe Abnutzungsgebühr“ auch an Kameraden entlieh.[140]

Die Begleitbriefe der Päckchen enthielten stets lange, penibel ausgeführte Abrechnungslisten, die Buchführung war bis auf den Pfennig genau. Wenn ihm eine gewünschte Ware zu teuer

---

[138] Vgl. Erich Klapproth an Mathilde Klapproth, 20.6.1941 (EZA 50/301/82).

[139] Erich Klapproth an Eltern Klapproth, 12.4.1941 (EZA 50/301/37).

[140] Erich Klapproth an Eltern Klapproth, 30.11.1940 (EZA 50/305/153).

erschien – etwa Rosinen für 1 Reichsmark pro 300 Gramm[141] –, bat Klapproth vorab um Zustimmung oder Ablehnung. Und er ließ sich von seinem durch die kirchlichen Bezüge gespeisten Postscheckkonto, auf das die Mutter Zugriff hatte, monatlich den erlaubten, sich an der Höhe seines Wehrsolds bemessenden Höchstbetrag von 36 Reichsmark zusenden.[142]

Als Anforderungsposten benannte Klapproth regelmäßig auch Literatur. Dazu zählten neben dem jährlichen, von der Goßner-Mission vertriebenen Pfarrerkalender etwa Wilhelm von Kügelgens *Jugenderinnerungen eines alten Mannes*, die auf seinem heimischen Bücherbord standen, oder Willy Kramps unlängst erschienener Roman *Die Fischer von Lissau*, insbesondere aber die 1940 publizierte *Theologie der lutherischen Bekenntnisschriften* von Edmund Schlink, die er, nachdem die Mutter das Buch besorgt hatte, an der Front und im Heimaturlaub intensiv durcharbeitete. Als Weihnachtsgeschenk waren ihm Lyrikbände von Eduard Mörike, Joseph von Eichendorff oder Manfred Hausmann willkommen. Titel, die ihn besonders faszinierten, ließ er sich von der Buchhandlung fünffach nach Hause liefern und teilte der Mutter die Adressen mit, an die sie jeweils verteilt werden sollten.[143]

Die alten religiösen und weltanschaulichen Auseinandersetzungen mit der Mutter führte Klapproth von der Westfront aus kaum noch fort. Nachdem sie ihn einmal diesbezüglich herausgefordert hatte, winkte er interesselos ab: „Für die politischen Dinge fehlt mir – um auf Deine Notizen kurz zu antworten –

---

141 Vgl. Erich Klapproth an Eltern Klapproth, 18.3.1941 (EZA 50/301/23).

142 Vgl. Erich Klapproth an Eltern Klapproth, 26.9.1940 (EZA 50/305/110).

143 Dies betraf etwa F. Ronneberger, ... und fielen vor dem Feinde – und werden leben. Ein Trostbuch für alle, die um Gefallene trauern, 1941 (vgl. Erich Klapproth an Eltern Klapproth, 7.8.1941 [EZA 50/301/101]); M. Hausmann, Einer muß wachen. Sechs Versuche, 1941 (vgl. Erich Klapproth an Mathilde Klapproth, 5.12.1941 [EZA 50/297/16]).

nach wie vor jede Leidenschaft und Begeisterung. Ich sehe die Ereignisse des Weltgeschehens ohne jeden Idealismus nüchtern als Folge einer jeweiligen Real-, d.h. Machtpolitik, ohne alle Verbrämung moralischer Art".[144] Den einzigen klaren theologischen Widerspruch provozierte im Juli 1940 der elterliche Triumphruf, der siegreiche „Blitzkrieg" im Westen beweise doch schlagend, dass Gott die deutschen Waffen gesegnet habe. Aus militärischem Erfolg, hielt Klapproth dagegen, könne niemals auf die Zustimmung Gottes geschlossen werden, was der Lauf der Weltgeschichte ja auch hinreichend erzeige. Und selbst ein frommes Dankgebet für solche Ereignisse berge stets die Gefahr pharisäischer Selbstgerechtigkeit in sich: „Solcher Dank, bei dem man Gott sozusagen nur bescheinigt, daß er sich richtig benommen habe, ist ein großes Theater, wenn man dabei auch eigene ‚Demut' bekundet!"[145] Im Übrigen, fuhr er fort, könne sich der Segen Gottes niemals darin erweisen, dass es mir gut geht und dem anderen schlecht. Ob man sich in dem Wunsch, das deutsche Volk möge vor Selbstgerechtigkeit bewahrt und in den Gehorsam gegen die Gebote Gottes geführt werden, nicht vielleicht doch werde vereinigen können?[146]

Richtigen Ärger gab es lediglich ein einziges Mal, im Frühjahr 1941. Er hing damit zusammen, dass Klapproth in Adolf Ebeling, dem Vater Gerhard Ebelings, der in Berlin-Steglitz nur wenige hundert Meter von den Eltern entfernt wohnte, einen unbedingten kirchlichen Vertrauensmann gefunden hatte. Deshalb bat er, im Falle seines plötzlichen Todes allererst ihn zu benachrichtigen, damit dieser dann die bei ihm verwahrten wichtigen Dokumente aus Klapproths Besitz vereinbarungsgemäß weiterleite.[147] Nun hatte Klapproth Ende März den Eltern

---

[144] Erich Klapproth an Mathilde Klapproth, 19.9.1940 (EZA 50/305/108).

[145] Erich Klapproth an Eltern Klapproth, 4.7.1940 (EZA 50/305/45).

[146] Vgl. ebd.

[147] Vgl. Erich Klapproth an Eltern Klapproth, 18.3.1941 (EZA 50/301/23).

auch einen verschlossenen, an Adolf Ebeling adressierten Brief mit der Bitte um Zustellung beigefügt. Dass die Mutter diesen Brief dann nicht an den Empfänger gegeben, sondern ihrerseits erbrochen und gelesen hatte, empörte ihn tief, und er bereute nun sehr, durch die Portoersparnis solches vertrauenswidrige Fehlverhalten ermöglicht zu haben: „Jeder Mensch hat ja auch seine *eigenen* Dinge, und wenn ich Euch etwas […] verklebt schicke, dann soll es bitte *ebenso* bleiben".[148] Im August wiederholte Klapproth noch einmal seine Mahnung zur Diskretion: Er müsse sich uneingeschränkt darauf verlassen können, dass bei den an ihn eingehenden Sendungen das Briefgeheimnis strikt und verlässlich gewahrt werde.[149] Es scheint, als habe es in der Folgezeit weitere Anlässe zu solcher Klage und Mahnung dann nicht mehr gegeben.

Neben den Berichten von seinem Ergehen und den kontinuierlichen Handelsgeschäften drückte Klapproth in den an die Eltern gerichteten Briefen immer wieder auch intensive, herzliche Zuwendung aus. Zu Weihnachten 1940 gab er dem Trennungsschmerz, den das Fest ungeschützt ins Bewusstsein hob, eine aparte theologische Wendung:

Es ist das erste Mal, daß ich das Christfest nicht zu Hause verleben kann. Gott gebe, daß es, wenigstens auf lange Zeit, das letzte Mal sei und 1941 uns wieder alle um den Lichterbaum vereint. Es ist immer noch viel, daß wir uns wenigstens auf dieser Erde suchen und besuchen können! Wird da nicht das Opfer deutlicher, das wir zu Weihnachten als das wichtigste Ereignis der Weltgeschichte feiern: daß Christus sich um unsertwillen von Seinem Vater trennte, und daß Gott um unsertwillen Seinen Sohn dahingab? Es wäre ein großes Geschenk, wenn *unsere* jetzige Trennung uns jenen göttlichen Abschied besser und dankbarer zu verstehen lehrte. Ohne diese Dankbarkeit und Anbetung des Kindes in der Krippe und des Vaters im Himmel gliche unser

[148] Erich Klapproth an Mathilde Klapproth, 2.4.1941 (EZA 50/301/31).

[149] Vgl. Erich Klapproth an Mathilde Klapproth, 18.8.1941 (EZA 50/301/105).

,Weihnachten' einer Geburtstagsfeier, bei der wir unhöflicherweise das Geburtstagskind ganz vergäßen.[150]

Im März 1941 übermittelte Klapproth der Mutter einen rührenden Geburtstagsgruß, der den Dank für ihre treue, tätige Liebe, das selbstkritische Eingeständnis seiner früheren Hartherzigkeit und das Bemühen um aufrichtige Verständigung in ein sehr persönliches Festtagsgebinde zusammenflocht.[151] Auch der Vater empfing im Juni 1941 einen liebevollen Geburtstagsbrief: Klapproth erinnerte zunächst an gemeinsame, dicht geschilderte Erlebnisse aus seiner Kindheit und dem jüngsten Zusammensein, wandte den Blick sodann auf den Ernst der gegenwärtigen Lage – „Als Männer brauchen wir uns nicht verheimlichen, daß bei Deinem nächsten Geburtstag meine Glückwünsche *vielleicht* nicht mehr gesagt – oder nicht mehr gehört werden können" –, warb ferner um Verständnis für seinen eigenen theologischen Weg und schloss mit der Versicherung, den Wunsch des Vaters auf Nachkommenschaft mit Gottes Hilfe dereinst erfüllen zu wollen.[152] Den 35. Hochzeitstag der Eltern, den er kriegsbedingt nicht mitfeiern konnte, bedachte Klapproth im September 1941 mit warmherzigen Segenswünschen.[153]

Anhaltende Sorge bereitete seit dem Frühsommer 1941 die psychische Erkrankung der Mutter. Klapproth sprach anfäng-

[150] Erich Klapproth an Eltern Klapproth, 16.12.1940 (EZA 50/305/166).

[151] Vgl. Erich Klapproth an Mathilde Klapproth, 10.3.1941 (EZA 50/301/19); s.u. Anhang II.6.

[152] Erich Klapproth an Max Klapproth, 14.6.1941 (EZA 50/301/78); s.u. Anhang II.7. – Dass der kranke, altersgebrechliche Vater eine Familiengründung seines einzigen gesunden Kindes Erich drängend herbeisehnte, geht aus verschiedenen Briefen des Sohnes hervor; vgl. nur Erich Klapproth an Eltern Klapproth, 16.12.1940 (EZA 50/305/166).

[153] „Möchtet Ihr Euer Zusammensein bis zum letzten Tag dankbar aus Gottes Hand nehmen und einander zum ewigen Leben aushelfen" (Erich Klapproth an Eltern Klapproth, 19.9.1941 [EZA 50/301/134]).

lich von „Nervosität",[154] nannte die Depression, in die sie gefallen war, aber alsbald beim Namen. Im Juni drängte er auf eine sommerliche Erholungsreise, einen angenehmen Aufenthalt in Neuruppin werde er leicht zu vermitteln wissen, für die Kosten möge sie unbedingt auf seinen Sparkassenbrief zugreifen.[155] Nachdem ihm die Mutter Ende August die Schwere ihrer Erkrankung offen dargelegt hatte, ließ er ihr einen einfühlsamen seelsorgerlichen Trostbrief zukommen. Dabei benannte er zunächst die exogenen Ursachen ihrer Bedrängnis: die Last der Arbeit im Haushalt und im Büro, die dem behinderten Sohn Heinz und dem alten, ruhebedürftigen Ehemann geschuldete dauerhafte Versorgungspflicht, den zu Jahresbeginn eingetretenen Wegfall einer Haushaltshilfe und, nicht zuletzt, die Ungewissheit seiner eigenen Existenz sowie die von ihm bis vor kurzem „über das notwendige Maß hinaus" artikulierten Meinungsverschiedenheiten; es sei kein Wunder, dass sich dies alles bei ihr „zu einem Bündel Angst und Scheu zusammenballte".[156] Dann riet er, sich an den Grenzen der eigenen Tragfähigkeit „die Hinwendung zu Gott als einziges Besserungsmittel" offenbar werden zu lassen: „Gott ruft uns umso stärker zu sich, wenn er uns ganz arm macht und wir völlig hilflos geworden sind".[157] Um nicht in unverbindliche Erbaulichkeit abzugleiten, wandte Klapproth die religiöse Situationsdeutung sogleich ins Praktische: Die Mutter solle sich regelmäßige Zeiten zur Morgen- und Abendandacht einrichten, täglich mit einem Stück aus der Bibel umgehen und alle ihre Ängste betend Gott anvertrauen: „Du sollst sehen, wie's dann kommt! Nicht, daß die Um-

[154] Erich Klapproth an Mathilde Klapproth, 29.7.1941 (EZA 50/301/98).

[155] Vgl. Erich Klapproth an Mathilde Klapproth, 18.6.1941 (EZA 50/301/80).

[156] Erich Klapproth an Mathilde Klapproth, 4.9.1941 (EZA 50/301/122); s.u. Anhang II.8.

[157] Ebd.

stände [...] anders werden; [...] aber *wir* werden anders durch solches Gebet".[158]

Tatsächlich versuchte Mathilde Klapproth daraufhin, die Ratschläge ihres Sohnes zu beherzigen, und nahm auch den täglichen Umgang mit dem Herrnhuter Losungsbuch auf. Weil das von ihr offenbar erhoffte Wunder über Nacht ausblieb, keimte jedoch alsbald wieder Ungeduld auf, weshalb sich Klapproth zu der bewusst pluralisch formulierten Mahnung „wir [!] müssen da eben alle warten können" veranlasst sah: „Das Gebet dient ja nicht dazu, daß Gott sich *unserm* Willen fügt, sondern wir dem Willen Gottes".[159] Im November 1941 unterzog sich die Mutter für drei Wochen einem Klinikaufenthalt in Neustadt (Südharz). Nachdem sie ihre Unzufriedenheit mit dem behandelnden Arzt und ihre daraus resultierende Neigung zu vorzeitigem Abbruch kundgetan hatte, mahnte sie Klapproth in einem langen, liebevoll zugewandten Brief eindringlich zur Fortsetzung der Behandlung: In aller Regel wisse der Arzt besser als der Patient, was zu tun sei, und außerdem könne man doch sicherlich darin übereinstimmen, dass letzten Endes „alles Böse nur mit Gottes Hilfe vergeht".[160]

Aufs Ganze gesehen war der Heimatkontakt, den Klapproth von der Westfront aus unterhielt, derart vielfältig und intensiv, dass er als existentieller Stabilisierungsfaktor seines Soldatendaseins kaum überschätzt werden kann. Die gänzlich anderen Lebensumstände, denen die Eltern und er inzwischen ausgesetzt waren, der fortlaufende gegenseitige Versorgungsdienst sowie die unter der räumlichen Trennung deutlicher hervortretende familiäre Verbundenheit ließen beim Gedanken an die Zukunft mancherlei Hoffnungen aufkeimen. Indessen begann

---

[158] Ebd.

[159] Erich Klapproth an Mathilde Klapproth, 12.10.1941 (EZA 50/301/144).

[160] Erich Klapproth an Mathilde Klapproth, 22.11.1941 (EZA 50/297/9).

mit der Verlegung an die Ostfront wieder ein ganz neues, unabsehbares Kapitel.

3. An der Ostfront

Anders als zuvor im Westen sind Klapproths Einsatz und Erfahrungen an der Ostfront nur recht lückenhaft überliefert. Zwar unterhielt er auch dort vielfältige Briefkontakte, doch ist ein erheblicher Teil seiner überlieferten Schreiben aufgrund des minderwertigen Papiers und Schreibstifts kaum noch zu entziffern oder bis zur Unlesbarkeit verblasst. Nach Hause gab er weiterhin Nachricht, so oft es ging, war dabei aber manchmal eine Woche oder noch deutlich länger zu pausieren gezwungen. Die Eltern grüßten ihn durchschnittlich alle zwei Tage postalisch, zudem versah man die Briefe nun von Anfang an beiderseits, damit Zustellungsverluste bemerkt würden, mit fortlaufenden Nummern. Die Postlaufzeit erhöhte sich jetzt auf etwa drei Wochen. Ab Mai 1942 stand die Möglichkeit der schnelleren, freilich auch kostspieligeren Luftfeldpost zur Verfügung, für Notfälle hatte Klapproth die Eltern alsbald mit ein paar Luftpostmarken versehen.[161] Da für die datierende Ortsangabe lediglich „Rußland“ oder „Im Osten“ erlaubt war, lassen sich seine verschiedenen Stand- und Einsatzorte im Kampfgebiet kaum noch präzise erschließen. Neben den Briefen an seine Eltern – die Gegenbriefe haben allesamt als verloren zu gelten – sind, abgesehen von vereinzelten Ausnahmen, lediglich einige Schreiben Klapproths an den Freund, Amtsbruder und Soldaten Rudolf Weckerling (1911–2014), der damals zeitweilig in seiner Nachbarschaft Kriegsdienst leistete und sich nach dem Krieg um die ökumenische Verständigung mit der Christenheit in Vorderasien und Afrika sowie die Aus-

[161] Vgl. Erich Klapproth an Mathilde Klapproth, 14.7.1942 (EZA 50/293/90).

söhnung zwischen Christen und Juden verdient machen sollte, aktenkundig geblieben.

Anfang Januar 1942 wurde die Kompanie, in der Klapproth Dienst tat, aus dem französischen Lille an die russische Ostfront verlegt. Die Fahrt im Güterwagen, berichtete er nach Hause, sei eng, aber gemütlich gewesen. Bei eisigen Temperaturen führte sie über Posen, Thorn, Babrujsk und Gomel (Homel), am 8. Januar traf man in Brjansk, dem neuen Verwendungsort, ein. Während der unterwegs eingelegten Pausen ergab sich die Gelegenheit, erstmals die dort lebenden, ihm fremden Menschen zu sehen: Sie schienen ihm merkwürdig gekleidet, trugen, gleich welchen Alters oder Geschlechts, Filzstiefel und Pelzmützen und kamen in der Absicht, kleine Tausch- oder Geldgeschäfte zu tätigen, arglos ans Gleis.[162] Indessen war es mit der Beschaulichkeit dann buchstäblich über Nacht schon vorbei.

Im Oktober 1941 hatte die Offensive der deutschen Wehrmacht in der Doppelschlacht bei Wjasma und Brjansk große Geländegewinne zu erzielen vermocht, sich dann aber im herbstlichen Schlamm festgefahren. Erst nachdem Frostwetter eingesetzt und die Wege wieder befahrbar gemacht hatte, verlängerte sich die Offensive in die am Ende verlorene Schlacht um Moskau. Bis zum Frühjahr 1942 gelang es der Roten Armee, erhebliche Teile des im vorigen Herbst eingebüßten Areals wieder zurückzugewinnen.[163] Unmittelbar nach seiner Ankunft in Brjansk wurde Klapproth in die deutschen Abwehrgefechte einbezogen. Bereits nach seinem ersten Kampfeinsatz am 9. Januar 1942 berichtete er von etlichen Kameraden, die gefallen waren oder Erfrierungen zu beklagen hatten. „Anstrengend", hielt er fest, „ist der Krieg im Osten freilich, wie

---

[162] Vgl. Erich Klapproth an Mathilde Klapproth, 8.1.1942 (EZA 50/293/4).

[163] Vgl. K. Reinhardt, Die Wende vor Moskau – Das Scheitern der Strategie Hitlers im Winter 1941/42, 1972.

man sich das bisher kaum vorstellen konnte".[164] Das überfüllte und überhitzte Quartier vereitelte nahezu jede Erholung.[165]

In der Gegend um Brjansk verblieb Klapproth bis in den Spätsommer 1942, dabei fortwährend dem Wechselspiel von heftigen Kampfphasen und rekreativen Ruhepausen ausgesetzt. Am 29. Januar schilderte er den Eltern die umfassende Inanspruchnahme, die ihn „vom ersten Augenblick des Aussteigens aus der Eisenbahn an so in Atem gehalten" habe, „daß ich oft 4, 5 Tage lang nicht dazu kam, mir auch nur die Hände zu waschen".[166] Die grausamen Härten des Kriegsgeschehens erschütterten ihn, „der Anblick brennender Dörfer am abendlichen Himmel ist unser täglich Brot".[167] Kommentarlos, doch unverkennbar in sarkastischer Absicht fügte er dem Brief eine vollständige Abschrift des „Führer-Erlasses" vom 27. Januar bei, mit dem Hitler der Ostfront eine frenetische Lagebeschreibung und moralische Aufpeitschung hatte zukommen lassen.[168] Gegenüber Weckerling stellte Klapproth die von der eigenen Artillerie in Brand geschossenen Ortschaften, in die man einrückte, um Einiges nüchterner dar: Man finde deshalb oft gar kein oder nur schlechtes Quartier, andererseits ließen sich solche Gewaltmaßnahmen „bei der Erstürmung und zur nachfolgenden Sicherung" kaum vermeiden.[169] Bis auf eine harmlose Splitterwunde am Rücken trug Klapproth vorerst keine Verwundung davon.[170]

Sechs Wochen später hieß es erneut: „Ich bin gerade wieder einmal in hartem, sehr anstrengendem Einsatz, der nun schon 14 Tage ununterbrochen währt, und unsere Kräfte bis zum

[164] Erich Klapproth an Eltern Klapproth, 15.1.1942 (EZA 50/293/5).
[165] Vgl. ebd.
[166] Erich Klapproth an Eltern Klapproth, 25.1.1942 (EZA 50/293/6).
[167] Ebd.
[168] Vgl. ebd.
[169] Erich Klapproth an Rudolf Weckerling, 4.2.1942 (EZA 666/217).
[170] Vgl. ebd.

Letzten beansprucht".[171] Allerdings ging diese Nachricht nicht an die Eltern, sondern an die von der Berliner Bekennenden Kirche „illegal" als erste Frau ordinierte Vikarin Helga Zimmermann (1910–1993), die mit Klapproth seit längerem bekannt und mit Weckerling, den sie im Folgejahr heiraten sollte, verlobt war. Neben diesem ungeschminkten Ergehensbericht dankte ihr Klapproth auch für die Trost- und Liebesdienste, die sie zu Hause seiner Mutter erwies.[172] Nach weiteren drei Wochen bekannte er gegenüber Weckerling, er sei „so herunter wie noch nie. Tag *und* Nacht laufend Dienst. [...] Neulich fiel ich als Wachhabender schlafend in den Ofen".[173] Und die Berichte über nahes feindliches Feuer, dem man ausgesetzt war, über verlustreiche Kampfeinsätze und traumatisierende Erlebnisse setzten sich fort.[174]

Nur ganz vereinzelt, während ruhiger Frontphasen, machten sich in Klapproths Berichten Spuren von landsknechthafter Derbheit bemerkbar.[175] Im April 1942 absolvierte er, nunmehr erfolgreich, einen Unteroffiziers-Lehrgang, der ihm vorübergehend, wie einst in Sachsendorf,[176] einen klar regulierten, vom sehr frühen Wecken über verschiedene Unterrichts- und Geländediensteinheiten bis zur abendlichen Freizeit reichenden Tagesablauf garantierte.[177]

---

[171] Erich Klapproth an Helga Zimmermann, 22.3.1942 (EZA 666/217).

[172] Vgl. ebd.

[173] Erich Klapproth an Rudolf Weckerling, 11.4.1942 (EZA 666/217).

[174] Vgl. etwa Erich Klapproth an Mathilde Klapproth, 8.6.1942 (EZA 50/293/64) und 29.7.1942 (EZA 50/293/99).

[175] „Ob der Russe sich die Zähne ausgebissen hat und abgezogen ist?" (Erich Klapproth an Mathilde Klapproth, 18.3.1942 [EZA 50/293/32]); „Wir werden in feste Stellungen kommen. Dort mag uns der Russe dann aufsuchen, wenn er Lust dazu hat" (Erich Klapproth an Eltern Klapproth, 2.4.1942 [EZA 50/293/39]).

[176] S.o. Abschnitt V.1.

[177] Vgl. Erich Klapproth an Rudolf Weckerling. 23.4.1942 (EZA 666/217).

Als regelmäßiger Posten begegnet in den Briefen, die Klapproth nach Hause schrieb, die Andeutung oder Schilderung seiner Lebensumstände. Gegen die klirrende Kälte, beruhigte er immer wieder die Mutter, wisse er sich gehörig zu wappnen. Oft versicherte er auch, durchaus realistisch, „daß es mir gut geht – richtiger daß ich wohlbehalten und gesund bin, gottlob (denn ‚gut' geht es hier an der Front ja eigentlich niemandem)".[178] Ganz unaufdringlich brachte er dabei mitunter die religiöse Grundierung seines Daseins ins Spiel: „Dank meiner Gesundheit und Abhärtung – oder richtiger: Dank Gottes Hilfe bin ich mit den Unannehmlichkeiten der Witterung bisher gut fertig geworden".[179]

Dass Klapproth am 22. Februar 1942 die Tischfreuden des vergangenen Sonntags als einen „französischen Verpflegungszustand"[180] zu rühmen wusste, stellte freilich einen nicht wiederkehrenden Ausnahmefall dar. In der Regel bewegten sich die Nahrungsrationen – ein individueller Zukauf wie an der Westfront war längst unmöglich geworden – auf dem zum Lebens- und Kräfteerhalt notwendigen Mindestniveau: Es gab täglich ungefähr ein Pfund Brot, eine Flasche Mineralwasser, 50 Gramm Fett und 100 Gramm Wurst oder Fleisch.[181] Die Unterkünfte waren dürftig, beengt und verdreckt, dazu nicht selten auch von schlafstörenden Mäusen bewohnt.[182] Mitte April musste er sich mit elf Kameraden einen nur zwölf Quadratmeter großen Bunkerraum, der unablässig gegen Erdrutsch und

---

[178] Erich Klapproth an Max Klapproth, 11.2.1942 (EZA 50/293/14).

[179] Erich Klapproth an Mathilde Klapproth, 17.4.1942 (EZA 50/293/45).

[180] Erich Klapproth an Eltern Klapproth, 22.2.1942 (EZA 50/293/23).

[181] Vgl. Erich Klapproth an Mathilde Klapproth, 10.7.1942 (EZA 50/293/88).

[182] Vgl. Erich Klapproth an Mathilde Klapproth, 18.3.1942 (EZA 50/293/32).

Wassereinbruch zu sichern war, teilen.[183] Die karge Beschreibung der Lage, die er Weckerling im Frühjahr zukommen ließ, grenzte an Galgenhumor: „Füsse laufend nass, Magen laufend hungrig, Körper laufend laufend".[184] Das Letztgenannte bezog sich auf die Läuse, von denen keiner verschont blieb und gegen die weder eine provisorisch errichtete Sauna[185] noch der ambulante Besuch einer Entlausungsstation wirkungsvoll ankam.

Inmitten aller kriegerischen Kalamitäten bewahrte sich Klapproth die Freude an der Natur. Anfang März 1942, als es in dem vereisten, schneebedeckten Land zaghaft zu tauen begann, unternahm er den ersten Vorfrühlingsspaziergang[186] und sah dabei vor den Waldrändern manchen Fuchs oder Wolf.[187] Selbst Mitte April war es „mit dem Grünen und Blühen [...] hier noch garnicht weit".[188] Es dürfte bezeichnend sein, dass Klapproth die Verzögerung des russischen Frühlings nicht im Vergleich mit dem in Nordfrankreich oder der Mark Brandenburg üblichen Wechsel der Jahreszeiten feststellte, sondern im Gedenken an das frühe Ergrünen der Buchen, das er 1933 während seines Studiensemesters in Zürich[189] erlebt hatte.[190] Erst in der zweiten Maihälfte war es mit den Winterausläufern endgültig vorbei:

Jetzt blüht hier der Lenz mit aller Macht los. Ich konnte in den letzten Tagen täglich ein paar Stunden im Garten liegen – an dem Bach neben

183 Vgl. Erich Klapproth an Mathilde Klapproth, 17.4.1942 (EZA 50/293/45f).

184 Erich Klapproth an Rudolf Weckerling, 11.4.1942 (EZA 666/217).

185 Vgl. Erich Klapproth an Max Klapproth, 25.4.1942 (EZA 50/293/48).

186 Vgl. Erich Klapproth an Max Klapproth, 2.3.1942 (EZA 50/293/27).

187 Vgl. Erich Klapproth an Mathilde Klapproth, 18.3.1942 (EZA 50/293/32).

188 Erich Klapproth an Mathilde Klapproth, 30.4.1942 (EZA 50/293/45f).

189 S. o. Abschnitt I.3.

190 Vgl. Erich Klapproth an Mathilde Klapproth, 30.4.1942 (EZA 50/293/45f).

unserm Haus, das mich so sehr an Altruppin erinnert, nur daß es viel schmaler ist. Da sehe ich dann gern durch die grünenden Äste in den Himmel, und alles Erblickte kommt mir vor wie ein dumpfer Traum.[191]

Der abermalige Rückverweis auf eine Lebensstation, die er als vergangen weiterhin in sich trug, macht verständlich, dass nun auch der Drang nach lyrischer Transformation der Naturwahrnehmung wieder in ihm erwachte. So notierte er an einem gefechtsfreien Tag im Mai 1942 die folgenden Verse:

Und wenn's auch nur die Fremde ist,
der Frühling macht sie dennoch schön!
Er läßt, was auch die Augen sehn,
der trauten Heimat Bild entstehn –
der Heimat, die man nie vergißt!

Und wenn's auch in der Fremde ist,
die Herzen werden dennoch froh,
die Füße leicht, und wandern so
vielleicht schon bald ganz anderswo –
o Heimat, die man nie vergißt!

Und wenn du in der Fremde bist,
der Frühlingszauber fängt dich ein.
Kann schon die Fremde so erfreun
und dir wohl fast wie Heimat sein –
wie schön dann erst die Heimat ist!

Und wenn's auch nur die Fremde ist,
es ist die Welt, von Gott gemacht.
Ob hier, ob dort, ob Sonne lacht,
ob's stürmt und tobt – der Herr hält Wacht,
bis du bei ihm zu Hause bist![192]

Die Freude an der aufblühenden Natur intensivierte ihm aber nicht nur den Trennungsschmerz und das Heimweh, sondern

---

[191] Erich Klapproth an Eltern Klapproth, 23.5.1942 (EZA 50/293/56f).

[192] E. Klapproth, Und wenn's auch nur die Fremde ist …, Mai 1942 (in: Ders., Gedichte [s. Anm. 43], 14f).

wurde von Klapproth auch im Zusammenhang mit den aktuellen Kriegserfahrungen und im Bewusstsein ihrer religiösen Tiefendimension poetisiert:

Frühling in Rußland

Die Knospen blieben lang geschlossen
in diesem blutdurchtränkten Land,
als wäre so viel Blut geflossen,
daß sich der Schöpfer jetzt verdrossen
von solcher Erde abgewandt.
Verflucht schien sie, gebannt!

Und doch erwirkt der Bund der Gnaden,
daß Hitze, Saat und Sommer nah'n.
Zum Lobpreis sind wir eingeladen:
nicht tödlich war des Winters Schaden!
Nun bricht der Segensstrom sich Bahn.
Das hat der Herr getan![193]

Ende Mai 1942 brach Klapproth einige blühende Zweige ab und schmückte damit die Stube. Danach dauerte es weitere fünf Wochen, bis in der grünenden Vegetation endlich die bunte Farbenpracht der Garten- und Feldblumen aufging, bis Schmetterlinge und Bienen unter brütender Hitze den Sommer in Szene setzten.

Hinsichtlich des Warenaustauschs mit der Heimat waren die Grenzen des Möglichen nun deutlich enger geworden. Die Mutter übersandte ihm, seinen Wünschen entsprechend, einen Rasierapparat, weil er den alten verloren hatte, ferner Flickzeug, ein deutsch-russisches Taschenwörterbuch und theologische Literatur, auch erfreute sie ihn gelegentlich mit Berliner Zeitungen, Tabakwaren, Kerzen und selbstgemachter Marmelade. Klapproth ermahnte sie, die Gänsekeule und andere Delikatessen, die man für ihn aufzubewahren gedachte, bloß nicht

[193] E. Klapproth, Frühling in Rußland, „vor Briansk, Mai 1942" (aaO 13).

verderben zu lassen, sondern alsbald mit gutem Gewissen selbst zu verzehren.[194] Von ihm gingen gebündelte Briefschaften, Wäschebeutel und die warmen Handschuhe, die jetzt entbehrlich schienen, nach Hause ab. Manchmal vermochte er sich für die Gaben der Mutter mit eingesparten Fischkonserven oder Schokolade zu revanchieren. Hinzu kamen abermals teils aparte, teils nützliche Fundstücke: einige Rubelscheine, eine Pelzmütze, die Stiefel eines gefallenen russischen Offiziers, von denen er meinte, „daß ich sie vielleicht später einmal brauchen kann, wenn ich als Landpfarrer im Winter in ein Filial muß",[195] oder, ein tragisches Schicksal schlaglichthaft sichtbar machend, der letzte Brief, den ein im Kampfgeschehen zu Tode gekommener Kamerad von seiner Braut postum erhalten hatte.[196]

Für die Kultivierung seines religiösen Lebens war Klapproth nun weithin auf sich geworfen. In die Taschenbibel, die er stets bei sich trug, vertiefte er sich, so oft es nur ging. Zumal aus dem Psalter, den ihm erst Bonhoeffer recht erschlossen hatte, schöpfte er immer wieder geistliche Stärkung.[197] Seit Mitte Februar 1942 verfügte er zudem über die Herrnhuter Losungstexte, die ihm Weckerling in einer Abschrift zugesandt hatte.[198] Gelegenheiten zum Besuch eines Gottesdienstes ergaben sich nur sporadisch. So musste sich Klapproth am Pfingstsonntag notgedrungen mit eigener stiller Bibellektüre begnügen, die ihn die leibliche Gemeinschaft der Glaubenden gleichwohl

---

[194] Vgl. Erich Klapproth an Eltern Klapproth, 16.2.1942 (EZA 50/293/17).

[195] Erich Klapproth an Mathilde Klapproth, 14.5.1942 (EZA 50/293/53).

[196] Vgl. ebd.

[197] „Sie wissen, daß ich zu Ihren ganz dankbaren Schülern gehöre; die Psalmen, die sich mir zuerst in Finkenwalde erschlossen, begleiten mich durch das dunkle Tal dieser Wochen" (Erich Klapproth an Dietrich Bonhoeffer, 5.2.1942, zit. nach E. Bethge, Dietrich Bonhoeffer. Theologe – Christ – Zeitgenosse. Eine Biographie, [8]2004, 790).

[198] Vgl. Erich Klapproth an Rudolf Weckerling, 18.2.1942 (EZA 666/217).

schmerzlich entbehren ließ: „Ich hätte gern die alten schönen Pfingstlieder mit anderen Christenmenschen zusammen gesungen".[199] In großen, unregelmäßigen Abständen traten die Korps-Pfarrer zu einem Ausspracheabend zusammen. Einmal besuchte Klapproth auch einen russisch-orthodoxen Gottesdienst, dem er aber, wie er bezeichnend nach Hause schrieb, nicht beiwohnen, sondern nur „zuschauen" wollte.[200] Diesbezüglich schien sein Interesse also weniger kultisch als vielmehr volkskundlich motiviert. Mit der ökumenischen Aufgeschlossenheit des Berliner Bekenntnispfarrers war es augenscheinlich nicht allzu weit her.

Derweilen verschlechterte sich der Gesundheitszustand des alten, einem Krebsleiden ausgesetzten Vaters jetzt mehr und mehr. Mitte Februar erfuhr Klapproth von seiner Mutter, der Arzt habe ihm nur noch eine Lebensdauer von wenigen Wochen in Aussicht gestellt.[201] Die Erwägung, aus diesem Grund einen Antrag auf Sonderurlaub zu stellen, verwarf er bald wieder, weil er fürchtete, dass dies in dem ohnehin unwahrscheinlichen Fall einer Genehmigung den Vater nur zusätzlich beunruhigen würde.[202] Mit einem regulären Heimaturlaub, das wusste Klapproth, würde keinesfalls vor Oktober zu rechnen sein.

Indessen nahmen die Dinge einen anderen Lauf. Am 20. August 1942 traten in seinem linken Knöchel und der linken Hand erste, schmerzhafte Schwellungen auf. Die Sanitätsabteilung verordnete zunächst Massagen und Medizin. Bald darauf wurde als Krankheitsbild Rheuma diagnostiziert und Klapproth ins Feldlazarett eingewiesen. Die dort eingetretene leichte Bes-

---

[199] Erich Klapproth an Mathilde Klapproth, 4.6.1942 (EZA 50/293/59).

[200] Erich Klapproth an Eltern Klapproth, 13.6.1942 (EZA 50/293/66).

[201] Vgl. Erich Klapproth an Rudolf Weckerling, 18.2.1942 (EZA 666/217).

[202] Vgl. Erich Klapproth an Mathilde Klapproth, 16.2.1942 (EZA 50/293/19).

serung erwies sich als flüchtig, die vom Facharzt gestellte Prognose einer baldigen Genesung als falsch. So verblieb Klapproth bis Ende September im Frontkrankenhaus. Er nutzte die Zeit zur Lektüre und fand besonderen Gefallen an Wilhelm Raabes 1867 publiziertem Roman *Abu Telfan oder Die Heimkehr vom Mondgebirge*: Es sei dies, berichtete er an Weckerling, „ein kostbares Buch, das ich hinter seinen Schnörkeln und Gespreiztheiten richtig liebgewonnen habe. Es enthält so viel Weisheit und so viel gesunden, derben oder feinen Humor, so viel kräftigen Wind und klare Luft, voll schönster Ironie und Wärme – dass Du es bald einmal lesen musst".[203] Im letzten, am 27. September von dort abgehenden Brief an die Eltern teilte Klapproth mit, das noch ausstehende Ergebnis der Blutuntersuchung werde darüber entscheiden, „wie es weitergeht".[204] Tatsächlich ging es vorerst zum Besseren weiter, und dazu vorerst auch weiter weg.

4. Im Lazarett

Durch seine Rheumaerkrankung war Klapproth buchstäblich außer Gefecht gesetzt. Da sie in Frontnähe nicht aussichtsreich zu kurieren war, entschieden sich die Ärzte vor Ort für die Verlegung des Patienten in ein spezialisiertes großdeutsches Militärhospital. Am Abend des 28. September 1942 überstellte man Klapproth in einen bereitstehenden Lazarettzug, der nach Westen abging. Er verbrachte die lange Fahrt vorwiegend in liegender Position; von einer Zigarre, die er aus Übermut unterwegs rauchte, wurde ihm schlecht.[205] Sein Übermut war aller-

[203] Erich Klapproth an Rudolf Weckerling, 22.9.1942 (EZA 666/217).

[204] Erich Klapproth an Mathilde Klapproth, 27.9.1942 (EZA 50/293/129).

[205] Vgl. Erich Klapproth an Rudolf Weckerling, 3.10.1942 (EZA 666/217).

dings nur zu verständlich, denn die Erfahrung, nun plötzlich nicht mehr in den feuchten Schützengräben und engen, verschmutzten Bunkern oder Baracken, sondern in weichen, mit weißem Leinen bezogenen Betten zu liegen, musste die erschöpften, verwundeten Frontkämpfer überwältigen. Klapproth deutete die Situation als ein Wunder, dachte dabei freilich auch an die grausame Wirklichkeit des Krieges, aus der ihn die Fahrt nur vorübergehend herauslösen und in die er schon bald wieder, während dann andere Kameraden im Lazarettzug nach Westen rollen, zurückkehren würde.

Züge kommen uns entgegen,
voll von starken Kameraden.
Augen suchen, Herzen wägen,
wieviel Schmerzen wir geladen.

Und wir stemmen uns geschwinde
noch auf schmalen, braunen Armen,
ob der Blick Vertrautes finde,
aus dem Bett, dem weichen, warmen.

Und wir sehen lauter Brüder,
die dem Tod entgegenfahren.
Morgen stehen sie schon wieder
dort, wo wir noch gestern waren.

Und so grüßen wir uns leise,
die da kommen und die gehen,
allesamt auf großer Reise,
nur daß wir das Ziel nicht sehen –

Züge werden uns begegnen,
wenn wir wieder vorwärtsrollen.
Laßt sie uns dann heimlich segnen,
all' die Leid- und Kummervollen![206]

---

[206] Aus: E. Klapproth, In einem Lazarettzug, Anfang Oktober 1942 (in: Ders., Gedichte [s. Anm. 43], 16–19). Die vollständige Wiedergabe des Gedichts bietet Anhang I.8.

Die Bahnreise führte über das weißrussische Gomel, wo eine längere Pause eintrat, weiter nach Brest-Litowsk. Am 3. Oktober langte der Transport in Warschau an. Auf den dortigen Bahnsteigen entsetzte Klapproth der Anblick einer großen Gruppe jüdischer Frauen und Männer, die zum Abtransport in die östlichen Vernichtungslager bereitstanden.[207] Auch sonst blieb ihm die Überführung tief eindrücklich in Erinnerung. In den frühen Morgenstunden des 6. Oktober erreichte der Lazarettzug seinen Zielort Wien.

Zusammen mit etlichen anderen erkrankten Kameraden aus demselben Transport brachte man Klapproth sogleich ins Militärhospital, das die Räume des 1906 im neoklassizistischen Stil errichteten Bundesgymnasiums im Bezirk Währing (Klostergasse 25) provisorisch bezogen hatte. Dort dienten nun die großen Unterrichtsräume als Krankenzimmer. Um die Eltern unverzüglich über seinen neuen Standort zu informieren, meldete Klapproth ein „vorsichtshalber als dringlich" deklariertes Telefongespräch an, das nach zwei Stunden tatsächlich zustande kam.[208] Der „grelle Gegensatz"[209] seiner augenblicklichen Existenz erschien ihm gewöhnungsbedürftig: einerseits in ein gesichertes, klar strukturiertes Leben der mitteleuropäischen Welt eingebettet, andererseits die grausamen Bilder der Ostfront, an die er bald wieder zurückkehren würde, unauslöschlich vor Augen.[210] „Ich will", beteuerte er daraufhin, „dieser Tage versuchen, zu einer evangelischen Gemeinde Fühlung zu gewinnen".[211]

[207] Vgl. Erich Klapproth an Helga Zimmermann, 13.10.1942 (EZA 666/217).

[208] Erich Klapproth an Mathilde Klapproth, 7.10.1942 (EZA 50/285/1).

[209] Erich Klapproth an Helga Zimmermann, 13.10.1942 (EZA 666/217).

[210] Vgl. ebd.

[211] Ebd.

Die Korrespondenz mit dem Elternhaus kam nun erneut in dicht getaktete, regelmäßige Fahrt. Von der Mutter erhielt er alsbald einen Stapel älterer, an ihn adressierter Briefe, die ihr aus Russland als unzustellbar retourniert worden waren. Und der Postverkehr ging weit über den Kontakt mit den Eltern hinaus. So dankte ihm Helmut Gollwitzer bereits am 18. Oktober 1942 für den Gruß, den er aus dem Wiener Lazarett erhalten hatte, berichtete ausführlich die aktuelle kirchliche Lage und suchte sich in Klapproths Gemütszustand einzufühlen: Er wisse durchaus, „wie schwer es Ihnen wird, sich wieder in geordneten Verhältnissen einzuleben, sofern man überhaupt das Leben der Heimat noch als normal bezeichnen kann. Denn auch die Heimat hat sich ja weit von den geordneten Friedensverhältnissen entfernt und muß in vieler Hinsicht dem Kriege ihren Tribut bezahlen".[212]

In Klapproths Berichten von seinem Ergehen nahm die Schilderung dessen, was es regelmäßig oder außergewöhnlich zu essen gab, verständlicherweise sehr breiten Raum ein. Zugleich öffnete er sich mit regem Interesse den Reizen und Angeboten der großen Stadt. Den Wiener „Dialekt", der manche harmlosen Missverständnisse mit den Krankenschwestern hervorrief, empfand er als „lustig".[213] Da die Nachmittage und Abende behandlungsfrei waren, stand einer intensiven Kulturwahrnehmung kaum etwas im Wege: Klapproth ging oft ins Theater und in Konzerte, erlebte die Wiener Philharmoniker, sah Gioacchino Rossinis *Barbier von Sevilla*, hörte erneut, wie schon Anfang März 1940 in Cottbus,[214] Giuseppe Verdis *Requiem*, besuchte klassische Kammermusik- und Liederabende mit Werken von Franz Schubert, Johannes Brahms, Robert Schumann und Hugo Wolf. Im gewaltigen, ihm „unvorstellbar

---

212 Helmut Gollwitzer an Erich Klapproth, 18.10.1942 (EZA 686/3525).

213 Erich Klapproth an Mathilde Klapproth, 7.10.1942 (EZA 50/285/1).

214 S. o. Abschnitt V.1.

riesig“ erscheinenden Stephansdom bestieg er „ohne allzu große Beschwerden den Turm“.[215] Bereits weit vor dem Fest erfüllte ihm das Amt für Volkswohlfahrt des NSDAP-Gaues Wien mit einem kunstgeschichtlichen Band den Weihnachtswunsch, den Klapproth auf Anfrage freimütig genannt hatte.[216]

Einen außergewöhnlichen Höhepunkt stellte der Geburtstagsbesuch seiner Mutter dar. Bereits an Klapproths Ankunftstag, beim ersten Telefongespräch, hatte sie spontan die Idee geäußert, ihn Ende Oktober in Wien besuchen zu wollen. Indessen überwog bei ihm neben aller Freude zunächst die Skepsis: Bei mehrtägiger Abwesenheit würde sie sich doch ständig um den pflegebedürftigen Ehemann sorgen, auch ihr eigener Gemütszustand drohe der Reise kaum gewachsen zu sein, ob er mehrtägigen Ausgang bekomme, sei noch ganz ungewiss, und im überfüllten Lazarett werde es keine Möglichkeit zum vertrauten Gespräch geben, also möge man am besten vorerst noch Bedenkzeit einlegen.[217] Aber die Anfangszweifel waren bald schon verflogen. Klapproth kümmerte sich um die in solchem Fall mögliche Fahrpreisermäßigung,[218] fand in dem unweit seines Lazaretts gelegenen Hotel Steinböck ein für die Mutter passables Quartier, übersandte ihr einen Stadtplan von Wien, in dem er seinen Standort angekreuzt hatte, und beschrieb ihr von allen in Frage kommenden Wiener Zielbahnhöfen aus den Weg ins Hotel.

So bestieg Mathilde Klapproth am Abend des 29. Oktober 1942 im Berliner Bahnhof Zoologischer Garten den Liegewagen nach Wien, wo sie am nächsten Vormittag auf dem Ostbahnhof eintraf. An den folgenden zweieinhalb Tagen unterzo-

[215] Erich Klapproth an Mathilde Klapproth, 23.10.1942 (EZA 50/285/36).

[216] Vgl. EZA 50/314/107.

[217] Vgl. Erich Klapproth an Mathilde Klapproth, 7.10.1942 (EZA 50/285/1).

[218] Vgl. Antrag auf Fahrpreisermäßigung, 20.10.1942 (EZA 50/285/8–10).

gen sich die beiden einem straffen Programm, das sie in den Prater, die Kaisergruft, das Panoptikum, die Hofburg, den Stephansdom und zu etlichen anderen Sehenswürdigkeiten der Stadt führte. Auch für Ausflüge nach Schönbrunn und Grinzing fand sich die Zeit. Am 31. Oktober, seinem 30. Geburtstag – es sollte der letzte sein! –, ging man abends im Kaisergarten vornehm zu Tisch. Vor der Abreise am 2. November bummelten sie, nachdem das Gepäck am Ostbahnhof hinterlegt worden war, noch einmal gemütlich durch Wien, dann begleitete die Mutter ihren Sohn zurück ins Lazarett und fuhr von dort allein zum Ostbahnhof. Mit dem Nachtzug traf sie am nächsten Tag pünktlich um 11.25 Uhr wieder in Berlin ein.[219]

Mit der Genesung, die den eigentlichen Grund seines Aufenthalts in Wien darstellte, ging es allerdings nicht recht voran. Zunächst musste sich Klapproth einer Reihe von Untersuchungen stellen. Zwar dokumentierte die Blutanalyse durchaus zufriedenstellende Werte, doch die rheumatischen Gelenkschmerzen blieben bestehen, bereits nach kurzen Spaziergängen schwoll der linke Fuß jedes Mal wieder an. Daraufhin veränderte und verlängerte der ihn betreuende Arzt die Behandlung. Klapproth erhielt nun an jedem zweiten Tag eine Atophanyl-Spritze, die, wie man ihm sagte, „das Rheuma aus dem Blut vertreiben“ werde.[220] Einen Zusammenhang mit der heftigen Angina, die ihn im Mai heimgesucht hatte, schloss der Arzt aus.

Während sich Klapproth auf eine zeitliche und methodische Ausweitung der Therapie einstellte, kamen zwei andere Krankheitsherde hinzu. Mit der Frage, ob er sich, wie vom Arzt empfohlen, die Mandeln entfernen lassen solle, haderte Klapproth

---

[219] Vgl. Mathilde Klapproth, Reiseprotokoll 29.10.–3.11.1942 (EZA 50/285/12); in demselben Aktenbestand sind zahlreiche Stadtpläne, Prospekte, Eintrittskarten und ähnliche Erinnerungsstücke der Reise aufbewahrt.

[220] Erich Klapproth an Mathilde Klapproth, 23.10.1942 (EZA 50/285/36).

nun wochenlang. Außerdem schritt die Zersetzung seines Gebisses rapide voran, erneut war ihm ein Zahn ausgefallen, zwei weitere mussten sogleich extrahiert werden. Neben einer möglichen genetischen Schwäche zeigten darin die ungesunde Ernährung im Feld sowie die dort oft auf mehrere Tage, ja Wochen vereitelte Pflege des Mundraums ihre fatale Wirkung, und eine Aussicht auf Zahnersatz bestand praktisch nicht. Als die Mutter das grundsätzliche Misstrauen, das sie gegen den Medizinerstand hegte, jetzt auch auf den Fall ihres Sohnes anwandte, widersprach ihr Klapproth mit zwei Argumenten: Zum einen müsse man erst noch geduldig den Ausgang des erhofften Genesungs- und Erholungsurlaubs abwarten, zum anderen seien gerade die Militärärzte zu schnellem Erfolg verpflichtet, weil „mehr als je jeder Mann an der Front gebraucht wird und manche Maßnahmen auch von dieser Notwendigkeit bestimmt sein werden“.[221]

Am 6. November, vier Wochen nach seiner Ankunft in Wien, wurde Klapproth mit der Straßenbahn in das Heilbad und Kurlazarett in Baden bei Wien überstellt. Dort war man auf die Behandlung von Gicht, Rheuma und Ischias spezialisiert. Mit der neuen Unterbringung zeigte sich Klapproth zufrieden, er teilte sein „nettes, kleines Zimmer“ mit zwei anderen Kameraden.[222] Erneut begann der Aufenthalt mit eingehenden Untersuchungen, vom 9. November bis zum 14. Dezember unterzog man ihn dann an den Vormittagen einer Elektro- und Heliotherapie, die halbstündige Einkehr in das 35 Grad heiße Schwefelbad kam werktäglich noch hinzu. Ab 14 Uhr bestand die Möglichkeit des Ausgangs, der am Wochenende, sofern es der Chefarzt genehmigt hatte, bis 23 Uhr ausgedehnt werden konnte. Ein Verzeichnis nahegelegener Gaststätten, das auch das jeweils zu erwartende Preisniveau auswies, erhielt jeder Pa-

221 Erich Klapproth an Mathilde Klapproth, 17.10.1942 (EZA 50/285/7).

222 Erich Klapproth an Mathilde Klapproth, 7.11.1942 (EZA 50/285/44).

tient beim Eintritt in die Heilanstalt überreicht.[223] Nach einigen Tagen zeichneten sich in der Bekämpfung des Rheumas erstmals kleine Erfolge ab.

Offen blieb allerdings die Frage der Mandelentfernung, die sich nur in einem anderen Krankenhaus und bei mehrwöchiger Behandlungsverlängerung würde vornehmen lassen. Klapproth zeigte sich weiterhin unschlüssig, von den Ärzten erhielt er widersprüchlichen Rat; am Ende, nachdem er auch die Eltern befragt hatte, entschied er sich gegen den Eingriff. Bleibenden Kummer bereitete ihm weiterhin das Gebiss. Am 6. Dezember bilanzierte er, mittlerweile fehlten ihm acht Zähne gänzlich, die übrigen seien nahezu alle plombiert, und unter den Plomben fresse „die Zerstörung fast immer weiter".[224] Abwechslung fand Klapproth mehrfach im Stadttheater, wo er am 30. November, mit einer Freikarte versehen, der Premiere von Schillers *Maria Stuart* beiwohnte. Auch ging er, meist zusammen mit zwei Kameraden, gerne auf Wanderung, beispielsweise in das etwa drei Wegstunden entfernte Stift und Kloster Heiligenkreuz, auf dem Rückweg kehrte man bisweilen bei einem „Heurigen" ein.[225]

Die ganze Zeit über bangte Klapproth um seinen Vater, dessen Gesundheitszustand zu ernstlicher Sorge Anlass gab. In Baden verwies ihn ein ebenfalls aus Berlin stammender, ebenfalls im Militärlazarett untergebrachter Vikar auf die pflegerischen Möglichkeiten, die das Johannesstift in Berlin-Spandau bereithielt. Umgehend schrieb er daraufhin an die Mutter, der Vater könne dort „im Notfall" übernommen werden, und nannte ihr die zuständige Kontaktperson im Johannes-

[223] Vgl. Kurlazarett Baden bei Wien, Kurverordnung (EZA 50/285/42f).

[224] Erich Klapproth an Mathilde Klapproth, 2. Advent [6. 12.] 1942 (EZA 50/285/62).

[225] Erich Klapproth an Mathilde Klapproth, 14.11.1942 (EZA 50/285/49).

stift.[226] Am 12. November verfasste er einen langen, an Max Klapproth gerichteten Brief, in dem er allerdings, was merkwürdig anmuten mag, fast nur von seinem eigenen Ergehen berichtete und lediglich zwischendurch mit dem hölzernen Satz „Ich hoffe, auch Du hältst Dich in diesem Jahr gut aufrecht!“[227] die Situation des Empfängers bedachte. Allerdings wird diese spröde Zurückhaltung kaum als Hartherzigkeit, vielmehr als Rücksichtnahme auf den krankheits- und behandlungsbedingt eingeschränkten Geisteszustand des alten Vaters zu deuten sein. „Ist er denn“, fragte Klapproth wenige Tage später die Mutter, „den ganzen Tag über sonderlich, oder bricht das doch nur zu gewissen Momenten bzw. Stunden durch?“[228] Weil sie einer Verlegung ins Johannesstift nicht zustimmen mochte, holte die Mutter für ihren Gatten einen Nachtpfleger ins Haus. Klapproth signalisierte sogleich, er wolle sich an den dadurch entstehenden Kosten „weitgehend beteiligen. […] Jedenfalls darf die Geldsache da, um Vaters und um Deinetwillen, überhaupt keine Rolle spielen!“[229] Kurz darauf wies er die Mutter an, die Kosten „vorerst *ganz*“ von seinem Konto zu nehmen.[230] Auch sicherte er für den nahenden Urlaub seine tätige Mithilfe im Haushalt und im Geschäft zu; während der zurückliegenden drei Monate, hieß es beruhigend, habe er schon „genug Freiheit genossen“.[231] Der Vater Max Klapproth erlag am 14. Dezember 1942 seinem Krebsleiden und wurde, ohne dass der

---

[226] Vgl. Erich Klapproth an Mathilde Klapproth, 12.11.1942 (EZA 50/285/46).

[227] Erich Klapproth an Max Klapproth, 12.11.1942 (EZA 50/285/48).

[228] Erich Klapproth an Mathilde Klapproth, 20.11.1942 (EZA 50/285/51).

[229] Erich Klapproth an Mathilde Klapproth, 1.12.1942 (EZA 50/285/55).

[230] Erich Klapproth an Mathilde Klapproth, 3.12.1942 (EZA 50/285/59).

[231] Erich Klapproth an Mathilde Klapproth, 1.12.1942 (EZA 50/285/55).

Sohn Erich daran teilnehmen konnte, am 19. Dezember auf dem Friedhof in Berlin-Wilmersdorf beigesetzt.[232]

Nachdem es zunächst den Anschein hatte, als werde ein Päckchenversand von Wien aus nicht möglich sein, war der Warenaustausch mit dem Elternhaus alsbald, obschon eingeschränkt, wieder in Gang gekommen. Die Mutter erfreute ihn mit Zeitungen, Zigaretten und selbstgekochter Marmelade, auch sandte sie ihm eine Kierkegaard-Biographie, eine Shakespeare-Ausgabe und anderen von ihm begehrten Lektürestoff zu. Mehrfach erkundigte sich Klapproth, was zu Hause willkommen sei, und erfüllte die Wünsche, die ihm genannt wurden, im Rahmen des Möglichen sowie seiner Kräfte. Des Öfteren transferierte er auch Konserven und andere Lebensmittel, die er entbehren konnte, an die Heimatadresse.

Die Aussicht, das Weihnachtsfest 1942 zu Hause feiern zu können, verfestigte sich mehr und mehr. Möglicherweise hatte Klapproth auch deshalb von einer Mandeloperation, die den Aufenthalt namhaft verlängert hätte, Abstand genommen. Am 2. Advent übermittelte er als seine Weihnachtswünsche ein Abonnement der *Frankfurter Zeitung*, ferner Briefumschläge sowie für seinen Taschenkamm eine Hülle, deren exakte Größe einem beigelegten Papiermuster zu entnehmen war.[233] In dem Bewusstsein, dass darin „der Abschluß dieses ruhigen Vierteljahres" liege,[234] traf er am 20. Dezember in seiner Heimatstadt ein.

---

[232] Kirchenbuch Berlin-Steglitz: Lukas, Bestattungen 1939–1943, Nr. 312 (Landeskirchliches Archiv Berlin, Signatur: 2580).

[233] Vgl. Erich Klapproth an Mathilde Klapproth, 2. Advent [6. 12.] 1942 (EZA 50/285/62).

[234] Erich Klapproth an Mathilde Klapproth, 29.11.1942 (EZA 50/285/54).

5. Kirchlicher Dienst

Während seines Militär- und Kriegsdienstes bemühte sich Klapproth nach Kräften, das Amt des bekenntniskirchlichen Vertrauensmanns[235] weiterzuführen. In eiserner Disziplin unterhielt er von der Front aus Briefkontakt mit den 157 ihm anbefohlenen berlin-brandenburgischen Vikaren und Hilfspredigern, auch ließ er immer wieder hektographierte Rundschreiben ausgehen. Wesentliche Erschwernisse erwuchsen dabei nicht nur aus den Umständen seiner soldatischen Existenz, sondern zudem aus den Maßnahmen staatlicher Restriktion. So hatte Max Amann als Präsident der Reichspressekammer, die der Reichskulturkammer inkorporiert war, am 27. April 1940 die Vervielfältigung und Verbreitung von Feldpostbriefen zu einer „pressemäßigen Tätigkeit" erklärt, für deren Ausübung seine ausdrückliche Genehmigung eingeholt werden müsse. Die Leitung der Bekennenden Kirche legte daraufhin unter präziser juristischer Absicherung sogleich Widerspruch ein, da die in ihrem Auftrag ausgehenden Rundschreiben eine nicht „pressemäßige", sondern seelsorgerliche Tätigkeit darstellten, ermahnte jedoch gleichzeitig ihre Pfarrer, sie mögen Feldpostbriefe ab sofort nicht mehr regelmäßig und keinesfalls in einer Auflage von mehr als 500 Exemplaren versenden.[236] Im Juni 1941 ließ sich Klapproth von der Mutter einen Stapel kirchlicher Schriftstücke, die er beim Aufbruch aus dem zurückliegenden Heimaturlaub einzustecken vergessen hatte und nun zur Wahrnehmung seines kirchlichen Auftrags dringend benö-

[235] S.o. Kapitel IV.

[236] Friedrich Werner, Zwei Rundschreiben[,] deren Inhalt für Sie von Interesse sein dürfte (Deutsche Evangelische Kirche, Kirchenkanzlei, an die obersten Behörden der Deutschen evangel[ischen] Landeskirchen, 25.5.1940 [Abschrift]) (EZA 50/253/174).

tigte, unter der Auflage strikter Vertraulichkeit und Diskretion ins Feld nachsenden.[237]

Für die treue Ausübung des Bruderdienstes, den Klapproth auch als Frontsoldat leistete, übermittelte ihm Martin Albertz seinen ausdrücklichen, bewegten Dank.[238] Umgekehrt erwies Klapproth dem verehrten väterlichen Mentor mehrfach mutige Solidarität. Als dieser im Frühjahr 1940 zusammen mit Hans Böhm wegen der Abfassung und Verbreitung einer Gebetsliturgie, die auch ein offenes Schuldbekenntnis für das deutsche Volk enthielt, von der konsistorialen Disziplinarkammer mit Dienstentlassung und dem Entzug der geistlichen Rechte bestraft worden war, ließ Klapproth seiner Empörung ungezügelten Lauf – „Pfui über diese Verräter der Kirche Jesu Christi!"[239] –, und dies nicht nur im privaten Austausch, sondern ebenso gegenüber dem Konsistorium der Mark Brandenburg. Der Urteilsspruch, schrieb er dorthin zornig,

> ist auch mir hier draussen an der Westfront bekannt geworden. Als Frontsoldat, der sein Leben tägl[ich] aufs Spiel zu setzen hat u[nd] darum eine offene Sprache pflegt, muss ich Ihnen, meine Herren, ins Gesicht sagen, welchen Unmut u[nd] Ekel diese Ihre Handlungsweise in mir hervorgerufen hat. Männer, deren vaterländische Verdienste im Ernst nicht angezweifelt werden können, sollen in einem Augenblick zur Strecke gebracht werden, wo die allermeisten ihrer Freunde zur Verteidigung des Vaterlandes eingesetzt sind u[nd] so zu einem wirksamen Protest nicht in der Lage sind [...]. Seien Sie sich nur darüber klar, dass Sie durch Ihre Entscheidung die Einsatzfreudigkeit zahlloser

---

[237] Vgl. Erich Klapproth an Mathilde Klapproth, 18.6.1941 (EZA 50/301/80).

[238] Vgl. Martin Albertz an Erich Klapproth, 17.7.1940 (EZA 50/253/198). – Albertz ließ Klapproth weiterhin Akten, die in dessen Zuständigkeitsbereich fielen, als Durch- oder Abschrift zukommen; vgl. etwa Martin Albertz an Martin Schulle, 5.7.1940 (Durchschrift an Pastor Klapproth) (EZA 50/253/195).

[239] Erich Klapproth an Mathilde Klapproth, 22.5.1940 (EZA 50/305/7).

Soldaten aufs Ärgerlichste zerstört haben. *Ihr* Regiment, meine Herren, sehe ich jedenfalls in keiner Weise als verteidigungswert an.[240]

Im Fortgang des Schreibens vertiefte Klapproth seinen Unmut in den Zweifel an der institutionellen und religiösen Legitimität des Konsistorialapparats: „Ich fürchte, Sie sind bitterlich arm! Ich weiss nach solchen Vorkommnissen nicht, ob Sie ernstlich zu Gott rufen u[nd] ob Sie ernstliche Fürbitte halten können"[241] Ein weiterer Aspekt seiner Empörung betraf den jüngsten Umgang mit Joachim Hossenfelder. Dieser war 1932 als Mitbegründer und erster „Reichsleiter" der Deutschen Christen hervorgetreten, avancierte 1933 zum Bischof von Brandenburg, Geistlichen Vizepräsidenten des altpreußischen Oberkirchenrats und Mitglied der Reichskirchenregierung, musste dann aber, gleichsam als Opfer interner deutschchristlicher Flügelkämpfe, unter dem Druck des Reichsbischofs Ludwig Müller zum Jahresende von allen seinen Ämtern zurücktreten. Allerdings war er 1939 vom Konsistorium wieder in den kirchlichen Dienst aufgenommen und mit dem Pastorat der Potsdamer Friedenskirche betraut worden. Auch diese kirchenamtliche Rehabilitierung des nationalchristlichen Demagogen und Scharfmachers Hossenfelder hat Klapproth in seinem Protestschreiben an das Konsistorium aufs Heftigste skandalisiert.[242]

Am 6. Mai 1941 wurde mit etlichen anderen Protagonisten der Berliner Bekennenden Kirche, darunter Hans Asmussen, Hans Böhm, Günther Dehn, Günther Harder und Willy Praetorius, auch Martin Albertz verhaftet. Er stand unter dem Verdacht, mit der Abnahme staatlicherseits verbotener theologischer Prüfungen gegen § 2 des Heimtückegesetzes und weitere Rechtsbestimmungen verstoßen zu haben. Als Ende Juli die Untersuchungshaft immer noch andauerte, ohne dass eine Prozesseröffnung in Aussicht gekommen wäre, legte Klapproth

---

[240] Erich Klapproth an die Disziplinarkammer des Konsistoriums der Mark Brandenburg [Abschrift], 30.5.1940 (EZA 50/385/42f).

[241] Ebd.

[242] Vgl. ebd.

von der Front aus abermals empört Protest und Verwahrung ein.[243] Die Hauptverhandlung im Kriminalgericht zu Berlin-Moabit, aus der Albertz als Hauptangeklagter mit einer Haftstrafe von 18 Monaten hervorgehen sollte, fand dann erst Mitte Dezember statt.[244]

Einen Rundbrief an die Vikare und Hilfsprediger ließ Klapproth, wenn es sich irgend ermöglichen ließ, in jedem Monat ausgehen. Dabei nahm er im Juli 1941 ebenfalls auf das ungewisse Schicksal von Albertz Bezug. Offen berichtete er von den unwürdigen Haftbedingungen im Untersuchungsgefängnis am Alexanderplatz, die Albertz und seinen kirchlichen Mithäftlingen jeden Gottesdienstbesuch verwehrten und sie tagsüber mit der Arbeitspflicht, Knöpfe anzunähen, Tüten zu kleben oder ähnliche Tätigkeiten zu verrichten, vorsätzlich demütigten.[245] Diesen Haftbericht verband Klapproth mit einem Aufruf zu konkreten Solidaritätserweisen: Die Nachwuchsgeistlichen sollten im Gebet vor Gott für die Gefangenen eintreten, dazu deren Familien und Gemeinden durch Tat und Zuspruch aktiv unterstützen und zudem auch „den richtenden Instanzen" ein unerschrockenes Widerwort vortragen; er selbst, teilte er vorbildgebend mit, habe soeben in diesem Sinne ein Schreiben an das Reichsjustizministerium ausgehen lassen.[246]

[243] Vgl. Erich Klapproth an Mathilde Klapproth, 29.7.1941 (EZA 50/301/98).

[244] Vgl. K. Meier, Der evangelische Kirchenkampf. Bd. 3: Im Zeichen des zweiten Weltkrieges, 1984, 642.

[245] Vgl. Erich Klapproth, Rundbrief an die Brüder und Schwestern, 8.7.1941 (EZA 686/3525).

[246] Ebd. – Das erwähnte Schreiben Klapproths an das Justizministerium scheint nicht mehr aktenkundig zu sein.

Im Aufbau blieben die Rundbriefe[247] einem stets wiederkehrenden Muster verhaftet.[248] Klapproth begann jedes Mal mit der Zitation und Auslegung des laufenden oder anstehenden kirchlichen Monatsspruchs,[249] die meist in ein allgemeines christliches Trostwort ausmündeten.[250] Dann übermittelte er den aktuellen Stand der Verhaftungen, die im Bereich der Bekennenden Kirche von Berlin und Brandenburg zu beklagen waren, und rief diesbezüglich zur Fürbitte sowie zu praktischer Unterstützung der betroffenen Familien auf. Andere einschlägige Mitteilungen schlossen sich an, im Juli 1942 beispielsweise die Nachricht, es werde seit März „für christliche Bücher kein Papier mehr bewilligt".[251] Seit Beginn des Russlandfeldzugs bat er die dort eingesetzten Kollegen um ein kurzes Lebenszeichen und die Benennung ihrer derzeitigen postalischen Erreichbarkeit. Danach folgten lange, teils kommentierte Auszüge aus Briefen, die er von im Feld stehenden Amtsbrüdern erhalten

[247] Vgl. R. Schatz-Hurschmann, Eine Frau ist immer im Dienst. Das Leben der Ilse Fredrichsdorff (in: Frauen in dunkler Zeit. Schicksal und Arbeit von Frauen in der Kirche zwischen 1933 und 1945. Aufsätze aus der Sozietät „Frauen im Kirchenkampf", hg. von S. Hausammann / N. Kuropka / H. Scherer [SVRKG 118], 1996, 121–159), 130–132; K. Hünsche, Bericht über Erich Klapproth, 3.12.1964 (EZA 50/785/182–187).

[248] In Klapproths Nachlass sind entsprechende Rundschreiben erhalten vom 28.8.1940 (EZA 50/253/267), 25.2.1941 (EZA 686/3525), 8.7.1941 (EZA 686/3525), 15.9.1941 (EZA 50/253/217) und 8.3.1942 (EZA 686/3525).

[249] Die politische Aneignung dieses Brauchs hielt Klapproth, was er den Eltern bereits von Frankreich aus kundgetan hatte, für signifikant: „Interessant ist es übrigens, daß die seit Jahren übliche, kirchliche Sitte der Wochen- bzw. Monatssprüche inzwischen auch von der Partei betätigt wird" (Erich Klapproth an Eltern Klapproth, 29.8.1940 [EZA 50/305/98]).

[250] Beispielsweise: „Lassen wir uns durch alle Plagen nicht Gottes freundliches Antlitz verdunkeln!" (Erich Klapproth, Rundbrief an die Brüder und Schwestern, 25.2.1941 [EZA 686/3525]).

[251] Erich Klapproth, Rundbrief an die Schwestern und Brüder, 8.7.1941 (EZA 686/3525).

hatte. Am Ende, vor dem abschließenden Segensgruß, übermittelte Klapproth bezüglich der verhafteten, dienstverpflichteten,[252] eingezogenen,[253] verwundeten und gefallenen Brüder die neuesten, oft namensscharf unterfütterten statistischen Daten.

Den letzten Rundbrief erstellte Klapproth unter dem Datum des 24. Januar 1943.[254] Einen Fortgang seiner Arbeit als Vertrauensmann ließen die fatalen Umstände, denen er an der Ostfront ausgesetzt war, danach nicht mehr zu. Darum teilten die Bruderräte auf Klapproths Bitte die bisher von ihm wahrgenommenen Aufgaben unter zwei anderen bekenntniskirchlichen Geistlichen auf: Walter Bressani, der nach dem Krieg zunächst als Pfarrer in Schlenzer am Niederen Fläming, ab 1952 in der Berliner Missionsgesellschaft tätig war, übernahm die Betreuung der Vikare und Hilfsprediger für Berlin, der mit Klapproth gleichaltrige Pfarrer an der Potsdamer Pfingstkirche Günther Brandt die entsprechende Betreuung für die Mark Brandenburg.[255] Die Abschiedsworte, die Klapproth ausgehen ließ, waren tapfer und herzlich; seine Wehmut über den erzwungenen Amtsverzicht hielt er dabei zurück.[256]

---

[252] Soldaten, die nicht ins Feld eingezogen, aber dienstverpflichtet waren, hatten ihren Kriegsdienst an der Heimatfront zu verrichten, was sich größerenteils mit einer eingeschränkten Fortsetzung der bürgerlichen Berufsausübung verbinden ließ. Dies war beispielsweise bei Gerhard Ebeling der Fall (vgl. BEUTEL, Ebeling [s. Anm. 98], 64–75).

[253] Demnach standen beispielsweise im Juli 1941 von den 154 Vikaren und Hilfspredigern, für die Klapproth damals zuständig war, 132 Kollegen im Feld (vgl. Erich Klapproth an Mathilde Klapproth, 29.7.1941 [EZA 50/301/98]).

[254] Erich Klapproth, Rundbrief an die Brüder und Schwestern, 24.1.1943 (EZA 50/267/40).

[255] Vgl. ebd.

[256] „Liebe Brüder und Schwestern! Von der Ostfront aus war und bin ich zu dem notwendigen Dienst an Euch nicht in der Lage. Daher haben die Bruderräte von Berlin und Brandenburg auf meine Bitte hin meine Aufgaben den Brüdern P[astor] Walter Bressani (für Berlin) und P[astor] Günt[h]er Brandt (für Brandenburg) übertragen. Mit beiden und Euch allen weiss ich mich fest verbunden in der Einigkeit des

6. Das letzte Jahr

a) Etappe

Während der ersten drei Monate des Jahres 1943 verblieb Klapproth in der Etappe. Nachdem er das Weihnachtsfest, durch den Tod des Vaters überschattet, im Elternhaus hatte begehen können, kam er Ende Dezember 1942 zur Wiederaufnahme des militärischen Dienstes in die 1865 erbaute, nach dem preußischen General der Infanterie Constantin von Alvensleben benannte Alvensleben-Kaserne zu Cottbus. Die reichlichen Freistunden, die ihm dort gewährt wurden, nutzte er zum Ausgang in die Stadt, zu breiter Lektüre und Korrespondenz. Mit Heinrich Grüber, der 1938 von der Berliner Bekennenden Kirche als Gründer und Leiter der Evangelischen Hilfsstelle für nicht-arische Christen („Büro Pfarrer Grüber") bestellt worden war und nun als Häftling Nr. 27832 im Konzentrationslager Dachau einsaß, tauschte er anteilnehmende Berichte und Grüße aus.[257] Auch mit früheren Gemeindegliedern, darunter die treue, anhängliche Ida Schönherr[258] oder die Schwes-

---

Glaubens. Nehme ich Abschied von meinem Amt, so doch nicht von Euch. Was mir an Kraft und Zeit bleibt, wird weiterhin der Bruderschaft gehören. Wird weniger geschrieben, kann desto umfassender gebetet werden. Die Gemeinschaft mit Euch hat mir soviel Segen eingebracht, daß ich hoffe, es möchte auch für unsere ganze Bruderschaft daraus Frucht erwachsen. Laßt Euch zum Schluß noch einmal ganz herzlich und dringlich bitten, auf dem eingeschlagenen Wege (oder auch auf der Suche nach neuen Wegen) *beieinander* zu bleiben! Gott hat es uns geschenkt, daß wir nur wenige Brüder und Schwestern von uns scheiden sehen mußten. Sind die Anfechtungen heute größer als je, so findet doch damit den Weg zum Bruder, wie auch ich mich gemüht habe, Euch alle aufzusuchen und aufzufinden! In brüderlicher Liebe [...]" (ebd.).

[257] Vgl. etwa Heinrich Grüber an Erich Klapproth, 9.1.1943 (EZA 50/267/8f).

[258] Vgl. etwa Erich Klapproth an Mathilde Klapproth, 29.1.1943 (EZA 50/267/13).

tern Gertrude und Elisabeth Brebeck,[259] setzte sich die Verbindung fort, desgleichen mit Gerhard Ebeling, der ihm gelegentlich eine seiner in Berlin-Hermsdorf gehaltenen Predigten zusandte.[260]

Die Hoffnung, dass ihm ein bis Ende März andauernder Studienurlaub bewilligt werde, war ohnehin vage und erfüllte sich nicht. Immerhin wurde ihm Mitte Januar ein zweiwöchiger Erholungsurlaub gewährt. An dessen Anfang stand die Vorbereitung und Durchführung des Traugottesdienstes, den Klapproth am 9. Januar in der Berlin-Dahlemer St.-Annen-Kirche für seine Freunde Helga Zimmermann und Rudolf Weckerling hielt. Den Ort hatten die Brautleute als Ehrbekundung für Martin Niemöller, der dort bis zu seiner Inhaftierung als Pfarrer tätig gewesen war, ausgewählt und sich als Trautext die Tageslosung „Auf Gott hoffe ich und fürchte mich nicht, was können mir die Menschen tun?" (Ps 56,12) gewünscht. Inmitten aller Bedrängnis – die Drangsale des Krieges waren auch in der Heimat längst unübersehbar geworden, der Bräutigam musste alsbald wieder an die Ostfront ausrücken – gelang es Klapproth, ausgehend von dem gewählten Bibelwort eine kraftvolle, warme, in den Horizont der Gottesgewissheit einweisende Traupredigt zu halten.[261] Vielleicht mochte er dabei geahnt haben, dass dieser pastorale Freundschaftsdienst der letzte von ihm in Berlin gehaltene Gottesdienst bleiben würde. Am 24. Januar 1943, seinem letzten Urlaubstag, legte er notgedrungen sein Amt als Vertrauensmann der berlin-brandenburgischen Vikare und Hilfsprediger nieder.[262]

---

[259] Vgl. Elisabeth und Gertrude Brebeck an Erich Klapproth, 21.4. 1943 (EZA 50/267/72).

[260] Vgl. etwa G. EBELING, Predigt über Mt 13,24–30, 5 S., masch., 7.2.1943 (EZA 50/267/38–40). Dem Typoskript waren außerdem die Abkündigungen, Lesungen und Gebete des Gottesdienstes beigefügt.

[261] Vgl. E. KLAPPROTH, St. Annen, am 9. Januar 1943 [Trauliturgie und -predigt] (EZA 50/312/80–82). – Diese Traupredigt ist in Anhang III.1 wiedergegeben.

[262] S. o. Abschnitt V.5.

Tags darauf bezog Klapproth das Tiborlager. Dieses Armee-Rekonvaleszenzzentrum für Frontverletzte war in einer Kasernenanlage der schlesischen Ortschaft Schwiebus eröffnet worden. An seinem Zimmer und den durchweg freien Abenden fand Klapproth Gefallen, auch konnte er sonntags in Schwiebus zum Gottesdienst gehen. Ausgedehnte Spaziergänge in der wald- und wasserreichen Umgebung erfrischten ihn. Der Dienst, den er zu versehen hatte, war nicht anstrengend, aber langweilig; meist galt es, Zwangsarbeiter zu beaufsichtigen oder Rekruten aus Berlin abzuholen. Die Rheumaerkrankung schien nun weithin überwunden, eine in Berlin vorgenommene gründliche Herz- und Blutuntersuchung hatte beruhigende Resultate erbracht.[263] Klapproth vergrub sich, so oft es ging, in seine Bücher: Dem Propheten Jeremia gewann er gegenwartsdiagnostische Aufklärung ab, auch das Epos *La Divina Commedia* von Dante Alighieri erschien ihm „trotz mancher katholischer Charakteristik" als hoch aktuell, außerdem lotete er die „ungeahnte Tiefe und Weite" der *Tagebücher* Søren Kierkegaards aus[264] und nahm das Studium von Calvins Auslegung des Römerbriefs, das er „bei der Nachricht von meines Vaters Tod am 14. 12. [1942]" unterbrochen hatte, jetzt wieder auf.[265]

Für sein geistliches Leben waren ihm die Herrnhuter Losungen, die man ihm Monat für Monat hektographiert zuleitete,[266] eine tägliche Hilfe. Zugleich zeigte er sich an der Debatte um Rudolf Bultmanns Entmythologisierungsprogramm, die da-

---

[263] Vgl. Ärztliches Protokoll der Herz-, Blut- und Urinuntersuchung Erich Klapproth, 15./22.1.1943 (EZA 50/253/219); ferner Erich Klapproth an Rudolf Weckerling, 1.2.1943 (EZA 666/217).

[264] Erich Klapproth an Helga Weckerling, 14.2.1943 (EZA 666/217).

[265] Erich Klapproth an Rudolf Weckerling, 28.2.1943 (EZA 666/217).

[266] Vgl. etwa Tägliche Lesungen Januar 1943, 4 S., masch. (EZA 50/267/5–7).

mals mit heftigem Eifer geführt wurde,[267] sehr interessiert.[268] Ab dem 19. Februar konnte Klapproth in dem nahe Schwiebus gelegenen Ort Schermeisel an jedem Sonntag Gottesdienst halten. Der dort amtierende Pfarrer Otto Berendts, der zusammen mit Klapproth und Ebeling im Wintersemester 1936/37 am vierten Kurs in Bonhoeffers Finkenwalder Predigerseminar teilgenommen hatte, war seit Februar 1940 zum Militärdienst eingezogen. Den vertrauten, sich zusehends intensivierenden Umgang, der sich dabei mit der Pfarrfrau Maria Berendts ergab, verhehlte Klapproth nicht: „Da ich ihrem Mann ziemlich ähnlich sehe", gestand er augenzwinkernd der Mutter, „hat sie mich besonders in ihr Herz geschlossen".[269] Vielfach war Klapproth, nicht nur des Essens wegen, nun bei ihr zu Gast.[270]

Tatsächlich blieb der Postverkehr mit der Mutter weiterhin ein wesentliches Kontinuitätsmoment. Weil es mit einem Unteroffizier namens Ernst Klapproth, der sich ebenfalls im Tiborlager befand, mehrfach zu Postverwechslungen gekommen war, bat er sie, auf allen künftigen Zusendungen auch sei-

---

[267] Vgl. K. Hammann, Rudolf Bultmann. Eine Biographie, ^{2}2009, 307–319.

[268] Vgl. E. Klapproth, Notizen zu Bultmann, 6 S., hs. (stenographisch), 1943 (EZA 50/267/30–33). – Auf mehreren 1941/42 abgehaltenen Tagungen befasste sich die Berlin-Brandenburger Sektion der „Gesellschaft für evangelische Theologie" in kontrovers votierenden Referaten und Diskussionen mit dem Entmythologisierungsprogramm Bultmanns. Die Protokolle dieser Tagungen wurden auch dem im Feld stehenden Klapproth zugesandt; vgl. nur Gesellschaft für ev[angelische] Theologie, Sektionen Berlin und Brandenburg, 6. Tagung am 17. Juni 1942, Protokoll, 6 S., masch. (EZA 50/293/68–71).

[269] Erich Klapproth an Mathilde Klapproth, 16.3.1943 (EZA 50/267/55).

[270] Vgl. O. Berendts, Bericht eines Zeitzeugen (in: Die Finkenwalder Rundbriefe. Briefe und Texte von Dietrich Bonhoeffer und seinen Predigerseminaristen 1935–1946, hg. von I. Tödt [DBW Ergänzungsband], 2013, 533–594), 576f.

nen Vornamen auszuschreiben.[271] Die Lebensumstände in Schwiebus und Berlin erlaubten jetzt nur noch einen höchst dürftigen Warenaustausch. Klapproth beauftragte die Mutter mit der Zustellung von Briefpapier, von Spruch-, Bild- und Beileidskarten, von Zigaretten, Zigarren und anderen Lebensmitteln, die sie selbstverständlich mit *seinem* Geld einholen möge. Auch wünschte er sich präzise benannten Lektürestoff aus dem Bücherbord seines Zimmers, dazu den auf seinem Schreibtisch lagernden Stapel Druckfahnen des Briefwechsels zwischen Helmut Thielicke und Hermann Diem.[272] Manchmal legte die Mutter den getreulich erfüllten Wünschen ein paar vom Munde abgesparte Lebensmittelmarken noch bei. Als Gegenleistung konnte Klapproth allenfalls hin und wieder ein Kommissbrot nach Hause schicken oder dem Kameraden Gustav Goldke dorthin mitgeben; sollte dafür kein aktueller Bedarf bestehen, könne man die Gabe ja vielleicht gegen Brotmarken einzutauschen versuchen. Dass er die Dienste der Mutter auch sonst in Anspruch nahm, machte ihm „fast ein schlechtes Gewissen", doch tröstete er sich mit dem Gedanken, „es lenkt Dich doch auch wieder vom Sorgen ab", rasch darüber hinweg.[273] So trug er etwa die Bitte vor, sie möge seine beschädigte Taschenuhr, die Goldke bei ihr abgeben werde, zur Reparatur bringen, oder zehn Soldatenkalender, die er bekommen hatte, gemäß der beiliegenden Adressatenliste versenden. Einmal konnte sich Klapproth für diese Dienste mit einer Tube Zahnpasta, ein anderes Mal gar mit zwei Zitronen erkenntlich zeigen.

Daneben sorgte er sich fortwährend um seine Mutter. Dies war zum einen den in Berlin immer heftiger werdenden Luftan-

---

[271] Vgl. Erich Klapproth an Mathilde Klapproth, 13.2.1943 (EZA 50/267/43).

[272] Vgl. Erich Klapproth an Mathilde Klapproth, 7.2.1943 (EZA 50/267/36). – Später publiziert als: Die Schuld der Anderen. Ein Briefwechsel zwischen Helmut Thielicke und Hermann Diem, 1947, [2]1948.

[273] Erich Klapproth an Mathilde Klapproth, 7.2.1943 (EZA 50/267/36).

griffen geschuldet. Als ein ebenfalls aus Berlin-Steglitz stammender Kamerad nach Hause gerufen wurde, weil sein Elternhaus zerbombt worden war, übermittelte Klapproth sogleich die Hoffnung, es sei den Seinen nichts zugestoßen. Kurz darauf regte er an, Mutter und Bruder mögen doch in einen kleinen Ort, etwa nach Wittenberg, ausweichen, da dort die Wahrscheinlichkeit von Luftangriffen deutlich geringer sei. Dabei wusste er zweifellos, dass sich dieser gut gemeinte Rat kaum, schon gar nicht über Nacht, würde verwirklichen lassen.

Zum Anderen bekümmerte ihn aber auch der notorisch labile Nerven- und Seelenzustand seiner Mutter, dem er gleichermaßen religiös und pragmatisch entgegenzuwirken suchte. So schlug er ihr vor, das als Kartengruß übersandte Psalmwort „Ich liege und schlafe ganz mit Frieden; denn allein du, Herr, hilfst mir, dass ich sicher wohne“ (Ps 4,9) als sichtbaren Trost auf die Kommode zu stellen und „alle Traurigkeit dort zu stillen, wo uns Hilfe kommt“.[274] Auch freute er sich, der Mutter das Herrnhuter Losungsbuch, das er jetzt mit viel Glück hatte auftreiben können, zu übersenden; dass der erste Bibelvers dabei jeweils aus dem Alten Testament genommen war, möge sie, die dem deutsch-christlichen Glaubenskurs noch immer nicht gänzlich entronnen war, keinesfalls stören.[275] Zugleich ermunterte er sie fortwährend, sich nicht in die Einsamkeit zu verkriechen, sondern den Umgang mit anderen Menschen zu suchen und sich von guter Lektüre, etwa Wilhelm Raabes *Chronik der Sperlingsgasse* oder Wilhelm von Kügelgens *Jugenderinnerungen eines alten Mannes*, dic in seinem Zimmer bereitstünden, erbauen zu lassen.[276] Die notorisch knappe Haushaltskasse suchte er mit einem monatlichen Beitrag von bis zu 100 Reichs-

---

[274] Erich Klapproth an Mathilde Klapproth, 2.1.1943 (EZA 50/267/7).

[275] Vgl. Erich Klapproth an Mathilde Klapproth, 21.2.1943 (EZA 50/267/45).

[276] Vgl. Erich Klapproth an Mathilde Klapproth, 13.2.1943 (EZA 50/267/43).

mark, den sie – „das ist doch klar!" – von seinem Sparbuch einziehen möge, deutlich aufzubessern.[277] Dass sich Helga Weckerling weiterhin seiner Mutter annahm, schuf ihm dankbare Erleichterung. Und als ihn die Mutter wegen der anstehenden Verlegung nach Osten ihrerseits zu trösten suchte, kehrte er den Zuspruch sogleich appellativ um: „Die Abfahrt fällt mir erst dann schwer, wenn ich bei Euch Niedergeschlagenheit und garkeine getroste, demütige Zuversicht sehe!"[278]

Zur Erörterung von Sachthemen kam es jetzt nur noch sporadisch. Als der zumal von dem führenden Nationalsozialisten Robert Ley genährte Spott über die christliche Rede vom „Jammertal" dieser Erde aufkam, unterstrich Klapproth die semantische Dignität dieses Wortes, das in der Lutherbibel nur ein einziges Mal (Ps 84,7), in den evangelischen Kirchenliedern jedoch öfter gebraucht wird: Es erscheine ihm „in diesen Tagen [...] doch wirklichkeitsnäher als das ‚Freut euch des Lebens'. Und wer macht dem Menschen die reiche, schöne Erde zum Jammertal, zur Hölle? Der Mensch! Darum heißt der Christen [...] Gebet: Dein Reich komme".[279]

Anfang Februar 1943 vollendete sich die militärische und humane Katastrophe von Stalingrad.[280] Dort war die unter der Führung von Generalfeldmarschall Friedrich Paulus stehende 6. Armee, aufgepeitscht durch strategisch sinnlose Durchhaltebefehle, bereits im Dezember von weit überlegenen russischen Kräften hoffnungslos eingekesselt worden. Am Ende hatte die deutsche Seite rund 60.000 gefallene und 25.000 verwundete Frontkämpfer zu beklagen; 110.000 Soldaten gerieten in russi-

---

[277] Erich Klapproth an Mathilde Klapproth, 20.2.1943 (EZA 50/267/44).

[278] Erich Klapproth an Mathilde Klapproth, 16.3.1943 (EZA 50/267/52).

[279] Erich Klapproth an Mathilde Klapproth, 7.2.1943 (EZA 50/267/36f).

[280] Vgl. B. Ulrich, Stalingrad (Beck'sche Reihe 2368), 2016; W. Wette / G.R. Ueberschär (Hg.), Stalingrad. Mythos und Wirklichkeit einer Schlacht, [7]2013.

sche Gefangenschaft, aus der später nur etwa 5.000 Mann wieder zurückkehren sollten.[281] Klapproth erkannte diese Katastrophe als einen entscheidenden Wendepunkt des Krieges und deutete sie im Brief an die Mutter als „ein gewaltiges Menetekel. Ob unser Volk und unsre Führung es verstehen?? Nur Krampf – oder christlicher Glaube kann bei dem Gedanken an das, was da geschehen ist, und was uns noch bevorsteht, den Mut behalten".[282] Mit dieser nüchternen, klaren Äußerung dürfte er sich bis hart an die Grenze dessen, was in der regelmäßig zensierten Feldpost ungeahndet zu sagen möglich war, vorgewagt haben.

Gelegenheiten zu kurzer, ein- oder zweitägiger Einkehr im Elternhaus boten nicht nur die Abholungen der Rekruten aus Berlin, sondern auch ein paar wenige Wochenendurlaube. Dabei ging Klapproth mit seiner Mutter, so oft es sich einrichten ließ, in ein Konzert oder zu anderen Anlässen der Geselligkeit aus dem Haus. Besondere Liebe verwandte er auf ihren Geburtstag am 18. März 1943, den sie nun erstmals als Witwe beging. Die Möglichkeit, aus dem Pfarrhaus zu Schermeisel mit ihr zu telefonieren, nutzte er mehrfach. Rechtzeitig vor dem Festtag schnürte er ein besonderes Gabenpaket. Es enthielt eine kleine Portion Zucker, der als „Schlagsahne" dienen sollte, sowie eine Fischdose, dazu ein Pfund Mehl, etwas Kuchen und ein Stück Schinken. Die Lebensmittel waren ihm von einem Bauern, dessen vier Töchter er soeben getauft hatte, überlassen worden. Um den Geburtstag auch kulinarisch mitfeiern zu können, behielt Klapproth eine Scheibe des Schinkens für sich zurück. Überdies war ein Kamerad, der auf Kurzurlaub nach Berlin abging, beauftragt worden, der Mutter ein Kommissbrot sowie ein frisch geschossenes Kaninchen zu überbringen.[283] „Alles wenig, aber herzlich", kommentierte Klapproth die Gaben, mit

[281] Vgl. MÜLLER, Der Zweite Weltkrieg (s. Anm. 49), 221–228.

[282] Erich Klapproth an Mathilde Klapproth, 5.2.1943 (EZA 50/267/35).

[283] Vgl. Erich Klapproth an Mathilde Klapproth, 16.3.1943 (EZA 50/267/55).

deren Dürftigkeit man sich nun eben zu arrangieren habe: „Leider habe ich ja zu dem Brot immer nur wenig Aufstrich zu schicken; aber eine Kunsthonigstulle oder auch eine Scheibe trocken Brot zur Suppe helfen ja auch ein bißchen weiter".[284]

Das wertvollste Geschenk, das er zu überreichen wusste, war geistlicher Art. Nachdem der Gratulationsbrief und das Päckchen abgesandt waren und ihm bei einem am 16. März geführten Telefonat die Hilflosigkeit und Zukunftsangst der Mutter erneut das Gemüt beschwert hatten, verfasste er einen weiteren Geburtstagsgruß. Die dabei gewählte Anrede „Meine liebe Mutter!" blieb in seiner Korrespondenz einzigartig. Auf einer Spruchkarte mit dem Psalmvers „Dein Wort ist meines Fußes Leuchte und ein Licht auf meinem Wege" (Ps 119,105) konzentrierte er seine Anteilnahme auf das Entscheidende:

> So wünsche ich Dir denn als Einziges, es möchte sich Dir im kommenden Jahr Gottes Wort als „Deines Fußes Leuchte" bewähren, d.h. als Ratgeber und Tröster vor allen Schritten, die Du zu tun hast, damit Du sie nicht ins Dunkle tust, und als „Licht auf deinem Wege", damit Du nicht unsicher und furchtsam, wie in der Nacht, gehst, sondern zuversichtlich, wie einer, der sich auf seinem Weg leuchten kann. „Die Kraft des Höchsten kann *alles* ändern", sagt die Losung vom 18. – auch Deine Traurigkeit! Mach mir das Herz nicht schwer, indem Du so sehr verzagst. Ich glaube und hoffe, Du wirst Dir von Gott helfen lassen, und bin darüber ruhig, freue mich auch der Verbundenheit durch die Losungen. Und nicht über Einsamkeit klagen, ehe Du alles ausgekostet hast, was die Gemeinschaft mit Gott schenkt![285]

Am 20. März, dem Vorabend seines Abtransports an die Ostfront, sandte er der Mutter seinen letzten Gruß aus dem Tiborlager. Der Versuch, es ihr dabei so leicht wie möglich zu machen, war unübersehbar: Es komme ihm vor, als sei er sehr lange auf Urlaub gewesen und fahre jetzt nur auf kurze Zeit fort.[286]

---

[284] Ebd.

[285] Erich Klapproth an Mathilde Klapproth, 16.3.1943 (EZA 50/267/56).

[286] Vgl. Erich Klapproth an Mathilde Klapproth, 20.3.1943 (EZA 50/267/57).

Tatsächlich aber sollte er von dieser Reise nicht mehr zurückkehren. Am Ende der unter großem Zeitdruck ausgefertigen Karte rief er Mutter und Bruder „ein getrostes Lebet wohl! – und Gott befohlen!" zu. Und das Postskriptum, das für eine soeben eingetroffene Briefsendung dankte, schloss mit einem lapidaren „Adieu!"[287]

b) Front

Die militärische Beförderung, die sich Klapproth im Tiborlager zu Schwiebus erhofft hatte, kam nicht zustande. Möglicherweise hatte sein Alter – er stand im 31. Lebensjahr – eine Aufnahme in die Kriegsschule verhindert. Dass er über den Dienstgrad eines Fahnenjunker-Feldwebels nicht mehr hinauskam, störte ihn insbesondere wegen der damit verbundenen Konsequenz, anstatt in einen Offizierslehrgang alsbald wieder an die Ostfront gerufen zu werden. Seine Mutter, das wusste er wohl, würde als Offizierswitwe davon schmerzlich enttäuscht sein.[288]

Am 26. März 1943 versuchte er ihr seine wohlbehaltene Ankunft am frontnahen Bestimmungsort mitzuteilen, kam dabei aber kaum über die erste Zeile hinaus. Erst drei Tage später konnte er die begonnene Karte zu Ende schreiben.[289] Nun war er wieder in seiner alten Kompanie, die bei Bolchow am Okabogen, 60 Kilometer nördlich von Orel (Orjol), in unmittelbarer Frontnähe Stellung bezogen hatte. Es folgten etliche ruhige Tage, die es ihm erlaubten, mit dem Kriegspfarrer Kontakt aufzunehmen und sich in der Frontbuchhandlung mit neuer Lektüre zu versehen, darunter die schönen, in Schmetterlingspapier gebundenen Insel-Bändchen mit Gedichten von Johann Wolfgang von Goethe und Friedrich Hölderlin, zudem eine

---

[287] Ebd.

[288] Vgl. Erich Klapproth an Rudolf Weckerling, 6.3.1943 (EZA 666/217).

[289] Vgl. Erich Klapproth an Mathilde Klapproth, 26./29.3.1943 (EZA 50/267/59).

Ausgabe von Goethes *Italienische[r] Reise*.[290] Darüber hinaus fand er an den Romanen und Erzählungen Werner Bergengruens „unvermutet viel Freude und Erbauung".[291]

Dass Klapproth den Briefverkehr mit der Mutter fortsetzte, ist unzweifelhaft, doch findet sich in seinem Nachlass davon keine einzige Spur. So bleibt die Erhellung der letzten Monate fast ganz auf die von Weckerling aufbewahrten Schreiben beschränkt. Aus ihnen lässt sich erkennen, dass die Mutter, nachdem ihr Klapproth aus Bolchow eine Woche lang nicht geschrieben hatte, in höchste Besorgnis verfallen war. Sie werde sich künftig ohnehin auf längere Briefpausen einstellen müssen, suchte ihr Klapproth daraufhin deutlich zu machen. Gegenüber Weckerling, dem er den Vorgang mitgeteilt hatte, kommentierte er kühl: „Zu vieles Schreiben verwöhnt die Frau – uns beide halt sehr ".[292] Wie ihr in den Depressionsschüben, denen sie weiterhin ausgesetzt war, jetzt noch wirksam zu helfen wäre, dazu wusste er, seinerseits höchster Kriegsbedrängnis ausgesetzt, keinen Rat.

Am Sonntag vor Pfingsten, dem 6. Juni, ergab sich mit Weckerling ein vertrautes Zusammensein. Die Freunde hielten miteinander Andacht und sangen, von fernem Gefechtslärm begleitet, christliche Lieder. Wie viele kirchlich orientierte Soldaten hatten sie das Liederbuch *Der helle Ton* im Tornister. Otto Riethmüller, der, nachdem er die Pfarrstelle an der Esslinger Südkirche versehen hatte, in Berlin den Vorsitz der Jugendkammer der Bekennenden Kirche ausübte, zeichnete federführend für die Zusammenstellung der Texte und Singweisen des Gesangbuchs, das seit 1935 vom Evangelischen Jungmänner-

[290] Vgl. Erich Klapproth an Rudolf Weckerling, 31.3.1943 (EZA 666/217).

[291] Erich Klapproth an Rudolf Weckerling, 28.6.1943 (EZA 666/217).

[292] Erich Klapproth an Rudolf Weckerling, 23.4.1943 (EZA 666/217). – An dieser Stelle des handschriftlichen Briefes notierte der Empfänger am Rand: „!!! Hört! Hört!"

werk Deutschlands in hoher Stückzahl vertrieben wurde.[293] Nach der Andacht erging man sich in Erinnerungen an Weckerlings Hochzeit vom 9. Januar, die durch viele Fotos aus diesem und den umliegenden Tagen aufgefrischt und so unmittelbar vergegenwärtigt wurden, als liege die von Klapproth vollzogene Trauung[294] erst zwei oder drei Wochen zurück.[295]

Mitte Juni war Klapproth auf mehrtägigem Botengang unterwegs. Als er von dort zu seiner Einheit, dem Grenadier-Ersatzbataillon 337, zurückkehrte, fand er Schreckliches vor: Nach einem während seiner Abwesenheit ausgetragenen Gefecht hatte man elf Tote, zwei Vermisste und 41 Verwundete zu beklagen. „Wieviel ist mir erspart geblieben!", brach es aus ihm heraus. Indessen verbuchte er diese Ersparnis nicht als schicksalhaftes Glück, sondern als Ausdruck der göttlichen Führung. Demgemäß gab er auch Weckerling davon kund: „Ob Gott mich für ein ‚besseres' oder ‚ärgeres' Geschick aufbewahrt, sei ihm anheim gegeben, jedenfalls will Er noch, dass ich sein Zeuge sei. Bitte mit mir und für mich, dass ich's werde! Pax domini tecum!"[296]

Anfang Juli 1943, nachdem sich die Kompanie auf Orel zubewegt hatte, kam es zu harten Gefechten. „Ich bin noch wohl behütet. Aber es tut sich hier allerlei", vermeldete Klapproth nur trocken.[297] Am Morgen des 5. Juli unternahm ein etwa 30 Mann umfassender russischer Stoßtrupp einen mit schweren Waffen ausgeführten Feuerüberfall auf die deutsche Stellung. Beiderseits kam es zu Toten und Schwerverwundeten, doch als fast noch gravierender schätzte Klapproth den Umstand ein,

---

[293] Der helle Ton. Ein Liederbuch für die deutsche evangelische Jugend, mit einem Marschlieder-Anhang, hg. vom Evangelischen Jungmännerwerk Deutschlands, 1935 (viele Folgeauflagen).

[294] S. o. Abschnitt V.6.a.

[295] Vgl. Erich Klapproth an Helga Weckerling, 6.6.1943 (EZA 666/217).

[296] Erich Klapproth an Rudolf Weckerling, 21.6.1943 (EZA 666/217).

[297] Erich Klapproth an Rudolf Weckerling, 5.7.1943 (EZA 666/217).

dass dabei zwei Soldaten der eigenen Seite aus dem Schützengraben heraus verschleppt worden waren. Wenn „der Iwan", unkte er, „die Gefangenen auspresst, haben wir allerlei zu erwarten".[298]

Während die Kameraden unmittelbar an der Frontlinie lagen, dem Gegner dabei buchstäblich ins Auge sahen und im Kampfgraben wegen personeller Ausdünnung nur alle 150 Meter einen Doppelposten aufstellen konnten, befand sich Klapproth mehrere 100 Meter hinter der Stellung. „Ich [...] habe", heißt es in dem Weckerling zugestellten Bericht, „statt der engen, steilen Grabenwände, die wie Scheuklappen die Augen der Kameraden vorn ermüden – eine blühende, prangende Wiesenmulde mit schönem Weitblick vor mir".[299] Das mochte, bedenkt man die Lage, fast schon idyllisch anmuten, doch war es damit nach wenigen Tagen vorbei.

c) Tod

Neben dem Brief an Weckerling hatte Klapproth am 5. Juli 1943, vergleichsweise ruhige Stunden ausnutzend, auch etliche andere Korrespondenzen erledigt. Er konnte dabei noch nicht ahnen, dass just an diesem Tag die letzte deutsche Großoffensive gegen die Sowjetunion losbrechen sollte. Das mit dem Decknamen „Unternehmen Zitadelle" getarnte Vorhaben war im deutschen Oberkommando lange geplant, immer wieder kontrovers diskutiert und schließlich minutiös vorbereitet worden. Es zielte darauf ab, den russischen Frontbogen um die Stadt Kursk, der seit Anfang 1943 tief in die deutschen Linien hineinreichte, mit einer schnellen, dem Konzept des „Blitzkriegs" folgenden Zangenbewegung abzuschneiden, die dann eingekesselten russischen Truppen vollständig aufzureiben und dadurch

[298] Ebd.
[299] Ebd.

die seit der Katastrophe von Stalingrad verlorene Initiative an der Ostfront zurückzugewinnen.

Der ursprünglich für den 3. Mai vorgesehene Angriffstermin wurde mehrfach verschoben. Dafür gab es unterschiedliche Gründe, insbesondere die erheblichen, zunächst dramatisch unterschätzten logistischen Schwierigkeiten, sodann das durch den vollständigen Verlust der Heeresgruppe Afrika verursachte Aufbrechen der europäischen Südfront sowie schließlich auch die zumal in der Gegend um Orel fortwährend ausgeübten Anschläge russischer Partisanen. Unmittelbar nachdem der in der Nacht auf den 5. Juli ausgeführte Präventivschlag der Roten Armee ohne nennenswerte Wirkung verpufft war, begann die breit angelegte deutsche Offensive, aus der sich die größte Land- und Luftschlacht des Zweiten Weltkriegs entwickeln sollte. Die Operation verlief anfangs erfolgreich, hatte dabei allerdings herbe Verluste an Menschen und Material zu verzeichnen, bis sie am 17. Juli, nachdem fünf Tage zuvor die massive sowjetische Gegenoffensive begonnen hatte, endgültig gescheitert war. Dabei ging der von Generalfeldmarschall Günther von Kluge befehligten Heeresgruppe Mitte nach erbittert geführten Verteidigungskämpfen auch der Orelbogen, in dem sich der Soldat Klapproth befand, vollständig verloren.[300]

Den letzten Brief, der sich erhalten hat, sandte Klapproth am 12. Juli an Weckerling.[301] „Mit Schaudern" deutete er an, was seine Kompanie in den vergangenen Tagen gehört und gesehen hatte. Details nannte er dabei nicht, weil dies die Zensur kaum durchlaufen hätte und der Empfänger sich ohnehin einen Reim darauf machen konnte. Mit der vergleichsweise ruhigen Lage,

---

[300] Für kurze Übersicht vgl. MÜLLER, Der Zweite Weltkrieg (s. Anm. 49), 234–244. Eingehend informieren: J. PIEKALKIEWICZ, Unternehmen Zitadelle. Kursk und Orel: Die größte Panzerschlacht des 2. Weltkrieges, 1998; R. TÖPPEL, Kursk 1943. Die größte Schlacht des Zweiten Weltkriegs, 2017.

[301] Vgl. Erich Klapproth an Rudolf Weckerling, 12.7.1943 (EZA 666/217).

in der sich Klapproth eine Woche zuvor noch befunden hatte,[302] war es unwiderruflich vorbei:

> Allerdings habe ich das Idyll des Kompaniegefechtsstands, an jener blumigen Mulde, mit Radio, stiller Nachtwache, Ungezieferfreiheit u. a. inzwischen mit dem Posten eines Zugführers vertauscht [...]. Bei uns herrscht 'mal wieder ein enormer Menschenmangel; jeder Ausfall (Urlaub, leichte Verwundung u. a.) macht uns das grösste Kopfzerbrechen. Die paar Mann Ersatz, die wir in diesen Wochen kleckerweise bekamen, sind ganz schlecht; alte, ängstliche Etappenhasen, gestern sogar einer aus der Feldstrafgefangenenabteilung.[303]

Klapproth war jetzt einem Spähtrupp zugewiesen, der unmittelbar an der Frontlinie eingesetzt wurde, und hatte meist auch dessen Führung zu übernehmen. Bei Nacht „bekriegten" sich die deutsche und russische Kampfspitze gegenseitig mit dröhnender Lautsprecher-Propaganda; am Vortag hatte ein Kamerad, der in sowjetische Gefangenschaft geraten war, auf diesem Weg lautstark zur Fahnenflucht aufgerufen.[304] Etliche persönliche Nachrichten an Weckerling schlossen sich an. So freute sich Klapproth über die Rückkehr Heinrich Grübers, der aufgrund einer Intervention seines Schwagers, des Großindustriellen Ernst Hellmut Vits, in schwer lädiertem Zustand dem Konzentrationslager Dachau entronnen war. Am Ende bat er Weckerling, da sein Bunker selbst bei Tage stockdunkel war, um die Zusendung eines Hindenburglichts.[305]

Ende Juni hatte Klapproth dem in der Nähe stationierten Freund geschrieben, es wäre doch „schön, wenn wir uns bald

---

[302] S. o. Abschnitt V.6.b.

[303] Erich Klapproth an Rudolf Weckerling, 12.7.1943 (EZA 666/217); Abkürzungen stillschweigend aufgelöst.

[304] Vgl. ebd.

[305] Vgl. ebd. – Das sog. „Hindenburglicht", eine mit wachsähnlichem Fett getränkte und gefüllte Schale aus Pappe, in deren Mitte ein kurzer, breiter Docht angebracht war, stellte den Vorläufer des Tee- oder Dosenlichts dar.

wieder (oder: noch?) einmal sehen könnten!"[306] Der Wunsch blieb utopisch und erfüllte sich nicht. Als sich die beiden am Sonntag vor Pfingsten nach ihrem letztmaligen Treffen verabschiedet hatten, rief Klapproth dem Freund noch vom Fahrrad aus den russischen Ostergruß zu: „Christos voskres!" („Christus ist auferstanden!").[307] Mit der letzten Feldpostkarte, die Walter Bressani von ihm erhalten hatte, bezeugte Klapproth seine anhaltende religiöse Vergewisserung: Inmitten „dieser Unrast und Spannung der Tage" stärke ihn der Monatsspruch[308] ungemein, Luthers Morgen- und Abendsegen erfrischten ihn „wieder ganz neu", und „in der toten Welt unserer engen, steilen Gräben, die uns wie ewige Scheuklappen um die Augen liegen", erkannte er, biblischer Sprachschule folgend, „ein kräftiges Gleichnis für unser Leben ‚in der Tiefe', aus der zu rufen uns gottlob gelehrt ist" (vgl. Ps 130,1).[309]

Am 18. Juli 1943, dem 4. Sonntag nach Trinitatis, erlag Erich Klapproth bei Bolchow am Okabogen, nördlich von Orel, einem Granatvolltreffer. Die näheren Umstände seines Sterbens sind nicht bekannt. Zunächst wurde er als vermisst gemeldet, weil sich die Truppe, von den gegnerischen Kräften hart bedrängt, in chaotischem Rückzug befand und deshalb den Leichnam ungeborgen zurücklassen musste.

Bedenkt man die treue Regelmäßigkeit, in der Klapproth das Herrnhuter Losungsbuch konsultierte, so wird man mit größter Wahrscheinlichkeit annehmen können, dass er seinen Todestag mit dem biblischen Wochenspruch anging: „Einer trage des andern Last, so werdet ihr das Gesetz Christi erfüllen"

[306] Erich Klapproth an Rudolf Weckerling, 12.7.1943 (EZA 666/217); Abkürzungen stillschweigend aufgelöst.

[307] Erich Klapproth an Rudolf Weckerling, 28.6.1943 (EZA 666/217).

[308] Der Monatsspruch für Juli 1943 lautete: „Ihr werdet mit Freuden Wasser schöpfen aus dem Heilsbrunnen" (Jes 12,3).

[309] Walter Bressani an die Brüder und Schwestern, 11.8.1943 (EZA G1/1654).

(Gal 6,2). Dass Klapproth sein Leben lang, gleichermaßen als Christenmensch, Geistlicher und Soldat, „des andern Last" zu tragen suchte, steht außer Zweifel. Ob er damit aber „das Gesetz Christi" erfüllt hat, bleibt eines Anderen Urteil anheimgestellt.

VI. Erinnerung

Die Nachricht von Klapproths Tod löste bei allen, die ihn gekannt hatten, tiefe Erschütterung aus. „Es ist ein großer persönlicher und kirchlicher Verlust",[1] klagte Dietrich Bonhoeffer, nachdem ihn die traurige Nachricht erreicht hatte, und fasste, für den weiten Kreis der Leidtragenden durchaus repräsentativ, seine Wertschätzung in kurze, prägnante Gestalt: „Um Klapproth werden viele hundert junge Pastoren sehr trauern, er verband eine ungewöhnliche geistige Begabung mit der Fähigkeit der Menschenführung".[2]

Am 15. August 1943, einem Sonntag, fand im großen, 1935 angebauten Kirchsaal des Goßner-Missionshauses, in dem Klapproth einst gelebt und gewirkt hatte,[3] unter sehr großem Zulauf der Gedenkgottesdienst statt. Vor seinem letzten Aufbruch an die Ostfront hatte Klapproth für den Fall seines Todes einige letztwillige Verfügungen hinterlassen. Demgemäß übernahm nun Gerhard Ebeling in Abstimmung mit Martin Albertz die liturgische Leitung.[4] Den Eingangsteil gestaltete er als ein vielfaches Wechselspiel von Gemeindegesang und biblischer Lesung,[5] das in das gemeinsam gesprochene apostolische Glaubensbekenntnis ausmündete.

---

[1] Dietrich Bonhoeffer an Paula und Karl Bonhoeffer, 17.8.1943 (in: D. BONHOEFFER, Widerstand und Ergebung. Briefe und Aufzeichnungen aus der Haft, hg. von Ch. GREMMELS / E. BETHGE / R. BETHGE [DBW 8], 1998, 136).

[2] Ebd. (Briefentwurf).

[3] S.o. Abschnitt III.1.d.

[4] Gedächtnisgottesdienst für Pastor Erich Klapproth, gefallen am 18.7.1943 im Osten, 15 S., masch. (EZA 50/785/108–115).

[5] Als amtierender Pastor verlas Ebeling, von Gemeindegesang un-

Die Trauerpredigt stand, wie es der Verstorbene gewünscht hatte, unter dem Bibelwort „Dieser war auch mit dem Jesus von Nazareth" (Mt 26,71). Ebeling verwies zunächst auf die testamentarische Vorgabe Klapproths, „daß bei [s]einer Gedenkfeier nur von Christus die Rede sei",[6] weshalb man jetzt ebenso von dem Vielen, „was wir von ihm rühmen können", wie von der „Wucht der Trauer" unter den Leidtragenden schweigen müsse. Indem er Klapproth dann aber in das Licht des Lobpreises Gottes[7] stellte, konnte er dessen Mutter, seinem behinderten Bruder und all den Freunden, die zum Abschied versammelt waren, gleichwohl warme seelsorgerliche Zuwendung schenken. Im Zugriff auf den biblischen Kontext des Predigtwortes stellte Ebeling sodann heraus, dass Klapproth wie einst Petrus, zu dem dieses Wort gesagt war, in der Zugehörigkeit zu Jesus von Nazareth „nicht seine Wahl und sein Verdienst, sondern [...] die Gnadenwahl Gottes" erkannt habe. Die schuldhaften innerfamiliären Konflikte, in die der Verstorbene zeitweilig verstrickt war, nannte Ebeling offen beim Namen, deutete sie aber zugleich als Voraussetzung dessen, dass Klapproth „dann auch so wunderbar erfahren" habe, „wie die empfangene Vergebung Sünder heiligt und Wunden heilt". Im Fortgang der

terbrochen, nacheinander Ps 116, Joh 5,19–29, Röm 8,18–39 und Apk 7,9–17 (vgl. aaO 1–6).

[6] G. Ebeling, Trauerpredigt für Erich Klapproth, 4 S., masch., 15.8.1943 (EZA 50/426/60–63). Die nachfolgenden Predigtzitate beziehen sich auf dieses Typoskript. Für die viel später erfolgte, leicht überarbeitete Publikation vgl. G. Ebeling, Erich Klapproth zum Gedächtnis. Predigt am 15. August 1943 (Bonhoeffer-Rundbrief 51, 1996, 25–34). – Eine Wiedergabe des ursprünglichen Typoskripts findet sich in Anhang III.2.

[7] Der von Ebeling leitmotivisch wiederholte „Lobpreis der Herrlichkeit, Barmherzigkeit und Kraft Gottes in Jesus Christus" entsprach wiederum wortgetreu einer testamentarischen Verfügung Klapproths; vgl. O. Berendts, Bericht eines Zeitzeugen (in: Die Finkenwalder Rundbriefe. Briefe und Texte von Dietrich Bonhoeffer und seinen Predigerseminaristen 1935–1946, hg. von I. Tödt [DBW Ergänzungsband], 2013, 533–594), 577.

Predigt kam der Betrauerte mehrfach auch selber zu Wort: durch die Einspielung von direkten Text- und Briefzitaten, durch Freundeserinnerungen sowie durch den zweifachen Rückgriff auf sein lyrisches Werk.

Von unverhüllter Bitterkeit grundiert, vergegenwärtigte Ebeling das Todesereignis:

> Unter dem Einsatz seines Lebens deckte er den Rückzug der Kameraden. Sein Leib liegt ungeborgen. Keine liebende Hand bettete ihn in die Erde. Dem Leib ward nicht Raum gegönnt bei frommer Christen Grab. An der Stätte, da er blieb, tat sich kein Mund zum Lobpreis Gottes auf, keine Hände falteten sich, keine Arme breiteten sich aus zum Segen. Kein Mal kennzeichnet diese Stätte.

In deutlicher Abkehr von der nationalsozialistischen Heldentod-Rhetorik geißelte Ebeling „alle Versuche, diesem Opfer einen innerweltlichen Sinn zu geben", als unerträglich. Allein die in der Nachfolge Jesu verbürgte Auferstehungshoffnung könne der Anfechtung dieses Todes tatsächlich standhalten: „Für Gottes Augen sichtbar steht mit großen Lettern über jenem Ort: Dieser war auch mit dem Jesus von Nazareth. Da wird seine Gebeine der Ruf der letzten Posaune finden". Der damit eröffnete Horizont göttlicher Ewigkeit gewährte den Leidtragenden dann auch konkreten, lebensdienlichen Glaubenstrost:

> Er ist dort als dein Sohn, als dein Bruder, als unser aller Bruder. Gott will uns, die wir hier keine bleibende Stadt haben, in der zukünftigen heimisch machen durch die Toten, die uns dahin im Glauben vorangehen. Vielleicht läßt der Herr der Kirche darum so viele der Unentbehrlichsten von uns gehen.[8]

[8] Einen damit nahe verwandten Gedanken hatte Klapproth, wahrscheinlich an der Ostfront, zu lyrischem Ausdruck gebracht; vgl. E. Klapproth, Die uns genommen werden … (in: … an des Todes Grenzen sieghaft glänzen … Gedichte von Pastor E. Klapproth, 26 S., masch., [um 1945], 22f); s. u. Anhang I.7.

Auf die Trauergäste, die im Goßnerhaus zahlreich versammelt waren, hat diese Kanzelrede einen sehr tiefen Eindruck gemacht.[9]

Nach der Predigt ergriff, von Gemeindegesängen umrahmt, der Leiter des illegalen Pfarrerprüfungswesens Martin Albertz das Wort. Seine Gedenkrede, die ebenfalls Klapproth verfügt hatte, nahm den Verstorbenen in den Lobpreis des dreieinigen Gottes hinein: „Es ist die Barmherzigkeit unsres Herrn gewesen, die dieses junge Leben getragen, gestaltet und vollendet hat".[10] Gottes „harte Liebe" habe dem Dahingegangenen ungewöhnlich reiche, von Albertz detailliert benannte geistige, geistliche und theologische Begabungen zukommen lassen. Auch seine persönliche, generationsübergreifende Verbundenheit mit Klapproth brachte der doppelt so alte Albertz dabei zu warmherzigem Ausdruck, desgleichen die Zukunftshoffnung, die er in den jungen Amtsbruder gesetzt hatte und die nun gänzlich zerstoben war:

> Wir Alten [...] haben wohl daran gedacht, daß wir einmal froh und dankbar unsere Augen schließen können, weil wir wissen, der Dienst, den wir leisten können, steht in guten Händen. Nun hat uns Gott das genommen und darüber trauern wir. Denn wir hätten uns wohl denken können, wieviel unser Bruder unserer evangelischen Kirche, der Gemeinde, der Kirche der Zukunft und damit unserm lieben deutschen Volk nach dem Kriege hätte leisten können.

Die über den Tag hinausweisende Zukunftsperspektive, die Albertz damit eröffnete, war aus kirchenleitender Verantwortung geboren und mag den Nachgeborenen erlauben, wenigstens auf einen Augenblick bei dem Gedanken innezuhalten, welche Bereicherung Klapproth, wäre er von der Ostfront unversehrt wieder zurückgekehrt, für die evangelische Kirche und Theo-

---

[9] Vgl. etwa Renate Bethge an Dietrich Bonhoeffer, 8.9.1943 (in: Bonhoeffer, Widerstand und Ergebung [s. Anm. 1], 155–157), 156.

[10] M. Albertz, Gedenkansprache auf Erich Klapproth, 3 S., masch., 15.8.1943 (EZA 50/426/112–114). Die nachfolgenden Zitate beziehen sich auf dieses Typoskript.

logie im zweistaatlichen Deutschland der Nachkriegszeit hätte darstellen können.

Acht kurze Voten, die dem Lebenswerk des Verstorbenen dankbaren Respekt bezeugten, schlossen sich an. Zunächst ergriffen Repräsentanten der vorläufigen Kirchenleitung der Deutschen Evangelischen Kirche, der Bekennenden Kirche in der Mark Brandenburg und des Bruderrats der Berliner Bekennenden Kirche das Wort. Für die Kirchengemeinde Berlin-Wilmersdorf sprach sodann Klapproths einstiger Vikariatsmentor Eduard Lindenmeyer, nach ihm Hans Lokies, dessen Sohn kurz zuvor wie Klapproth gefallen war, für das Katechetische Seminar im Haus der Goßner-Mission und Walter Bressani als Nachfolger im Amt des Vertrauensmanns.[11] Schließlich folgten noch knappe Gruß- und Gedenkworte der Wilmersdorfer Gemeindejugend und eines kirchlich engagierten Militärkameraden.[12]

Daraufhin führte Ebeling den Gottesdienst mit einem langen, sorgfältig formulierten Fürbittengebet, dem Vaterunser und dem aaronitischen Segen dem Ende zu. Als Abschluss stimmte die Trauergemeinde in die Gloria-Strophe des eschatologischen Kirchenliedes *Wachet auf, ruft uns die Stimme* von Philipp Nicolai ein.[13] Dieses ergreifende „Halleluja für und für", das die Kirchgänger in ihren Ohren und Herzen nach Hause trugen, besiegelte den Gedächtnisgottesdienst für Erich Klapproth. –

Für den Wunsch, seine Erinnerung an Klapproth zu vergegenständlichen, fand Ebeling bei dem Freund Wilhelm Groß

---

[11] An der längst verschwundenen Grabstätte der Familien Klapproth und Kückenthal im Friedhof Berlin-Wilmersdorf ließen die Vikare und Hilfsprediger, für die Klapproth als Vertrauensmann zuständig gewesen war, eine Gedenktafel anbringen (vgl. K. Hunsche, Bericht über Erich Klapproth [...] für das Kuratorium der Goßnerschen Mission in Berlin-Friedenau, 6 S., masch., 3.12.1964 [EZA G1/1654], 6).

[12] Vgl. Gedächtnisgottesdienst für Pastor Erich Klapproth (s. Anm. 4), 12–14.

[13] Vgl. aaO 14f.

(1883–1974) tätige Hilfe. Dieser lebte als Bildhauer in der nördlich von Berlin gelegenen Stadt Oranienburg, unterhielt dort ein selbsterbautes Atelier und stand mit zeitgenössischen Künstlern wie Max Beckmann, Ernst Barlach oder Max Klinger in vertrautem Kontakt. Da er nach den Nürnberger Rassegesetzen als „Halbjude" galt, war er aus der Reichskulturkammer ausgeschlossen und sein Werk als „entartete Kunst" diffamiert worden.[14] Die Bekanntschaft mit Ebeling hatte sich bereits Jahre zuvor über den Pfarrernotbund, dem Groß seit 1934 angehörte, ergeben. Etliche Monate nach Klapproths Tod trat Ebeling an Groß mit der Frage heran, ob er anhand von Portraitfotos aus der Front-, Halbfront- und Seitenperspektive eine Büste des Verstorbenen schaffen könne. Groß sagte zu – „die Aufnahmen sind ausgezeichnet und eignen sich für unsern Zweck"[15] – und machte sich an die Arbeit. Im Juli 1944, ein Jahr nach Klapproths Tod, war das Kunstwerk vollendet.[16] Als Ebeling, der seit Sommer 1945 an der Evangelisch-Theologischen Fakultät der Universität Tübingen lehrte, seinen Berliner Hausrat zwei Jahre später dorthin überführen ließ, ging die Büste irreparabel zu Bruch.[17] Glücklicherweise hatte Groß jedoch eine Kopie angefertigt, die er Ebeling im Frühjahr 1951 übersandte und die dann bis zuletzt in dessen häuslichem Arbeitszimmer aufgestellt blieb.[18]

Unter den Theologen der berlin-brandenburgischen Bekennenden Kirche fanden die Gedichte Klapproths abschriftlich

---

[14] Vgl. G. Quer, Wilhelm Groß – Künstler und engagierter Christ (in: M. Vollack [Hg.], Der Kreis Schlawe. Ein pommersches Heimatbuch. Bd. 1: Der Kreis als Ganzes, 1986, 424–430); N. Gommert / D. Wendland, Wilhelm Groß. Bildhauer und Prediger 1883–1974. Mit einem Geleitwort von W. Huber, 2004.

[15] Wilhelm Groß an Gerhard Ebeling, 13.2.1944 (zit. nach A. Beutel, Gerhard Ebeling. Eine Biographie, 2012, 94).

[16] Vgl. Wilhelm Groß an Gerhard Ebeling, 12.7.1944 (vgl. ebd.).

[17] Vgl. Gerhard Ebeling an Eltern Ebeling, 6.7.1947 (vgl. ebd.).

[18] Etliche Jahre nach Ebelings Tod übereigneten dessen Erben die Büste an den Verfasser.

weite Verbreitung und gingen vielfach von Hand zu Hand. Das in ihrer künstlerischen Gestalt aufbewahrte Erbauungs- und Trostpotential erwies sich, zumal in den Bedrängnissen der letzten Kriegs- und ersten Nachkriegszeit, als existentiell anrührend und fruchtbar. Das Beispiel der in Lietzen bei Lebus/Oder als Vikarin tätigen Ilse Fredrichsdorff kann hierfür als symptomatisch gelten. Sie führte die Gedichte, „um für sich und ihre Gemeinde eine Ausdrucksmöglichkeit in ihrer Not zu finden“, stets in ihrem Handgepäck mit sich.[19] In der Nacht zum 16. April 1945, als man sich auf die Flucht vor den andrängenden sowjetischen Truppen zurüstete, hatten sich im Keller ihres Pfarrhauses zahlreiche alte und verwundete Gemeindeglieder versammelt. Um in dieser „Atmosphäre von Furcht und Unruhe eine Quelle der Besinnung“ zu schaffen, las Ilse Fredrichsdorff den Verängstigten „Psalmen und ein paar Gedichte von Erich Klapproth vor“,[20] und beides trug, wie sie später berichtete, in dieser Runde der Elenden alsbald zu seelischer Stärkung und Beruhigung bei.[21] Mitunter kam es in der Nachkriegszeit auch zum Wiederabdruck einzelner Gedichte[22] und Kurzgeschichten aus Klapproths Feder.[23]

---

[19] R. Schatz-Hurschmann, Eine Frau ist immer im Dienst. Das Leben der Ilse Fredrichsdorff (in: S. Hausammann / N. Kuropka / H. Scherer [Hg.], Frauen in dunkler Zeit. Schicksal und Arbeit von Frauen in der Kirche zwischen 1933 und 1945. Aufsätze aus der Sozietät ‚Frauen im Kirchenkampf‘ [SVRKG 118], 1996, 121–159), 131.

[20] AaO 139.

[21] Vgl. ebd.

[22] Vgl. etwa E. Klapproth, Trost (in: F.S. Rothenberg [Hg.], Lob aus der Tiefe. Junge geistliche Dichtung, 1947, 25); Ders., Die uns genommen werden … (aaO 87); Ders., Gen Westen sollen meine Fenster sehen … (aaO 101).

[23] Vgl. etwa E. Klapproth, Das Schenken (Die Stafette, Dezember 1947, 31); Ders., Die grossen Strassen (Die Stafette, Januar 1948, 8); Ders., Gespräch im Rucksack (Berliner Sonntagsblatt, Mai 1956, 7). – Dem erstgenannten Text war die redaktionelle Bemerkung hinzugefügt: „Erich Klapproth betreute vor mehr als einem Jahrzehnt die jungen Pfarrer der Bekennenden Kirche in der Mark Brandenburg.

Zu Beginn der 1960er Jahre entstand der Plan, den Kirchsaal im Berliner Goßnerhaus, der während des Kirchenkampfes als Gottesdienstraum der bekenntniskirchlich orientierten Gemeindeglieder von Berlin-Friedenau gedient hatte, durch einen Neubau zu ersetzen. Als scheidender Missionsdirektor des Goßnerhauses übermittelte Hans Lokies im Mai 1963 die entsprechenden Überlegungen an das Berliner Evangelische Konsistorium. Er verband damit die Idee, den Neubau mit dem Namen „Klapproth-Saal im Goßnerhaus" zu versehen, weil „der junge illegale Pastor Erich Klapproth [...] als der Repräsentant jener Pastorengeneration", die bereits weithin vergessen sei, gelten könne, „die während des Kirchenkampfes an vorderster Stelle stand, besonders bedroht war und besondere Opfer brachte".[24] Der damit ausgelöste Erwägungs- und Planungsprozess nahm etliche Monate in Anspruch und sollte am 13. Januar 1965 auf einer Kuratoriumssitzung der Goßnerschen Mission zu endgültiger Klärung gebracht werden. Allerdings war der Gedanke eines Neubaus schon im Vorfeld gegen das kostengünstigere Vorhaben einer umfassenden Innenrenovierung eingetauscht worden. Um über die beantragte Namensgebung entscheiden zu können, hatte der neue Missionsdirektor Christian Berg die Berliner Pastorin Klara Hunsche[25] gebeten, einen schriftlichen Bericht über das Leben und Wirken Klapproths auszuarbeiten. Der Bericht[26] ging am 4. Dezember 1964 bei Berg ein[27] und wurde von diesem mit freudig anerkennenden

---

Vielleicht entsinnt sich mancher von euch noch seines tapferen und segensreichen Wirkens".

[24] Hans Lokies an das Evangelische Konsistorium Berlin-Brandenburg, z. H. Herrn Präses D. Kurt Scharf, 2.5.1963 (EZA G1/1654).

[25] Vgl. K. Söderblom, Klara Hunsche: Lehrerin und Theologin in der Bekennenden Kirche von Berlin-Brandenburg (in: Frauen in dunkler Zeit [s. Anm. 19], 161–184).

[26] K. Hunsche, Bericht über Erich Klapproth (s. Anm. 11).

[27] Vgl. Klara Hunsche an Christian Berg, 3.12.1964 (EZA G1/1654).

Dankesworten quittiert.[28] Tatsächlich ist dann aber weder am 13. Januar 1965[29] noch auf einer späteren Sitzung des Kuratoriums über den Antrag der Namensgebung beraten oder entscheiden worden. So wird man davon ausgehen müssen, dass die Idee des „Klapproth-Saals" bereits im Vorfeld einer negativen Entscheidung der Kuratoriumsleitung zum Opfer gefallen war.

Einen besonderen Freundschafts- und Erinnerungsdienst fasste in den frühen 1950er Jahren der Präsident der Deutschen Bundestages Hermann Ehlers ins Auge. Als Leiter des Berlin-Zehlendorfer Knaben-Bibelkreises hatte er den um acht Jahre jüngeren Klapproth 1923 kennen- und schätzen gelernt. Man besuchte sich oft auch zu Hause, Ehlers wohnte damals in der Steglitzer Poschingerstraße, nur wenige hundert Meter vom Elternhaus Klapproths entfernt. Rasch war zwischen den beiden eine enge, stabile, menschlich und kirchlich tief harmonierende Freundschaft erwachsen. Zu Beginn des Jahres 1952 trug sich Ehlers mit dem Plan, ein Erinnerungsbuch über den früh verstorbenen Freund zu verfassen, weil dieser ihm „in vielem so typisch für seine Generation zu sein" schien, und ersuchte etliche frühere Weggefährten um die Zusendung von Briefen aus Klapproths Feder.[30] Alsbald kam ihm das erbetene Material von da und dort ins Haus,[31] doch die starke politische und kirchliche Inanspruchnahme von Ehlers ließ eine Manuskriptausarbeitung einstweilen nicht zu. Nach seinem überraschenden, frühen Tod am 29. Oktober 1954 gab es niemanden, der das Publikationsvorhaben aufgegriffen und ausgeführt hätte.[32]

---

[28] Vgl. Christian Berg an Klara Hunsche, 11.12.1964 (EZA G1/1654).

[29] Vgl. Protokoll der Sitzung des Kuratoriums der Goßner Mission am 13. Januar 1965 im Goßnerhaus Berlin-Friedenau (EZA G1/356).

[30] Herman Ehlers an Rudolf Weckerling, 22.1.1952 (EZA 50/666/217).

[31] Vgl. etwa Rudolf Weckerling an Hermann Ehlers, 4.2.1952 (EZA 50/666/217).

[32] Otto Berendts erinnerte 2005 an Klapproth „stellvertretend für die anderen jungen Finkenwalder Brüder aus jenen Jahren, deren Na-

Erst nach der Dauer eines Menschenlebens, nachdem auch die letzten Freunde und Erinnerungsträger Klapproths verstorben waren,[33] gewann das, was Ehlers einst geplant hatte, auf andere, eigene Weise Gestalt.

---

men in der Kirche heute so gut wie ganz vergessen sind, aber gewiss im Himmel aufgeschrieben stehen" (BERENDTS, Bericht eines Zeitzeugen [s. Anm. 7], 577).

[33] In der Festrede, die Gerhard Ebeling aus Anlass seines 80. Geburtstags am 6. Juli 1992 in Zürich hielt, gedachte er vor den zahlreich erschienenen Gästen auch ausdrücklich seines engsten Jugendfreundes (vgl. G. EBELING, Rückblick und Dank [DtPfrBl 93, 1993, 19–21], 20).

VII. Epilog

„Kämpfer an den Fronten": Der Titel dieser kleinen Lebensbeschreibung klingt martialisch und mag befremden. Tatsächlich fixiert er im Blick auf Erich Klapproth nur einen ersten, äußeren Augenschein. Als Erschließungsformel für seine integrale Persönlichkeit, sein Wesen und Bestreben insgesamt, wäre er gründlich missdeutet.

Zwar liegt, dass er sein Leben auf etlichen Konfrontationsebenen führen und meistern musste, klar auf der Hand. Gesundheitlich setzten ihm eine labile Konstitution und periodisch wiederkehrende Herzbeschwerden, während des Krieges dann auch der unaufhaltsam fortschreitende Gebissverfall zu. Mit der Mutter war er über Jahre hinweg in erbitterte politisch-weltanschauliche und kirchlich-religiöse Konflikte verstrickt, wobei die Heftigkeit der Auseinandersetzung bei ihm nicht bloß aus spätpubertärer Verkrampfung, bei ihr längst nicht nur aus ideologischer Verblendung, vielmehr bei beiden wohl ebenso aus einer entsprechenden charakterlichen Disposition zu erklären sein mag. Kompromisslos engagierte sich Klapproth auch an den kirchlichen Frontlinien: nach außen gegenüber der staatstreuen evangelischen Reichskirche, von der die Bekennende Kirche teils legalistisch unterdrückt, teils taktisch umworben wurde; und nach innen gegenüber der Müdigkeit, Feigheit und Halbherzigkeit, die in den eigenen Reihen zusehends um sich griffen. Mutig pochte Klapproth darüber hinaus gegenüber den staatlichen Willkürmaßnahmen, die sich in Beschlagnahme, Haussuchung, Passentzug und mehrfacher Inhaftierung konkretisierte, auf das ihm vorsätzlich verweigerte, von ihm aber moralisch und anstandshalber beanspruchte Recht. Und dass er während des Zweiten Weltkriegs als einfacher Soldat auf den vordersten Linien der West- und Ostfront zum Einsatz kam, machte aus der metaphorischen Tiefendimension des Kämpferbegriffs harte, hautnahe Realität. Dies alles zusammen verleiht dem kurzen Leben, das Klapproth geführt hat, für seine durch nationalsozialistische Gewaltherrschaft und den Furor des Krieges herausgeforderte Generation besondere Dignität.

Die Rolle des unerbittlichen Kämpfers wurde ihm verschiedentlich aufgenötigt, war ihm aber kaum habituell. Alle Zeitzeugen, die ihn aus der Nähe erlebten, schilderten Klapproth übereinstimmend als einen lebensfrohen, wohlmeinenden, gewissenhaften, unbedingt verlässlichen Menschen, der durch seine rückhaltlose Offenheit selbst die Beamten der Geheimen Staatspolizei zu verblüffen wusste.[1] Beliebtheit erlangte er denn auch allerorten: in der kirchlichen Jugendarbeit, aus der viele anhaltende Briefwechsel erwuchsen, desgleichen in der Gruppe der Kommilitonen aus dem Finkenwalder Predigerseminar Dietrich Bonhoeffers sowie an den Stätten seines pastoralen Wirkens, wovon die rührende Anhänglichkeit von Gemeindegliedern, übrigens vorwiegend weiblichen Geschlechts, aus Berlin-Wilmersdorf und Neuruppin, aber auch seitens der ihm als bekenntniskirchlichem Vertrauensmann zugewiesenen Vikare und Hilfsprediger sprechendes Zeugnis ablegt. Die hohe Wertschätzung, die ihm seine Vorgesetzten, zumal Martin Albertz, entgegenbrachten, war wohl begründet und redlich verdient. Mochte ihn die Derbheit der Kameraden, die später dann mit ihm zum Kriegsdienst vereint waren, gelegentlich auch befremden, so erwarb er sich doch bald deren Respekt und manchmal sogar echte, herzliche Freundschaft. Kein Zweifel:

---

[1] „Erich Klapproth […] – ein Bruder von solch' lauterem Charakter, daß er den Gestapobeamten bei ihren Hausdurchsuchungen bereitwilligst alle Schränke und Schubfächer öffnete und die totale Wahrheit sagte, so total, daß sie ihm gerade deswegen nichts glaubten" (H. Lokies, Das Haus. Erinnerung und Dank an Pfarrer Friedrich Wilhelm Otto, 8 S., masch., undatiert [Privatarchiv Klaus Roeber, Berlin], 3).

Die Lauterkeit seines Wesens erweckte in den Menschen, die um ihn waren, aufrichtige Zuneigung und schuf ihm fast allseitige Sympathie.

Klapproths gewinnende, offene Art verband sich mit mehrschichtiger, reicher Begabung. Als Prediger, Liturg und Seelsorger muss er die Menschen, für die er geistliche Verantwortung trug, immer wieder, ob mahnend, tröstend oder erbauend, auf unmittelbar ansprechende Weise zu berühren vermocht haben. Die ihm eigene ausgeprägte Empathiefähigkeit äußerte sich darüber hinaus auch in wacher Freude an den mannigfaltigen Schönheiten der Natur. Er nutzte sie als ein Medium des Lobes Gottes, wofür ihm erst recht die hohe Musikalität, die er namentlich an Klavier und Orgel zum Ausdruck brachte, zweckdienlich schien. Als noch überragender wird man Klapproths dichterische Fähigkeiten ansehen können, die ihn mit scheinbar leichter Hand qualitätvolle Jugendprosa und christliche Laienspiele, deren gefällige Reime wie aus dem Stegreif geboren schienen, hervorbringen ließ. Dass die geistliche Lyrik, die er darüber hinaus produzierte, nicht etwa ein Produkt des Augenblicks, vielmehr das Ergebnis ernsthaften künstlerischen Ringens darstellte, lässt sich an jedem der oben und im Anhang rezitierten Beispiele ablesen. Neben alledem soll Klapproths eindrückliche soziale Kompetenz nicht vergessen sein: Von der Westfront aus versorgte er seine Familie, die in Berlin der sich fortwährend steigernden Dürftigkeit und Luftbedrohung des Krieges ausgesetzt war, unentwegt mit Lebensmitteln und Haushaltsgütern, und später, als der alte Vater erkrankt und verstorben war, suchte er von Russland aus den behinderten Bruder Heinz und die immer tiefer in Depressionen versinkende Mutter mit allen erdenklichen Mitteln, bis hart an die Grenze der eigenen Erschöpfung, durch warmherzigen Beistand und christlichen Zuspruch, aber auch unter Zuhilfenahme von Freunden, die in Berlin verblieben waren, zu stabilisieren.

Ein Mustermensch war er trotz allem nicht. Den jahrelang mit den Eltern, zumal der Mutter, ausgefochtenen weltanschaulich-religiösen Dauerkonflikt, für dessen unnötige Schärfe er ponderable Verantwortung trug, hat Klapproth später, als die äußeren Nöte überhand nahmen, bitter bereut. Und die bekenntniskirchliche Linientreue verfocht er bisweilen mit einer derart unbeirrbaren Sturheit, dass sie selbst von den wohlmeinendsten Amtsbrüdern und Vorgesetzten nicht sachdienlich erweicht werden konnte. Die Penetranz, in welcher er beständig, namentlich während seiner Ruppiner Dienstzeit, kirchliche Bußrufe einforderte, jede scheinbar unionistische Verwässerung des lutherischen Bekenntnisstandes skandalisierte und die Angehörigen der eigenen Bekennenden Kirche zu den größten aller Sünder erklärte, dürfte bisweilen die guten Ziele, denen er sich verpflichtet wusste, verschattet haben. Vielleicht hätte auch er sich, wie sein engster Jugendfreund Gerhard Ebeling, aus dem Abstand sehr vieler Jahre zu dem Eingeständnis durchringen können, die Bekennende Kirche sei, unbeschadet ihrer hehren Absichten, doch wohl in ein weltabgewandtes „Ghetto […] hineingeraten".[2] Indessen hatte auch Ebeling, während die Zeit jenes „Ghettos" andauerte, selbst noch unmittelbar vor dem Ende des Zweiten Weltkriegs, kurz vor der bedingungslosen Kapitulation der deutschen Wehrmacht und dem damit verbundenen gesellschaftlichen Zusammenbruch, die Themen der Taufbeschränkung und Kirchenzucht als die aktuellsten Herausforderungen der evangelischen Kirche bezeichnet.[3]

Der Tod im Feld, der Erich Klapproth, im 31. Lebensjahr stehend, am 18. Juli 1943 an der russischen Ostfront ereilte, stürzte alle, die ihn gekannt hatten, in erschütternde Trauer. Mit

---

[2] G. Ebeling, Gespräch über Dietrich Bonhoeffer. Ein Interview (1978) (in: Ders., Theologie in den Gegensätzen des Lebens. Wort und Glaube Bd. IV, 1995, 647–657), 648.

[3] Vgl. A. Beutel, Gerhard Ebeling. Eine Biographie, 2012, 84–86. 106–108.

ihm, bezeugte Günther Harder, dem er einst in Ruppin unterstellt war, sei „geradezu der Inbegriff des jungen Pastors der Bekennenden Kirche" dahingegangen.[4] So fiel sein Name schon bald dem Vergessen anheim. Und wer würde heute noch, wären etwa Ebeling, Helmut Gollwitzer oder Albrecht Schönherr dem Weltkrieg zum Opfer gefallen, etwas von ihnen wissen? Selbstverständlich verbietet sich jede Spekulation über die Frage, welchen Weg die Biographie Klapproths, so er den Krieg überlebt hätte, in der evangelischen Kirche der Nachkriegszeit würde genommen haben. Dass er in solchem Fall, vergleichbar mit den Genannten, in das manifeste Gedächtnis von Kirche und Theologie Eingang gefunden hätte, mag immerhin als Vermutung erlaubt sein.

Die Faktizität des Geschichtlichen erschöpft sich nicht in der Summe dessen, was einmal gewesen ist, sondern umgreift, untrennbar damit verbunden, stets auch die Summe der Möglichkeiten, die, indem ihnen, ob aus kontingenten oder absichtsvollen Gründen, eine Realisierung verwehrt blieb, demjenigen, was einmal gewesen ist, überhaupt erst die Möglichkeit der Realisierung einräumten.

---

[4] Zit. nach K. Hunsche, Bericht über Erich Klapproth [...] für das Kuratorium der Goßnerschen Mission in Berlin-Friedenau, 6 S., masch., 3.12.1964 (EZA G1/1654), 4.

Anhang I: Gedichte von Erich Klapproth*

1. Ein Tag ist ganze tausend Jahre lang[1]

Ein Tag ist ganze tausend Jahre lang,
wenn wir nur Qual und Trauer vor uns seh'n,
wenn hier und dort nur steile Wände steh'n –
da mag fast stille steh'n der Zeiten Gang.

Vor DIR sind tausend Jahre wie ein Tag![2]
DU bist so gross, dass alles kleiner ist!
DU siehst so weit, dass DU beinah vergisst,
was schier als Staub zu DEINEN Füssen lag!

Fürwahr: wenn wir auf DEINEM Worte steh'n,
dann sind wir selber fast so gross wie DU!
Ein Kind versetzt die Berge dann im Nu,[3]
ein Jahr muss uns minutengleich vergeh'n.

Es irrt der Geist und nennt das Grosse klein,
wenn jetzt die Zeit so mühevoll verrinnt.
Zuletzt, wenn erst der jüngste Tag beginnt,
wie wird all Leiden kurz gewesen sein!

---

* Bei den in den Anhängen gebotenen Texten wurden offensichtliche Schreibversehen stillschweigend korrigiert, ungewöhnliche Abkürzungen stillschweigend aufgelöst und die unterschiedlichen Arten der Hervorhebung (Sperr- oder Fettdruck, Unterstreichung) durchweg kursiv wiedergegeben.

[1] E. Klapproth, 2. März 1939, 1 S., masch. (EZA 50/314/56).

[2] Vgl. Ps 90,4.

[3] Vgl. 1Kor 13,2.

2. Granatwerfer-Lied[4]

Wir halten's mit der Infanterie
als schlichte Fußsoldaten,
doch weiß die ganze Kompanie:
Wir schießen mit Granaten!
Die Bumser werden wir genannt,
drei Männer, fest verschworen.
Ist erst die Ladung abgebrannt,
dann ist der Feind verloren.
|: Wir brechen jeden Widerstand
mit unserm kleinen Werfer.
Schießt mancher scharf fürs Vaterland,
wir schießen noch viel schärfer! :|

Wir stehen meistens hintenan
zu unserm großen Zorne,
doch geht es nicht mehr recht voran,
dann ruft man uns nach vorne.
Dort steht der Feind, er deckt sich gut,
ihn gilt es auszuheben.
Manch Kamerad liegt schon im Blut
und läßt sein junges Leben.
|: Dann brechen wir den Widerstand
mit unserm kleinen Werfer.
Schießt mancher scharf fürs Vaterland,
wir schießen noch viel schärfer! :|

Und liegt der Feind auch tief im Nest,
er kann sich nicht verstecken,
denn wenn er sich nicht blicken läßt, –
wir schießen um die Ecken.

---

[4] E. Klapproth, Granatwerfer-Lied (in: Fest der 3. Kompanie, Infanterie-Ersatz-Bataillon 337, am 1. Mai 1940 [EZA 50/309/54–64], 55). – Vgl. oben Abschnitt V.1.

Wir schleudern die Granate steil
in lichte Himmelshöhen.
Sie fällt hernieder wie ein Beil:
Da kann kein Feind bestehen.
  |: So brechen wir den Widerstand
  mit unserm kleinen Werfer.
  Schießt mancher scharf fürs Vaterland,
  wir schießen noch viel schärfer! :|

Wenn uns des Feindes Blei erwischt,
dann bleiben wir still liegen.
Ob unser Leben auch erlischt,
der Sturm bricht vor zum Siegen!
Dann geht noch einmal unser Blick
steil hoch wie die Granaten:
Du Himmel, nimm uns jetzt zurück,
uns sterbende Soldaten!
  |: Wir brachen ja den Widerstand
  mit unserm kleinen Werfer.
  Schießt mancher scharf fürs Vaterland,
  wir schossen noch viel schärfer! :|

3. Wir tragen noch die Weihe …[5]

Wir tragen noch die Weihe
zum Dienst am Heiligtum,
doch kämpfen wir aus Treue
für Deutschlands Glück und Ruhm.

---

[5] Aus: … an des Todes Grenzen sieghaft glänzen … Gedichte von Pastor E. Klapproth, 26 S., masch. [um 1945], 25.

Wir predigten das Leben –
und schicken in den Tod!
Das mag uns Gott vergeben!
Uns macht es große Not.

Wir predigten die Liebe –
und haben einen Feind.
Obwohl die güldne Sonne
auf Gut und Böse scheint.

Einst segneten die Hände, –
jetzt senden sie das Blei.
Ist erst der Krieg zu Ende,
dann sind sie wieder frei!

Doch dürfen sie sich falten
inmitten mancher Schlacht:
Du König der Gewalten,
gib Licht in unsre Nacht!

4. Der Sand von Lochtenberg[6]

Das ist der Sand von Lochtenberg,
den wir noch jetzt an unsern Spaten haben;
da hatten wir uns eine Nacht
im Feuer der Granaten eingegraben.

Das ist der Sand von Lochtenberg,
der uns vor mancher heißen Kugel deckte.

[6] AaO 5. – Vorbemerkung Erich Klapproth: „Als wir am 18. Mai 1940 in Antwerpen einrückten, klebte noch die Erde von der Ortschaft des letzten Gefechts an unserem Schanzzeug".

Wie hat er uns als Bett gedient,
bis uns das fahle Licht des Morgens weckte!

Das ist der Sand von Lochtenberg,
in dem die toten Kameraden liegen.
Bald werden sie selbst Erde sein,
bis dahin mag sie Gott im Schlummer wiegen.

Das ist der Sand von Lochtenberg,
den wir mit einer stillen Liebe nennen.
Wir denken oft an ihn zurück
und werden ihn nie ganz vergessen können.

5. Dünkirchen[7]

Große Stadt am ruhelosen Meer,
letzte Zuflucht für geschlagnes Heer,
Ort des Schreckens: Flieger und Granaten,
Tausende gefangener Soldaten,
Weiße, Braune, Schwarze, ohne Waffen,
Plünderer, die alles an sich raffen;
auf der Straße endlose Kolonnen:
Autos, Tanks, die kaum die Flucht begonnen;
rings verstreut sind Kleider, Helme, Essen,
weggeworfen oder halb vergessen;
mitten drin rinnt Blut und liegen Leichen,
jammern Stimmen laut zum Steinerweichen …
Übers Wasser ragen rings die Masten
von den Schiffen, die die Flieger faßten,
vorn die See, nur schmutzigbraune Flut,
birgt so manchen noch in ihrer Hut.

---

[7] AaO 6f (Anfang Juni 1940).

Nachts auf Wache: dunkel sind die Straßen,
stumm die Häuser über alle Maßen,
nur der Wind fährt durch die leeren Fenster,
kein Mensch ist zu sehen – nur Gespenster:
herrenlose Katzen oder Hunde
gehn nach Nahrung um in dieser Stunde;
plötzlich heisres Jaulen oder Bellen,
selten Schüsse, die die Nacht durchgellen,
aus den Häusern bald ein Kinderweinen,
bald ein Rütteln in den lockren Steinen,
und dann Schlafende, die träumend lallen,
morsche Wände, die zusammenfallen;
weit im Westen brennt ein Tank im Hafen,
und die Flieger lassen keinen schlafen.

Tags auf Wache: Menschen ziehn vorüber
wie die Wolken, heller bald, bald trüber,
viele Fragen, manches laute Klagen,
manche mutig, manche, die verzagen,
dieser stolz und jener voller Ängste,
und der Blick der Kinder ist der längste.
Frühlingslüfte, die ums Leben werben,
drüberhin noch der Geruch vom Sterben –

Tod und Leben reichen sich die Hände –
Wer von diesen beiden siegt am Ende?!

6. Es rief das Vaterland …[8]

Es rief das Vaterland die Männer zu den Fahnen!
Da wollt ein junger Bursch sein Mütterlein ermahnen:

---

[8] AaO 2f (wohl Frühsommer 1940).

„Leb wohl, mein Mütterlein! Verliere nicht den Mut!"
Sie sprach: „Mein Junge, nein – bleib nur in Gottes Hut!"
Er war nur einer armen Mutter Sohn
und kämpfte mit im dritten Bataillon.

Da ward voranmarschiert auf langen, langen Straßen!
Die Heimat lag so weit, daß wir sie schier vergaßen.
Doch einer pfiff ein Lied und lachte hell und gut:
seit er von Hause schied, stand er in Gottes Hut!
Er war nur einer armen Mutter Sohn,
doch liebte ihn das ganze Bataillon.

Wir schlugen manche Schlacht, er war stets vorn zu sehen.
In einer dunklen Nacht wollt er Patrouille gehen.
Da drang der Feind heran wie wilde Meeresflut!
Doch zeigt der Bursch es an – er stand in Gottes Hut.
Er war nur einer armen Mutter Sohn
und rettete das ganze Bataillon!

Bis eine Kugel kam, die war für ihn gegossen.
Ein Franzmann hoch zu Roß, der hat sie abgeschossen.
Da sank er in die Knie, das junge, frische Blut,
ein letztes Mal er schrie: „Ich steh in Gottes Hut!"
Er war nur einer armen Mutter Sohn,
doch weint' um ihn das ganze Bataillon.

An einem Frühlingstag, da hat man ihn begraben
mit hellem Trommelschlag, so wollte er es haben.
Es weiß ein Mägdelein, wo nun ihr Liebster ruht,
und auch ein Mütterlein: Er schläft in Gottes Hut! –
Er war nur einer armen Mutter Sohn,
doch stand am Grab das ganze Bataillon.

7. Die uns genommen werden …[9]

Die uns genommen werden,
so jung, so fromm, so rein,
verlassen diese Erden
der Mühen und Beschwerden
und tauschen Bessres ein!

Gott braucht sie wohl als Engel
um seinen lichten Thron,
da sie wie Glockenschwengel
ohn' alle Fehl und Mängel
singen im hohen Ton.

Sie halten schon die Schalen
in hoch erhobner Hand
mit feurigen Fanalen,
und ihre Leibe strahlen,
wie hier ihr Herz gebrannt.

Ach, könnten wir sie sehen,
uns wär' das Herz schon satt!
All' Weinen müßt vergehen,
weil sie in Ehren stehen
bei Gott, an Sohnesstatt.

Ach, könnten wir sic hören,
uns wär' das Herz so voll!
Wir würden nichts begehren,
als dorthin heimzukehren,
wo jeder selig werden soll.

---

[9] AaO 22f.

8. In einem Lazarettzug[10]

I
Ein Bett, für uns – und so weiß – und so rein!
Du lieber Himmel, das kann doch nicht sein,
da wagen wir uns ja garnicht hinein!
Wie weich sich die Stahlfedern heben und biegen,
als wir schließlich schüchtern darinnen liegen –
wie wenn Mütter Kindlein in Schlummer wiegen!
Ach, im Bett ist jeder doch wieder ein Kind,
und so recken und strecken
wir wieder die Glieder,
die wunden und kranken – wie dankbar sie sind!
Und dann tasten wir über die hellen Decken
mit ehrfürchtigen Blicken und bebenden Händen
und fühlen entlang die Kanten und Ecken
und ziehen das Tuch über Brust und Lenden – –
so weiß war im Winter der russische Schnee,
darin lag auch manch stiller Kamerad
ganz weich, nur ein wenig kalt, gebettet,
ihr drüben, wir hier – – und daß ich gerad'
mein Leben bis hierher durchgerettet,
wer wollte sagen, daß er das versteh?

II
Sie hat uns sonst nie mehr gehört, die Nacht.
Bestenfalls tags ans Schlafen gedacht,
sonst immer gewacht,
bereitgestellt oder Spähtrupp gemacht.
Doch hier werden die Vorhänge niedergelassen,
wir sehen noch einmal im seligen Liegen

---

[10] AaO 16–19. – Verfasst Anfang Oktober 1942 im Lazarettzug von der Ostfront nach Wien (s. o. Kapitel V.4).

die Wälder und Wolken vorüberfliegen –
bis uns nur die Wände noch bergend umfassen.
Aus lischt das Licht,
keiner mehr spricht.
Da sind wir auf einmal jeder für sich,
müde von all den guten Gaben,
die uns die Stunden vertrieben haben,
liegen wir, glücklich und still.
Das ist die Stunde, da wir von Träumen
und von Gesichten überschäumen,
drücken den Kopf tief, tief in die Kissen,
als würden wir sonst voneinandergerissen,
mein Bett und ich – – .
Wie das tief in den Rädern tanzt und singt,
daß mein Lager wie eine Saite mitschwingt!
Das kenn ich doch – eine Symphonie?!
Ist denn hier Berlin und die Philharmonie?
Oder war's ein Kamerad, der leise schrie,
im Fieber vielleicht oder im Traum?
Das war doch einer – – das geht aber kaum! –
der war doch aus meiner Kompanie?!
Aber das kann doch nicht sein!
Wie käme der hier in den Wagen hinein?!
Die stehen doch weit ferne im Osten
auf Posten!
Das Beste ist: ich schlafe jetzt ein!
Wenn ich dann im Dunkeln plötzlich erwache,
ob ich dann weiß, wo ich bin?
Aber erst noch, einen Augenblick,
denke ich zu unserer Stellung hin.
Behüt' euch Gott – und nun macht eure Sache!
Laßt nur, ich bin bald wieder zurück!

III

Züge kommen uns entgegen,
voll von starken Kameraden.
Augen suchen, Herzen wägen,
wieviel Schmerzen wir geladen.

Und wir stemmen uns geschwinde
noch auf schmalen, braunen Armen,
ob der Blick Vertrautes finde,
aus dem Bett, dem weichen, warmen.

Und wir sehen lauter Brüder,
die dem Tod entgegenfahren.
Morgen stehen sie schon wieder
dort, wo wir noch gestern waren.

Und so grüßen wir uns leise,
die da kommen und die gehen,
allesamt auf großer Reise,
nur daß wir das Ziel nicht sehen –

Züge werden uns begegnen,
wenn wir wieder vorwärtsrollen.
Laßt sie uns dann heimlich segnen,
all' die Leid- und Kummervollen!

Anhang II: Briefe

1. Mathilde Klapproth an Erich Klapproth, 29. Oktober 1936[1]

Lieber Erich,

da morgen Freitag früh, das Paket an Dich abgehen soll, um Dich rechtzeitig[2] zu erreichen, will ich Dir heut schon einige Zeilen schreiben. Es ist mir ganz eigen, daß es der 31. Oktober ist und Du nicht hier bist. An solchen Tagen, besonders wenn man nicht zusammen ist, läßt man die Gedanken zurückschweifen zu lange vergangenen Tagen; ich denk an den Tag Deiner Geburt – draußen der strömende Regen und dunkler Himmel, und doch so viel Glück und Freude bei uns, als Du mittags als gesundes kräftiges Kind glücklich da warst. Wie dankbar waren wir, daß wir nun neben unserm Sorgenkind Heinz auch ein gesundes Kind hatten. Dann denk ich an die vielen schönen Kinder-Geburtstage in Steglitz, die Du so voller kindlicher Freude erlebtest. Ich sehe Dich als größeren blonden Jungen den 31. Oktober erleben, immer noch dem Elternhause gehörend. Dann kamen andre Jahre, das weißt Du ja. Und doch freuten wir uns, immer noch den Geburtstag mit Dir zusammen zu erleben. Nun bist Du diesmal zum erstenmal nicht hier, Du wirst uns nicht vermissen, aber wir möchten Dir doch unsre Wünsche senden und Dir sagen, daß wir gerade am 31. Okto-

[1] EZA 50/253/26f. – Klapproth befand sich seit Oktober 1936 in dem von Dietrich Bonhoeffer geleiteten Predigerseminar zu Finkenwalde (vgl. oben Abschnitt III.1.c.).

[2] Erich Klapproth feierte am 31. Oktober 1936 seinen 24. Geburtstag.

ber an unseren Erich denken. Ich wünsche Dir für Dein neues Lebensjahr eine gute dauerhafte Gesundheit, die allen Anforderungen stand hält, die Du im Leben an sie stellst. Und was ich sonst für Dich erbitte, ja, mein lieber Junge, das bringe ich betend zu Gott, er weiß, was Dir gut ist und wird Dich führen, wie er es für richtig hält. –

Für Deinen langen ausführlichen Brief dank ich Dir. Vater wird Dir vielleicht noch näher darauf schreiben. Ich habe den Brief mehrmals gelesen und nun wird mir vieles klar, was ich manchmal nicht begreifen konnte. –

Wegen der gewünschten Bücher: ein Heft mit „Psalmen" finde ich nicht, es ist nur 1 Heft mit rotem Rand, das ich mitschick! Sonst ist an allen Sachen nur eines da, was ich auch mitschick! Wenn Du ein Buch von Herrn Ehlers[3] haben willst, schreibe ihm doch, daß er es im Büro mir abgibt, denn wir treffen bei Ehlers nie jemand an und können nicht so oft hinlaufen. Schreibe dann auch nochmal, welche Bücher ich besorgen soll. – Die 40 Mark für Dr. Wiese[4] sind heut früh fürs Seminar abgegangen. Mir ist unerklärlich, daß Ihr dort von Lebensmittelspenden leben müßt, obwohl doch die Eltern zahlen? – Dein Taschengeld 20 Mark für November lege ich in diesen Brief mit ein, ebenso schicken wir die Wäsche, die noch von Dir hier ist. Auch Deine Uhr liegt mit im Paket. Auch Briefsachen, die heut ankamen für Dich. […] –

Als Geburtstagsgeschenk sende ich Dir hier den Kuchen und hoffe, daß er allen schmecken wird und daß er auch noch leidlich gut ankommt. Bitte schicke mit der Post die leeren Formen zurück. Sonst schicken wir Dir […] etwas Bonbons, falls Du mal erkältet bist, Briefpapier und eine neue schwarze Krawatte. Heinz legt Dir noch Schokolade mit ein; er hatte Dir ja den Füllfederhalter schon früher geschenkt. Auch ein kleines Blümchen

---

[3] Hermann Ehlers.

[4] Karl Wiese war Schatzmeister des Berliner Bruderrats, die Prädikanten der berlin-brandenburgischen Bekennenden Kirche hatten eine monatliche Ausbildungsgebühr von 40 Reichsmark zu entrichten.

werd ich, wenn möglich, mit einlegen und dann die Lücken mit Obst ausfüllen; die Birnen müssen noch weich werden. –

Freitag früh. Nun will ich das Paket fertig machen und abschicken. Mir wurde auf der Post gesagt, daß es von einem Tag zum andern ankäme; Vater hört aber auf der Hauptpost, daß man 2 Tage rechnen müßte. Da will ich es doch lieber per Eilboten schicken, sonst ist es zum 31. nicht da. Früher hätte ich es ja nicht schicken können, sonst wäre der Kuchen zu lange eingepackt. [...]

Nun wünsche ich Dir einen innerlich frohen [...] Geburtstag. Sollte Dir Dein besetzter Stundenplan mal einige Minuten Ruhe lassen, dann denk auch mal an die, die Dir die Nächsten sein sollten, wie Du in Deiner Predigt in Alt-Ruppin sagtest!

In Liebe grüßt dich Deine Mutter

Vater schickt den Brief besonders, da er noch nicht fertig ist.

2. Erich Klapproth an Mathilde Klapproth, 5. Mai 1937[5]

Liebe Mutter,

besten Dank für alle letzten Grüsse! Auch für das Kissen,[6] das allerdings doppelt so dick besser wäre. Ich bringe es beim nächsten Kommen mit. Wahrscheinlich komme ich am Sonn-

[5] EZA 50/309/10f. – Mit diesem Brief reagierte Klapproth auf das Schreiben seiner Mutter vom 27. April 1937, in dem sie die zwischen ihnen aufgebrochene religiöse und weltanschauliche Differenz zu klarem Ausdruck gebracht hatte (vgl. oben Abschnitt III.2.b.). – Klapproth hatte seinen bis auf Schlussgruß, Unterschrift und Postskriptum maschinenschriftlich abgefassten Antwortbrief irrtümlich in das Jahr 1936 datiert.

[6] Klapproth hatte seine Mutter kurz zuvor um Übersendung eines Schulterkissens für seine Geige gebeten.

tagnachmittag und bin gegen 16 Uhr zu Hause bis Montagvormittag, habe dann noch in Berlin zu tun und fahre Montagabend wieder zurück. Ich hoffe, dass Ihr vor allem Zeit haben werdet, über die im letzten Brief[7] angeschnittenen Fragen mit mir zu sprechen. Ich bin recht erschüttert über diese (allerdings folgerichtige) Entwicklung und wünsche nur, dass meine Worte Euch ebenso belasten möchten wie mich die Euren.

Was würdest Du wohl sagen, wenn ich auf das Blatt von Schneider[8] mit Deinen Worten antworten würde: „Es sind alles zusammengetragene Sachen, teils wahr, teils unwahr – –"? Bitte nenne mir doch lieber eine einzige angegebene Tatsache, die unwahr *ist*! Wie können Tatsachenberichte dadurch entwertet werden, dass sie angeblich „aus dem Zusammenhang gerissen" seien? Entweder sind sie wahr – oder nicht. Und was heisst: „von einer nicht deutschen Einstellung aus beurteilt"? Heisst etwa, die Wahrheit sagen, undeutsch sein? Oder ist die Sorge um die Ehre des Namens des dreieinigen Gottes und um das ewige Heil der Deutschen eine „undeutsche Einstellung"? Ging es etwa bei den berichteten Tatsachen um „einige HJ-Jungen"? Nicht vielmehr um den Kurs der weltanschaulichen Führung? Und hast Du etwa heute einmal versucht, der Jugend das rechte Evangelium nahe zu bringen? Ich wünschte nur, Ihr müsstet das einmal durchmachen! Darüber aus Erfahrung zu urteilen gestehe ich Euch einfach nicht zu.

Unsere „religiöse Einstellung" (es geht gar nicht um „unsere" „Religion" – dies schauderhafte Wort kennt weder die Bibel noch die Kirche – sondern es geht um Glauben und Gehorsam gegenüber der Offenbarung Gottes in Jesus Christus) führst Du auf zu viel Lesen des AT, besonders der Propheten zurück. Ich wünschte jedenfalls, ich hätte zu Hause mehr Bibellesen

---

[7] Nicht überliefert.

[8] G. Schneider, Deutschglaube oder Christentum Deutsch? Die religiöse Entscheidungsfrage unseres Volkes, 1935, 16 S. – Der auch publizistisch tätige Pfarrer Georg Schneider (1902 – nach 1952) war württembergischer Landesführer der Deutschen Christen.

gesehen und gelernt – dann wäre dieser Einwand unmöglich. Kann man etwa in irgendeinem Teil der Bibel „zu viel" lesen? Was war die Bibel Jesu und der ersten Christen? Das AT. Worauf weist Jesus seine Jünger *immer* wieder hin? Auf das AT – weil es in allem von *ihm* zeugt (Joh 5,39.47f, Luk 16,29–31; 24,44f.25; 4,18–21, Apostelgesch. 17,11, ja schon Matth. 1,1 – usw. usw.). Wisst Ihr denn das alles nicht? Ein Urteil wie das Deine verrät einfach eine völlige Unkenntnis der Heiligen Schrift und der Wahrheiten des christlichen Glaubens – „Christus" ist nämlich die griechische Übersetzung von „Messias", d.h. wir glauben, dass Jesus von Nazareth der im AT der Welt verheissene Messias ist! Und wir lernen aus dem AT, *was* von ihm verheissen wurde. – Übrigens trifft es gar nicht zu, dass wir „zu viel" AT gehört hätten. Dafür war der Universitätsbetrieb viel zu schlecht, es wurde eher zu wenig über das AT gelesen, und was ich darüber weiss, habe ich selbst gearbeitet. – Es fehlte uns nach Deiner Meinung die vordringliche Beschäftigung mit dem „lebendigen Christus und dem lebensvollen Christentum".[9] Was versteht Ihr denn eigentlich darunter? Doch wohl: dass einer Christus wirklich als einen Lebendigen behandelt, seinen Worten gierig lauscht (Bibel!) und zu ihm ruft (Gebet) und sich in seinem Handeln von Christi Stimme, nicht von andern, bestimmen lässt. Und dass er wartet auf das Wiederkommen Christi und sich darum auf dieser Erde als Fremdling (1. Petrusbrief 1,1; 2,11; Hebr. 11,9 und 13) fühlt, der sich eben, wie es sich für einen Gast ziemt, gut benehmen muss, aber doch anderswo zu Hause ist: der Ewigkeit. Von dem allem habe ich noch bei *keinem* Deutschen Christen, auch in meinem Elternhaus nicht, etwas verspürt – wohl aber sehr oft das Gegenteil. Von der Seligkeit dieses rechten Weges dagegen habe ich von Jahr zu Jahr mehr erfahren, besonders viel in Finken-

---

[9] Der Ausdruck „lebensvolles Christentum" wurde durch den Gründungsaufruf der DNVP 1919 bekannt und erlebte während der folgenden zweieinhalb Jahrzehnte im Sprachbestand der nationalistisch orientierten deutschen Kreise und Parteien kräftige Konjunktur.

walde. Und Ihr werdet mir nicht abstreiten können, dass der lebendige Christus mich auch Euch gegenüber – wenn auch wegen meines Fleisches sicher noch viel zu wenig – hat verändern können. – Wenn Schulz[10] Dir zugesagt hat, beweist das nur, dass Du Deine Meinung über „Kirche“ ebenso wenig wie er aus der Heiligen Schrift und dem Heiligen Geist bezogen hast, sondern aus den Wünschen des eigenen Herzens. Ich urteile damit nicht, wie es immer wieder so bequem kritisiert wird, über Euren „Glauben“, wohl aber über Euer Bekenntnis: „prüfet die Geister, ob sie von Gott sind“.[11]

Der Aufsatz von Schneider[12] zeigt wieder ganz offen, dass da vom *Menschen* her gedacht wird, nämlich von den eigenen Sehnsüchten der Einheit usw. Wir haben aber anzufangen mit der Beugung unter Gottes geoffenbartes Wort und seinen Willen, und der Gehorsam gegen diese *Wahrheit* steht *über* der Herstellung einer ersehnten, aber innerlich unwahren Einheit. Gegen den Vorwurf, zu „zersetzen“, wehren wir uns mit dem gleichen Angriff wie schon der Prophet Elia 1. Könige 18,17f.

Herr Schneider ist ein ganz trauriger, liberaler Theologe, der alte Ladenhüter aus dem 19. Jahrhundert auffrischt, die wir längst kennen. Davon lasst Ihr Euch fangen? Allerdings gleitet man, wie auf einer schiefen Ebene, ungewollt unheimlich zwangsläufig weiter: vom toten Christentum (ohne Bibellesen und kirchliche Gemeinschaft) her sagt man zuerst noch „Bibel und Bekenntnis, jawohl“ (Deutsche Christen 1933) – dann ist schon das Bekenntnis nicht mehr nötig (Deutsche Christen 1937 – wonach wollt Ihr dann eigentlich die Kinder unterrichten, wenn der Katechismus, unser Lehrbekenntnis, verschwindet?) – bald wird auch das „Judenbuch“ der Bibel offiziell verleugnet werden – und dann wird man sagen: wir sind „gottgläu-

---

[10] Walther Schultz (1900–1957), seit 1931 Mitglied der NSDAP, seit 1934 Bischof der evangelischen Landeskirche von Mecklenburg.

[11] 1Joh 4,1.

[12] S.o. Anm. 8.

big",[13] das genügt, warum sollen wir uns „Christen" nennen? Du schreibst, Du wollest nicht etwa daran denken, mich zu ändern. Ich denke allerdings daran, Euch zu ändern – freilich nicht ich, sondern dass Gott es durch seinen Geist tun möge, ist mein tägliches Gebet, dessen Erhörung ich gewiss bin.

In der Hoffnung, daß Gott Euch die Gnade der Erkenntnis bald schenke,
grüßt Euch alle in Eile

Erich

P.S.: Meine Examensmeldung habe ich Sonntag abgeschickt.[14]

3. Gerhard Ebeling an Mathilde Klapproth, 12. Juli 1937[15]

Liebe Frau Klapproth!

Zufällig erreichte mich heute durch den Brief eines treuen Fehrbelliner Gemeindeglieds[16] die Nachricht, daß Erich am Freitag verhaftet worden sei. Sie werden verstehen, wie schwer

---

[13] Der Ausdruck „gottgläubig" war durch Erlass des Reichsinnenministeriums vom 26. November 1936 als religiöse Identifikationsformel für Nationalsozialisten, die keiner verfassten Kirche oder Glaubensgemeinschaft angehörten, eingeführt worden und fand in Personalpapieren ebenso Anwendung wie in den Personaleinträgen der Einwohnermeldeämter.

[14] Vgl. oben Abschnitt III.1.e.

[15] EZA 50/309/35. – Der mit Klapproth seit den gemeinsamen Berlin-Steglitzer Schulzeiten eng befreundete Gerhard Ebeling hatte im April 1937 in Zürich seinen von der Berliner Bekennenden Kirche genehmigten Promotionsurlaub angetreten.

[16] Von Oktober 1935 bis März 1937 hatte Ebeling als Prädikant der Bekennenden Kirche in Fehrbellin gewirkt.

ich, zumal ich ferne bin, daran trage, und wie sehr ich das auch mit Ihnen und den Ihren zusammen tue.

Freilich bin ich trotz des Schmerzes sehr getröstet. Denn Christus hat solche selig gesprochen, die da um seinetwillen leiden[17]: Dieser Trost, der freilich nur im Schreien zu Gott zum Trost wird, bewegt mich, Ihnen zu schreiben. Denn soweit ich um Ihre Stellung zu Christus und zur Kirche weiß, sind Sie sich dieses Trostes Erich gegenüber nicht gewiß. Wenn Sie nicht mit andern Augen als bisher Erichs Dienst in der Kirche haben ansehen lernen (das kann wohl sein, dann bitte ich das Folgende als nicht geschrieben anzusehen), so werden Sie ohne Zweifel als Mutter einen bitteren Schmerz empfinden, werden in Ihrer Not und Angst auch zu Gott schreien, aber Sie werden ungetröstet zu Gott beten, solange Sie sich nicht auf den Fels des Wortes Christi stellen „Selig sind, die um Gerechtigkeit willen verfolgt werden, denn das Himmelreich ist ihr".[18] Liebe Frau Klapproth, gebe doch Gott, daß Sie über Erich so denken lernen „Leidet er aber als ein Christ, so schäme er sich nicht; er ehre aber Gott in solchem Fall" (1. Petr. 4,16). Gebe Gott, daß Sie sich in diesen Tagen seiner nicht schämen! Dürfte ich jetzt persönlich bei Ihnen sein, so würde ich Sie bitten, daß wir zusammen 1. Petr. 4 und 5 lesen, langsam, um bei vielen Worten anzuhalten und ihr Gewicht zu ermessen. Mir sind solche Kapitel seit Anfang des Kirchenkampfes eine unerschöpfliche Kraftquelle. Und ich weiß, liebe Frau Klapproth, Sie können in diesen Tagen Erich keine größere Liebe tun, ihm nicht näher sein, als wenn Sie sich diese beiden Kapitel der Bibel betend aneignen.

Ich möchte Ihnen auch das zum Trost sagen: Es beten viele für Erich, viele treuen Brüder und Schwestern, ja die ganze Bekennende Kirche.

---

[17] Vgl. Mt 5,10.

[18] Mt 5,10.

Ich weiß nicht, wie die „Dinge" gelaufen sind oder laufen. Vielleicht war es ein harmloser Zwischenfall, dem gegenüber der Brief Außenstehenden lächerlich erscheint. Das Pathos, und das heißt ja die aus Leiden geborene Leidenschaft von 1. Petr. 4 und 5 bleibt. Die irdische Zukunft für uns Christen bleibt das Kreuz und unsere Freude bleibt der Glaube an den Gekreuzigten, der die Vollmacht hat zu sagen, daß die um seines Namens willen Leidenden selig seien.

Vielleicht geht Gott jetzt diesen Weg, um Ihre Familie zusammenzuschweißen. Dazu hilft einer Familie von Christen nicht der Geist allgemeiner Verträglichkeit, auch nicht der politische Geist, sondern allein der Heilige Geist. –

Ich will mich nicht lange entschuldigen, die Dinge so beim Namen genannt zu haben. Es gibt Zeiten und Verhältnisse, in denen die Unterschiede von Jung und Alt unserem Reden keine Grenzen setzen. Nämlich dann, wenn Gottes Wort über uns siegt und seine Hand uns führt. Darum vergessen Sie bitte, daß *ich* diesen Brief geschrieben habe, und lassen Sie nur das bleiben, was darin vor Gott und von Gott gesagt ist.

In treuer Verbundenheit bleibe ich Ihr Gerhard

Vielen Dank für die freundlichen Grüße zu meinem Geburtstag,[19] vorläufig auch an Heinz.

---

[19] Ebeling hatte wenige Tage vorher, am 6. Juli 1937, seinen 25. Geburtstag begangen.

4. Kurt Scharf an Mathilde Klapproth, 24. Juli 1937[20]

Hochzuverehrende gnädige Frau!

Von Fräulein Mertin[21] habe ich gehört, daß Sie in großer Sorge um Ihren Herrn Sohn gewesen sind und der Meinung waren, daß wir uns seiner nicht genügend angenommen hätten. Ich möchte Ihnen deshalb, nachdem Ihr Herr Sohn ja wieder frei geworden ist, ausdrücklich versichern, daß wir uns seiner sofort so energisch, wie wir konnten, angenommen haben. Ich habe unmittelbar nach seiner Verhaftung den jungen Bruder, der vor ihm die Neuruppiner Gemeinde betreut hat,[22] nach Neuruppin geschickt, damit er an Ort und Stelle die nötigen Auskünfte einhole, sich eine Vollmacht für den Rechtsanwalt,[23] der auch Bruder Niemöller vertritt[24] (es ist unser bester Anwalt), von Ihrem Herrn Sohn geben lasse und mit dem zuständigen Untersuchungsrichter die möglichen und notwendigen Verhandlungen führe. Selbstverständlich haben wir uns auch sofort bereit gefunden, die Kosten für die Sonderverpflegung zu tragen, die Ihr Herr Sohn von dem Untersuchungsgefängnis aus sich hat geben lassen können, und desgleichen die Kosten für den Anwalt und das ganze Gerichtsverfahren für Ihren

---

[20] EZA 50/309/44. – Kurt Scharf war seit 1935 Präses des brandenburgischen Provinzialbruderrats. Zu der in diesem Brief verhandelten Sache vgl. oben Abschnitt III.2.b.

[21] Nicht ermittelt.

[22] Gustav Seydel (1910–1943) war als Vorgänger von Klapproth Prädikant der Bekennenden Kirche in Neuruppin gewesen und hatte von April bis August 1936 den dritten Kurs des von Dietrich Bonhoeffer geleiteten Finkenwalder Predigerseminars besucht.

[23] Horst Holstein (1894–1945) war Rechtsanwalt in Berlin und Mitglied der Verfassungskammer der Vorläufigen Kirchenleitung der Deutschen Evangelischen Kirche. Er leistete der Bekennenden Kirche in zahlreichen Prozessen wertvollen Rechtsbeistand.

[24] Martin Niemöller befand sich seit dem 1. Juli 1937 in Haft.

Sohn übernommen. Zum Beweis dessen lege ich Ihnen einen Brief unseres Anwaltes bei, der kurz vor der Haftentlassung Ihres Herrn Sohnes geschrieben worden ist. Die letzte Frage darin haben wir dahingehend beantwortet, daß das Verfahren weiter in den Händen von Dr. Holstein bleiben soll. Ich glaube, über all das hinaus sagen zu können, daß auch der zuständige Kreispfarrer und die in der Nähe wohnenden Brüder sich Ihres Sohnes nach Kräften angenommen haben.

Daß wir Sie selbst, sehr verehrte gnädige Frau, nicht sofort aufgesucht haben, lag daran, daß zur Zeit eine solche Fülle von Pfarrern der Bekennenden Kirche und vor allem Brüdern aus der Leitung verhaftet sind, daß wir es zeitlich nicht haben möglich machen können, deren Angehörige persönlich zu besuchen. Wir haben uns darauf beschränken müssen, die Besuche im Gefängnis, auf den Staatspolizeistellen und bei den Gerichtsbehörden täglich, ja sogar oft täglich mehrmals in all den schwebenden Verfahren vorzunehmen.

Über die Haltung Ihres Sohnes, deren wir uns von ganzem Herzen freuen und die wir voll billigen, hätte ich gern, sobald die Lage der Kirche es gestattet, einmal mit Ihnen gesprochen. Wie wir den Auftrag verstehen, der uns vom Herrn der Kirche befohlen worden ist, – ich gebe zu, daß dieses unser Verständnis im Gegensatz zu dem manches sonst treuen und gewissenhaften Pastors, auch manches Neuruppiner Pfarrers steht, der über den Aufgaben der Gemeinde das Gesamtschicksal der Kirche nicht bedenkt –, kann Ihr Sohn und kann die Leitung der Bekennenden Kirche in der Provinz nicht anders handeln, als wir heute handeln. Jedenfalls das dürfen Sie glauben, Ihr Sohn trägt die Gefahr, in der er steht, um des Höchsten willen, was es für den Menschen gibt, des ewigen Heiles willen, und er steht in keiner anderen Gefahr als in derselben, die Tausende von BK-Pfarrern und -Gemeindegliedern täglich auf sich nehmen. Und auch das mögen Sie wissen, wir lieben in Ihrem Sohn, unserm jungen Bruder Klapproth, einen besonders tüchtigen, reifen und treuen Bruder.

Ich hoffe, daß das Gespräch mit Ihnen, sehr verehrte gnädige Frau, das ich wünsche, in absehbarer Zeit zustande kommt und nicht ganz ohne Erfolg ist, d.h. unsere verschiedenen Auffassungen einander näher bringt. Gestatten Sie, daß ich Sie meiner aufrichtigen Hochachtung versichere und mich Ihnen angelegentlich empfehle

als Ihr gehorsamer

K. Scharf, Pfr.

5. Mathilde Klapproth an Kurt Scharf, 2. August 1937[25]

Sehr geehrter Herr Pfarrer,

Ihren am 24. Juli datierten Brief erhielt ich am 26. Juli. Ihrem Wunsche entsprechend sende ich Ihnen einliegend das Schreiben von Herrn Dr. Holstein[26] mit Dank zurück. –

Auf Ihr Schreiben kurz zurückkommend, möchte ich nur bemerken, daß mir ein Fräulein Mertin gänzlich unbekannt ist, und daß es eine falsche Annahme ist, daß ich um meinen Sohn seiner Verhaftung wegen in Sorge war. Es sind ganz andere Gefühle, die mich als Mutter um die Zukunft meines Sohnes bewegen! Wie Sie selbst am Schluß schreiben, gehen meine Anschauungen und die der Bekennenden Kirche sehr weit auseinander; daher ist mir auch alles in Ihrem Schreiben fremd und unverständlich. Ich bin Christin und alte Parteigenossin und habe mich nach langem Kampf zu meiner Weltanschauung durchgerungen, von der mich auch der Rat der Bekennenden Kirche nicht abbringen wird. Ebenso wenig glaube ich, daß Sie meine

---

[25] EZA 50/232/142f. – Klapproths Mutter Mathilde Klapproth reagierte mit diesem Schreiben auf den Brief Kurt Scharfs vom 24. Juli 1937 (s.o. Anhang II.4).

[26] Vgl. Anhang II.4, Anm. 23.

Anschauungen verstehen würden, denn dazu muß man den Nationalsozialismus wirklich innerlich erlebt haben, was ja bei einem Mitglied der Bekennenden Kirche ganz ausgeschlossen ist. So halte ich eine Aussprache zwischen uns für ganz zwecklos, denn sie würde uns um nichts näher bringen. Ich danke Ihnen für Ihre freundliche Absicht und bin mit „Heil Hitler"

Frau M. Klapproth

6. Erich Klapproth an Mathilde Klapproth, 10. März 1941[27]

Liebe Mutter!

Zu Deinem Geburtstag sollen Dich meine herzlichen Grüße erreichen. Es ist schade, daß ich diesmal wieder nicht dabei sein kann; aber in Gedanken werde ich euch oftmals am Tage besuchen.

Zuerst will ich Dir noch einmal für die Liebe danken, mit der Du mir den Urlaub so verschönt hast, obwohl Du selbst der Fürsorge bedurft hättest. Es ist mir nicht leicht, daß ich nun gerade in den Jahren, wo man anfängt und anfangen muß, seinen Dank mit der Tat zu beweisen, ferne bin. Aber ich hoffe, Vater und Heinz und Du selber werden noch in diesem Jahr einmal den Mut zu einer gehörigen Ausspannung und Erholung aufbringen.

Aber dabei will ich auch für alles danken, was Du mir, besonders seit meiner Einberufung, aber auch schon immer vorher, als Mutter an Gutem getan hast. Ich habe es Dir dazu nicht immer leicht gemacht, aber umso mehr war ich beschämt, wenn Du trotzdem nicht müde wurdest. Männer, auch Söhne, pfle-

[27] EZA 50/301/19. – Klapproth schrieb diesen Brief von der westlichen Kriegsfront aus, wo er seit Mai 1940 im Einsatz war.

gen ihren Dank nicht in großem Gefühlsüberschwang von sich zu geben; aber sie beweisen ein umso besseres Gedächtnis.

Wenn Dich[28] die Tatsache, daß wir uns in den letzten Fragen manches Mal fremd sind, sehr bekümmert, so mich (mag es oft auch anders scheinen) nicht minder. Es wäre zu dieser ganzen Entwicklung, wenigstens zu derartiger Entfernung, nie gekommen, wenn ich Euch nicht jahrelang mehr oder weniger den Rücken gekehrt hätte. Das habe ich ja schon offen genug ausgesprochen, und ich weiß auch wohl, daß solche Verfehlungen nicht über kurz oder lang wieder gutzumachen sind – und bin auch auf eigene Weise sehr gestraft worden. Ich hoffe aber zu Gott, daß es uns geschenkt werden wird, in nüchterner, gehorsamer Liebe die Achtung voreinander immer fester zu gewinnen, den Weg zum Ziel miteinander zu suchen und dem Sieg der Wahrheit bei uns selber immer mehr zum Durchbruch zu verhelfen.

Daß mir zu meinem Teil dies gelingen möchte, wie ich es jetzt aufrichtig wünsche, und Dir dadurch die kommende Zeit, insbesondere das kommende Jahr verschönt und zum Segen wird, ist mein Wunsch und Versprechen zu diesem Deinem Geburtstag.

Erich.

7. Erich Klapproth an Max Klapproth, 14. Juni 1941[29]

Lieber Vater!

Als ich in Mutters Brief von Eurem mutigen[30] Ausflug in den Stadtpark und an den Schlachtensee las, habe ich fast ein wenig

[28] Korrigiert aus „Dir".

[29] EZA 50/301/78f.

[30] „Mutig" wohl wegen des Vaters Altersschwäche, vielleicht auch wegen der Gefahr von Luftangriffen.

Heimweh bekommen und an frühere Zeiten gedacht, wo wir als Kinder zu den (damals wenig beliebten!) Spaziergängen im Stadtpark geführt wurden, bei denen man so lange am Tisch still sitzen mußte und beim Spielen so leicht mit Parkwächtern und alten Damen in Konflikt geriet. Aber schön war der Ausflug, den wir beide bei meinem ersten Urlaub (war das nicht noch von Cottbus aus, vor dem Feldzug?) an den Schlachtensee machten, wo wir ja sogar eine Kahnfahrt mit dem Ruderboot wagten. Nun, die hartnäckige Urlaubssperre wird uns wohl in den nächsten drei Monaten noch nicht wieder dazu kommen lassen. Inzwischen will ich manchmal an dem wachfreien Nachmittag und Abend, den wir an jedem Tag mit ungeradem Datum haben, in dem schönen Park spazierengehen, den wir gerade vor unserer Wachstube anfangen sehen, und will mir dabei denken, Du spaziertest in Steglitz oder im Botanischen oder am Schlachtensee ebenso herum. Am 20. freilich[31] bin ich (wenn es so weitergeht) im Dienst und kann also nur aus dem Fenster in den Park schauen.

So will ich Dir zu Deinem Geburtstag meine herzlichsten Grüße und Wünsche *schreiben*. Ich wünsche Dir zunächst einmal, daß Du diesen Ehrentag der „77"[32] auch unter äußerlich angenehmen Verhältnissen verbringen darfst – d.h., daß Ihr alle dort gesund und bei Kräften seid, schönes Wetter und nicht zu viel Arbeit, gutes Essen und vor allem keinen Fliegeralarm habt. Und dann ein paar nette Gratulationsbesuche von Verwandten, Freunden und Bekannten und eine gemütliche Stunde des Beisammenseins am Nachmittag oder Abend, wo dann Eure Gedanken sich mit den meinen treffen werden.

Wir brauchen uns aber als Männer nicht zu verheimlichen, daß bei Deinem nächsten Geburtstag meine Glückwünsche *vielleicht* nicht mehr gesagt – oder nicht mehr gehört werden können. Darum will ich noch Anderes wünschen und sagen.

---

[31] Am 20. Juni 1941 beging Max Klapproth seinen 77. Geburtstag.

[32] S. Anm. 31.

Wünschen will ich Dir, daß Gott Dir immer mehr Freude an der Ewigkeit und auf die Ewigkeit ins Herz gibt – wenn Dir auch daneben manches irdische Ding Freude oder Sorge bereiten mag. Aber alle Zukunft, die des eigenen Lebens und die der anvertrauten Menschen, in Gottes Händen geborgen zu wissen, das gibt den Frieden, der jeden Tag verklärt.

Ich meinerseits hätte mich im Lauf der Jahre gern anders präsentiert als in der Dürftigkeit, in der ich trotz aller Arbeit bisher stecken geblieben bin. Aber ich hoffe, Du wirst es mir nicht anrechnen, daß ich – um meines Glaubens und Gewissens willen – noch immer so arm und „unsicher" dastehe wie die ersten Prediger Jesu. Auch weiß ich, daß Du gern durch mich unseren Namen fortgepflanzt sehen würdest; Gott hat mir dazu noch keinen Weg gewiesen, obwohl ich ihn darum gebeten habe. Und so bitte ich Dich zu warten, bis Du, will's Gott, das eine oder andre (oder: das eine *und* das andre) noch erlebst – oder, wenn's anders sein soll, beides mit mir zu tragen. –

Bitte, bestärke auch Du Mutter in der Notwendigkeit einer Sommerreise! – Mit herzlichen, dankbaren Grüßen

Dein Sohn Erich.

PS: Von Frau Görzer und Onkel Paul bekam ich Antwort auf meine Briefe. – Jetzt läuft hier „Schiller"[33] im Kino; ich bin aber garnicht in der Stimmung für Unterhaltungen.

---

[33] Der unter der Regie von Herbert Maisch gedrehte Kinofilm „Friedrich Schiller – Der Triumph eines Genies" entstand 1940 und war mit Heinrich George, Hannelore Schroth, Paul Dahlke und anderen berühmten Schauspielern der Zeit hochkarätig besetzt. Zudem debütierte in diesem Film der junge Vicco von Bülow, dem eine kleine Statistenrolle zukam.

8. Erich Klapproth an Mathilde Klapproth, 4. September 1941

Liebe Mutter,

es ist bald 22^h, und ich bin auf der Wache. Aber ich muß Dir doch auf Deinen Brief vom 30.8.[34] noch eilig eine Antwort geben. Als ich um 21^h vom Posten abgelöst wurde, schwirrten die ersten Fledermäuse durch den schönen Sommerabend. Wenn um 17^h mein Abendposten beginnt (es ist schön, daß ich zumal diese Abende und auch die frühe Morgenzeit draußen erlebe), liegt noch das letzte Sonnenlicht, über die Häuser kommend, hoch oben in den Wipfeln des Lazarettgartens.[35] Gerade dann denke ich oft zu Euch hinüber: wie Ihr wohl eben Feierabend macht und zusammen um den Abendbrottisch sitzt.

Nun hat Dein letzter Brief mich allerdings sehr erschrocken. Bevor ich – will's Gott, vielleicht schon in 3, 4 Wochen – auf Urlaub komme, will ich wenigstens brieflich zu helfen versuchen.

Ich kann Deinen Zustand nachfühlen; denn mir ging es ja Weihnachten 1934, mitten im ersten Examen, ähnlich. Und wie bei mir unvernünftige Arbeitswut den Anlaß gab, so mußt Du Dir auch jetzt über die natürlichen Ursachen klar sein. Du hast, wenn ich mich nicht irre, seit der Sommerreise 1928 nie mehr richtig ausgespannt. Die Arbeit ist in diesen Jahren nicht weniger, sondern mehr geworden. Der Haushalt, das Büro – dazu vor allem die ständige Verantwortung für Heinz[36] und unseren älter werdenden Vater, und zumal nun seit dem Januar der Mangel einer Hilfe im Hause, Heinzens Krankheit und Vaters

---

[34] Nicht überliefert.

[35] Der Wachposten, auf dem Klapproth in Lille Dienst tat, lag unmittelbar neben einem Krankenhaus mit schönem, weitem Park.

[36] Klapproths älterer Bruder Heinz litt unter den Folgen der Kinderlähmung, die er sich im Alter von zwei Jahren zugezogen hatte und die fortgesetzt zu teilweise heftigen Krampfanfällen führte.

wachsendes Ruhebedürfnis, zu dem allen die oft unterbrochenen Nächte.

Ich weiß, daß ich auch selber mein Teil zu Deinen Lasten beigetragen habe: mein [...][37] in den letzten Jahren, die Unsicherheit meiner künftigen Existenz, die ungewisse Dauer der Einberufung. Aber mehr noch die Meinungsverschiedenheiten, die uns trennten und die ich Euch leider manchmal über das notwendige Maß hinaus habe kosten lassen.

Es ist begreiflich, daß dies alles sich, mit der Dauer der Zeit, zu einem Bündel Angst und Scheu zusammenballte. Die Tragfähigkeit eines Menschen hat eben eine Grenze – es sei denn, daß er einen andern ständig mittragen lassen kann, nämlich Gott.

Darum hat es mich gefreut und getröstet, daß Dir die Hinwendung zu Gott als einziges Besserungsmittel offenbar geworden ist. Wenn Christus einmal sagt, daß „die Krankheit nicht zum Tode, sondern zur Ehre Gottes dient",[38] dann ist eben das damit gemeint: Gott ruft uns umso stärker zu sich, wenn er uns ganz arm macht und wir völlig hilflos geworden sind.

Nun rate ich Dir, aus der Erfahrung der Kirche und der eigenen, zu Folgendem: Tue alles, damit es über ein verzweifeltes, heftiges Aufwallen hinaus zu einem *geordneten* Umgang mit dem Herrn kommt. Alles, was sich an Wünschen, Sorgen und Ängsten ansammelt, muß ordentlich zu Ihm „abfließen" können und auf Seine Schultern gelegt werden. Vielmehr: „geworfen" werden; „alle eure Sorge *werfet* auf ihn, denn er sorget für euch".[39] Das ist uns immer ungewohnt und erfordert eine kleine Mühe – aber es lohnt die Mühe wunderbar, denn wir können dann erfahren: Er sorgt tatsächlich für uns!

Praktisch geredet: Du solltest, allein oder im Familienkreise, den Tag mit Gott anfangen und enden, und zwar ganz regelmä-

---

[37] Zwei Worte sind verderbt.

[38] Joh 11,4.

[39] 1Petr 5,7.

ßig und gehorsam. Ein Loblied, am Morgen gesungen oder gespielt, und wenn's nur zuerst ein Vers ist, hat Kraft für den ganzen Tag! Denn damit stärken wir uns den Glauben, daß Gottes Erhörung uns gewiß ist. Und dann, einmal am Tage, zu fester Zeit ein Stück aus der Bibel gelesen, aus einem Kalender oder Andachtsbuch – an dem allen fehlt es ja nicht. Dabei das Herz auf und nicht gezweifelt. *Alle* Wünsche und Ängste ins Gebet hineingenommen, das unter dem demütigen Titel stehen muß: „*Dein* Wille geschehe!“[40] Immer wieder Gott die Nöte erzählen, um Kraft und ein fröhliches, geduldiges Herz bitten – Du sollst sehen, wie's dann kommt! Nicht, daß die Umstände [...][41] anders werden; nicht, daß der Krieg plötzlich ein Ende hat, ich nach Hause komme und eine angesehene Stellung habe, Heinz die Krämpfe los wird und wir ein ruhiges, bequemes Leben haben – aber *wir* werden anders durch solches Gebet, nämlich folgsam, bescheiden, willig, geduldig – uns siehe da, plötzlich hat Gott auch diese und jene Umstände unverdient für uns anders werden lassen!

Ich habe ja auch, zumal in diesem Jahr, mein Päckchen und meinen Kummer zu tragen gehabt, aber mit Gottes Kraft, „die in den Schwachen mächtig ist“,[42] läßt sich jede Last tragen! –

Du wirst es mir nicht verargen, daß ich Herrn Ebeling[43] (obgleich Du ihn nicht so sehr schätzest wie ich) gebeten habe, doch selber einmal mit Dir zu sprechen oder Pfarrer Wollenberg[44] einmal zu Dir zu bitten.

Und nun hoffe ich, Du wirst Dir von Gott helfen lassen; wir wollen ihn gemeinsam um Seinen starken Beistand bitten. Den-

[40] Mt 6,10 (dritte Bitte des Vaterunsers); vgl. Mt 26,39.

[41] Ein Wort ist verderbt.

[42] 2Kor 12,9.

[43] Adolf Ebeling, der Vater Gerhard Ebelings, der wie die Klapproths in Berlin-Steglitz wohnte und in der Bekennenden Kirche vor Ort aktiv war.

[44] Pfarrer Fritz Wollenberg (1886–1964), seit 1921 Stadtmissions-Inspektor in Berlin. Er war der Familie Klapproth verbunden und hielt am 19. Dezember 1942 die Bestattung von Max Klapproth.

ke auch daran, daß die Kriegszeit von jedem, zumal von uns Christen, eine ganze Portion Tapferkeit erfordern kann. Du darfst Dich nicht zergrübeln, sondern bist als Frau, als Mutter und, so Gott will, auch einmal als künftige Großmutter sehr vonnöten!

In herzlichem Gedenken,
Dein Sohn Erich.

PS: Anbei 2 Gedichte,[45] die ich in letzter Zeit, etwas flüchtig, niederschrieb. –
Am 7.9. werde ich wohl hier[46] um 17h predigen. –

---

[45] Nicht erhalten.
[46] In Lille.

Anhang III: Predigten

1. Erich Klapproth: Traupredigt für Helga Zimmermann und Rudolf Weckerling, 9. Januar 1943[1]

„Auf Gott hoffe ich und fürchte mich nicht, was können mir die Menschen tun?“ (Psalm 56,12)

Liebes Brautpaar! Ihr selbst habt Euch zum Trautext dieses Wort gewählt, das die täglichen Losungen der Brüdergemeine für den heutigen Tag bestimmen. Damit stellt Ihr diesen Tag unter die Ordnung und Regel einer langen Kette von Tagen, deren jeder von Euch, Jahr für Jahr[,] mit solchem Wort der Heiligen Schrift begann. Und damit setzt Ihr diesen Tag auch wie durch ein heimliches Gelübde an den Anfang der vielen, vielen Tage, die Ihr nun[,] will's Gott, miteinander verleben dürft und deren jeder wie der heutige seinen Anfang bei dem Worte Gottes nehmen soll. Aber noch ein anderes ist mit dieser Wahl des Losungswortes zum Trautext geschehen. Ihr stellt Euch damit zugleich an diesem Freudentage mitten hinein in die Christenheit in aller Welt, die in vielen Ländern und Zungen, hüben und drüben täglich Gottes Wort nach der Festsetzung Herrnhuts für sich gelten lässt. Und wie Ihr Euch schon bisher durch diese Losungsworte nicht nur untereinander über die Weiten Russlands hinweg verbunden wusstet, sondern auch eins seid mit den Brüdern und Schwestern aller Rassen und

[1] Gehalten in der St.-Annen-Kirche zu Berlin-Dahlem (EZA 50/312/81f). Zu den Brautleuten sowie zu den näheren Umständen s.o. Abschnitt V.6.a.

Nationen, so verankert Euch Euer Text auch für die Zukunft in der Gemeinde Jesu Christi – in der Gemeinde der Mühseligen und Beladenen, der Bedrängten und dennoch Getrosten, der Traurigen, aber allezeit Fröhlichen, zu der ihr Herr nach dem Lehrtext von heute spricht: „Fürchte dich nicht, du kleine Herde, denn es ist eures Vaters Wohlgefallen, euch das Reich zu geben".[2]

So merkt denn gut auf, daß dies Wort, das Ihr wähltet, Euch wirklich zu eigen werde und ein jeder von Euch, jetzt und immerdar, von Herzen sprechen kann: Auf Gott hoffe ich und fürchte mich nicht, was können mir die Menschen tun?

Von Gott, vom Ich und von den Menschen spricht Euer Text. An dem Tag, an dem für Euer Ich ein anderer Mensch eine so ungeheure Bedeutung bekommt, weist er Euch hin – „auf Gott". Und vom Hoffen, Fürchten und Tun redet Euer Text. An Euerm Freudentag, der Euch die Erfüllung Eures tiefsten, menschlichen Hoffens bringt, weist er Euch die Tür zu der vollkommenen Freude, die bar aller Furcht ist, weil sie voller Hoffnung steckt. Am Rande jeden Glückes lauert ja die Furcht, lauert der Zweifel, wir möchten solchen Glückes nicht wert und nicht fähig sein, es möchte uns getrübt oder geraubt werden. Davor bewahrt uns Gottes Wort. Es zeigt uns, was Menschen tun können und was Gott tun kann.

Was können uns die Menschen tun? Der Krieg hat es wahrlich wieder aller Welt gezeigt: So viel, dass jedermann Furcht ankommen kann und denen, die tiefer hineinschauen, die Haare zu Berge stehen. Wie hängt doch unser kleines Schicksal ab von denen, die als Regierende über uns und andern Völkern stehen! Und von denen, die uns in der Arbeit oder im Kampf begegnen! Wir haben es, lieber Rudolf, einen russischen Winter und einen russischen Sommer hindurch miteinander erlebt, was Menschen einander antun können. Und Du, liebe Braut, hast vielleicht noch mehr davon erfahren, wie die Furcht vor

[2] Lk 12,32.

dem Tun der Menschen uns befallen will, wenn man nämlich um einen geliebten Menschen bangt und nicht nur um sich selbst. Auch in dem Frieden, der diesem Krieg voranging, habt Ihr als Glieder und Diener der Kirche wahrhaftig ein Bild davon bekommen, was Menschen uns antun können. Nicht ohne Absicht habt Ihr gerade dieses Kirchlein zum Ort Eurer Trauung gewählt. Es erinnert uns alle an den Pfarrer dieser Gemeinde,[3] der um der Treue zu seinem Amt willen nun schon so viele Jahre von den Seinen getrennt ist.[4] Und dass nicht statt meiner unser verehrter, ehrwürdiger Lehrer und geistlicher Vater Eure Ehe einsegnen kann, ist ja auch ein Zeichen dessen, was Menschen, sogar Christenmenschen, einander antun können. Liebes Brautpaar, liebe Gemeinde: Wir wollen auch an solchem grossen Freudentage die Augen vor solchen Trübsalen nicht verschliessen. Denn dazu habt Ihr beide, jeder zu seinem Teil, schon viel zu viel Ähnliches erfahren, erlitten und miterlebt, als dass Ihr nicht wüsstet: Wir brauchen eine wirkliche Hilfe gegen die Furcht, die uns zuweilen im Blick auf unsere Zukunft befallen will. Du, lieber Rudolf, ziehst bald wieder hinaus in den Krieg und musst Deine junge Frau zurücklassen, und selbst, wenn wir es fertigbringen, an den Frieden zu denken, wissen wir nicht, wohin dann der Weg der Kirche, unserer Bekennenden Kirche führen wird, auf welcher Kanzel Du dann predigen kannst und in welchem Pfarrhaus Ihr dann wohnen werdet. Aber alle Sorgen- und Trauergeister, die das Glück dieses Tages einschränken möchten, verschwinden, wenn Ihr sprecht: Auf Gott hoffe ich und fürchte mich nicht.

Denn was kann uns *Gott* nicht alles tun! Hat er uns doch seinen Sohn gegeben – sollte er uns mit ihm nicht alles schenken?[5] Hat er uns doch sein Bestes gegeben – so brauchen wir *ihn* nimmermehr zu fürchten! Kann Euch nun noch irgend etwas, Trübsal oder Gefahr, oder Hunger, Krieg oder Verfolgung,

---

[3] Martin Niemöller war seit 1931 Pfarrer in Berlin-Dahlem.

[4] Niemöller war seit dem 1. Juli 1937 inhaftiert.

[5] Vgl. Röm 8,32.

scheiden von der Liebe Gottes, die in Christus Jesus ist unserem Heiland?[6] Christus[,] der eigentliche Beter der Psalmen, spricht es Euch vor, und so sprecht es ihm denn nach: „Auf Gott hoffe ich und fürchte mich nicht!" Denn er tut uns nur Gutes! Er nutzt nun auch die Menschen, die von sich aus einander soviel Jammer und Herzeleid zufügen, und tut ihnen, einem durch den andern, seine Liebe und Treue an.

Lasst es Euch und dieser Gemeinde zum Lobe Gottes sagen: Das hat Gott auch an Euch Beiden reichlich getan. Dir, liebe Braut, hat er freilich schon im Weltkrieg den Vater und vor wenigen Jahren auch die Mutter genommen, aber er hat Dein Herz für Seinen Dienst gewonnen und Dich fröhlich gemacht über Seinem Wort. Er hat Dich in Deinem Beruf als Vikarin vielen hin und her zur Helferin und Trösterin werden lassen. Du durftest die Mühseligen und Beladenen lehren, auf Gott zu hoffen und sich nicht zu fürchten.[7] Du durftest in Deinem Amt viel Segen säen und selber Segen ernten. Gott hatte Dir Geschwister gegeben und hat sie Dir erhalten. Er hat Dir Angehörige geschenkt, die Dich mit treuer Fürsorge geleitet haben und bei denen Du bis zum heutigen Tage eine Heimat haben kannst. Und nun hast Du einen Mann zur Seite, dem schon durch das Vorbild seines Vaters[8] der Dienst am Wort Gottes lieb und wert geworden war. Gottes Güte hat es Dir, mein lieber Rudolf, geschenkt, dass Du als Jüngster von vielen Geschwistern auch an Deinem Hochzeitstag Deinen Vater zur Seite haben darfst und die Gedanken und Gebete Deiner kranken Mutter wenigstens nahe weisst. Er hat Dich in einen Beruf berufen, in dem es keinen Tag gut geht ohne Hoffnung auf Gott. Als Du um Deines Amtes willen Deine Heimat verlassen musstest, hat der Herr Dir in unserer Provinz eine zweite Heimat und gute Bruderschaft geschenkt. Die Treue und Liebe der früheren Gemeinden haben andere hier zu Lande fortgeführt. Vornehmlich aber

[6] Vgl. Röm 8,38f.

[7] Vgl. Ps 56,11.

[8] Pfarrer Karl Weckerling (1867–1948).

hat Dich der Herr auf diesen Wegen hierhergebracht, dass er Eure Lebenslinien zusammenbrächte, weil Ihr von Ewigkeit her für einander bestimmt seid. Ihr seid einander beschert worden nicht nur als Mann und Weib, sondern auch als Bruder und Schwester, verbunden im Letzten und Tiefsten, im Glauben an den dreieinigen Gott. Darum triumphiert heute die Hoffnung, die Ihr bisher Euer Leben lang auf Gott und Seinen Segen in geistlichen wie irdischen Gütern gesetzt habt. Seht doch die milde Hand Gottes, wie sie aufgetan ist und Euch Beide mit Wohlgefallen erfüllt, mit Wohlgefallen aneinander und an Ihm! Darum ist dieser Tag als Triumph der Hoffnung dazu angetan, dass Ihr auch für die Zukunft die Hoffnung als Panier aufwerft! Gott sei's geklagt, es ist Krieg – aber „auf Gott hoffe ich“ – wahrlich, die Zukunft der Kirche und der Pfarrhäuser ist sehr dunkel – aber „auf Gott hoffe ich“ – freilich, die Gefahren des Lebens, Leibes und der Seele sind gross, und am Ende wartet auf uns das Grab, aber auch da noch sprechen wir mit Christus: „Auf Gott hoffe ich und fürchte mich nicht!“

So, liebes Paar, müsst Ihr einander auf dem Lebensweg zurufen und ermutigen; denn Ihr seid Einer für die Seligkeit des anderen mit verantwortlich geworden und keiner darf den andern aus den Augen verlieren. Das ist ein gewaltiger, geheimnisvoller Dienst aneinander; Ihr wisst, dass Paulus ihn vergleicht mit der Beziehung Christi zu seiner Gemeinde (Eph 5). Und dazu kommt Euer Trautext noch einmal mit seinem guten, wegweisenden Trost. Er sagt: Wenn Ihr etwas von einander hofft (und Gott gebe, dass Ihr viel, ja alles von einander erhofft, denn das wäre keine Liebe, die nicht *alles* hoffte!), dann erhofft es nicht unmittelbar von einander, sondern hofft „auf Gott“. Schaut nicht unmittelbar einer auf den andern, sondern schaut „auf Gott“, und über Gott hinweg, mit Gottes Augen auf den Gemahl. Rechte Gemeinschaft gibt es nur dort, wo Jesus Christus in der Mitte steht, als Mittler auch zwischen Menschen untereinander. Denn da herrscht Vergebung. Es werden aber auch Stunden kommen, in denen Ihr spürt, dass Ihr mit der Kraft

Eurer Liebe hinter dem Ziel Eurer Liebe zurückbleibt. Wir sind ja gar nicht wert, dass uns ein anderer Mensch ganz gehört, weil wir von uns selber nie ganz loskommen. Je mehr wir uns liebhaben, umso mehr werden wir darunter seufzen, dass wir uns nicht genug liebhaben können. Wenn solche Stunden kommen, in denen das Versagen und Verfehlen Euch bedrückt und traurig macht und Ihr Euch vor Eurer Schwachheit und Schuld mehr fürchtet als vor dem, was Euch andere Menschen antun können, dann fangt noch einmal neu an zu sprechen und zu beten: „Auf Gott hoffe ich, nicht auf mich selber; er wird mich tüchtig machen zur Gemeinschaft der Ehe, er wird meine Liebe entbinden und läutern und heiligen. Auf *Gott* hoffe ich und fürchte mich nicht".

So geleite Euch dieses Wort in den Garten voller Freuden, an dessen Pforten Ihr nun steht, bis Ihr hindurch gegangen seid, zu Gottes Ehre. [Amen].

2. Gerhard Ebeling: Trauerpredigt für Erich Klapproth, 15. August 1943[9]

Am 18. Juli, einem Sonntag, fiel unser Bruder in Christus Pastor Erich *Klapproth* durch einen Granatvolltreffer bei Bolchow nördlich von Orel im Alter von 30 Jahren, 8 Monaten und 18 Tagen. In seinem letzten Willen, den er in diesem Frühjahr auf seiner letzten Fahrt nach Rußland niedergelegt hat, verfügte er für den Fall seines Todes, daß bei einer Gedenkfeier nur von Christus die Rede sei, der ihn geschaffen, erlöst und geheiligt habe. Und die Verkündigung, so schrieb er, möge unter dem Wort stehen: „Dieser war auch mit dem Jesus von Nazareth" (Matth. 26,71).

[9] EZA 50/426/60–63. – Die Wiedergabe folgt diesem Typoskript. Für die viel später erfolgte, leicht überarbeitete Publikation vgl. G. Ebeling, Erich Klapproth zum Gedächtnis. Predigt am 15. August 1943 (Bonhoeffer-Rundbrief 51, 1996, 25–34).

Mit der Wahl dieses Schriftwortes hat dein Sohn, dein leiblicher Bruder und unser aller Bruder in Christus bezeugt, was sein einziger Trost war im Leben und im Sterben.[10] Und er hat damit euch Beiden und uns allen hinterlassen, was auch uns über dem Verlust dieses Lebens und über der Bitterkeit dieses Sterbens einziger Trost sein kann. Und hat damit zugleich den Weg gewiesen, wie auch das seiner Gegenwart beraubte, nun so arme eigene Leben nicht verzweifelt, sondern getröstet gelebt und zuletzt auch getröstet beschlossen werden kann, nämlich indem wir, wie er es war, mit dem Jesus von Nazareth sind.

Es ist der Wille des Heimgegangenen, daß wir in dieser Stunde schweigen von all dem, was über ihn zu sagen wäre und über das hinausginge oder richtiger: hinter dem zurückbliebe, daß er ein Jünger Jesu Christi war. Wir haben uns dieser Demut eines rechten Zeugen Jesu Christi zu beugen, der wie Johannes der Täufer von sich bekennt: Er muß wachsen, ich aber muß abnehmen.[11] Wir müssen also schweigen von allem, was wir von ihm rühmen könnten, dessen er sich aber nicht rühmen wollte: seiner außerordentlichen Gaben, seiner unermüdlichen Arbeit, seines aufopfernden Dienstes, seiner treuen und lastentragenden Liebe. Wir müssen von all dem schweigen, um seinen einzigen Ruhm nicht zu verdunkeln und zunichte zu machen, der darin liegt, daß wir von ihm sagen können: dieser war auch mit dem Jesus von Nazareth. Wir haben uns mit ihm dem Prophetenwort zu beugen: „So spricht der Herr: Ein Weiser rühme sich nicht seiner Weisheit, ein Starker rühme sich nicht seiner Stärke, ein Reicher rühme sich nicht seines Reichtums; sondern wer sich rühmen will, der rühme sich des, daß er mich kenne und wisse, daß ich der Herr bin, der Barmherzigkeit, Recht und Gerechtigkeit übt auf Erden; denn solches gefällt mir, spricht der Herr“.[12]

---

10 Anspielung auf die bekannte 1. Frage des Heidelberger Katechismus: „Was ist dein einziger Trost im Leben und im Sterben?“

11 Joh 3,30.

12 Jer 9,22f.

Wir müssen darum auch schweigen – so schwer uns das auch werden will – von der ganzen Wucht der Trauer, die unser Herz zu zermalmen droht angesichts dieses Todes. Du, die Mutter, deren Gemüt zu Tode wund ist, weil der von dir gewichen ist, der deinem Leben Inhalt und Zukunft gab, du, der Bruder, der du nicht nur deiner irdischen Stütze, sondern vor allem dessen beraubt bist, an dem du mit neidloser Freude einen Ausgleich für deine Krankheit und dein Leiden hattest, wir, die Freunde, in deren Leben eine unauffüllbare Lücke gerissen ist, und ihr alle, ihr Brüder und Schwestern, denen er den rechten Weg wies, für deren Seelen er sorgte, denen er den Reichtum Jesu Christi ausschüttete und den Segen Gottes spendete, – wir alle miteinander müssen uns hüten, über dem Verlust nicht den Lobpreis der Herrlichkeit, Barmherzigkeit und Kraft Gottes in Jesus Christus[13] zu ersticken, den er, der Heimgegangene, gerade auch in dieser Stunde von uns erwartet. Wenn uns etwas in dieser Stunde von ihm trennt, dann ist es das Sich-Verlieren in das eigene Elend, die Erbärmlichkeit und Schwäche derer, die von ihm verlassen sind. Und wenn uns in dieser Stunde etwas mit ihm verbindet, dann ist es das Einstimmen mit der oberen Schar in den Lobpreis der Herrlichkeit, Barmherzigkeit und Kraft Gottes in Jesus Christus.

Dieses Absehen von seinem menschlichen Ruhm und unserer so menschlichen Traurigkeit heißt ja nicht, daß über diesem Lobpreis der Herrlichkeit, Barmherzigkeit und Kraft Gottes der Heimgegangene ganz unserm Blick entschwinde. Vielmehr wird im Licht dieses Lobpreises erst geläutert offenbar, was er uns war, und warum er uns eben das sein konnte. Sein Leben beginnt erst dann zu leuchten, wenn wir an ihm die Herrlichkeit, Barmherzigkeit und Kraft Gottes in Jesus Christus am Werke erkennen, ohne die dieses Leben in der Finsternis geblieben wäre. Und dieses Leuchten, das von diesem Leben

[13] Zur Bedeutung dieser leitmotivisch wiederkehrenden Wendung s. o. Kapitel VI Anm. 7.

durch die Herrlichkeit, Barmherzigkeit und Kraft Gottes ausgegangen ist, und weiterhin ausgehen wird, wird beschlossen in dieser schlichten, aber schlechthin alles entscheidenden Feststellung: Dieser war auch mit dem Jesus von Nazareth.

Als er sich dieses Wort für diese Stunde wählte, hat er gewiß auch an den Zusammenhang gedacht, in dem es steht. Es ist ja der Fingerzeig eines Ungläubigen auf den Jünger, der den Herrn verleugnete: Dieser war auch mit dem Jesus von Nazareth! Es war von dem Menschen, der es sprach, gemeint als Anklage, Spott und Verachtung. Und es gereichte dem Jünger, zu dem es gesprochen wurde, zum Fall und Zusammenbruch. Und wurde ihm doch zugleich durch die verborgene Wirkung des heiligen Geistes zur beschämenden Erinnerung und zum rettenden Bußruf. Und ist darum, recht verstanden, ein Wort, das so viel Anlaß gibt zur Dankbarkeit gegen die Treue Gottes, die größer ist als unsere Untreue. Dieser war auch mit dem Jesus von Nazareth – trotz aller Untreue, darum, weil Jesus mit ihm war.

Wenn der Heimgegangene dieses Wort an Petrus auf sich bezogen hat, dann hat er sich nicht besser gedünkt als der Jünger, der den Herrn verleugnete. Er hat vielleicht auch an das Wort Luthers gedacht: „Wenn ich an Petrus denke, so lacht mir das Herz im Leibe. Ei, bist du selig geworden, so will ich auch selig werden". Daß er auch mit dem Jesus von Nazareth war, darin sah er nicht seine Wahl und sein Verdienst, sondern darin sah er die Gnadenwahl Gottes. Und er dankte es seinen Eltern, daß sie als Werkzeuge dieser Gnadenwahl in der Taufe das Kind dem dreieinigen Gott übergeben haben. Und dankte es vor allem seinem Vater, der den Elfjährigen zum Eintritt in den Bund deutscher Bibelkreise veranlaßte und damit seinem Leben die entscheidende Wende gab. „Von hier aus", bezeugte er dankbar in seinem Lebenslauf, den er bei der Meldung zum ersten theologischen Examen einreichte, „sind die stärksten und nachhaltigsten Eindrücke meiner Jugendzeit gekommen. Ich fand mich dort in einer Gruppe junger Menschen, die ein ungekünsteltes Leben unter Gottes Wort führen wollten und sich dazu in freiwilligem Gehorsam zusammengeschlossen hatten. In diesem Bund habe ich in vielen Jahren durch Fahrten und Lager das deutsche Vaterland, besonders den deutschen Osten lieben gelernt. Hier habe ich die Freuden und Nöte vieler bisher fremder Menschen und die Freuden und Nöte einer engen Verbundenheit erfahren, hier habe ich Männer achten gelernt, die mir noch heute Vorbild sind. Dieser Bund war mir auch der Hinweis auf meinen künftigen Lebensberuf".[14] Der Ruf – und wer denkt bei diesem Wort nicht an das wahrhaft reife Laienspiel, das uns durch ihn geschenkt wurde?[15] – der Ruf Jesu Christi war es, der über ihn stärker wurde als alle eigenen Pläne und ihn mit einer, viele überraschenden Plötzlichkeit, als er schon die ersten Schritte zu einer ganz anderen Berufsausbildung getan hatte, zum Studium der Theologie bestimmte.

Und der fortgesetzte Ruf des Herrn, im Bußruf und im Zuspruch der Vergebung, war es auch, was ihn bei diesem Jesus von Nazareth festhielt. Er mußte wohl darum in seiner Jugend durch so schwere Konflikte und Verschuldung hindurch, um vor diesem Jesus von Nazareth ganz tief in die Knie zu gehen und Hunger zu bekommen nach der Gnade und sich immer von neuem zu sättigen an dem Trost der Absolution in der Einzelbeichte. Und er durfte dann auch so wunderbar erfahren – und ihr, seine nächsten Angehörigen, mit ihm –, wie die empfangene Vergebung Sünder heiligt und Wunden heilt. Und darum wurde sein Leben je mehr und mehr zum Lobpreis.

In diesem Lobpreis hatte auch seine Freude an der Schöpfung ihren Raum. Seine leidenschaftliche Liebe zur Natur, die ihn immer wieder auf Fahrten trieb, war aber gebändigt und gelenkt von der Zucht, in der uns Jesus Christus die Gaben der Schöpfung gebrauchen läßt. Nichts gibt dieser christlichen Zucht, um die er für sich selbst zuweilen mit asketischer Stren-

[14] Für Herkunft und Kontext dieses Zitats s. o. Abschnitt I.4.

[15] Vgl. E. Klapproth, Der Ruf. Ein Spiel von der Bereitschaft (Jungenwacht, Februar 1936, 33–47). Für spätere Publikationen dieses Laienspiels s. o. Abschnitt IV.3.a.

ge rang, schöneren Ausdruck als das von ihm gestaltete Tischgebet:

> Weil du gefastet und gedürstet hast,
> sind wir, Herr Jesu, heute noch am Leben.
> Ach, laß es unter deinen Jüngern keinen geben,
> der nun noch hungert oder nun noch praßt.

So war seine Sache mit Jesus keine Sache bloßer Gedanken und abstrakter Theologie. Davon werden so manche aus der Zehlendorfer Jungenschaft Zeugnis ablegen können, denen er wertvollste Zeit in seinen Studienjahren geopfert hat. Davon weiß von allen Gemeinden, denen er dienen durfte, wohl vor allem die ihm besonders verbundene Neuruppiner Gemeinde zu sagen. Und das müssen ganz besonders wir jungen illegalen Pastoren der Bekennenden Kirche bezeugen, denen er mehr war als ein Vertrauensmann, sondern denen er, jedem einzelnen, zum Seelsorger wurde, indem er uns nicht um kirchenpolitischen Eigensinns, sondern um des Heils unserer Seele und der Auferbauung wahrer Gemeinde willen auf dem Weg des Gehorsams behaftete.

Auf dem Weg der Nachfolge blieb ihm auch das Leiden nicht fremd, oder wie er mit der Apostelgeschichte sagen würde: Er war gewürdigt worden, um des Namens Jesu Christi willen Schmach zu leiden.[16] Aus dem Gefängnis schrieb er: „Über diesen ganzen Tagen steht das Lob des Herrn, das wir in Potsdam von der nahen Garnisonkirche unüberhörbar mitbekommen haben. Als ich die ersten 5 Tage Bibel und Gesangbuch noch nicht hatte, begann ich Psalm 103 zu meditieren. Das muß und will ich nun immer besser lernen: jene Melodie in einem cantus firmus alle zufälligen Begleitstimmen übertönen lassen".

Als er dann im Februar 1940 aus seinem kirchlichen Dienst gerissen und zum Wehrdienst einberufen wurde, lag das für ihn trotz aller Willigkeit zum Opfer auf der Linie des Leidens, das

[16] Act 5,41.

aus der Anfechtung kommt, in einem fremden Dienst zu stehen. Dieser Anfechtung hat er nach dem Erleben von Dünkirchen folgenden Ausdruck gegeben:

Wir tragen noch die Weihe
zum Dienst am Heiligtum.
Doch kämpfen wir aus Treue
für Deutschlands Glück und Ruhm.

Wir predigten das Leben
und schickten in den Tod!
Das mag uns Gott vergeben,
uns macht es große Not.

Wir predigten die Liebe
und – haben einen Feind,
obwohl die güldne Sonne
auf Gut und Böse scheint.

Einst segneten die Hände,
jetzt senden sie das Blei.
Ist erst der Krieg zu Ende,
dann sind sie wieder frei!

Doch dürfen sie sich falten
inmitten mancher Schlacht:
Du König der Gewalten,
gib Licht in unsre Nacht![17]

Die Anfechtung, von der dieses Gedicht zeugt, ist nun für uns alle aufs Höchste gesteigert dadurch, daß dieses Leben auf dem Schlachtfelde enden mußte. Unter dem Einsatz seines Lebens deckte er den Rückzug der Kameraden. Sein Leib liegt ungeborgen. Keine liebende Hand bettete ihn in die Erde. Dem Leib ward nicht Raum gegönnt bei frommer Christen Grab. An der Stätte, da er blieb, tat sich kein Mund zum Lobpreis Gottes auf, keine Hände falteten sich, keine Arme breiteten sich aus zum Segen. Kein Mal kennzeichnet diese Stätte. Doch für Gottes

[17] S.o. Anhang I.3.

Augen sichtbar steht mit großen Lettern über jenem Ort: Dieser war auch mit dem Jesus von Nazareth. Da wird seine Gebeine der Ruf der letzten Posaune[18] finden.

In dieser Hoffnung auf die Auferstehung ist wirklich der einzige Trost verborgen, der der Anfechtung dieses Todes standhält. Wie unerträglich sind alle Versuche, diesem Opfer einen innerweltlichen Sinn zu geben. Ja, wie unzulänglich sind auch alle Versuche, diesem Opfer eine geistliche Sinndeutung zu geben. Gewiß dürfen wir uns sagen: Er hat ausgelitten. Gewiß soll uns dieser Schmerz zur Läuterung dienen. Aber das alles ist keine Antwort auf das bohrende Warum.

Warum mußte der, der euch, seinen nächsten Angehörigen, buchstäblich unentbehrlich ist, warum mußte der, der noch Ungezählten zum Segen hätte werden können, unter den Mühlsteinen des Fluches Gottes über die Völker umkommen? Liebe Gemeinde, auf diese Frage gibt es keine sinnvolle und beruhigende Antwort. Da bleibt nur der Blick auf Jesus von Nazareth, den Sohn Gottes, der für die Sünden der Welt ans Fluchholz gehängt wurde und starb, und dazu die Botschaft: Der Herr ist auferstanden, er ist wahrhaftig auferstanden. Von daher allein kann uns Trost kommen; denn dieser war auch mit dem Jesus von Nazareth.

Und allein in der Welt der Auferstehung wird unser Warum vollkommene Antwort finden. Da werden wir begreifen, was wir hier glaubend bekennen: „Groß und wundersam sind deine Werke, Herr, allmächtiger Gott! Gerecht und wahrhaftig sind deine Wege, du König der Heiden!"[19]

Und daß unser Bruder in diesem Glauben getrost und wohl vorbereitet in den Tod gegangen ist, das gibt uns nun allerdings Anlaß, die Herrlichkeit, Barmherzigkeit und Kraft Gottes in Jesus Christus zu preisen, die sich über diesem Leben und Sterben so unentwegt treu und mächtig erwiesen hat. Kann da noch

[18] Vgl. 1Kor 15,52.
[19] Apk 15,3.

die tötende verzweifelte Traurigkeit bei uns Raum haben, wenn einer mit folgenden Worten von den Seinen scheidet: „Weil ich gewiß bin, daß meines Herrn Stimme mich am jüngsten Tage aus dem Grabe rufen wird, bin ich nicht traurig im Gedanken an meinen möglichen Tod. Ich bitte auch euch, wenn ihr durch meinen Tod betrübt werdet, solches Leid als Christen ergeben und voller Hoffnung hinzunehmen. Noch im Sterben will ich Gott, den Dreieinigen, loben über allem, was er mit wunderbarer Gewalt an mir getan hat!" Als ihn der Bruder, mit dem er draußen oft zusammen war,[20] zum letztenmal sah am Sonntag vor Pfingsten, da verabschiedete er sich mit dem russischen Ostergruß: „Christos wos kries, Christus ist auferstanden!" Das ist auch sein Abschiedsgruß an uns.

Und nun dürfen wir gewiß sein, der hier auf Erden mit dem Jesus von Nazareth war, ist mit ihm in der Ewigkeit. Er ist auch dort als dein Sohn, als dein Bruder, als unser aller Bruder. Gott will uns, die wir hier keine bleibende Stadt haben,[21] in der zukünftigen heimisch machen durch die Toten, die uns dahin im Glauben vorangehen. Vielleicht läßt der Herr der Kirche darum so viele der Unentbehrlichsten von uns gehen. Der Heimgegangene hat diesen Gedanken selber noch weiter gedacht in seinem Abschiedsgruß an die Seinen: „Wenn es so etwas gibt, daß die Heiligen vor Gott für ihre Lieben eintreten, so sollt ihr davon etwas spüren. Denn ich glaube, durch die Gnade unsers Herrn und Heilandes selig zu sterben und ewig zu leben". Er ist uns voraufgegangen. Wir werden vielleicht bald folgen. Dann werden wir zusammen mit ihm, mit einem neuen Leibe angetan, vor Gottes Thron stehen. Doch bis dahin fasset eure Seelen in Geduld![22] Und schaffet, daß ihr selig werdet mit Furcht und Zittern![23] „So lasset uns nun fürchten, daß wir die Verheißung, einzukommen zu seiner Ruhe, nicht versäumen und keiner da-

[20] Rudolf Weckerling.

[21] Hebr 13,14.

[22] Lk 21,19.

[23] Phil 2,12.

hinten bleibe".[24] O Herr, daß es von einem jeden unter uns einst heißen kann, wie von dem, der von uns gegangen ist: Dieser war auch mit dem Jesus von Nazareth. Amen.

---

[24] Hebr 4,1.

Zeittafel

1912	31. Oktober: Geburt *Erich* Max Rudolf Klapproths als jüngstes Kind der Eheleute Max Klapproth (1864–1942) und Mathilde Klapproth geb. Kückenthal (1884–1957) 31. Dezember: Taufe
1914	Übersiedlung der Familie von Metz nach (Berlin-)Steglitz
1918	Oktober 1918 bis März 1921: Marsch'sche Privatschule Berlin-Steglitz
1921	April 1921 bis Februar 1930: Humanistisches Gymnasium Berlin-Steglitz
1927	4. September: Konfirmation Lukaskirche Berlin-Steglitz
1930	25. Februar: Abitur Sommersemester 1930 bis Wintersemester 1932/33: Studium in Berlin
1931	7./8. Mai: Hebräisch-Ergänzungsprüfung
1933	Sommersemester 1933: Studium in Zürich Wintersemester 1933/34 bis Wintersemester 1934/35: Studium in Berlin
1934	18. August: Beitritt zur Bekenntnisgemeinde Berlin-Steglitz („Rote Karte")
1935	10. April: Erstes Theologisches Examen Mai 1935 bis März 1936: Vikariat (Berlin-Wilmersdorf Nord III)
1936	Februar: „Der Ruf. Ein Spiel von der Bereitschaft" April bis September: Prädikant in Alt- und Neuruppin Oktober 1936 bis März 1937: Predigerseminar Finkenwalde (4. Kurs)
1937	April bis September: Prädikant in Neuruppin Juli: Inhaftierung in Neuruppin

September bis Oktober: Inhaftierung in Potsdam und Berlin-Altmoabit
Oktober 1937 bis Januar 1938: Freistellung zur Examensvorbereitung; Jugenddienstarbeit in Berlin-Wilmersdorf

1938 Februar bis Juni: Studieninspektor am Katechetischen Seminar im Haus der Goßner-Mission (Berlin-Friedenau)
März: „Der Gott Jakobs. Eine Verkündigung"
9. April: Zweites Theologisches Examen
13. April: Ordination
Juli: Vertretungsdienst in Komptendorf
August 1938 bis Januar 1943: Vertrauensmann der Bekennenden Kirche von Berlin und der Mark Brandenburg

1940 Februar: Inhaftierung in Berlin
Ende Februar bis April: Militärische Grundausbildung in Sachsendorf
Mai 1940 bis Dezember 1941: Kriegsdienst an der Westfront (Flandern und Nordfrankreich)

1941 „Der Esel Bileams. Fahrten und Gedanken auf märkischen Landstraßen"

1942 Januar bis September: Kriegsdienst an der Ostfront (Sowjetunion: Gegend um Brjansk)
Oktober bis Dezember: Im Lazarett (Wien und Baden bei Wien)
14. Dezember: Tod des Vaters Max Klapproth

1943 Januar bis März: Kriegsdienst in Cottbus und Schwiebus (Tiborlager)
März bis Juli: Kriegsdienst an der Ostfront (Sowjetunion: Gegend um Orjol)
18. Juli: Tod Erich Klapproths an der Ostfront
15. August: Trauer- und Gedenkgottesdienst für Erich Klapproth in Berlin-Friedenau

1952 Frühjahr: Plan einer Klapproth-Biographie durch Hermann Ehlers (unausgeführt)

Bibliographie

1. Quellengut

Bundesarchiv Berlin-Lichterfelde

NSDAP-Gaukartei, Gau Berlin, Ortsgruppe Steglitz, Kasten 2043, Karte 1135 (Mathilde Klapproth).

Reichsorganisationsleiter der NSDAP, Parteistatistische Erhebung 1939, Erfassungsbogen Mathilde Klapproth, 4.7.1939 (Signatur: 81413).

Evangelisches Landeskirchliches Archiv Berlin-Brandenburg (ELAB)

Personalakte Erich Klapproth (ELAB 15/5555).

Prüfungsakte Gerhard Ebeling (ELAB 30/11).

Prüfungsakte Erich Klapproth (ELAB 30/26).

Akten betreffend Theologie Studierende der Evangelischen Kirchengemeinde Berlin-Steglitz, Bd. 1 (ELAB 10907/4/240).

Matthäus-Gemeinde, Kirchenkreis Berlin-Steglitz, Personalakte Kirchendiener Adolf Müller, 1933–1945 (ELAB 10907/4/544).

Evangelisches Zentralarchiv (EZA)

Akten betreffend die evangelischen Kirchengemeinden des Pfarrsprengels Berlin-Steglitz Kirchenkreis Kölln-Land I (Januar 1932 – Dezember 1935) (EZA 7/11832).

Schriftwechsel der vorläufigen Kirchenleitung 1936 (EZA 50/53).

Bekenntnisgemeinde Berlin-Wilmersdorf Nord (EZA 50/217).

Kirchenkampf in Berlin-Steglitz (EZA 50/220).

Persönliche Briefe Pfarrer Klapproths (EZA 50/231).

Pastor Klapproths Schriftverkehr (EZA 50/232).

Persönlicher Werdegang des Pfarrers der Bekennenden Kirche Erich Klapproth (EZA 50/239).

Aus dem Leben des Pfarrers der Bekennenden Kirche Erich Klapproth (EZA 50/244 –253).

Klapproths Briefe aus Cottbus, Tiborlager und Fahrt an die Ostfront (EZA 50/267).

Klapproths Briefe aus dem Lazarett in Wien 1942 (EZA 50/285).

Erich Klapproths Briefe aus Rußland (EZA 50/293).
Erich Klapproths Briefe aus Frankreich (EZA 50/297).
Erich Klapproths Briefe aus Frankreich (EZA 50/301).
Erich Klapproths Briefe aus Belgien, Frankreich (EZA 50/305).
Erich Klapproths Briefe 1937 (EZA 50/309).
Prosa und Gedichte Erich Klapproths (EZA 50/312).
Gedichte, Prosa, Briefe und Aufzeichnungen Erich Klapproths (EZA 50/314).
Erich Klapproths Nachlaß (EZA 50/315).
Predigten, Meditationen Erich Klapproths (EZA 50/316).
Predigten, Meditationen, Aufzeichnungen Erich Klapproths (EZA 50/325).
Vorlesungen, wissenschaftliche Exzerpte Pfarrer Erich Klapproths (EZA 50/330).
Examensvorbereitungen Erich Klapproths (EZA 50/332).
Seminararbeiten, Predigten Erich Klapproths (EZA 50/339).
Seminararbeiten Erich Klapproths (EZA 50/341).
Vorlesungsskripten Erich Klapproths (EZA 50/345).
NT-Arbeit Erich Klapproths (EZA 50/372).
Skripten Erich Klapproths (EZA 50/379).
Jugendarbeit Erich Klapproths (EZA 50/380).
Klapproth zum Disziplinarurteil gegen Böhm/Albertz (EZA 50/385/42f).
Bericht über Beschlagnahme (EZA 50/686/20f).
Gedächtnisgottesdienst für Erich Klapproth (EZA 50/785/108ff).
Gefangenenpost (EZA 50/795).
Briefwechsel Rudolf Weckerling (EZA 666/217).
Briefwechsel Helmut Gollwitzer (EZA 686/3525).
Goßner-Saal (EZA G1/1654).

Hauptarchiv der v. Bodelschwinghschen Stiftungen Bethel
Bestand HAB 2/39–15.

Landesarchiv Berlin
Historische Einwohnermeldekartei von 1875 bis 1960 – Bestand B Rep. 021.

Landeskirchliches Archiv Berlin-Brandenburg (LABB)
Kirchenbuch Berlin-Steglitz: Lukas. Bestattungen 1939–1943 (Signatur: 2580).

Privatarchiv Klaus Roeber, Berlin
Hans Lokies, Das Haus. Erinnerungen und Dank an Pfarrer Friedrich Wilhelm Otto, 8 S., masch., undatiert.

Schriftliche und persönliche Beratungen
Hartmut Bärend
Elisabeth Beutel
Christian Grethlein
Thomas Großbölting
Konrad Hammann
Michael Häusler
Wilhelm Hüffmeier
Charitas Jenny-Ebeling
Ulrich Köpf
Verena Mildner
Henning Pahl
Klaus Roeber
Olga Söntgerath
Günter Freiherr von Steinaecker
Christiane Tietz
Ilse Tödt
Uta Wiggermann
Markus Wriedt

2. Schriftenverzeichnis Erich Klapproth

a) Jugendprosa

- Unsere Fragen an Gott (Schwert-Kreuz. Blatt der Führer und Jungmannen im Bund Deutscher Bibelkreise 4, 1934, 76–79).
- Der Einsame (Jungenwacht, Juni 1934, 2).
- Das Gesicht des Königs (Jungenwacht, September 1934, 2f).
- Gespräch im Affen (aaO 22f).
- Was der Sterner zu Dr. Spitz gesagt hat (Jungenwacht, November 1934, 23f).
- Dein Wort ist unsres Herzens Trutz! (Jungenwacht, Januar 1935, 22–24).
- Die leuchtenden Hände (Jungenwacht, Juni 1935, 142–144).
- Das sechste Gebot (Jungenwacht, August 1935, 195).

– Da fiel das Feuer des Herrn herab (aaO 198–200).
– Wer Schmutz anfaßt, besudelt sich, 1 S., masch., 10.9.1935 (EZA 50/312/32).
– Nein-Sager (Jungenwacht, Oktober 1935, 226–228).
– Der Sohn des großen Mannes (Jungenwacht, Dezember 1935, 296).
– „Deine Sprache verrät dich" (aaO 296).
– Der Leiterwagen (Jungenwacht, Februar 1936, 26f).
– Spiel, Ernst und Segen (aaO 52f).
– Der König des Kreuzes (Jungenwacht, März 1936, 68f).
– Die kleine Anzeige (aaO 78f).
– Das langsame Sterben (aaO 79).
– Das wirkende Wort (Jungenwacht, Juni 1936, 148).
– Der Lebensretter (Jungenwacht, Dezember 1936, 214).
– Das trojanische Pferd (Das Christliche Haus 60, Juli 1937, 134).
– „Ich kann nicht glauben" (aaO 134f).
– Gespräch im Rucksack eines deutschen Jungen (Der Rufer 16, Februar 1938). – Wiederabdruck in: Berliner Sonntagsblatt, Mai 1956, 7.
– „Ich habe dich bei deinem Namen gerufen, du bist mein", 1 S., masch., 31.10.1938 (EZA 50/312/67).
– Der Esel Bileams. Fahrten und Gedanken auf märkischen Landstraßen, [1941]. – Daraus: Das Schenken (Die Stafette, Dezember 1947, 31); Die grossen Strassen (Die Stafette, Januar 1948, 8).

b) Laienspiele

– Der Ruf. Ein Spiel von der Bereitschaft (Jungenwacht, Februar 1936, 33–47). – Wiederabdrucke in: Christliche Gemeindespiele 3, 1939; Spiele der Zeit 3, ^{6}1954, ^{7}1965.
– Der Gott Jakobs. Eine Verkündigung, 22 S., masch., 3.10.1937 (EZA 50/314/13–38).
– Die verschlossenen Ohren. Ein Spiel vom Hören, 11 S., masch., ca. 1938 (EZA 50/314/84–94).

c) Lyrik

– Reminiszere (Jungenwacht, März 1936, 65).
– Das Große durft' ich nur von ferne schauen, 6 S., hs., 1938 (EZA 50/314/43–45).
– Weihnachten 1938, 1 S., masch. (EZA 50/314/52).
– Ein Tag ist ganze tausend Jahre lang, 1 S., masch., 2.3.1939 (EZA 50/314/56); s. o. Anhang I.1.

- Nacht (Ich möchte einmal weinen), 1 S., masch., Mai 1939 (EZA 50/314/61).
- Es leuchten die alten Sterne, 1 S., masch., Mai 1939 (EZA 50/314/69).
- Wie gut, dass GOTT die Worte alle hört, 1 S., masch., 29.5.1939 (EZA 50/314/70).
- Am Abend des 6. XII. 1939 (Begräbnis von Bruder – – –), 6 S., hs. (EZA 50/314/78–81).
- Was brauchen wir noch Flammen, 1 S., masch., 31.12.1939 (EZA 50/314/95).
- Die grössten Heere hat noch immer Gott, 1 S., masch., 14.1.1940 (EZA 50/314/99).
- Granatwerfer-Lied, 1 S., masch., April 1940 (EZA 50/315/55); s.o. Anhang I.2.
- Verse, gesprochen beim Kompanieabend [...] am 1. Mai 1940 in Klein-Gaglow, 15 S., masch. [Wechselverse mit Eberhard KARNATZKI] (EZA 50/315/57–64).
- Ich weiß nicht, Herr, nach welchem Plan, 1 S., masch., 30.4.1941 (EZA 50/213/79).
- Soldatenweihnacht 1941, 1 S., hs., 24.12.1941 (EZA 60/314/106).
- ... an des Todes Grenzen sieghaft glänzen ... Gedichte von Erich Klapproth, 26 S., um 1945 (EZA 50/967). Darin:
  - Es rief das Vaterland ... (aaO 2f); s.o. Anhang I.6.
  - Die ersten Kameraden ..., Lochtenberg vor Antwerpen, 17. Mai 1940 (aaO 4).
  - Der Sand von Lochtenberg, 18. Mai 1940 (aaO 5); s.o. Anhang I.4.
  - Dünkirchen, Anfang Juni 1940 (aaO 6f); s.o. Anhang I.5.
  - Wenn einmal Frieden ist ..., Herbst 1940 (aaO 8f). – Wiederabdruck in: Friedrich Samuel Rothenberg (Hg.), Lob aus der Tiefe. Junge geistliche Dichtung, 1947, 101.
  - Der Park, August 1941 (aaO 10).
  - Trost, September 1941 (aaO 11). – Wiederabdruck in: Friedrich Samuel Rothenberg (Hg.), Lob aus der Tiefe. Junge geistliche Dichtung, 1947, 25.
  - Der Monatsspruch des September 1941 (Kol 3,16) (aaO 12).
  - Frühling in Rußland, Mai 1942 (aaO 13).
  - Und wenn's auch nur die Fremde ist ..., Rußland 1942 (aaO 14f).
  - In einem Lazarettzug, Oktober 1942 (aaO 16–19); s.o. Anhang I.8.
  - Der Engel der Gefangenen (aaO 20f).
  - Die uns genommen werden ... (aaO 22f); s.o. Anhang I.7. – Wie-

derabdruck in: Friedrich Samuel Rothenberg (Hg.), Lob aus der Tiefe. Junge geistliche Dichtung, 1947, 87.
- Freundschaft (aaO 24).
- Wir tragen noch die Weihe, Mai 1940 (aaO 25); s. o. Anhang I.3.
- Zwei Tischgebete (aaO 26).

d) Anderes

- Lebenslauf, 21.9.1934 (Prüfungsakte Erich Klapproth [ELAB 30/26]).
- Meldung zur ersten theologischen Prüfung, 21.9.1934 (EZA 50/372/113).
- Tagung des Kreises ehem. Marburger Theologen (22.–24.10.1934): „Das kirchliche Amt", 24 S., hs. (stenogr.) (EZA 50/379/2–13).
- Freizeit des Bundes junger Theologen (29. 4. – 2.5.1935 in Lobetal), 21 S., hs. (stenogr.) (EZA 50/379/14–25).
- Bericht [...] über den ersten Monat seines Vikariats bei Herrn Pfarrer Eduard Lindenmeyer, Bln.-Wilmersdorf Nord, 1 S., masch., 5.6. 1935 (EZA 50/239/47).
- Ohrenzeugenbericht von der Stoecker-Feier der Berliner Stadtmission am 11. Dezember 1935, 1 S., masch. (EZA 50/217/64).
- Vikariats-Tagebuch, 1.5.1935–15.4.1936 (EZA 50/244/70–116).
- Bericht über Sicherstellung wichtiger Gepäckstücke der B.K. aus meinem Besitz durch die Staatspolizeistelle Berlin, 3 S., masch., 16.10.1936 (EZA 50/686/20f).
- Bericht über die Erfahrungen im ersten Monat (16.4.–24.5.1936) meines Prädikantendienstes in der Bekennenden Gemeinde Ruppin, 5 S., masch., 25.5./21.7.1936 (EZA 50/232/82–86).
- Arbeit des Prädikanten Klapproth in der Bekennenden Gemeinde Neuruppin im Sommerhalbjahr 1936, 1 S., masch. (EZA 50/245/34).
- Ergänzung zum Lebenslauf, 5 S., masch., 2.5.1937 (ELAB 30/26).
- Vergewaltigung der evangelischen Kirche, 1 S., masch., Ende Juni 1937 (EZA 50/232/1).
- Tagebuch in der Prädikantenzeit (27.6.1936–6.9.1937), 65 S., hs. (EZA 50/245/37–69).
- Erklärung, 5 S., masch., 15.10.1937 (EZA 50/232/42–46).
- Der geistliche Trank und die geistliche Speise der Israeliten und unsre Gemeinschaft des Leibes und Blutes Christi nach 1. Kor. 10 [Examensarbeit], 67 S., masch., 3.12.1937 (EZA 50/339/62–135).

- Biblische Klausur zur 2. theologischen Prüfung, 5 S., hs., 1938 (ELAB 15/3555).
- Praktisch-theologische Klausur zur 2. theologischen Prüfung, 6 S., hs., 1938 (ELAB 15/3555).
- Predigt über Ps 105,7, 3 S., masch., 24.8.1938 (EZA 686/3525).
- Jesus und die Weisheit. Kurze Wiedergabe eines von Herrn Superintendent Lic. Albertz-Spandau am 28. Oktober 1938 in einer Gemeindeveranstaltung der Friedrich-Werderschen Kirche gehaltenen Vortrags, 3 S., masch. (EZA 50/325/26f).
- Persönlicher Brief, nicht zur Weitergabe bestimmt, 4 S., masch., 18.12.1938 (EZA 50/312/63–65).
- Tätigkeitsbericht, 9 S., masch., Mai 1939 (EZA 50/232/115–117).
- Traupredigt für Helga Zimmermann und Rudolf Weckerling, 4 S., masch., 9.1.1943 (EZA 50/312/81f) (s.o. Anhang III.1).
- Notizen zu Bultmann, 6 S., hs., 1943 (EZA 50/267/30–33).

3. Literatur

AICHELIN, Albrecht: Paul Schneider. Ein radikales Glaubensbekenntnis gegen die Gewaltherrschaft des Nationalsozialismus, 1994.

ALBERTZ, Martin: Gedenkansprache auf Erich Klapproth, 3 S., masch., 15.8.1943 (EZA 50/426/112–114).

ASMUSSEN, Hans: Die Seelsorge. Ein praktisches Handbuch über Seelsorge und Seelenführung, 1934.

-: Die Kirche und das Amt, 1939.

BÄREND, Hans: amor dei. sieben gedichte, 26 S., masch., 1934/37 (EZA 50/315/22–34).

BARTH, Karl: Credo. Die Hauptprobleme der Dogmatik dargestellt im Anschluß an das apostolische Glaubensbekenntnis. 16 Vorlesungen, gehalten an der Universität Utrecht im Februar und März 1935, 1935.

BERENDTS, Otto: Bericht eines Zeitzeugen (in: Die Finkenwalder Rundbriefe. Briefe und Texte von Dietrich Bonhoeffer und seinen Predigerseminaristen 1935–1946, hg. von Ilse TÖDT [DBW Ergänzungsband], 2013, 533–594).

BEZIRKSAMT STEGLITZ VON BERLIN, ABTEILUNG BAU- UND WOHNUNGSWESEN (Hg.): Steglitz – das größte Dorf Preußens. Von Giesensdorf zu Groß-Lichterfelde. Gartenstadt Lankwitz. Katalog der Ortsausstellungen des Bezirks Steglitz zur 750-Jahrfeier Berlins 1987, 1987.

Bethge, Eberhard: Dietrich Bonhoeffer. Theologe – Christ – Zeitgenosse. Eine Biographie, [8]2004.

Beutel, Albrecht: Praeceptor Germaniae – Doctor ecclesiae. Melanchthons Selbstverständnis als Gelehrter (in: Ders.: Protestantische Konkretionen. Studien zur Kirchengeschichte, 1998, 124–139).

–: Gerhard Ebeling. Eine Biographie, 2012.

Bonhoeffer, Dietrich: Nachfolge, 1937 (= Ders.: Nachfolge, hg. von Martin Kuske / Ilse Tödt [DBW 4], [3]2002).

–: Beurteilung Gerhard Ebeling, 13.3.1937 (Prüfungsakte Gerhard Ebeling [ELAB 30/11]).

–: Beurteilung Erich Klapproth, 15.3.1937 (Prüfungsakte Erich Klapproth [ELAB 30/26]).

–: Konspiration und Haft 1940–1945, hg. von Jørgen Glenthøj / Ulrich Kabitz / Wolf Krötke (DBW 16), 1996.

–: Illegale Theologenausbildung: Sammelvikariate 1937–1940, hg. von Dirk Schulz (DBW 15), 1998.

–: Bibelarbeit über Versuchung (in: Ders.: Illegale Theologenausbildung: Sammelvikariate 1937–1940, hg. von Dirk Schulz [DBW 15], 1998, 371–406).

–: Widerstand und Ergebung. Briefe und Aufzeichnungen aus der Haft, hg. von Christian Gremmels / Eberhard Bethge / Renate Bethge (DBW 8), 1998.

Bookhagen, Rainer: Die evangelische Kinderpflege und die Innere Mission in der Zeit des Nationalsozialismus. Bd. 2: 1937 bis 1945: Rückzug in den Raum der Kirche (AKZG B 30), 2002.

Brandenburg, Hans-Christian: Berliner Jungenwacht-Kreise im Dritten Reich (Jungenwacht 34/4, 1991, 3–15).

Brunner, Emil: Zeugnis für Erich Klapproth, 14.9.1934 (Prüfungsakte Erich Klapproth [ELAB 30/26]).

Bryant, Thomas: Friedrich Burgdörfer (1890–1967). Eine diskursbiographische Studie zur deutschen Demographie im 20. Jahrhundert (Pallas Athene. Beiträge zur Universitäts- und Wissenschaftsgeschichte 32), 2010.

Burgdörfer, Friedrich: Sterben die weißen Völker? Die Zukunft der weißen und farbigen Völker im Lichte der biologischen Statistik (Das Neue Reich), 1934.

–: Bevölkerungsentwicklungen im Dritten Reich. Tatsachen und Kritik, 1935.

Claudius, Matthias: Vermächtnis an meinen Sohn. Der Wandsbecker Bote teilt aus dem Schatz seiner Weisheit und Erfahrung mit (Brüsseler Zeitung Nr. 254, 13.9.1941).

Collier, Richard: Dünkirchen: „Operation Dynamo“, 1987.

Dudzus, Otto/ Jürgen Henkys: Vorwort der Herausgeber (in: Dietrich Bonhoeffer: Illegale Theologenausbildung: Finkenwalde 1935–1937 [DBW 14], hg. von Otto Dudzus / Jürgen Henkys, 1996, 1–36).

Ebeling, Gerhard: Die Stellung Luthers zu der Frage nach dem Sichtbarwerden der Früchte des Hlg. Geistes, 26 S., masch., 1933 (Nachlass G. Ebeling, UAT 633/679).

–: Das Problem der natürlichen Theologie, 9 S., masch., 1935 (Nachlass G. Ebeling, UAT 633/680).

–: Feier am Grabe unseres Kindleins Martin, 3 S., masch., 31.5.1940 (EZA 50/253/177–179).

–: Evangelische Evangelienauslegung. Eine Untersuchung zu Luthers Hermeneutik (FGLP X,1), 1942 ([3]1991).

–: Predigt über Mt 13,24–30, 5 S., masch., 7.2.1943 (EZA 50/267/38–40).

–: Trauerpredigt für Erich Klapproth, 6 S., masch., 15.8.1943 (EZA 50/426/60–63); s.o. Anhang III.2. Geringfügig überarbeitet publiziert unter dem Titel: Erich Klapproth zum Gedächtnis. Predigt am 15. August 1943 (Bonhoeffer-Rundbrief 51, 1996, 25–34).

–: Jahreswende, 31.12.1944 (in: Albrecht Beutel: Gerhard Ebeling. Eine Biographie, 2012, 74f).

–: Gespräch über Dietrich Bonhoeffer. Ein Interview (1978) (in: Ders.: Theologie in den Gegensätzen des Lebens. Wort und Glaube Bd. IV, 1995, 647–657).

–: Dank für Dietrich Bonhoeffer (Kirchenbote für den Kanton Zürich, 1.4.1985, 6f).

–: Die Beunruhigung der Theologie durch die Frage nach den Früchten des Geistes (in: Ders.: Wort und Glaube. Bd. III: Beiträge zur Fundamentaltheologie, Soteriologie und Ekklesiologie, 1995, 388–401).

–: Rückblick und Dank (DtPfrBl 93, 1993, 19–21).

–: Mein theologischer Weg (Hermeneutische Blätter. Sonderheft Oktober 2006), 2006.

Ehlers, Hermann: Ein Wort zum Schluß (in: Erich Klapproth: Der Esel Bileams. Fahrten und Gedanken auf märkischen Landstraßen, [1941], 31f).

FISCHER, Otto: Evangelisches Pfarrerbuch für die Mark Brandenburg seit der Reformation, 3 Bde., 1941.

FIX, Karl-Heinz / Carsten NICOLAISEN / Ruth PABST (Hg.): Handbuch der deutschen evangelischen Kirchen 1918 bis 1949. Organe – Ämter – Personen. Bd. 2: Landes- und Provinzialkirchen (AKIZ A 20), 2017.

GAILUS, Manfred: Protestantismus und Nationalsozialismus. Studien zur nationalsozialistischen Durchdringung des protestantischen Sozialmilieus in Berlin (Industrielle Welt 61), 2001.

GOLLWITZER, Heinz: Die Abendmahlsfrage als Aufgabe kirchlicher Lehre (in: Ernst WOLF [Hg.]: Theologische Aufsätze. Karl Barth zum 50. Geburtstag, 1936, 275–298).

GODEFROID, Annette: Steglitz (Geschichte der Berliner Verwaltungsbezirke 7), 1989.

GOMMERT, Natalie / Dieter WENDLAND: Wilhelm Groß. Bildhauer und Prediger 1883–1974. Mit einem Geleitwort von Wolfgang HUBER, 2004.

GRÜN-RATH, Harald: Die Kirche wird gebaut (in: DERS. [Hg.]: Bauplatz Kirche. 70 Jahre Kirche Am Hohenzollernplatz, 2004, 13–39).

–: Kirche kämpft – auch am Hohenzollernplatz (aaO 40–49).

GRÜNEISEN, Karl: Urteil über die Katechese des Kandidaten Erich Klapproth, 24.5.1938 (EZA 50/239/52).

HAMMANN, Konrad: Rudolf Bultmann. Eine Biographie, [2]2009.

HAMMELSBECK, Oskar: Das Katechetische Seminar der Bekennenden Kirche im Goßner-Haus (Die Biene auf dem Missionsfelde, 1961, H. 1).

HARDER, Günther: Die kirchenleitende Tätigkeit des Brandenburgischen Bruderrats (in: Heinz BRUNOTTE / Ernst WOLF [Hg.]: Zur Geschichte des Kirchenkampfes. Gesammelte Aufsätze [AGK 15], 1965, 189–216).

HARTENSTEIN, Karl: Der wiederkommende Herr. Eine Auslegung der Offenbarung des Johannes, 1940.

HAUSMANN, Manfred: Einer muß wachen. Sechs Versuche, 1941.

HESS, Rudolf: Brief an eine junge Mutter (Völkischer Beobachter, 24.12.1939, 2).

HUNSCHE, Klara: Der Kampf um die christliche Schule und Erziehung 1933–1945 (KJ 76, 1949/50, 455–519).

–: Bericht über Erich Klapproth […] für das Kuratorium der Goßnerschen Mission in Berlin-Friedenau, 6 S., masch., 3.12.1964 (EZA G1/1654).

JACOBI, Gerhard: Ansprache bei der Stoecker-Feier der Berliner Stadtmission am 11. Dezember 1935, 1 S., masch. (EZA 50/217/66).

KÖHLER, Ludwig: Der hebräische Mensch. Eine Skizze. Mit einem Anhang: Die hebräische Rechtsgemeinde, 1953.

KRÜGER, Torsten: Schwimmende Schifferkirche (in: Kirchenkampf in Berlin 1932–1945. 42 Stadtgeschichten, hg. von Olaf KÜHL-FREUDENSTEIN / Peter NOSS / Claus P. WAGENER [SKI 18], 1999, 184–189).

KÜPER, Manfred: Sonnenaufgang (in: DERS.: Genius Astri. Dreiunddreißig Dichtungen, [4]1982, 16f).

LANGE, Ralf: Gossner Mission (in: Kirchenkampf in Berlin 1932–1945. 42 Stadtgeschichten, hg. von Olaf KÜHL-FREUDENSTEIN / Peter NOSS / Claus P. WAGENER [SKI 18], 1999, 419–425).

LANGE, Ralf / Peter NOSS: Bekennende Kirche in Berlin (in: Kirchenkampf in Berlin 1932–1945. 42 Stadtgeschichten, hg. von Olaf KÜHL-FREUDENSTEIN / Peter NOSS / Claus P. WAGENER [SKI 18], 1999, 114–148).

LINK, Wilhelm: Das Ringen Luthers um die Freiheit der Theologie von der Philosophie, 1940.

LOKIES, Hans: Das Haus. Erinnerung und Dank an Pfarrer Friedrich Wilhelm Otto, 8 S., masch., undatiert (Privatarchiv Klaus Roeber, Berlin).

MEIER, Andreas: Hermann Ehlers. Leben in Kirche und Politik, 1991.

MEIER, Kurt: Der evangelische Kirchenkampf. Bd. 2: Gescheiterte Neuordnungsversuche im Zeichen staatlicher „Rechtshilfe“, 1976; Bd. 3: Im Zeichen des zweiten Weltkrieges, 1984.

MÜLLER, Rolf-Dieter: Der Zweite Weltkrieg (Gebhardt, Handbuch der deutschen Geschichte 21), 2004.

PIEKALKIEWICZ, Janusz: Unternehmen Zitadelle. Kursk und Orel: Die größte Panzerschlacht des 2. Weltkrieges, 1998.

PLESCH, Georg / Karl GEUDER: Dein Wort ist die Wahrheit. Aus der Geschichte der Schülerbibelkreise in München, 1977.

PRAETORIUS, Willy: Urteil über die Predigt des Kandidaten Erich Klapproth, 23.5.1938 (EZA 50/239/53).

QUER, Gudrun: Wilhelm Groß – Künstler und engagierter Christ (in: Manfred VOLLACK [Hg.]: Der Kreis Schlawe. Ein pommersches Heimatbuch. Bd. 1: Der Kreis als Ganzes, 1986, 424–430).

REIBERT, Wilhelm: Der Dienstunterricht im Heere, [9]1939.

REINHARDT, Klaus: Die Wende vor Moskau – Das Scheitern der Strategie Hitlers im Winter 1941/42, 1972.

Rickers, Folkert: Die nationalsozialistische Ära (in: Rainer Lachmann / Bernd Schröder [Hg.]: Geschichte des evangelischen Religionsunterrichts in Deutschland. Ein Studienbuch, 2007, 233–267).

Ronneberger, Friedrich: ... und fielen vor dem Feinde – und werden leben. Ein Trostbuch für alle, die um Gefallene trauern, 1941.

Rothenberg, Friedrich Samuel (Hg.): Lob aus der Tiefe. Junge geistliche Dichtung, 1947.

Ruddat, Günter: Oskar Hammelsbeck, der „Schulmann der Bekennenden Kirche", und sein Konzept einer „Schule in evangelischer Verantwortung" (in: Henning Wrogemann [Hg.]: Theologie in Freiheit und Verbindlichkeit. Profile der Kirchlichen Hochschule Wuppertal/Bethel, 2012, 95–110).

Rüter, Martin / Ilse Tödt: Vorwort der Herausgeber (in: Dietrich Bonhoeffer: Schöpfung und Fall, hg. von Martin Rüter / Ilse Tödt [DBW 3], [2]2002, 7–16).

Salomon, Alfred: Sehen wir den Tatsachen ins Auge. Ein Zeitzeuge des Kirchenkampfes berichtet (ctb 22), 1991.

Sandvoss, Hans-Rainer: Widerstand in Steglitz und Zehlendorf (Schriftenreihe über den Widerstand in Berlin von 1933 bis 1945, 2), 1986.

–: „Es wird gebeten, die Gottesdienste zu überwachen ...". Religionsgemeinschaften in Berlin zwischen Anpassung, Selbstbehauptung und Widerstand von 1933 bis 1945, 2014.

Schäberle-Koenigs, Gerhard: Und sie waren täglich einmütig beieinander. Der Weg der Bekennenden Gemeinde Berlin-Dahlem 1937–1943 mit Helmut Gollwitzer, 1998.

Schatz-Hurschmann, Renate: Eine Frau ist immer im Dienst. Das Leben des Ilse Fredrichsdorff (in: Frauen in dunkler Zeit. Schicksal und Arbeit von Frauen in der Kirche zwischen 1933 und 1945. Aufsätze aus der Sozietät „Frauen im Kirchenkampf", hg. von Susi Hausammann / Nicole Kuropka / Heike Scherer [SVRKG 118], 1996, 121–159).

Schneider, Thomas Martin: Reichsbischof Ludwig Müller. Eine Untersuchung zu Leben, Werk und Persönlichkeit (AKZG B 19), 1993.

Schönherr, Albrecht: ... aber die Zeit war nicht verloren. Erinnerungen eines Altbischofs, 1993.

Scholder, Klaus: Die Kirchen und das Dritte Reich. Bd. 2: Das Jahr der Ernüchterung 1934, 1985.

Schreiber, Matthias: Martin Niemöller (rm 50550), [2]2008.

Söderblom, Kerstin: Klara Hunsche: Lehrerin und Theologin in der

Bekennenden Kirche von Berlin-Brandenburg (in: Frauen in dunkler Zeit. Schicksal und Arbeit von Frauen in der Kirche zwischen 1933 und 1945. Aufsätze aus der Sozietät „Frauen im Kirchenkampf", hg. von Susi HAUSAMMANN / Nicole KUROPKA / Heike SCHERER [SVRKG 118], 1996, 121–159).

SPOERRI, Theophil: Einführung in die Göttliche Komödie, 1946.

STROHM, Christoph: Die Kirchen im Dritten Reich, 2011.

TEICKE, Bernhard: Aus der Chronik (in: Harald GRÜN-RATH [Hg.]: Bauplatz Kirche. 70 Jahre Kirche Am Hohenzollernplatz, 2004, 96–98).

THIELICKE, Helmut (Hg.): Die Schuld der Anderen. Ein Briefwechsel zwischen Helmut Thielicke und Hermann Diem, 1947, ²1948.

TÖPPEL, Roman: Kursk 1943. Die größte Schlacht des Zweiten Weltkriegs, 2017.

ULRICH, Bernd: Stalingrad (Beck'sche Reihe 2368), 2016.

WETTE, Wolfram / Gerd R. UEBERSCHÄR (Hg.): Stalingrad. Mythos und Wirklichkeit einer Schlacht, ⁷2013.

WIGGER, Annette: „Und es an Pfarrern fehlt, die Nationalsozialisten sind". Die Steglitzer Kirchengemeinde und der Lukas-Pfarrbezirk während des Dritten Reiches (JBBKG 61, 1997, 187–219).

Personenregister

Die Namen der historischen Personen wurden in den Fließ- und Anmerkungstexten, die Namen der Eltern Mathilde und Max Klapproth sowie des Bruders Heinz Klapproth jedoch nur in den Fließtexten registriert.